국어는 도구 과목이다. 모든 교과가 국어를 바탕으로 되어 있기 때문이다. 따라서 국어 능력을 향상시키는 것은 학업 능력을 키우는 데 매우 중요한 요소이다. 게다가 초등 과정에서는 학업과 의사소통을 위한 기초적인 언어 능력을 갖춰야 할 뿐만 아니라 고차원적인 사고력도 함께 길러야 한다.

의사소통 능력과 사고력을 키우는 데 있어 독서는 아주 중요한 역할을 한다. 영상 매체를 주로 접하며 긴 글 읽기를 꺼리고, 다양한 인간관계를 통해 이루어지는 생활 속 교육이 점차 줄어드는 현실에서 독서는 매우 유용한 학습법이다. 그러나 적절한 피드백이 없는 독서는, 자칫 편협하고 왜곡된 사고를 갖게 될 위험성을 안고 있다.

그에 대한 보완책이 독해력 훈련이다. 초등 과정에서도 중·고등 과정 못지않게 독해력 훈련이 필요하다. 다양한 영역의 지문을 접할 수 있는 독해력 훈련은 교과와 연계되어 학습에 도움을 줄 뿐 아니라 지적 호기심을 자극하여 능동적인 학습을 유도할 수 있다. 독해력 연습을 통해 사실적 사고를 바탕으로 한 고차원적인 추론 능력과 비판 능력 등을 기를 수 있는 것이다.

이번에 〈자이스토리 초등 국어 독해력 쑥쑥 + 낱말 쑥쑥〉이 나왔다. 〈독해력 쑥쑥〉 파트는 중심 낱말 찾기, 중심 문장 찾기, 단락 요약하기, 단락 간의 관계 이해하기, 글의 구조 이해하기, 주제 알아보기 등 6가지 step에 따른 계단식 독해 연습을 통해, 부모님이나 선생님의 도움 없이 학생 스스로 독해력을 훈련할 수 있게 구성되어 있다. 또한 〈낱말 쑥쑥〉 파트는 초등 과정에서 집중적으로 이루어져야 할 어휘력 학습에 꼭 필요하고 중요한 내용이다. 낱말의 사전적 의미를 정확히 익히고, 문맥을 통해 낱말의 뜻을 유추해 보고, 한자를 통해 낱말의 구성을 이해하고, 낱말 퍼즐로 재미있게 학습하는 어휘 학습은 돋보이는 기획이다.

〈자이스토리 초등 국어 독해력 쑥쑥 + 낱말 쑥쑥〉에서 제시한 방법으로 독해력과 낱말 학습을 한다면 탄탄한 국어 능력을 키울 수 있을 것이다. 이를 토대로 독서를 한다면 그 효과는 더욱 커질 것이다. 자이스토리 교재를 통해 독해력과 독서 능력이 한 단계 더 높이 발전하기를 바란다.

지니국어논술 학원(대치, 반포, 분당, 압구정) 대표 윤 진 성

교과서 지문 연계표

DAY	자이스토리 독해력 쑥쑥 3학년		교과서 연계 내용
01	지역별 대표 음식을 소개합니다.	사회 3-2	1. 환경에 따라 다른 삶의 모습
02	청소기로 윙윙~ 집안을 깨끗하게	국어 3-1	5. 중요한 내용을 적어요
03	돈에 담긴 문화유산	사회 3-1	2. 우리가 알아보는 고장 이야기
04	판화에 담긴 숫자의 비밀	예체능	미술 3학년
05	감자와 고구마는 무엇이 다를까요?	과학 3-1	1. 과학자는 어떻게 탐구할까요?
06	임금님, 행차하신다.	예체능	음악 3학년
07	얼굴을 세운다고요?	국어 3-1	7. 반갑다, 국어사전
08	우리 고장의 문화유산, 고인돌	사회 3-1	2. 우리가 알아보는 고장 이야기
09	야구용품에 숨겨진 과학	과학 3-1	2. 물질의 성질
10	나눴는데 원래 수보다 커진다고?	수학 3-1	3. 나눗셈
11	잠이 보약	예체능	체육 3학년
12	우리 조상들은 어떤 집에서 살았을까요?	사회 3-2	2. 시대마다 다른 삶의 모습
13	지진이 나면 어떻게 해야 할까요?	국어 3-1	9. 어떤 내용일까
14	자연환경에 따라 달라지는 교통수단	사회 3-1	3. 교통과 통신 수단의 변화
15	알에서 올챙이, 개구리로 변신	과학 3-1	3. 동물의 한 살이
16	'도레미파솔라시'라는 계이름은 누가 만들었을까요?	예체능	음악 3학년
17	사물끼리 인터넷을 한다고?	사회 3-1	3. 교통과 통신 수단의 변화
18	수수께끼 같은 그림, 〈모나리자〉	예체능	미술 3학년
19	자석을 이용한 생활용품에는 어떤 것이 있을까요?	과학 3-1	4. 자석의 이용
20	나만의 독서 감상문	국어 3-2	7. 글을 읽고 소개해요
21	건강을 위해 멀리해요.	예체능	체육 3학년
22	나라마다 다른 소수의 표기법	수학 3-1	6. 분수와 소수
23	빠르게 변화하는 의사소통 수단	사회 3-1	3. 교통과 통신 수단의 변화
24	빛이 그린 그림	예체능	미술 3학년
25	전기문은 무엇일까요?	국어 3-2	7. 글을 읽고 소개해요
26	분모와 분자로 구성된 수는 무엇일까요?	수학 3-2	4. 분수
27	또 다른 지구를 만들려는 노력	과학 3-1	5. 지구의 모습
28	남극과 북극, 무엇이 다를까요?	사회 3-2	1. 환경에 따라 다른 삶의 모습
29	우리나라의 전통 무술, 태권도	예체능	체육 3학년
30	물질의 세 가지 상태	과학 3-2	4. 물질의 상태
31	더위야, 물러가라!	사회 3-2	2. 시대마다 다른 삶의 모습
32	여행하면 기행문이지.	국어 3-2	8. 글의 흐름을 생각해요
33	추위를 이기는 펭귄 깃털의 비밀	과학 3-2	2. 동물의 생활
34	화살을 가장 멀리 쏘기 위한 각도는 얼마일까요?	수학 4-1	2. 각도
35	표어로 보는 우리나라의 인구 문제 변화	사회 3-2	2. 시대마다 다른 삶의 모습
36	다 같은 타악기가 아니라고요.	예체능	음악 3학년

자이스토리

초등국어 낱말 쑥쑥 총정리

- DAY별 핵심 낱말 총정리
- DAY별 빈칸 채우기 확인 문제
- 낱말 쑥쑥 종합 테스트 6회
  (6일치 낱말 복습)

3 학년

수경출판사

교재 **활용법**

1. 낱말 쑥쑥 총정리를 가지고 다니면서 낱말의 뜻풀이를 복습하세요. 어렵거나 잘 외워지지 않았던 낱말들 위주로 반복하면 좋습니다.

2. 낱말의 뜻풀이를 충분히 익힌 다음, 아래의 예문을 읽고 빈칸에 들어갈 낱말을 직접 써 보세요.

3. STEP 1개가 끝날 때마다 핵심 낱말 총정리에서 학습한 낱말을 낱말 쑥쑥 종합 테스트로 확인해 보세요.

4. 독해 지문 전체를 다 학습한 후에도 언제든지 특별 부록을 통해 낱말을 익힐 수 있습니다. 자투리 시간에 부록을 펼쳐 보세요!

5. 잘 기억나지 않거나 어려운 낱말을 반복해서 학습하고 문제를 통해 익힌다면 어휘력과 독해력이 쑥쑥 자랄 거예요!

낱말 쑥쑥 총정리

차 례

★ **정확히 아는 낱말에는 ☑ 표시를 해 보세요.**

☐ **대표하다** : 전체의 상태나 성질을 어느 하나로 잘 나타내다.

☐ **유명하다** : 이름이 널리 알려져 있다.

☐ **강수량** : 일정한 기간에 일정한 곳에 비나 눈의 형태로 떨어지는 물의 양

☐ **평야** : 아주 넓은 들

☐ **특산물** : 한 지역에서만 나는 생산물로, 그 지역을 대표하는 유명한 물건

☐ **기온** : 공기의 온도

☐ **독특하다** : 다른 것과 비슷하지 않고 특별하게 다르다.

☐ **풍부하다** : 남을 만큼 넉넉하고 아주 많다.

☐ **기름지다** : 땅에 식물이 잘 자랄 수 있게 하는 성분이 많이 들어 있다.

☐ **칼칼하다** : (음식의 맛이) 맵고 개운하다.

★ **빈칸에 들어갈 낱말을 찾아 알맞은 형태로 쓰세요.**

01 이 땅은 식물이 쑥쑥 자랄 만큼 아주 (   ).

02 (   )이/가 많은 날에는 외출을 피하는 것이 좋다.

03 그 가수는 목소리가 보통 사람들과 다르게 (   ).

04 어머니가 끓여 주신 국물의 맛이 아주 (   ).

05 비빔밥은 우리나라를 (   )하는 음식 중 하나이다.

06 말들이 넓은 (   )에서 달리고 있다.

07 이 음식은 영양소가 (   ).

08 쌀은 이천의 (   )이다.

09 그 작가는 굉장히 (   )해서 모르는 사람이 없다.

10 (   )의 일교차가 심한 요즈음에는 감기에 걸리기 쉽다.

★ 정확히 아는 낱말에는 ☑ 표시를 해 보세요.

☐ **지식** : 연구하거나 교육받거나 체험해서 알게 된 내용

☐ **정보** : 어떤 사실에 대한 지식

☐ **주관적** : 자기만의 생각·관점, 또는 주장에 따르는 것

☐ **단계** : 변하거나 발전하는 일의 여러 과정의 하나

☐ **구성되다** : (글이나 그림 등에서) 여러 요소들이 엮여 이루어지다.

☐ **요약하다** : 말이나 글에서 중요한 내용만을 뽑아 간추리다.

☐ **유익하다** : 도움이 되거나 이로울 만한 것이 있다.

☐ **처치하다** : 알맞게 다루어서 치우거나 없애다.

☐ **객관적** : 자기 혼자만의 생각이나 감정에서 벗어나, 있는 그대로인 것

☐ **목적** : 이루려고 하는 그것

★ 빈칸에 들어갈 낱말을 찾아 알맞은 형태로 쓰세요.

01 나는 게임에서 가장 강한 적을 (　　　)해서 기뻤다.

02 책을 사려는 (　　　)(으)로 용돈을 더 받았다.

03 사람은 자신의 (　　　)인 생각에 따라 행동한다.

04 강릉 여행을 한 단어로 (　　　)하자면, '행복'이었다.

05 사람보다 빛이 빠른 것은 (　　　)인 사실이다.

06 인터넷을 '(　　　)의 바다'라고 한다.

07 책을 읽으면 (　　　)을/를 빠르게 얻을 수 있다.

08 다음 (　　　)에서 배울 내용은 무엇일까?

09 이 책은 세 편의 단편 소설로 (　　　)되어 있다.

10 적당한 운동을 하는 것은 건강에 (　　　)하다.

★ 정확히 아는 낱말에는 ☑ 표시를 해 보세요.

☐ **지폐** : 종이로 된 돈

☐ **위인** : 역사적으로 훌륭한 업적을 이룩한 사람

☐ **조상** : 지금 사람들보다 먼저 살던 사람들

☐ **세대** : 같은 시대에 살아서 나이와 생각이 서로 비슷한 사람들

☐ **천체** : 우주에 있는 모든 물체

☐ **관측하다** : 자연 현상을 관찰하여 어떤 사실을 조사하거나 알아내다.

☐ **슬기** : 일을 바르게 판단하고 잘 처리해 나가는 능력

☐ **자긍심** : 스스로를 자랑스럽고 떳떳하게 여기는 마음

☐ **보존하다** : 중요하거나 가치가 있는 것을 잘 보살펴서 그대로 남아 있게 하다.

☐ **비교** : (차이를 알아내려고) 여럿을 서로 견주어 보는 것

★ 빈칸에 들어갈 낱말을 찾아 알맞은 형태로 쓰세요.

01 대한민국의 만 원짜리 (   )에는 세종 대왕이 그려져 있다.

02 내 발은 동생의 발과 (   )했을 때 더 길고 두껍다.

03 망원경으로 (   )을/를 관찰했다.

04 사촌과 나는 나이 차이가 많이 나서 그런지 (   ) 차이가 난다.

05 나는 운동회에 반 대표로 달리기를 하러 나간 것에 (   )이/가 있다.

06 천문학자들은 해와 달의 위치를 꾸준히 (   )하고 있다.

07 (   ) 대대로 물려받은 가문의 보물이 있다.

08 할아버지께서는 (   )와/과 지혜가 있어서 배울 점이 많다.

09 환경을 (   )해야 미래에도 깨끗한 물과 공기를 마실 수 있다.

10 (   )이/가 어떻게 살았는지 알아보면 배울 것이 많다.

★ **정확히 아는 낱말에는 ☑ 표시를 해 보세요.**

☐ **전시회** : 작품이나 물건 등을 잘 벌여 놓고 사람들에게 보이는 모임이나 행사

☐ **감상하다** : 예술 작품의 아름다움을 느끼고 즐기고 이해하다.

☐ **인정하다** : (어떤 가치나 사실을) 옳다고 여겨 받아들이다.

☐ **암호** : 비밀을 유지하려고 다른 사람이 모르게 정해 놓고 사용하는 부호나 신호

☐ **형상** : 사람이나 물건의 겉으로 나타나 보이는 모양

☐ **복제** : 본래의 것과 똑같이 만드는 것

☐ **원본** : 베끼거나 고치지 않은 원래의 서류나 책

☐ **참여하다** : 끼어서 함께 일하다.

☐ **서명** : (어떤 문서의 내용을 인정하거나 찬성하는 뜻으로) 자기의 이름을 써넣는 것, 또는 써넣은 그 이름

☐ **가치** : 귀중하게 여길 만한 성질이나 중요한 것

★ **빈칸에 들어갈 낱말을 찾아 알맞은 형태로 쓰세요.**

01 이집트에서 온 미라를 볼 수 있는 (   )에 가고 싶다.

02 자다가 일어나서 본 커튼의 (   )이/가 귀신 같아서 깜짝 놀랐다.

03 영화를 (   )하는 것은 내 오래된 취미이다.

04 내 삶의 가장 높은 (   )이/가 무엇인지 늘 고민한다.

05 프랑스에 가서 그림 〈모나리자〉의 (   )을/를 보고 싶다.

06 원작자의 허락을 받지 않고 불법으로 (   )하는 것은 큰 죄이다.

07 한글이 과학적인 글자라는 것을 여러 학자들이 (   )하고 있다.

08 나는 굶주린 아이들을 보고 봉사 활동에 (   )하고 싶어졌다.

09 내 컴퓨터에 걸려 있는 (   )을/를 자주 잊어서 적어 두고 있다.

10 환경 시민 단체는 댐 건설에 반대하기 위해 (   )을/를 받고 있다.

★ **정확히 아는 낱말에는 ☑ 표시를 해 보세요.**

☐ **독성** : 독이 있는 성분이나 성질

☐ **부족하다** : 필요한 양이나 기준에 미치지 못해 충분하지 아니하다.

☐ **줄기** : 나무나 풀의 작은 가지나 잎이 붙는, 중심이 되는 부분

☐ **뿌리** : 땅속으로 뻗어 줄기를 떠받치고, 물과 양분을 빨아올리는 식물의 한 부분

☐ **통풍** : 바람이 통하게 하는 것

☐ **주의하다** : 정신을 차리고 조심하여 미리 준비하다.

☐ **보관** : 물건을 맡아 잘 간직하여 두는 것

☐ **서늘하다** : 조금 차거나 추운 기운이 있다.

☐ **일상** : 비슷하거나 늘 있는 일이 벌어지는 매일

☐ **경험하다** : 자신이 실제로 해 보거나 겪어 보다.

★ **빈칸에 들어갈 낱말을 찾아 알맞은 형태로 쓰세요.**

01 창고에는 창문이 없어서 (　　　　)이/가 잘 되지 않는다.

02 아이들은 (　　　　) 속에서 부모의 생활 태도를 배우면서 자란다.

03 잡초는 (　　　　)까지 뽑아야 다시 안 난다.

04 음식을 냉장고에 (　　　　)하지 않으면 금방 상한다.

05 복어는 (　　　　)이/가 있어서 함부로 먹으면 안 된다.

06 늦가을 창문 틈으로 바람이 불어와서 (　　　　)한 느낌이 들었다.

07 길을 건널 때는 늘 양방향을 (　　　　)해야 한다.

08 문제를 푸는 데 시간이 (　　　　)해서 마지막 문제는 손도 못 댔다.

09 여행을 다니면서 많은 (　　　　)을/를 하고 싶다.

10 곧게 뻗은 대나무의 (　　　　)은/는 여러 마디로 나뉘어져 있다.

★ 정확히 아는 낱말에는 ☑ 표시를 해 보세요.

☐ **행진하다** : 여럿이 줄을 지어 앞으로 걸어가다.

☐ **웅장하다** : 감탄을 일으킬 만큼 규모가 크고 으리으리하다.

☐ **행사** : 여럿이 어떤 목적과 계획을 가지고 모임이나 절차를 진행하는 것

☐ **연주하다** : 악기를 다루어 음악을 표현하거나 들려주다.

☐ **지휘봉** : 노래나 연주가 조화를 이루도록 앞에서 이끌 때 쓰는 짧은 막대기

☐ **위엄** : 존경이나 우러러보는 마음을 일으킬 만한 태도나 분위기

☐ **조화** : 여럿이 서로 알맞게 어울려 바람직한 전체를 이루는 것

☐ **기상** : 겉으로 드러나는 씩씩한 정신

☐ **무형 문화재** : 전통 연극·무용·음악과 같이, 훌륭한 문화적 기술이나 기능 중에서 국가의 중요한 재산으로 지정된 것

☐ **지정되다** : 특별한 지위나 자격을 가지도록 정해지다.

★ 빈칸에 들어갈 낱말을 찾아 알맞은 형태로 쓰세요.

01 체험 학습으로 (　　　) 판소리 기능 보유자의 공연을 보러 갔다.

02 지휘자의 (　　　)은/는 음악이 나오는 마술 지팡이 같다.

03 군인이 된 작은 삼촌에게 용감한 (　　　)이/가 느껴졌다.

04 초상화 속 황제는 의젓하고 (　　　)이/가 있는 것 같다.

05 옛날에는 올림픽에서 메달을 따고 오면 거리에서 (　　　)을/를 했다.

06 합창단이 시민들 앞에서 (　　　)하게 애국가를 불렀다.

07 동생은 어릴 때부터 피아노를 잘 (　　　)했다.

08 반장을 하고 싶은 사람이 없어서 내가 반장으로 (　　　)되었다.

09 눈이 오면 학교 (　　　)을/를 취소하기로 했다.

10 나는 전학을 간 학교의 반 아이들과 잘 (　　　)되기를 바라고 있다.

[01~06] 주어진 뜻풀이에 해당하는 낱말에 ○표 하세요.

01 한 지역에서만 나는 생산물로, 그 지역을 대표하는 유명한 물건 :
(부산물 , **특산물**)

02 변하거나 발전하는 일의 여러 과정의 하나 : (**단계** , 중계)

03 종이로 된 돈 : (**지폐** , 동전)

04 끼어서 함께 일하다. : (**참여하다** , 찬양하다)

05 비슷하거나 늘 있는 일이 벌어지는 매일 : (**일상** , 이상)

06 존경이나 우러러보는 마음을 일으킬 만한 태도나 분위기 :
(**위엄** , 우연)

[07~10] 주어진 자음자와 뜻풀이를 참고하여 빈칸에 알맞은 낱말을 써넣으세요.

07 ㅅ ㅅ 되다 : 가치가 있는 일이나 사물이 만들어지다.
➡ 이 지방에서는 밀, 조, 수수, 콩 따위의 밭작물이 많이 (　　　)되고 있다.

08 ㅇ ㅇ 하다 : 도움이 되거나 이로울 만한 것이 있다.
➡ 교과서에는 학생들의 교육에 (　　　)한 지식이 많이 담겨 있다.

09 ㅎ ㅅ : 사람이나 물건의 겉으로 나타나 보이는 모양
➡ 예술가들은 신의 (　　　)이/가 사람과 비슷할 것이라고 생각했다.

10 ㅌ ㅍ : 바람이 통하게 하는 것
➡ 한옥은 햇빛이 잘 들고 (　　　)이/가 잘 되는 장점이 있다.

★ **정확히 아는 낱말에는 ☑ 표시를 해 보세요.**

☐ **명예** : 세상 사람들로부터 받는 높은 평가와 그에 따르는 영광

☐ **체면** : 남을 대하기에 떳떳한 태도나 입장

☐ **중심** : 가장 중요하고 기본이 되는 부분

☐ **주변** : 어떤 대상의 둘레 부근

☐ **범위** : 어떤 활동이나 상태가 미치거나 벌어질 수 있는 한계

☐ **도리** : 사람이 마땅히 지켜야 할 바른 이치

☐ **고되다** : 하는 일이 괴롭고 힘들다.

☐ **활용하다** : 무엇이 지니고 있는 기능이나 능력을 제대로 잘 쓰다.

☐ **풍부하다** : 남을 만큼 넉넉하고 아주 많다.

☐ **흔하다** : 드물지 않고 매우 많이 있어 구하기 쉽다.

★ **빈칸에 들어갈 낱말을 찾아 알맞은 형태로 쓰세요.**

01 그녀는 너무 배가 고파서 (   )을/를 차릴 새도 없이 허겁지겁 밥을 먹었다.

02 이제는 온라인 상으로 사람을 사귀는 일이 (   ).

03 시험 (   )이/가 너무 넓어서 공부를 하기 힘들다.

04 쓰레기통 (   )이/가 깨끗하지 않으면 벌레가 생기기 쉽다.

05 굶어 죽어 가는 사람이 앞에 있을 때 먹을 것을 챙겨 주는 것은 사람으로서 마땅히 지켜야 할 (   )이다.

06 돈보다는 (   )을/를 더 바라는 사람들이 있다.

07 서울은 대한민국의 경제와 문화의 (   )이다.

08 컴퓨터를 (   )해서 정보를 쉽게 얻을 수 있었다.

09 사우디아라비아가 속한 중동 지방에는 석유가 (   )하다.

10 해야 할 일은 많은데 시간은 적어서 힘들고 (   ).

★ 정확히 아는 낱말에는 ☑ 표시를 해 보세요.

☐ **청동기** : 청동으로 만든 그릇이나 기구

☐ **무덤** : 죽은 사람이나 동물을 땅에 묻고, 비석 등을 세워 표시해 놓은 곳

☐ **지위** : 사회적으로 차지하는 신분의 높낮이나 등급, 또는 수준

☐ **추측되다** : 어떤 사실이 미루어져 생각되어 다른 무엇으로 헤아려지다.

☐ **집작하다** : 사정이나 형편 등을 대강 알아차리다.

☐ **그물추** : 그물이 물속에 가라앉도록 그물 끝에 매다는 돌이나 쇠붙이

☐ **유물** : 과거의 조상들이 후세에 남긴 물건

☐ **지정되다** : 특별한 지위나 자격을 가지도록 정해지다.

☐ **유적지** : 역사적 유물이나 유적이 있는 장소

☐ **전시관** : (물건을) 잘 벌여 놓고 여러 사람에게 보이기 위한 건물

★ 빈칸에 들어갈 낱말을 찾아 알맞은 형태로 쓰세요.

01 그는 (   )을/를 매달아 그물을 가라앉게 했다.

02 우리나라에서는 사람이 죽으면 보통 (   )에 묻거나 화장을 한다.

03 청동 거울이나 청동 검은 (   ) 시대의 대표적인 유물이다.

04 (   ) 입구마다 관람을 위해 사람들이 줄을 지어 서 있었다.

05 경주에는 첨성대 같이 신라 시대와 관련된 (   )이/가 많다.

06 우리는 집에 잠깐 들렀다가 (   )된 장소로 모이기로 했다.

07 빗살무늬 토기는 신석기 시대를 대표하는 (   )이다.

08 지구는 매우 넓어서 다 보는 데 얼마나 걸릴 지 (   )하기 힘들다.

09 (   )이/가 높아지면 책임도 커지기 마련이다.

10 고려 시대의 것으로 (   )되는 도자기들이 바닷속에서 무더기로 발견되었다.

★ 정확히 아는 낱말에는 ☑ 표시를 해 보세요.

☐ **용품** : 어떤 일에 쓰이거나 필요한 물품
☐ **재료** : 물건을 만들 때 그것의 구성 요소가 되는 물질
☐ **물질** : 세상의 온갖 것을 이루며, 보고 만질 수 있거나 과학적으로 다룰 수 있는 것
☐ **프로** : 어떤 일을 전문으로 하거나 그런 지식이나 기술을 가진 사람
☐ **안전** : 아무 탈이 없고 위험이 없는 것
☐ **단면** : 물체의 잘린 면

☐ **금속** : 쇠·금처럼 번들거리는 빛깔이 있고 빛이 통하지 않으며, 열과 전기를 통과시키는 성질이 있는 단단한 물질
☐ **코르크** : 코르크나무의 두꺼운 껍질에서 탄력 있는 부분으로, 병마개·보온·방음 등 여러 곳에 쓴다.
☐ **충격** : 갑자기 심하게 부딪치는 것
☐ **용도** : 돈이나 물건이 쓰이는 곳이나 목적

★ 빈칸에 들어갈 낱말을 찾아 알맞은 형태로 쓰세요.

01 각기 다른 (   )에 맞추어 도구를 사용해야 일이 빨리 끝난다.

02 그 기구는 다루기 전에 (   ) 교육을 꼭 받아야 한다.

03 (   )은/는 물과 기체가 스며들지 못하기 때문에 병마개를 만들 때 많이 사용된다.

04 원래는 올림픽에 (   ) 운동선수는 나갈 수 없었다.

05 그녀는 손재주가 좋아서 온갖 (   )을/를 만들어 쓰고 있다.

06 요리를 하기 전에 (   )을/를 준비하려고 시장에 다녀왔다.

07 구를 자르면, (   )은/는 원이 나온다.

08 납은 비교적 낮은 온도에서도 녹는 (   )이다.

09 이 제품은 (   )에 약하기 때문에 조심히 다루어야 한다.

10 오염 (   )을/를 최대한 적게 배출해야 환경을 보호할 수 있다.

★ 정확히 아는 낱말에는 ☑ 표시를 해 보세요.

☐ **쪼개다** : (무엇을) 몇 조각으로 나누거나 가르다.

☐ **원래** : 처음 시작할 때의 것, 처음부터

☐ **계산** : 수를 셈하는 것

☐ **유용하다** : (어떤 데에) 쓸모가 있다.

☐ **전하다** : 오랜 세월 동안 알려져서 내려오다.

☐ **오래되다** : 시간이 지나간 동안이 길다.

☐ **사용되다** : 일정한 목적이나 기능에 맞게 쓰이다.

☐ **결과** : 어떤 일을 하거나 어떤 일이 있은 후에 생긴 상태나 상황

☐ **검산하다** : 계산의 결과가 맞는지를 다시 조사하다.

☐ **역사** : 어떤 사물·인물·조직 등의 대상이 오늘에 이르기까지의 남아 있는 흔적

★ 빈칸에 들어갈 낱말을 찾아 알맞은 형태로 쓰세요.

01 친척을 만난 지도 꽤 (   )되었다.

02 계산을 할 때 실수하지 않으려면 (   )해 보는 것이 좋다.

03 그는 사과를 한 손으로 (   )는 강한 힘을 가지고 있다.

04 나는 (   ) 충청도 사람인데, 서울 사람인 것처럼 친구들을 속였다.

05 인터넷은 내가 찾고 싶은 자료를 빨리 찾을 때 (   )하다.

06 내가 열심히 모았던 돈은 병원비로 (   )되었다.

07 열심히 공부를 한 (   ), 시험 점수가 많이 올랐다.

08 몇 번이고 다시 (   )을/를 했는데 계속 다른 답이 나왔다.

09 우리나라는 반만년의 (   )을/를 가지고 있다.

10 《삼국유사》에 (   )는 선화 공주와 서동의 이야기가 드라마로 만들어졌다.

★ 정확히 아는 낱말에는 ☑ 표시를 해 보세요.

☐ **보약** : 몸의 기운을 회복시키거나 높여 주는 한약

☐ **말리다** : (어떤 행동을) 하지 못하게 타이르거나 권유하다.

☐ **무리하다** : 정도가 지나치거나 상식에서 벗어나다.

☐ **피로** : 몸이나 마음을 심하게 써서 지치고 기운이 없는 상태

☐ **분해하다** : 결합되어 있는 것을 여러 조각으로 가르다.

☐ **영양분** : (식품에 들어 있는) 영양이 되는 성분

☐ **분비되다** : 몸속의 일부 기관과 세포에서 여러 가지 물질을 만들어 몸에서 퍼지거나 나오다.

☐ **회복** : 약해지거나 나빠진 상태를 예전의 좋은 상태로 되돌리는 것

☐ **재정비** : 다시 정돈하여 갖춤.

☐ **성장기** : 성장하는 기간이나 시기

★ 빈칸에 들어갈 낱말을 찾아 알맞은 형태로 쓰세요.

01 ( )의 어린이들은 잘 먹고 잘 자고, 적당한 운동을 해야 한다.

02 핸드폰이나 컴퓨터를 많이 보면 눈이 쉽게 ( )해진다.

03 몸에 힘이 없어서 한의원에서 ( )을/를 지어 먹었다.

04 아보카도에는 단백질, 비타민 등이 들어 있어 ( )이/가 풍부하다.

05 선생님께서 싸우는 아이들을 ( )고, 우는 아이들을 달래 주셨다.

06 ( )하지 말고 적당히 쉬어가면서 일해야 건강을 해치지 않는다.

07 눈물이 잘 ( )되지 않으면 눈이 쉽게 메마른다.

08 그들은 사고가 난 후 안전을 위해 모든 장비를 ( )하였다.

09 나이가 들수록 상처가 쉽게 ( )되지 않는다.

10 그는 시계를 ( )하여 고장 난 부품을 갈아 끼웠다.

★ 정확히 아는 낱말에는 ☑ 표시를 해 보세요.

- ☐ **한옥** : 한국의 전통 집
- ☐ **대표적** : 가장 두드러지거나 뛰어나 대표가 될 만한 것
- ☐ **짚** : 벼의 이삭을 떨어낸 마른 줄기와 잎
- ☐ **얹다** : (무엇을 무엇 위에) 올려놓거나 갖다 대다.
- ☐ **마루** : 온돌 없이 안방과 건넌방 사이에 나무판을 깔아 놓은 곳

- ☐ **헛간** : 문짝이 없고 지붕과 벽만 있는 창고
- ☐ **백성** : (옛날에) 일반 평민
- ☐ **양반** : (조선 시대에) 신분이 높은 상류 계층 사람
- ☐ **인기** : 무엇에 대해서 쏠리는, 많은 사람들의 관심이나 좋아하는 마음
- ☐ **특성** : 어떤 사물에만 있거나 또는 그것의 특징을 나타내는 성질

★ 빈칸에 들어갈 낱말을 찾아 알맞은 형태로 쓰세요.

01 선인장은 건조한 곳에서도 잘 자라는 (   )이/가 있다.

02 내가 좋아하는 배우는 아름다운 외모 덕분에 (   )이/가 많다.

03 100년 전만 해도 (   )(으)로 신발을 만들어서 신고 다녔다.

04 우리 가족의 꿈 중에 하나는 전통 (   )에서 사는 것이다.

05 (   )에 누워 솔솔 불어오는 바람을 맞으면 기분이 좋다.

06 농부는 곡식을 (   )에 쌓아 놓고 시간이 날 때마다 정리했다.

07 왕은 나라의 근본인 (   )을/를 사랑하고 바른 길로 이끌어야 한다.

08 그는 돈으로 족보를 사서 (   )인 척하다 벌을 받았다.

09 가슴에 손을 (   )고 생각해 보면 거짓말을 쉽게 하지 못할 것이다.

10 배와 사과는 (   )인 가을 과일이다.

[01~06] 주어진 뜻풀이에 해당하는 낱말에 ○표 하세요.

01 어떤 대상의 둘레 부근 : (주변 , 중심)

02 사회적으로 차지하는 신분의 높낮이나 등급, 또는 수준 : (지위 , 지휘)

03 어떤 일에 쓰이거나 필요한 물품 : (물질 , 용품)

04 수를 셈하는 것 : (계산 , 통계)

05 몸이나 마음을 심하게 써서 지치고 기운이 없는 상태 : (피구 , 피로)

06 가장 두드러지거나 뛰어나 대표가 될 만한 것 : (객관적 , 대표적)

[07~10] 주어진 자음자와 뜻풀이를 참고하여 빈칸에 알맞은 낱말을 써넣으세요.

07 ㅁ ㅇ : 세상 사람들로부터 받는 높은 평가와 그에 따르는 영광
➡ 그는 학교 대표로 전국 대회에서 상을 받아 학교의 (   )을/를 드높였다.

08 ㅁ ㄷ : 죽은 사람이나 동물을 땅에 묻고, 비석 등을 세워 표시해 놓은 곳
➡ 나는 할아버지의 (   )에 따라가서 절을 했다.

09 ㅇ ㄷ : 돈이나 물건이 쓰이는 곳이나 목적
➡ 식칼은 음식을 하는 (   )(으)로만 사용해야 한다.

10 ㅌ ㅅ : 어떤 사물에게만 있거나 또는 그것의 특징을 나타내는 성질
➡ 물은 얼리면 부피가 커지는 (   )을/를 가지고 있다.

★ **정확히 아는 낱말에는 ☑ 표시를 해 보세요.**

☐ **지진** : 화산 활동이나 땅속 물질이 움직여서 땅이 흔들리는 현상

☐ **행동하다** : 몸을 움직여 어떤 짓을 하거나 일을 하다.

☐ **보호** : 사람이나 사물이 위험·곤란을 당하지 않게 지키고 보살펴 주다.

☐ **요령** : 경험으로부터 얻은 좋은 방법

☐ **확보하다** : 확실히 차지하다.

☐ **대피하다** : 위험이나 피해를 임시로 피하다.

☐ **산사태** : 비가 많이 내려 산에서 돌과 흙이 한꺼번에 무너져 내리는 것

☐ **차단하다** : 끊거나 막아서 서로 통하지 못하게 하다.

☐ **실제** : 있는 그대로의 상태나 사실

☐ **특별하다** : 보통과 구별되게 다르다.

★ **빈칸에 들어갈 낱말을 찾아 알맞은 형태로 쓰세요.**

01 그녀는 (　　　　)보다 과장하여 말하는 버릇이 있다.

02 우박이 떨어져서 우리는 가까운 건물 안으로 (　　　　)했다.

03 그들은 히말라야를 오르다가 (　　　　)이/가 연달아 일어나서 등반을 멈추어야 했다.

04 자동차를 운전할 때는 앞차와의 안전거리를 (　　　　)해야 한다.

05 내가 애완견에게 가지고 있는 감정은 아주 (　　　　)하다.

06 방금 발생한 큰 (　　　　)(으)로 인해 건물들이 흔들렸다.

07 눈앞에 사건이 닥쳤을 때일수록 침착하게 (　　　　)해야 한다.

08 환경을 (　　　　)하려면 어떤 일을 해야 할지 고민해 보아야 한다.

09 내 친구는 (　　　　)이/가 있어서 빠르고 깔끔하게 청소한다.

10 마스크를 써야 미세 먼지를 어느 정도 (　　　　)할 수 있다.

★ **정확히 아는 낱말에는 ☑ 표시를 해 보세요.**

☐ **성탄절** : 예수가 태어난 날로 12월 25일, 크리스마스

☐ **교통수단** : 배·비행기처럼 사람이나 물건을 실어 나르는 데에 쓰는 도구

☐ **자연환경** : 인간 생활을 둘러싸고 있는 자연의 조건이나 상태

☐ **영향** : 무엇에 원인이 되거나 힘을 미치어 반응이나 변화가 생기게 하는 것

☐ **건조하다** : 물기가 말라서 없다.

☐ **저장되다** : (나중에 쓰기 위하여) 물질이나 물건 따위가 모아져서 보관되다.

☐ **견디다** : (어려움을) 참아 내다.

☐ **매섭다** : (추위나 바람이) 매우 심하다.

☐ **뒤덮이다** : (빈 곳이 없게 무엇으로) 모두 가려 덮이다.

☐ **극지방** : 남극 지방과 북극 지방

★ **빈칸에 들어갈 낱말을 찾아 알맞은 형태로 쓰세요.**

01 그는 배고픔과 목마름을 참고 (   )다 못해 기절하였다.

02 쓰레기를 함부로 버리면 (   )에 좋지 않다.

03 남극과 북극은 (   )에 속한다.

04 계속된 가뭄 때문에 땅이 굉장히 (   ).

05 늦가을인데도 한겨울같이 바람이 (   ).

06 제주도에 갈 때 이용할 수 있는 (   )에는 배와 비행기가 있다.

07 어릴 때 습관은 어른이 되어서까지 (   )을/를 끼친다.

08 이번 (   )에는 눈이 왔으면 좋겠다.

09 모래 위에서 공을 차고 놀았더니 신발이 모래로 (   )였다.

10 식량은 창고에 충분히 (   )되어 있다.

★ 정확히 아는 낱말에는 ☑ 표시를 해 보세요.

☐ **속담** : 옛날부터 사람들 사이에서 전하여 오는, 교훈이나 풍자가 담긴 짧은 말

☐ **뽐내다** : (자기의 것을) 남에게 보이며 자랑하다.

☐ **투명하다** : 속까지 환히 보일 만큼 맑다.

☐ **부화하다** : 동물의 새끼가 알을 깨고 밖으로 나오다.

☐ **허파** : 동물의 가슴 속에 있는, 숨 쉬는 데에 쓰는 기관

☐ **생김새** : 전체의 생긴 모양

☐ **아가미** : 물고기처럼 물에 사는 동물의 머리 속에 있어서 물속의 산소를 받아들이는 기관

☐ **사체** : (사람이나 짐승 등의) 죽은 몸뚱이

☐ **물갈퀴** : 개구리·기러기·오리 등의 발가락 사이에 있어서 헤엄을 치기에 알맞은 얇은 막

☐ **신비하다** : 매우 놀랍고 신기하다.

★ 빈칸에 들어갈 낱말을 찾아 알맞은 형태로 쓰세요.

01 그는 크게 숨을 들이쉬어 (   )에 공기를 가득 채웠다.

02 어항 속의 물고기는 (   )을/를 뻐끔거리면서 내 눈 앞을 지나갔다.

03 며칠 전에 죽은 것으로 보이는 동물의 (   )이/가 도로 위에 있었다.

04 외국인 친구가 한국말을 더 잘 하려고 (   )을/를 익히고 있다.

05 닭들이 품고 있던 달걀들이 하루가 지나자 병아리로 (   )했다.

06 강물에 비치는 달빛은 아름답다 못해 (   )하기까지 하다.

07 그녀는 살빛이 창백할 정도로 (   )해서 기억에 남는다.

08 개구리의 발을 펼쳐 보면 발가락 사이에 (   )이/가 달려 있다.

09 사람마다 (   )이/가 다르듯이 생각도 달라서 의견을 하나로 모으기가 힘들었다.

10 그녀는 새로 산 옷을 (   )다가 새똥을 맞고 울상이 되었다.

★ **정확히 아는 낱말에는 ☑ 표시를 해 보세요.**

☐ **성가대** : 교회에서 예배를 돕는 노래를 부르기 위하여 조직된 합창단

☐ **지휘자** : (음악에서) 합창이나 합주를 지휘하는 사람

☐ **음정** : 높이가 다른 두 음 사이의 간격

☐ **찬송가** : 하나님을 높이 받들어 부르는 노래

☐ **자리 잡다** : (질서·제도 등이) 정착되다.

☐ **정확하다** : 바르고 확실하여 틀림이 없다.

☐ **장점** : 좋거나 나은 점

☐ **발음하다** : (목청·혀·이·입술 등을 이용하여) 말의 소리를 내다.

☐ **해당하다** : 무엇에 잘 어울리거나 바로 들어맞다.

☐ **배경** : 사건이나 환경, 인물 따위를 둘러싼 주위의 모습이나 형편

★ **빈칸에 들어갈 낱말을 찾아 알맞은 형태로 쓰세요.**

01 나는 (　　　)이/가 좋은 사진을 찍기 위해 이곳저곳을 돌아다녔다.

02 새로 만든 규칙이 잘 (　　　) 잡기 위해서는 모두의 노력이 필요하다.

03 아이슬란드어는 (　　　)하는 것부터 배우기가 어려웠다.

04 시골에 살면 맑은 공기를 마실 수 있다는 (　　　)이/가 있다.

05 성당에서는 매일 저녁 (　　　)이/가 울려 퍼졌다.

06 그 신문은 항상 보도 내용이 (　　　)해서 믿을 수 있다.

07 그녀는 (　　　)에 들어가기 위해 열심히 노래를 연습했다.

08 (　　　)은/는 모든 악기와 목소리를 하나의 음악으로 만들어야 한다.

09 (　　　)와/과 박자를 맞춰서 노래를 부르는 것은 생각보다 어렵다.

10 그는 한 달 치 월급에 (　　　)하는 돈을 공기 청정기를 사는 데 사용했다.

★ 정확히 아는 낱말에는 ☑ 표시를 해 보세요.

☐ **외출** : 집이나 근무지 따위에서 벗어나 잠시 밖으로 나가다.

☐ **시동** : 기계 등이 처음으로 움직이기 시작하는 것, 또는 그렇게 되게 하는 것

☐ **기기** : 기구나 기계

☐ **개입** : 남의 일에 끼어들어 관계하는 것

☐ **적용하다** : 어떤 원칙·이론·방법 등을 실제의 문제나 사실을 해결하거나 설명하는 데에 쓰다.

☐ **유출** : (비밀 등이) 새어 나와 알려지게 되는 것

☐ **방지하다** : 좋지 않은 일이 일어나지 않도록 미리 막다.

☐ **보안** : 안전을 유지하고 보호하는 것

☐ **실시간** : 즉시와 같은 정도로 아주 빠른 시간

☐ **탐지하다** : 드러나지 않은 사실이나 물건 따위를 더듬어 찾아 알아내다.

★ 빈칸에 들어갈 낱말을 찾아 알맞은 형태로 쓰세요.

01 그는 비가 오고 바람이 많이 부는 날씨 때문에 (   )하지 않았다.

02 다양한 사무 자동화 (   )의 등장으로 일 처리가 빨라졌다.

03 나는 (   )(으)로 진행되는 문자 투표에 참여했다.

04 그녀는 자신도 모르는 사이에 엄청난 일에 (   )되어 곤란해졌다.

05 낡은 경운기에 (   )을/를 거는 데만 10분이 걸렸다.

06 최신 기술을 계속 (   )하다 보니 노인들은 스마트폰을 사용하기가 힘들어졌다.

07 컴퓨터 (   )을/를 강화하기 위해서 수시로 업데이트를 해야 한다.

08 운동 전에 준비 운동을 해야 다치는 것을 (   )할 수 있다.

09 개는 후각이 좋아서 마약을 (   )하는 일을 하기도 한다.

10 시험 문제가 일부 (   )되어서 시험을 다시 치르기로 했다.

★ **정확히 아는 낱말에는 ☑ 표시를 해 보세요.**

☐ **유명하다** : 이름이 널리 알려져 있다.

☐ **부인** : 결혼한 여자

☐ **대표하다** : 전체의 상태나 성질을 어느 하나로 잘 나타내다.

☐ **초상화** : 어떤 사람의 얼굴 모습을 그린 그림

☐ **특징** : (다른 것과 비교하여) 특별히 눈에 띄거나 두드러진 점

☐ **의견** : 어떤 사물이나 현상에 대하여 판단하여 가지게 된 일정한 생각

☐ **유행** : 어떤 시기에 사회의 일부나 전체에 두루 퍼지는 몸짓·옷차림·문화 등에 대한 취미

☐ **부유하다** : 재물이 많아 생활이 아주 넉넉하다.

☐ **관심** : 어떤 대상에 쏠리는 감정과 생각, 또는 감정과 생각을 쏠리게 하는 사실

☐ **밝히다** : (모르거나 알려지지 않은 사실을) 알아내거나 증명하다.

★ **빈칸에 들어갈 낱말을 찾아 알맞은 형태로 쓰세요.**

01 나는 그 일에 대해 아무런 ( )이/가 없다.

02 그 친구는 ( )한 가족 덕분에 돈을 거침없이 쓴다.

03 기자는 신문에 정치인들의 잘못이 낱낱이 ( )는 기사를 실었다.

04 나와 다른 ( )을/를 가진 사람들의 말도 잘 들어 주어야 한다.

05 그녀는 빠르게 변하는 ( )을/를 따라잡기 힘들었다.

06 이번 미술 시간에는 짝꿍의 ( )을/를 그릴 것이다.

07 다리를 허우적대면서 걷는 것이 그 친구의 ( )이다.

08 대한민국을 ( )하는 운동선수가 되는 것이 나의 꿈이다.

09 그는 아주 ( )한 작가이지만 알아보는 사람이 아무도 없었다.

10 아파트 단지의 ( )들이 카페에서 아이들에 대해 이야기하고 있다.

[01~06] 주어진 뜻풀이에 해당하는 낱말에 ○표 하세요.

01 화산 활동이나 땅속 물질이 움직여서 땅이 흔들리는 현상 :

(정전 , 지진)

02 물기가 말라서 없다. : (건조하다 , 촉촉하다)

03 전체의 생긴 모양 : (구조 , 생김새)

04 높이가 다른 두 음 사이의 간격 : (박자 , 음정)

05 남의 일에 끼어들어 관계하는 것 : (개입 , 기기)

06 결혼한 여자 : (부부 , 부인)

[07~10] 주어진 자음자와 뜻풀이를 참고하여 빈칸에 알맞은 낱말을 써넣으세요.

07 ㄷ ㅍ 하다 : 위험이나 피해를 임시로 피하다.
➡ 가스 유출 사고가 일어나 지역 주민들이 급하게 다른 지역으로
( )했다.

08 ㅌ ㅈ : 가축이나 농작물이 예전부터 한 지방에서 나는 종류
➡ 진돗개는 한국의 대표적인 ( )개이다.

09 ㅇ ㅊ 하다: 앞으로 일어날 일을 미리 짐작하다.
➡ 아무도 ( )하지 못한 일이 일어나 우리 모두가 당황스러웠다.

10 ㅈ ㅈ : 좋거나 나은 점
➡ 데스크톱과 비교했을 때 노트북의 ( )은/는 가지고 다니기가
편리하다는 것이다.

★ **정확히 아는 낱말에는 ☑ 표시를 해 보세요.**

☐ **성질** : (한 사물이나 현상이 가지고 있는) 다른 것과 구별되는 특징

☐ **끌어당기다** : 끌어서 가까이 오게 하다.

☐ **손쉽다** : 어렵지 않다.

☐ **유용하다** : 쓸모가 있다.

☐ **방충망** : 밖의 파리나 모기 같은 벌레들이 들어오지 못하도록 창이나 문에 치는 그물

☐ **친숙하다** : 늘 보아서 낯설지 않다.

☐ **나침반** : 자석으로 된 바늘이 움직이며 남과 북을 가리켜, 방위를 알 수 있게 하는 기구

☐ **가늠하다** : 사물이나 일이 되어 가는 형편을 헤아리다.

☐ **개념** : 사물이나 현상에 대한 일반적인 지식

☐ **일정하다** : (크기·모양·시간 등이) 하나로 정해져 있다.

★ **빈칸에 들어갈 낱말을 찾아 알맞은 형태로 쓰세요.**

01 ( )에 구멍이 숭숭 뚫려 있어 모기 여러 마리가 들어왔다.

02 배를 타는 사람들에게 ( )은/는 필수용품이다.

03 어제와 오늘 일어난 일들은 비슷한 ( )을/를 갖고 있다.

04 고등학생이 초등학교 수학 문제를 푸는 것은 ( ).

05 교과서에 나온 ( )들을 모조리 외워 시험을 잘 보고 싶다.

06 줄다리기 할 때 줄을 ( )는 힘이 강해야 이길 수 있다.

07 이 소설은 '사랑과 우정'이라는, 우리에게 ( )한 내용을 다루었다.

08 경기는 승패를 ( )하기 어려울 만큼 팽팽하게 진행되었다.

09 거리의 나무들은 ( )한 간격을 두고 심어져 있다.

10 전자계산기가 없던 때에는 주판을 계산기로 ( )하게 사용했다.

★ 정확히 아는 낱말에는 ☑ 표시를 해 보세요.

☐ **표지** : 책의 겉장
☐ **금은보화** : 금, 은, 진주 따위의 매우 귀중한 물건
☐ **감명** : 잊을 수 없는 큰 감동
☐ **못살다** : 성가셔서 견디기 어려워하다.
☐ **까닭** : 어떤 일이 있게 된 사정이나 이유
☐ **줄거리** : 글이나 이야기를 이끌어 나가는 중심이 되는 내용

☐ **감상** : 예술 작품 등의 아름다움을 느끼고 즐기고 이해하는 것
☐ **용서하다** : 잘못이나 죄를 꾸짖거나 벌하지 않고 너그럽게 보아주다.
☐ **권하다** : 어떤 일을 하도록 부추기다.
☐ **인상적** : 어떤 모습의 기억이 오래도록 지워지지 않고 뚜렷이 생각에 남는 것

★ 빈칸에 들어갈 낱말을 찾아 알맞은 형태로 쓰세요.

01 나는 친구에게 큰 잘못을 저질렀는데, 친구는 나를 너그러이 (   )하였다.

02 그녀는 서점에서 (   )만 봐도 흥미로운 책을 발견하고는 얼른 샀다.

03 '많은 (   )을/를 가진다면 얼마나 좋을까?' 하고 상상한다.

04 나는 영화를 보다가 (   )인 부분이 나오면 몇 번이고 다시 본다.

05 부모님과 선생님이 자꾸 운동을 하라고 (   )하신다.

06 친구는 책을 대강 훑어보고는 (   )을/를 바로 파악하였다.

07 요새 (   ) 없이 불안한 마음이 들어 쉽게 잠을 자지 못한다.

08 그녀는 오랜만에 미술 작품을 (   )하면서 시간을 보냈다.

09 그는 자신을 (   )게 괴롭히는 아이들에게 본때를 보여 주기 위해 태권도를 배우기 시작했다.

10 나는 어렸을 때 (   ) 깊게 들은 쇼팽의 피아노곡을 잊지 못한다.

★ 정확히 아는 낱말에는 ☑ 표시를 해 보세요.

☐ **간편하다** : 간단하고 편하고 쉽다.

☐ **해롭다** : (미치는 영향이) 좋지 않다. 이롭지 않다.

☐ **식품 첨가물** : 식료품을 제조·가공할 때 맛을 좋게 하거나 영양 가치를 높일 목적으로 첨가하는 물질

☐ **화학조미료** : 구수하고 감칠맛이 나는 성분을 화학적으로 합성하여 만든 것

☐ **불균형하다** : 어느 편으로 치우쳐 균형이 잡혀 있지 않다.

☐ **트랜스 지방** : 액체 기름을 고체 지방으로 바꾸는 과정에서 생기는 지방. 나쁜 콜레스테롤을 증가시킨다.

☐ **열량** : 음식이나 연료가 내는 힘의 양. 단위는 보통 '칼로리'로 표시한다.

☐ **유발하다** : 어떤 사건이나 현상을 일어나게 하다.

☐ **오해** : 사실과 다르게 잘못 아는 것

☐ **유래** : (어떤 것이) 전부터 전해 내려오는 것. 또는 그 전해져 온 역사

★ 빈칸에 들어갈 낱말을 찾아 알맞은 형태로 쓰세요.

01 이 자전거는 접을 수 있어서 (   )하게 차에 실을 수 있다.

02 반고체 기름을 주로 사용하여 만드는 음식에는 (   )이/가 많다.

03 (   )을/를 적당히 음식에 넣는 것이 나의 요리 비법이다.

04 지역 축제의 (   )은/는 모르지만, 오래된 축제인 것은 알고 있다.

05 우리나라는 도시 개발이 지역적으로 (   )하게 이루어졌다.

06 친구와 (   )이/가 생겨서 다투고 서먹서먹해졌다.

07 정부는 환경 오염을 (   )하는 업체에 벌금을 물렸다.

08 오이, 가지, 파프리카 등은 (   )이/가 낮은 식품이다.

09 과자 포장지를 살펴보면 어떤 (   )이/가 들어 있는지 알 수 있다.

10 어떤 음식이든 너무 많은 양을 한 번에 먹으면 몸에 (   ).

★ 정확히 아는 낱말에는 ☑ 표시를 해 보세요.

- ☐ **종종** : 가끔, 때때로
- ☐ **답하다** : 물음이나 편지 따위에 반응하다.
- ☐ **의문** : 이상하거나 수상하여 사실이나 진실을 알고 싶은 것
- ☐ **애매하다** : 아리송하고 분명하지 못하다.
- ☐ **궁금증** : 매우 궁금한 느낌
- ☐ **표기하다** : 문자나 기호를 써서 말이나 생각을 적다.

- ☐ **기호** : 어떠한 뜻을 전달하기 위한 일정한 표시
- ☐ **통일하다** : 갈라진 여럿을 모아 하나로 만들다.
- ☐ **자릿값** : 숫자의 자리를 말하며 일·십·백·천·만 등이 있다.
- ☐ **방식** : 무엇을 제대로 하거나 알맞게 다루는 방법이나 형식

★ 빈칸에 들어갈 낱말을 찾아 알맞은 형태로 쓰세요.

01 내 친구는 조그만 일에도 (　　　)이/가 나면 풀릴 때까지 안절부절못하는 성격이다.

02 그녀는 방향 감각이 없어서 (　　　) 길을 잃는다.

03 친구의 이야기를 들어 보면 케이크를 먹고 싶은 것인지, 파이를 먹고 싶은 것인지 (　　　)하다.

04 신라의 문무왕은 삼국을 (　　　)하였다.

05 1000이라는 숫자에서 1의 (　　　)은/는 천이다.

06 나는 수업 시간에 졸다가 선생님께서 한 질문에 (　　　)하지 못했다.

07 유물을 통해 옛날 사람들의 생활 (　　　)을/를 알 수 있다.

08 학교를 나타내는 (　　　)이/가 지역 안내도에 그려져 있다.

09 그는 신청서에 이름을 한글과 영문으로 (　　　)했다.

10 그녀는 젊은 나이에 (　　　)의 사고로 목숨을 잃었다.

★ **정확히 아는 낱말에는 ☑ 표시를 해 보세요.**

☐ **인류** : 사람을 다른 동물과 구별하여 이르는 말

☐ **의사소통** : 어떤 방법이나 수단을 써서 서로 자기의 생각을 주고받는 것

☐ **기록하다** : 어떤 생각이나 사실에 대하여 적다.

☐ **제약** : 일정한 범위를 벗어나는 생활·생각·행위 등을 자유롭게 하지 못하도록 막는 것

☐ **극복하다** : 어렵고 힘든 일을 이겨 내다.

☐ **눈부시다** : 활약이나 업적이 뛰어나다.

☐ **발명하다** : 지금까지 없던 새로운 기술·물건 등을 처음으로 생각해 내거나 만들어 내다.

☐ **통신** : 우편·전신·전화·컴퓨터 등으로 정보나 의사를 전달하는 것

☐ **변화하다** : 무엇의 성질이나 모양이 달라지다.

☐ **최근** : (지금을 기준으로 하여) 가장 나중에 지나간 때나 기간, 바로 얼마 전

★ **빈칸에 들어갈 낱말을 찾아 알맞은 형태로 쓰세요.**

01 한국 전쟁 이후에 우리나라의 경제가 발전한 속도는 (   ).

02 유행하는 옷이나 음악은 시간이 지나면서 빠르게 (   )한다.

03 (   ), 치료가 힘든 전염병이 돌아 많은 사람들이 죽고 있다.

04 콩나물이 자라는 모습을 관찰하면서 하나도 빠짐없이 (   )했다.

05 세탁기를 (   )한 덕분에 빨래하는 데 드는 시간이 크게 줄었다.

06 한국말을 모르는 외국인과 (   )하는 것은 어렵다.

07 (   )은/는 지구를 넘어 우주를 탐험하고 있다.

08 여럿이서 함께 살면 생활에 어느 정도 (   )이/가 있기 마련이다.

09 전화가 잘 안 걸리는 것을 보니 (   ) 상태가 좋지 않은 것 같다.

10 그는 가난을 (   )하기 위해 열심히 노력하고 있다.

★ 정확히 아는 낱말에는 ☑ 표시를 해 보세요.

☐ **무렵** : 일이 일어나거나 벌어지는 시간의 앞뒤의 때

☐ **밑그림** : 나중에 자세하게 그리기 위하여 대상을 대강 그린 그림

☐ **평가** : 가치나 수준을 자세히 따져서 정하는 것

☐ **후반** : 전체를 앞뒤로 둘로 나눈 것의 뒤

☐ **인상** : 무엇을 직접 보거나 듣거나 겪어서, 그것이 마음에 주는 느낌

☐ **색채** : 눈에 띄는 분명한 빛깔

☐ **고려하다** : 관련된 여러 가지 사정을 자세히 따져서 생각하다.

☐ **낯설다** : (보거나 듣거나 경험하지 않아) 익숙하지 않다.

☐ **비판** : 행동·생각·사물을 자세히 따져서 그 옳고 그름, 좋고 나쁨에 대하여 자기의 생각을 밝히는 것, 주로 남의 잘못된 점을 지적하는 것

☐ **개척하다** : 새로운 길, 방법, 활동 분야 등을 찾다.

★ 빈칸에 들어갈 낱말을 찾아 알맞은 형태로 쓰세요.

01 (   )을/를 받아들이지 못하면 성장하기 힘들다.

02 그 회사는 새로운 항공 노선을 (   )하기 위해 노력했다.

03 이번 연극은 관객들에게 좋은 (   )을/를 얻었다.

04 그녀의 그림은 전체적으로 밝은 (   )을/를 사용하였다.

05 (   )을/를 그리지 않고 그림을 그리면 엉망이 되기 쉽다.

06 퇴근 시간 (   )이라 지하철 안은 사람들로 몹시 붐볐다.

07 경기 (   )에 들어서니 선수들의 움직임이 많이 둔해졌다.

08 모든 사람의 입장을 (   )하여 일하는 것은 불가능에 가깝다.

09 10년 만에 만난 친구의 모습은 어딘가 모르게 (   ).

10 그는 조용해서 특별한 (   )이/가 남지 않는다.

[01~06] 주어진 뜻풀이에 해당하는 낱말에 ○표 하세요.

01 끌어서 가까이 오게 하다. : (가로막히다 , 끌어당기다)

02 잊을 수 없는 큰 감동 : (감명 , 광명)

03 어느 편으로 치우쳐 균형이 잡혀 있지 않다. :

(불가피하다 , 불균형하다)

04 가끔 때때로 : (종종 , 항상)

05 사람을 다른 동물과 구별하여 이르는 말 : (인류 , 조류)

06 새로운 길, 방법, 활동 분야 등을 찾다. : (개입하다 , 개척하다)

[07~10] 주어진 자음자와 뜻풀이를 참고하여 빈칸에 알맞은 낱말을 써넣으세요.

07 ㄱ ㄴ 하다 : 사물이나 일이 되어 가는 형편을 헤아리다.
➡ 지도를 보고 내가 어디에 있는지 (   )했다.

08 ㅈ ㄱ ㄹ : 글이나 이야기를 이끌어 나가는 중심이 되는 내용
➡ 나는 책을 읽고 (   )을/를 요약하는 숙제를 하고 있다.

09 ㅌ ㅇ 하다 : 갈라진 여럿을 모아 하나로 만들다.
➡ 이산가족은 남북한의 (   )을/를 누구보다 바라고 있다.

10 ㄱ ㅂ 하다 : 어렵고 힘든 일을 이겨 내다.
➡ 모두가 힘을 합쳐 어려움을 (   )하면 즐겁고 행복한 날이 올
것이라고 믿고 있다.

★ 정확히 아는 낱말에는 ☑ 표시를 해 보세요.

☐ **다짐하다** : 마음이나 뜻을 굳게 가다듬어 정하다.

☐ **생애** : 살아 있는 한평생의 기간

☐ **업적** : 열심히 일하여 이룩해 놓은 결과

☐ **성품** : 성격의 됨됨이

☐ **위인** : 역사적으로 훌륭한 업적을 이룩한 사람

☐ **비평** : 무엇의 옳고 그름, 좋고 나쁨, 잘되고 잘못된 것을 따져 그 가치를 매기는 것

☐ **요소** : 무엇을 이루는 데 반드시 있어야 할 중요한 물질이나 조건

☐ **사상** : 사회나 정치에 대한 일정한 견해

☐ **각별하다** : 아주 특별하다.

☐ **모질다** : 몹시 매섭고 독하다.

★ 빈칸에 들어갈 낱말을 찾아 알맞은 형태로 쓰세요.

01 그는 그녀의 (   )에 동의하지는 않았지만, 행동을 보면 존경할 수밖에 없다고 생각했다.

02 이렇게 특이한 일은 내 (   ) 처음이라 많이 신기하다.

03 영화를 보고 그에 대한 (   )을/를 읽는 것은 또 하나의 재미이다.

04 그 형제는 부모님 대신 키워 주신 할머니와 할아버지에 대한 사랑이 (   )하다.

05 세종 대왕의 (   )은/는 조선 시대 어느 왕보다도 훌륭하다.

06 우리는 힘닿는 데까지 열심히 해 보겠다고 (   )했다.

07 물은 인간이 살아가기 위한 필수적인 (   )이다.

08 이순신과 같은 (   )이/가 다시 나오기는 힘들 것이다.

09 내 친구는 (   )이/가 바르고 착한 것으로 학교 내에서 유명하다.

10 그녀는 그를 다시 보지 않기 위해 일부러 더 (   )게 대했다.

★ **정확히 아는 낱말에는 ☑ 표시를 해 보세요.**

- ☐ **조각** : 한 물건에서 따로 떼 내거나 떨어져 나온 작은 부분
- ☐ **전체** : 무엇의 모든 부분
- ☐ **부분** : 전체를 이루는 여러 작은 쪽이나 요소들의 하나
- ☐ **꼴** : 겉으로 나타난 모양
- ☐ **분모** : 분수 또는 분수식에서, 가로줄 아래에 있는 수나 식
- ☐ **유용하다** : (어떤 데에) 쓸모가 있다.

- ☐ **분자** : 분수 또는 분수식에서, 가로줄 위에 있는 수나 식
- ☐ **합하다** : 둘 이상의 수나 식을 더하다.
- ☐ **자연수** : 1부터 시작하여 하나씩 더하여 얻는 수를 통틀어 이르는 말로, '1, 2, 3' 등을 말함.
- ☐ **표현하다** : 느낌이나 생각을 말, 글, 예술 작품 등으로 나타내다.

★ **빈칸에 들어갈 낱말을 찾아 알맞은 형태로 쓰세요.**

01 케이크가 커서 여덟 ( )을/를 내서 하나만 먹어도 배가 불렀다.

02 3과 6을 ( )하면 9이다.

03 비행기는 먼 곳으로 빠르게 가고 싶을 때 ( )하다.

04 ( )이/가 분모보다 큰 분수를 가분수라고 한다.

05 ( )이/가 클수록 분수의 크기는 작아진다.

06 싫어하는 사람은 ( )도 보고 싶지 않다.

07 시인은 시를 써서 자신의 생각을 ( )한다.

08 도시 ( )의 전기가 나가면서 시민들이 큰 불편을 겪었다.

09 1, 2, 3은 모두 ( )이다.

10 나는 사과의 썩은 ( )을/를 잘라 냈다.

★ **정확히 아는 낱말에는 ☑ 표시를 해 보세요.**

☐ **환경오염** : 사람이 자연환경을 더럽히는 것

☐ **외부** : 어떤 물체나 테두리의 바깥쪽

☐ **차단되다** : 끊어지거나 막혀 서로 통하지 못하게 되다.

☐ **행성** : 지구와 같이 태양의 둘레를 도는 별

☐ **거주** : 사람이 일정한 구역에 머물러 사는 것

☐ **구역** : 한 지역을 어떤 기준이나 특성에 따라 여럿으로 나누어 놓은 것의 하나

☐ **농업** : 농작물을 심고 가꾸는 직업이나 산업

☐ **보존하다** : 중요하거나 가치가 있는 것을 잘 보살펴서 그대로 남아 있게 하다.

☐ **원리** : 기본이 되는 이치나 법칙

☐ **소재** : 글의 내용이 되는 재료

★ **빈칸에 들어갈 낱말을 찾아 알맞은 형태로 쓰세요.**

01 공장에서 나오는 매연과 썩은 물은 (   )의 큰 원인이다.

02 산책할 수 있는 공원이 있는 곳 근처에 (   )하고 싶다.

03 지구는 태양 주위를 도는 (   )이다.

04 우리 주위의 어떤 것이든 글의 (   )이/가 될 수 있다.

05 많은 과학자들은 우주가 만들어진 (   )을/를 탐구한다.

06 전통이나 문화유산은 (   )할 가치가 있다.

07 우리나라에서 (   )을/를 직업으로 삼는 사람이 갈수록 줄어들고 있다.

08 개발 제한 (   )에는 건물을 마음대로 지을 수 없다.

09 창문을 닫더라도 바깥 공기가 완전히 (   )되지는 않는다.

10 회사의 비밀이 담긴 서류를 (   )(으)로 내보내면 안 된다.

DAY 28 핵심 낱말 + 확인 문제

> 정답 46쪽

★ **정확히 아는 낱말에는 ☑ 표시를 해 보세요.**

☐ **광활하다** : 막힌 데가 없이 트이고 넓다.

☐ **대륙** : 바다 위에 드러나 있는 넓고 커다란 땅덩어리

☐ **대도시** : 지역이 넓고 인구가 많으며, 정치적·경제적·문화적 활동의 중심이 되는 큰 도시

☐ **적당하다** : (어떤 일에) 잘 어울리고 알맞다.

☐ **대원** : 부대나 집단을 이루고 있는 사람

☐ **머물다** : '머무르다(어떤 곳에서 자거나 생활하다.)'의 준말

☐ **기지** : 어떤 특별한 활동을 벌이기 위한 근거로 삼은 장소

☐ **원주민** : 어떤 지역에 본래부터 살던 사람

☐ **신비** : 일이나 현상 따위가 사람의 힘이나 지혜 또는 보통의 이론이나 상식으로는 도저히 이해할 수 없을 만큼 신기하고 묘한 일이나 비밀

☐ **대부분** : 절반이 훨씬 넘어 전체에 가까운 수효나 분량

★ **빈칸에 들어갈 낱말을 찾아 알맞은 형태로 쓰세요.**

01 그의 꿈은 우주의 (　　　　)을/를 밝히는 과학자가 되는 것이다.

02 우리 국토의 (　　　　)은/는 산으로 되어 있다.

03 구조(　　　　)들은 사람을 구하기 위해 무너질 듯한 건물로 들어갔다.

04 서울, 뉴욕, 도쿄는 모두 (　　　　)이다.

05 대한민국은 아시아 (　　　　)에 있는 국가이다.

06 태평양은 (　　　　)해서 끝이 보이지 않는다.

07 우리는 여름휴가 동안 제주도에서 3박 4일을 (　　　　)렀다.

08 그들은 간도 등지에 독립운동을 위한 (　　　　)을/를 세웠다.

09 물이 깊지 않은 곳이라서 아이들이 수영하기에 (　　　　)하다.

10 미국은 아메리카 대륙의 (　　　　)을/를 몰아내고 그 땅에 세워졌다.

★ 정확히 아는 낱말에는 ☑ 표시를 해 보세요.

☐ **도복** : 유도나 태권도 따위를 할 때 입는 운동복

☐ **절도** : 행동이 규칙적이고 질서가 있는 것

☐ **고유하다** : (오래된 집단이나 사물 등이) 본래부터 지니고 있다.

☐ **무예** : 칼·활·몸 등을 써서 싸우는 기술에 관한 재주

☐ **중점** : 가장 중요하게 생각하는 점

☐ **발달하다** : 학문, 기술, 문명, 사회 따위의 현상이 보다 높은 수준에 이르다.

☐ **무조건적** : (어떤 일을 하는 데) 아무런 조건이나 거리낌이 없는 것

☐ **배려하다** : 관심을 가지고 보살펴 주다.

☐ **엄격하다** : 정해진 규칙을 그대로 따르는 것이 매우 분명하다.

☐ **심신** : 마음과 몸, 정신과 육체

★ 빈칸에 들어갈 낱말을 찾아 알맞은 형태로 쓰세요.

01 맑은 공기를 마시며 운동을 하니까 (   )이/가 상쾌해지는 것 같다.

02 태껸은 우리나라의 전통 (   )이다.

03 의학 기술이 (   )하면서 평균 수명이 늘어나고 있다.

04 아이들이 (   )을/를 입고 구령에 맞춰 태권도 동작을 하고 있다.

05 한복은 우리 민족 (   )의 옷이다.

06 그는 군인이라면 행동 하나하나에도 언제나 (   )이/가 있어야 한다고 생각한다.

07 노약자들을 (   )하는 친구의 마음이 아름답다고 생각한다.

08 교장 선생님은 매우 (   )해서 아이들이 무서워한다.

09 기독교에서는 하나님이 (   )인 사랑을 베푼다고 가르친다.

10 그녀는 인성 교육에 (   )을/를 두고 아이들을 키웠다.

★ 정확히 아는 낱말에는 ☑ 표시를 해 보세요.

☐ **수증기** : 물이 증발하여 기체로 된 것

☐ **상태** : 어떤 때에 사물이 보여 주는 모양이나 놓여 있는 형편

☐ **주변** : 어떤 대상의 둘레 부근

☐ **부피** : 입체가 차지하는 공간의 크기

☐ **일정하다** : 한 가지로 정해져서 한결같이 똑같다.

☐ **엎지르다** : (그릇에 담긴 액체 등을) 밖으로 쏟아지게 하다.

☐ **피스톤** : 주사기 따위의 물건 안에서 왕복 운동을 하는, 원통이나 원판 모양으로 된 부품

☐ **압력** : 누르거나 미는 힘

☐ **자유자재** : 자기가 원하는 대로 자유롭고 막힘이 없는 것

☐ **변신하다** : 몸·모습, 또는 마음을 전과 다르게 바꾸다.

★ 빈칸에 들어갈 낱말을 찾아 알맞은 형태로 쓰세요.

01 물을 끓이면 (   )이/가 된다.

02 그녀는 학교 선생님에서 성공한 사업가로 (   )했다.

03 현관문에 쌓인 택배의 (   )이/가 커서 밖이 보이지 않았다.

04 그는 피아노를 (   )(으)로 다룰 수 있다.

05 환자는 충격을 받고 말을 잃은 (   )이다.

06 등산가들은 산을 (   )한 속도로 오르고 있었다.

07 물속 깊은 곳에서는 (   )이/가 땅 위보다 더 크다.

08 물을 퍼 올리는 기계는 (   )의 왕복 운동에 의해 작동하기 시작했다.

09 끈적끈적한 음식을 바닥에 (   )면 깨끗이 닦아 내기가 힘들다.

10 사고를 당하면 도와주는 (   ) 사람들도 힘이 든다.

[01~06] 주어진 뜻풀이에 해당하는 낱말에 ○표 하세요.

01 성격의 됨됨이 : (성품 , 성형)

02 한 물건에서 따로 떼 내거나 떨어져 나온 작은 부분 : (조각 , 조작)

03 농작물을 심고 가꾸는 직업이나 산업 : (농업 , 어업)

04 부대나 집단을 이루고 있는 사람 : (대원 , 재원)

05 가장 중요하게 생각하는 점 : (중점 , 평점)

06 입체가 차지하는 공간의 크기 : (면적 , 부피)

[07~10] 주어진 자음자와 뜻풀이를 참고하여 빈칸에 알맞은 낱말을 써넣으세요.

07 ㅇ ㅇ : 역사적으로 훌륭한 업적을 이룩한 사람
➡ 귀주에서 거란의 침략을 막아 낸 강감찬 장군은 고려 시대의 대표
적인 (　　　)이다.

08 ㅇ ㅂ : 어떤 물체나 테두리의 바깥쪽
➡ 친구와 조용히 이야기했지만 소리가 (　　　)(으)로 새어 나갔다.

09 ㅇ ㄹ : 누르거나 미는 힘
➡ (　　　)이/가 너무 많이 올라가면 폭발할 위험이 있으니 주의해
야 한다.

10 ㅅ ㅅ : 마음과 몸, 정신과 육체
➡ 무엇보다도 (　　　)을/를 건강하게 유지하는 것이 중요하다.

DAY 31 핵심 낱말 + 확인 문제

▶ 정답 46쪽

★ 정확히 아는 낱말에는 ☑ 표시를 해 보세요.

- ☐ **그나마** : 좋지 않거나 모자라기는 하지만 그것이나마
- ☐ **행하다** : 어떤 일을 실제로 해 나가다.
- ☐ **다행** : 일이 뜻밖에 잘되어 운이 좋음.
- ☐ **영양가** : 식품이 가지고 있는 영양 가치
- ☐ **입맛** : 음식을 먹을 때 입에서 느끼는 맛
- ☐ **관습** : 어떤 사회에서 오랫동안 지켜 내려와 그 사회 구성원들이 널리 인정하는 질서나 풍습

- ☐ **벼슬아치** : 관청에 나가서 나랏일을 맡아 보는 사람
- ☐ **슬기롭다** : 사리를 바르게 판단하고 일을 잘 처리해 내는 재능이 있다.
- ☐ **개방하다** : 문이나 어떠한 공간 따위를 열어 자유롭게 드나들고 이용하게 하다.
- ☐ **금지되다** : 법이나 규칙, 명령 따위로 어떤 행위가 이루어지지 못하게 되다.

★ 빈칸에 들어갈 낱말을 찾아 알맞은 형태로 쓰세요.

01 (   )이/가 부족한 음식을 먹는 것은 건강에 좋지 않다.

02 나는 많이 피곤할 때 (   )이/가 없어지기도 한다.

03 (   ) 남아 있던 빵을 다 먹고 나니 배가 쉴 새 없이 꼬르륵거렸다.

04 이 문 너머는 관계자 외 출입이 (   )되어 있는 곳이다.

05 학교 운동장을 지역 주민들에게 (   )했다.

06 큰 화재임에도 불구하고 그중 (   )인 것은 사상자가 없다는 것이다.

07 폭력을 (   )하는 것은 어떤 이유로도 정당화될 수 없다.

08 유교적 (   )은/는 한국 사회에 깊이 자리잡고 있다.

09 그는 어렸을 때부터 워낙 (   )로워서 하나를 가르치면 열을 알았다.

10 (   )들이 자신들의 이익만 생각하면 나라가 어지러워진다.

★ **정확히 아는 낱말에는 ☑ 표시를 해 보세요.**

☐ **권하다** : (좋은 뜻을 가지고 어떤 일을) 하라고 동의를 구하며 청하다.

☐ **사실적** : (사물이나 현상을) 실제로 있는 그대로 그려 내는 것

☐ **개성** : 사람마다 가지고 있는, 남과 다른 특성

☐ **객관적** : 자기 혼자만의 생각이나 감정에서 벗어나, 있는 그대로인 것

☐ **생생하다** : 눈에 보이는 듯 또렷하다.

☐ **주관적** : 자기의 생각이나 의견, 관점을 기초로 하는 것

☐ **동기** : 어떤 특별한 일을 하게 된 심리적인 이유나 원인

☐ **기념** : 중요하거나 특별한 일을 기억에 간직하여 잊히지 않게 하는 것

☐ **안내서** : 어떤 일·장소·행사 등을 소개하여 알려 주는 책

☐ **짚다** : 여럿 중에 하나를 꼭 집어 가리키다.

★ **빈칸에 들어갈 낱말을 찾아 알맞은 형태로 쓰세요.**

01 선배들은 후배들에게 좋은 책을 골라 읽으라고 (   )했다.

02 네가 세계 여행을 떠나게 된 (   )이/가 무엇인지 궁금하다.

03 그녀는 모든 일을 (   )(으)로 해석해 의사소통하기가 힘들다.

04 그는 관광 (   )을/를 기념품처럼 챙기는 취미가 있다.

05 그들은 결혼 30주년을 (   )해서 결혼사진을 다시 찍었다.

06 (   )인 사실을 기반으로 실험하고 관측하는 것은 과학의 기본이다.

07 (   )이/가 강한 사람은 어디를 가나 눈길을 끈다.

08 그녀는 글자를 하나씩 손가락으로 (   )어 가며 아이에게 한글을 가르쳤다.

09 나는 4년 전의 충격적인 장면이 아직도 눈앞에 (   )하다.

10 그 그림에는 300년 전 유럽의 모습이 (   )(으)로 그려져 있다.

★ 정확히 아는 낱말에는 ☑ 표시를 해 보세요.

☐ **뛰어들다** : 날쌔게 움직여 갑자기 들어가거나 들어오다.

☐ **비늘** : 물고기나 뱀과 같은 동물의 거죽을 덮고 있는, 얇고 단단하며 반들반들한 작은 조각

☐ **깃털** : 새의 깃에 붙어 있는 털. 새의 털

☐ **촘촘하다** : (한데 모여 있는 여러 물건의 틈이) 매우 좁거나 작다. 빽빽하다.

☐ **일종** : (흔히 '일종의' 꼴로 쓰여) 어떤

☐ **맞물리다** : (무엇과) 서로 마주 대어지거나 끊기지 않고 연결되다.

☐ **방수** : 물이 스며들거나 새는 것을 막는 것

☐ **참을성** : 잘 참고 견디는 성질

☐ **흡수하다** : (밖에 있는 것을) 안으로 빨아들이다.

☐ **묘사** : 어떤 대상이나 현상을 보이는 대로 말하거나 그리는 일

★ 빈칸에 들어갈 낱말을 찾아 알맞은 형태로 쓰세요.

01 나는 물고기 (   )을/를 긁어내다가 손을 칼에 베였다.

02 북극에 대한 아름다운 (   )을/를 듣고 여행을 떠나고 싶어졌다.

03 거리에는 광복절을 기념하는 태극기가 (   )하게 걸려 있었다.

04 그는 지각할 것 같아 문을 닫으려는 지하철 안으로 (   )었다.

05 7이 행운의 숫자라고 믿는 것은 (   )의 미신이다.

06 새가 날갯짓을 하자 (   ) 하나가 하늘하늘 떨어졌다.

07 물을 흘린 곳에 휴지를 갖다 대자 휴지가 물을 (   )하였다.

08 새로 산 옷은 (   ) 기능이 아주 높아서 비를 맞아도 괜찮다.

09 그녀의 노래는 음정이 불안해 다 들으려면 (   )이/가 필요했다.

10 응원하는 팀의 공격과 수비가 잘 (   ) 경기에서 이겼다.

★ 정확히 아는 낱말에는 ☑ 표시를 해 보세요.

☐ **참가하다** : 어떤 단체에 들거나 일에 끼다.

☐ **정도** : 무엇의 분량이나 수준

☐ **평평하다** : 바닥이 고르고 판판하다.

☐ **지면** : 땅의 표면

☐ **반듯하다** : 찌그러지거나 비뚤어지지 않고 바르다.

☐ **기울다** : 비스듬하게 한쪽이 낮아지거나 비뚤어지다.

☐ **차지하다** : 사물이나 공간, 지위 따위를 자기 몫으로 가지다.

☐ **영향** : 무엇에 원인이 되거나 힘을 미치어 반응이나 변화가 생기게 하는 것

☐ **짐작하다** : 사정이나 형편 등을 대강 알아차리다.

☐ **지점** : 어떤 일정한 곳

★ 빈칸에 들어갈 낱말을 찾아 알맞은 형태로 쓰세요.

01 당산역은 9호선과 2호선으로 환승할 수 있는 (   )이다.

02 피사의 사탑은 (   )어진 채로 무너지지 않고 있다.

03 대한민국은 종합 순위 10위를 목표로 올림픽에 (   )했다.

04 일을 제시간에 끝마치려면 다섯 사람이 한 시간 (   )을/를 쉬지 않고 일해야 한다.

05 두 나라는 그 땅을 (   )하기 위해 긴 전쟁을 치렀다.

06 짝꿍의 글씨체는 매우 (   )하여 어른의 글씨체 같았다.

07 그 바위는 아주 (   )하여 누가 다듬어 놓은 것 같았다.

08 그의 행동을 통해 무엇인가 잘못되었다는 것을 (   )할 수 있었다.

09 안개가 (   )에 짙게 깔려 있어 발밑으로 아무것도 보이지 않았다.

10 아이는 자라면서 부모의 (   )을/를 크게 받는다.

★ 정확히 아는 낱말에는 ☑ 표시를 해 보세요.

☐ **출산** : 아이를 낳는 것

☐ **억제하다** : 정도나 한도를 넘어서 나아가려는 것을 억눌러 그치게 하다.

☐ **장려하다** : 좋은 일에 힘쓰도록 북돋아 주다.

☐ **정책** : 사회적인 문제를 해결하거나 정치적 목적을 실현하기 위한 방법

☐ **육아** : 어린아이를 기름.

☐ **가치관** : 무엇의 가치를 매길 때, 그 매기는 사람의 일정한 생각이나 기준

☐ **선호하다** : 여러 가지 중에서 특별히 좋아하다.

☐ **비용** : 어떤 일을 하는 데 드는 돈

☐ **부담** : 어떤 일을 할 때 마음에 느끼는 어려움, 곤란함.

☐ **시행되다** : 실제로 행해지다.

★ 빈칸에 들어갈 낱말을 찾아 알맞은 형태로 쓰세요.

01 아내가 무사히 (   )을/를 하자 남편은 눈물을 흘리며 기뻐했다.

02 정책이 제대로 (   )되고 있는지 확인이 필요하다.

03 그는 어릴 때부터 본인이 장손이라는 사실이 (   )이/가 되었다고 한다.

04 친구들과 대화를 하다 보면 (   )이/가 달라지기도 한다.

05 국가의 발전을 위해 외국인들의 투자를 (   )하고 있다.

06 쉽게 흥분하는 사람은 감정을 (   )하려는 노력이 필요하다.

07 한국 사람은 전통적으로 남향집을 (   )한다.

08 그는 장관이 되고 나서 기초 과학을 강조하는 (   )을/를 내놓았다.

09 강아지나 고양이를 키우는 데 (   )이/가 너무 많이 든다.

10 (   ) 문제로 어려움을 겪는 맞벌이 부부가 많다.

★ 정확히 아는 낱말에는 ☑ 표시를 해 보세요.

☐ **부딪치다** : (무엇을 어디에) 세게 마주 닿게 하거나 마주 대다.

☐ **원통형** : 둥근 통 모양

☐ **막** : 물건의 표면을 덮고 있는 얇은 물질

☐ **강철** : 열과 압력을 가해 단단하게 만든 쇠로, '스틸'이라고 함.

☐ **봉** : 둘레가 둥근 대

☐ **테두리** : 둘레의 가장자리

☐ **건반** : 피아노, 오르간 따위에서 손가락으로 치도록 된 부분을 늘어놓은 면

☐ **음판** : 떨어서 소리를 내는 쇠붙이나 나무들의 조각

☐ **혼합하다** : 뒤섞어서 한데 합하다.

☐ **오케스트라** : 관악기·현악기·타악기 중 두 가지 이상의 악기로 동시에 연주하는 단체

★ 빈칸에 들어갈 낱말을 찾아 알맞은 형태로 쓰세요.

01 피아노 ( )에는 흰색과 검은색이 있다.

02 ( )의 지휘자는 모든 악기를 하나가 되게 만들어야 한다.

03 남은 음식은 비닐로 된 ( )을/를 덮어 보관해야 한다.

04 나는 ( )(으)로 생긴 물통을 좋아한다.

05 그는 처음에 나무로 된 ( )을/를 사용해서 봉술을 배웠다.

06 핸드폰을 보면서 걷다가 전봇대에 강하게 ( )쳤다.

07 ( )은/는 철에 탄소를 조금 넣어 만들어진다.

08 ( )을/를 어떤 재료로 만들었는지에 따라 각기 다른 소리가 난다.

09 그 목장은 잔디밭 ( )을/를 따라 웬만한 어른의 허리 높이 만한 울타리가 쳐져 있다.

10 모든 색의 물감을 ( )하면 검은색이 된다.

[01~06] 주어진 뜻풀이에 해당하는 낱말에 ○표 하세요.

01 좋지 않거나 모자라기는 하지만 그것이나마 : (그나마 , 하지만)

02 자기 혼자만의 생각이나 감정에서 벗어나, 있는 그대로인 것 :
(객관적 , 주관적)

03 새의 깃에 붙어 있는 털, 새의 털 : (깃털 , 융털)

04 바닥이 고르고 판판하다 : (풋풋하다 , 평평하다)

05 아이를 낳는 것 : (육아 , 출산)

06 뒤섞어서 한데 합하다. : (적합하다 , 혼합하다)

[07~10] 주어진 자음자와 뜻풀이를 참고하여 빈칸에 알맞은 낱말을 써넣으세요.

07 │ ㅇ │ ㅇ │ ㄱ │ : 식품이 가지고 있는 영양 가치
➡ 어머니께서 맛이 좋고 (   )도 높은 음식을 해 주셨다.

08 │ ㅅ │ ㅅ │ 하다 : 눈에 보이는 듯 또렷하다.
➡ 돌아가신 할아버지의 모습은 아직 기억 속에 (   )하게 남아 있다.

09 │ ㅊ │ ㅇ │ ㅅ │ : 잘 참고 견디는 성질
➡ 나는 쉽게 흥분하고 실수를 많이 해서 (   )을/를 길러야 한다.

10 │ ㅈ │ ㄹ │ 하다 : 좋은 일에 힘쓰도록 북돋아 주다.
➡ 우리나라의 출산율이 심각한 수준으로 떨어져서 다양한 방법으로
출산을 크게 (   )해야 한다.

DAY 01

01 기름지다
02 강수량
03 독특하다
04 칼칼하다
05 대표
06 평야
07 풍부하다
08 특산물
09 유명
10 기온

DAY 02

01 처치
02 목적
03 주관적
04 요약
05 객관적
06 정보
07 지식
08 단계
09 구성
10 유익

DAY 03

01 지폐
02 비교
03 천체
04 세대
05 자긍심
06 관측
07 조상
08 슬기
09 보존
10 위인

DAY 04

01 전시회
02 형상
03 감상
04 가치
05 원본
06 복제
07 인정
08 참여
09 암호
10 서명

DAY 05

01 통풍
02 일상
03 뿌리
04 보관
05 독성
06 서늘
07 주의
08 부족
09 경험
10 줄기

DAY 06

01 무형 문화재
02 지휘봉
03 기상
04 위엄
05 행진
06 웅장
07 연주
08 지정
09 행사
10 조화

DAY 01~06
낱말 쑥쑥 종합 테스트

01 특산물
02 단계
03 지폐
04 참여하다
05 일상
06 위엄
07 생산
08 유익
09 형상
10 통풍

DAY 07

01 체면
02 흔하다
03 범위
04 주변
05 도리
06 명예
07 중심
08 활용
09 풍부
10 고되다

DAY 08

01 그물추
02 무덤
03 청동기
04 전시관
05 유적지
06 지정
07 유물
08 짐작
09 지위
10 추측

DAY 09

01 용도
02 안전
03 코르크
04 프로
05 용품
06 재료
07 단면
08 금속
09 충격
10 물질

DAY 10

01 오래
02 검산
03 쪼개
04 원래
05 유용
06 사용
07 결과
08 계산
09 역사
10 전하

DAY 11

01 성장기
02 피로
03 보약
04 영양분
05 말리
06 무리
07 분비
08 재정비
09 회복
10 분해

* 필요한 자료들을
  쉽게 찾을 수 있어요.

* 궁금한 내용은 바로
  상담할 수 있어요.

 전화 문의 (02)333-6080

NAVER [수경출판사 ▼] 🔍 www.book-sk.kr

1. 실력 향상을 위한 다양한 [교재 소개 ▼]

- **고등 교재** : 자이스토리, 개념이지, 형상기억 수학공식집, 바른 개념, 절대평가
  영어, 심플자이, 수력충전, 일등급 수학, 국어 비문학 독해
- **중등 교재** : 자이스토리, 수력충전, 수력충전 스타트, 수력충전 개념총정리, 형상
  기억 수학공식집, 심플자이, 일등급 수학, 국어 독해력 완성, 국어 문학 독해+문학
  용어, 영문법 총정리, 영어 듣기 총정리 모의고사, 포인트 리딩
- **초등 교재** : 자이스토리 국어 독해력 쑥쑥+낱말 쑥쑥, 영문법, 영어 듣기 평가
  모의고사, 초등 자이수학, 수력충전 수학, 수력충전 개념총정리, 융합 학습 만화
  다빈치 시리즈, 세계에서 가장 특별한 이야기, 바로바로 초등 영문법 총정리, 예비
  중등 영어 독해

2. 공부할 때 꼭 필요한 [학습 자료실 ▼]

- **빠른 정답 / 해설지** : 해설지 외에 정답만 알고 싶을 때는 빠른 정답을 보세요.
- **듣기 MP3 / 교재 관련 자료** : 영어 교재 듣기 자료 및 단어장 등이 있습니다.
- **정오표** : 발간 후 발견된 오타, 오답을 확인할 수 있습니다.

3. 궁금하거나 이상한 것이 있으면 [회원 마당 ▼]

- **1:1 문의** : 공부를 하면서 궁금한 내용은 언제든지 상담할 수 있습니다.
- **도서제안** : 공부해 보거나 강의하고 싶은 교재의 기획을 제안할 수 있습니다.

4. 선생님을 위한 강의 지원 서비스 [선생님용 ▼]

- **지문파일** : 문제 한글 및 PDF 파일을 제공합니다.
- **수학문제은행 운영** : DB 문제를 활용, 평가지를 자유롭게 생성하여 학생들의
  학업 성취 평가에 이용 가능합니다.
- **단어 테스트, 어휘 테스트**
- **듣기 파일 MP3**

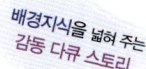

세상에서 가장 특별한 이야기

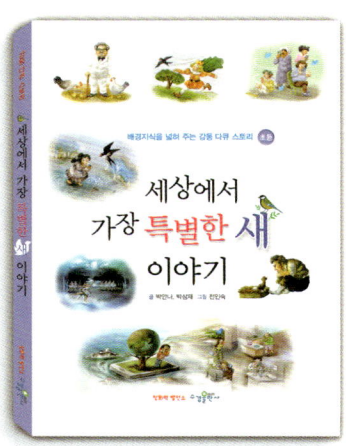

〈세상에서 가장 특별한 이야기〉는

인류의 모든 학문 영역을 넘나드는
엄선된 주제의 아주 특별한 이야기로 구성되어 있어요.
세상에서 가장 특별한 이야기와 함께라면
21세기에 꼭 필요한 사고력과 창의력을 갖춘
융합 인재로 성장할 수 있답니다.

- 새 시대의 우편부가 되어 버린 새, 트위터
- 다윈의 진화론을 낳은 갈라파고스 핀치
- 세상을 따뜻하게 한 왕자와 제비의 우정
- 러시아 발레의 선구자, 차이콥스키의 백조의 호수

| 세상에서 가장 **특별한 빵** 이야기 | 세상에서 가장 **특별한 여왕** 이야기 | 세상에서 가장 **특별한 별** 이야기 | 세상에서 가장 **특별한 사과** 이야기 | 세상에서 가장 **특별한 개** 이야기 |

〈세상에서 가장 특별한 이야기〉 시리즈는 창의력 발전소 수경출판사 가 만듭니다.

좀 더 특별한 내용은 수경출판사 홈페이지와 스토리수경 블로그(http://blog.naver.com/sookyungsto)에서 만날 수 있습니다.

자이스토리

초등
국어 **독해력 쑥쑥**

+낱말쑥쑥

3 학년

수경출판사

독해력이 무엇인가요?

독해력이란 글을 읽은 후 그 뜻을 빠르고 정확하게 이해하는 능력이에요.
글을 읽고 그 뜻을 이해하지 못한다면 그건 그냥 글자를 눈으로 본
것이지 독해한 것이 아니에요.

독해력이 왜 중요한가요?

국어뿐 아니라 사회, 과학, 심지어 영어와 수학까지 모든 교과서는
'글'이에요.
그래서 독해력이 부족하면 교과서 내용이 이해가 안 되고, 문제를
읽어도 무엇을 묻는지 알기 어려워요.

독해력은 어떻게 키우나요?

글의 뜻을 이해하는 것은 글에서 말하는 가장 중요한 내용,
즉 주제가 무엇인지 아는 것이에요.
따라서 독해력을 키우려면 글의 주제를 알아내는 연습을 해야 해요.
하지만 긴 글의 주제를 한 번에 찾는 것은 어려워요.

〈자이스토리 초등 국어 독해력 쑥쑥＋낱말 쑥쑥〉은
글의 주제를 쉽고 빠르게 알아낼 수 있는 6가지 STEP의
독해 연습을 할 수 있어요.
교과서 내용과 관련된 재미있는 글을 읽고,
'지문 술술 이해＋정답 콕콕 특강'과 함께
6가지 STEP을 따라 공부하다 보면
저절로 독해력이 쑥쑥 오릅니다.
결국 모든 과목에서 좋은 성적을 받을 수 있답니다.

독해력이 쑥쑥 오르는 자이스토리 계단식 독해 학습

국어가 쉬워지는 계단식 독해 학습법

STEP 1 > 중심 낱말 찾기
중심 낱말을 찾으면 글에서 가장 중요하게 이야기하는 것이 무엇인지 알 수 있어요.

STEP 2 > 중심 문장 찾기
각 단락의 중심 문장을 찾으면 그 단락에서 이야기하고자 하는 내용을 쉽게 알 수 있어요.

STEP 3 > 단락 요약하기
단락을 요약하면 글 전체의 내용이 머릿속에 쉽게 들어와요.

STEP 4 > 단락 간의 관계 이해하기
단락 간의 관계를 이해하면 글 전체에서 결국 이야기하고자 하는 것을 알 수 있어요.

STEP 5 > 글의 구조 이해하기
글의 구조를 이해하면 글쓴이가 무엇을 이야기하기 위해, 어떤 방식으로 글을 썼는지 알 수 있어요.

STEP 6 > 주제 알아보기
주제를 아는 것은 글의 핵심 내용을 이해하는 것이므로, 주제를 파악하면 글을 완벽히 독해할 수 있어요.

★ 글에서 어떤 것을 먼저 찾아야 내용을 쉽게 이해할 수 있는지, 그 후에는 어떤 과정을 거쳐야 독해를 제대로 하게 되는지를 알기 쉽게 설명하고 있어요.

★ 계단식 독해 연습을 하면 어떤 글이든 빠르게 독해하여 다양한 유형의 문제를 손쉽게 풀 수 있습니다.
그래서 모든 과목의 성적이 쑥쑥 오릅니다.

이 책의 구성과 특징

01 하루에 한 지문씩, 다양한 유형의 문제로 재미있게 독해 시작!

▶ **교과 과정과 연계된 재미있는 지문**
교과서 관련 지문을 난이도별로 담았습니다.

▶ **어휘력을 쑥쑥 높여 주는 '낱말 따라 쓰기'**
낱말을 직접 따라 쓰며 익힐 수 있습니다.

▶ **독해력을 점검할 수 있는 다양한 문제**
직접 써 보는 서술형 문제도 익힐 수 있습니다.

▶ **공부 후 붙임딱지**
지문과 문제의 이해도를 체크할 수 있습니다(152쪽
옆의 붙임딱지 활용).

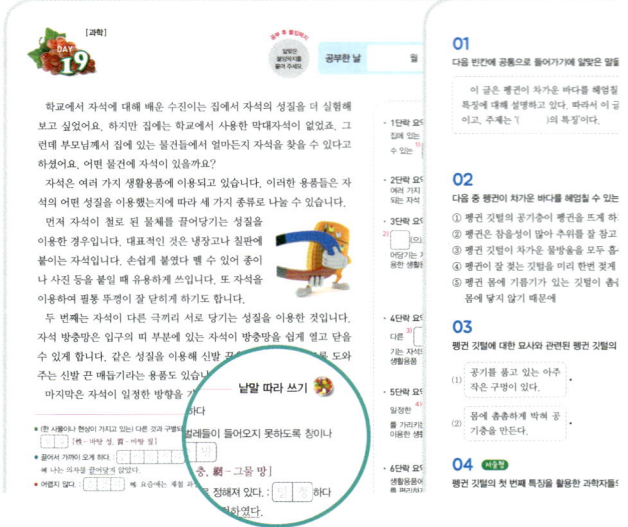

02 독해력을 쑥쑥 높여 주는 STEP 1 ～ 6

▶ **6가지 STEP에 따른 계단식 독해 연습**
STEP별로 각각 6일씩 공부할 수 있습니다.

STEP 1 ▶	STEP 2 ▶	STEP 3 ▶	STEP 4 ▶	STEP 5 ▶	STEP 6 ▶
중심 낱말 찾기	중심 문장 찾기	단락 요약하기	단락 간의 관계 이해하기	글의 구조 이해하기	주제 알아보기

03 나만의 과외 선생님 – 지문 술술 이해, 정답 콕콕 특강

▶ **STEP별 '지문 술술 이해'**
STEP별 학습 내용을 적용하여 지문을 읽는 방법을
자세히 알려 줍니다. 혼자 공부할 때도 지문을 술술,
쉽게 읽을 수 있습니다.

▶ **어려운 문제도 쉽게 푸는 '정답 콕콕 특강'**
다양한 유형의 문제에 어떻게 접근해야 하는지 알려
줍니다. 지문과 〈보기〉 등을 근거로 정답을 콕콕 찾는
방법을 익힐 수 있습니다.

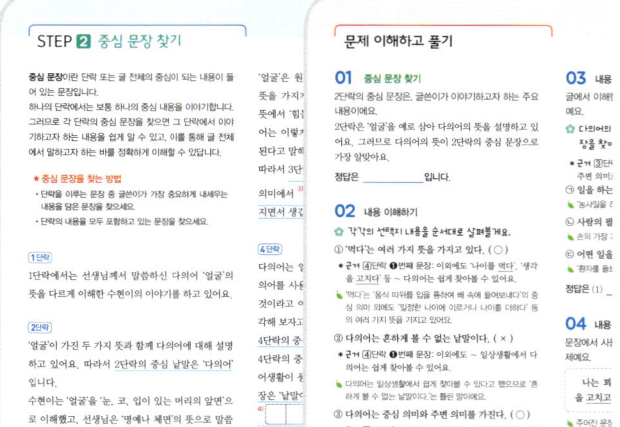

⑭ STEP별 실전 감각 익히기 – 독해력 완성 테스트

▶ **다양한 유형 문제 도전**
STEP별 요소 확인 문제를 기초로, 내용 이해하기, 내용 적용하기, 서술형 문제까지 다양한 유형의 문제를 익힐 수 있습니다.

▶ **상중하 난이도 표시**
기초 문제부터(하 ✿❀❀), 내용 이해 문제(중 ✿✿❀), 고난이도 문제(상 ✿✿✿)를 단계별로 해결하며 도전 정신을 키울 수 있습니다.

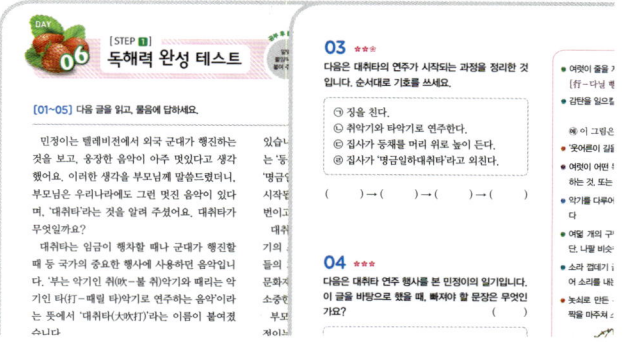

⑮ 낱말 쑥쑥 테스트 + 배경지식으로 독해력의 바탕을 탄탄히!

▶ **낱말 쑥쑥 테스트**
문제를 풀며 낱말을 완벽하게 익힐 수 있습니다.

▶ **지문과 관련된 배경지식**
독해력의 바탕이 되는 지식을 쑥쑥 얻을 수 있습니다.

▶ **특별 부록: 낱말 쑥쑥 총정리 제공!**
DAY별 핵심 낱말 뜻과 확인 문제의 예문을 나만의 사전으로 활용할 수 있습니다. 또한 STEP별 종합 테스트로 어휘력을 쑥쑥 키울 수 있습니다.

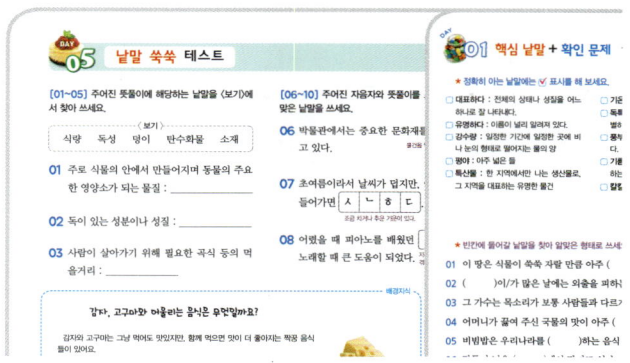

⑯ 글의 내용과 문제를 완벽히 이해시키는 입체 첨삭 해설

▶ **완벽한 지문 이해를 위한 정보 제공**
각 단락 중심 낱말, 전체 중심 낱말, 각 단락 중심 문장, 전체 중심 문장, 단락 요약, 글의 중심 내용 정리, 단락 간의 관계, 글의 구조도, 주제까지 지문을 완벽히 이해할 수 있도록 자세한 정보를 제공합니다.

▶ **쉬운 문제 풀이를 위한 해설 제공**
문제 유형부터 어려운 문제 분석, 근거와 함께 알기 쉽게 풀이한 왜 정답?/왜 오답?, 서술형 채점 기준과 배경지식까지 문제를 입체적으로 분석하고 해석해 놓았습니다.

이 책의 차례 (36일 완성)

독해력 쑥쑥 학습 계획표 36일 완성

- 하루 한 지문씩, 매일 꾸준히 공부하는 학습 계획표입니다.
- 계획표대로 공부한 날은 '확인' 칸에 ✔ 표시를 해 보세요. ✔ 표시가 늘어날수록 독해력이 쑥쑥 높아질 거예요.

DAY	공부한 날짜		확인
01	월	일	
02	월	일	
03	월	일	
04	월	일	
05	월	일	
06	월	일	
07	월	일	
08	월	일	
09	월	일	
10	월	일	
11	월	일	
12	월	일	
13	월	일	
14	월	일	
15	월	일	
16	월	일	
17	월	일	
18	월	일	

DAY	공부한 날짜		확인
19	월	일	
20	월	일	
21	월	일	
22	월	일	
23	월	일	
24	월	일	
25	월	일	
26	월	일	
27	월	일	
28	월	일	
29	월	일	
30	월	일	
31	월	일	
32	월	일	
33	월	일	
34	월	일	
35	월	일	
36	월	일	

STEP 1

중심 낱말 찾기

중심 낱말을 찾고 중심 낱말 위주로 글을 읽으면, 글의 내용을 이해하기가 훨씬 쉬워질 거예요!

★ 중심 낱말이란?

단락 또는 글 전체에서 가장 중요하게 다루는 낱말입니다.

● 중심 낱말을 찾는 이유

각 단락의 중심 낱말을 찾으면 단락에서 가장 중요한 내용이 무엇인지 손쉽게 알 수 있고, 이를 통해 글 전체에서 무엇을 이야기하려고 하는지 빠르게 이해할 수 있어요.
따라서 글의 내용을 잘 이해하려면 가장 먼저 중심 낱말을 찾아야 해요.

☀ 중심 낱말을 찾는 방법

– 단락 혹은 글 전체에서 가장 많이 나오는 말을 찾으세요.
– 단락 혹은 글 전체에서 가장 중심이 되는 말이 무엇인지 살펴보세요.

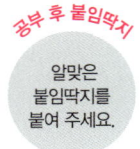
가족들과 강원도로 여행 온 지수는 피자를 먹고 싶었지만, 부모님께서는 강원도의 유명한 막국수를 먹어 보자고 하셨어요. 지수는 지역을 대표하는 음식이 있다는 것이 신기했고 더 알고 싶어져 책을 찾아보기로 했어요.

우리나라는 남북 간에 기온과 강수량의 차이가 큽니다. 또한 북쪽에는 산지가, 남쪽에는 평야가 많은 것처럼 지역에 따라 자연환경이 다릅니다. 이에 따라 지역마다 생산되는 특산물이 다르고, 독특한 음식 문화가 발달하였습니다.

산이 많은 강원도 지역은 주로 밭농사를 지어 감자, 옥수수, 메밀 등이 많이 납니다. 따라서 메밀전병이나 막국수 등 지역에서 많이 나는 재료로 만든 음식이 유명합니다.

▲ 막국수

바다에 접해 있고, 산이 많은 전라도는 해산물과 산나물이 고루 많아 음식의 재료가 다양합니다. 또 따뜻한 날씨에 음식이 잘 상하지 않도록 양념을 많이 넣어 음식이 맵고 짠 편입니다. 그래서 김치와 젓갈, 장류, 장아찌류가 발달하였습니다.

경상도는 남해와 동해가 있어 해산물이 풍부하며, 땅이 기름져 농산물도 많이 생산됩니다. 경상도 음식도 간이 센 편으로, 칼칼하고 감칠맛이 있습니다. 특히 동래파전, 아귀찜 등이 유명합니다.

지수는 이외에도 서울과 경기도는 설렁탕, 충청도는 칼국수, 제주도는 옥돔 미역국 등 지역별로 유명한 음식이 다르다는 것을 알게 됐어요. 그녀는 지역의 특별한 음식을 먹을 수 있는 다음 여행을 기대하고 있답니다.

✏️ 뜻을 정확히 모르는
낱말들을 적어 보세요!

●
●
●
●
●
●
●
●
●
●

낱말 따라 쓰기

● 이름이 널리 알려져 있다. : 유 명 하다

● 메밀가루로 만든 국수를 찬 국물에 넣은 음식 : 막 국 수

● 전체의 상태나 성질을 어느 하나로 잘 나타내다. : 대 표 하다

● 공기의 온도 : 기 온

● 일정한 기간에 일정한 곳에 비나 눈의 형태로 떨어지는 물의 양 : 강 수 량
[降-내릴 강, 水-물 수, 量-헤아릴 량]

● 아주 넓은 들 : 평 야 [平-평평할 평, 野-들 야]

● 인간 생활을 둘러싸고 있는 자연의 조건이나 상태 : 자 연 환 경

STEP 1 중심 낱말 찾기

중심 낱말이란 단락 또는 글 전체에서 가장 중요하게 다루는 낱말입니다.

글의 내용을 이해하려면 가장 먼저 중심 낱말을 찾아야 해요. 각 단락의 중심 낱말을 찾으면 단락에서 가장 중요한 내용이 무엇인지 쉽게 알 수 있고, 이를 통해 글 전체에서 무엇을 이야기하려고 하는지 빨리 이해할 수 있어요.

★ **중심 낱말을 찾는 방법**
- 단락 혹은 글 전체에서 가장 많이 나오는 말을 찾으세요.
- 단락 혹은 글 전체에서 가장 중심이 되는 말이 무엇인지 살펴보세요.

1단락

1단락에서는 주위에서 경험할 수 있는 일을 예로 들어 글의 소재에 대한 흥미를 불러일으키고 글 전체에서 다룰 내용을 보여 주는 경우가 많아요.

이 글도 지수의 이야기를 예로 들어 지역을 대표하는 음식에 대해 이야기할 것이라고 보여 주고 있어요. 그러므로 1단락의 중심 낱말은 '지역을 대표하는 1) [   ]'입니다.

2단락

지역별로 다른 음식 문화가 발달한 이유에 대해 설명하고 있어요. 우리나라는 지역에 따라 자연환경이 다르기 때문에 특산물도 다르고, 독특한 음식 문화가 발달하였어요.

따라서 2단락의 중심 낱말은 2) [   ], 입니다.

3단락

산이 많은 3) [   ] 지역은 주로 밭농사를 지어요. 그래서 감자, 옥수수, 메밀 등이 많이 나고 이를 이용해 만든 음식이 유명해요.

강원도의 유명한 음식에 대해 말하고 있으므로, 3단락의 중심 낱말은 '강원도', '음식'입니다.

4단락

바다에 접해 있고 산이 많은 전라도는 음식의 재료가 다양하고, 날씨가 따뜻해서 음식이 맵고 짠 편이에요. 그래서 전라도는 김치와 젓갈, 장류, 장아찌류가 발달하였어요.

전라도에서 발달한 음식에 대해 말하고 있으므로, 4단락의 중심 낱말은 4) [   ]', '음식'입니다.

5단락

남해와 동해가 있는 경상도는 해산물이 풍부하며, 땅이 기름져 농산물도 많이 생산돼요. 동래파전, 아귀찜 등이 유명한 경상도 음식도 간이 센 편이에요.

경상도의 음식에 대해 말하고 있으므로, 5단락의 중심 낱말은 5) [   ] 음식'입니다.

6단락

이외에도 서울과 경기도는 설렁탕, 충청도는 칼국수, 제주도는 옥돔 미역국 등 지역마다 유명한 음식들이 있어요.

이외 지역의 유명한 음식에 대해 말하고 있으므로, 6단락의 중심 낱말은 '지역별로 유명한 음식'입니다.

★ 이 글은 각 지역마다 유명한 음식에 대해 설명하고 있으므로 이 글 전체의 중심 낱말은 6) [   ]을/를 대표하는 음식'입니다.

01

다음은 이 글의 핵심 내용을 정리한 것입니다. 빈칸에 공통으로 들어가기에 알맞은 말을 쓰세요.

> 우리나라는 자연환경에 따라 지역별로 독특한 (   ) 문화가 발달하였다. 또한 강원도의 메밀전병이나 막국수, 전라도의 김치와 젓갈, 경상도의 동래파전과 아귀찜 등이 지역을 대표하는 (   )(으)로 유명하다.

(   )

02

다음 괄호 안에 알맞은 말을 골라 ◯표 하세요.

(1) 우리나라는 (동서 , 남북) 간에 기온과 강수량의 차이가 크다.
(2) 우리나라의 남쪽에는 (산지 , 평야)가, 북쪽에는 (산지 , 평야)가 많다.

03

이 글에 나온 지역별 대표 음식과 지역을 알맞게 이어 보세요.

(1) 설렁탕 •   • ㉠ 경상도

(2) 장아찌류 •   • ㉡ 전라도

(3) 동래파전 •   • ㉢ 경기도

04

이 글의 내용으로 알맞지 <u>않은</u> 것은 무엇인가요?   (   )

① 서울에는 유명한 지역 음식이 없다.
② 음식은 따뜻한 날씨에 잘 상할 수 있다.
③ 감자, 옥수수, 메밀 등은 밭농사를 통해 생산한다.
④ 음식의 간이 세다는 것은 음식이 맵고 짜다는 것과 비슷한 뜻이다.
⑤ 제주도는 다른 지역에 비해 옥돔이 많거나 더 맛있다고 생각할 수 있다.

빠른 정답 2쪽, 정답과 풀이 5쪽

✏️ 뜻을 정확히 모르는 낱말들을 적어 보세요!

•

•

•

낱말 따라 쓰기

● 가치가 있는 일이나 사물이 만들어지다. :
생 산 되다

● 한 지역에서만 나는 생산물로, 그 지역을 대표하는 유명한 물건. :
특 산 물

● 다른 것과 비슷하지 않고 특별하게 다르다. :
독 특 하다

● 이어서 닿다. : 접 하다

● 어류나 조개류 또는 그 내장 등을 소금에 절여 발효시킨 먹을거리 :
젓 갈

● 채소를 소금·간장 등에 절였다가 양념을 하여 오래 두고 먹는 반찬 :
장 아 찌

● 남을 만큼 넉넉하고 아주 많다. : 풍 부 하다

● 땅에 식물이 잘 자랄 수 있게 하는 성분이 많이 들어 있다. :
기 름 지 다

● (음식의 맛이) 맵고 개운하다. : 칼 칼 하다

문제 이해하고 풀기

정답 콕콕 특강

01 중심 낱말 찾기

🌸 이 글의 중심 낱말을 찾아볼까요?

이 글은 지역에 따른 음식 문화와 대표 음식에 대해 알려 주고 있어요. 따라서 빈칸에 공통으로 들어가기에 알맞은 말은 '음식'이에요.

정답은 _____ 입니다.

02 내용 이해하기

우리나라의 지역별 자연환경에 대해 잘 이해했는지 확인하는 문제입니다.

(1) **근거** ②단락 ❶번째 문장: 우리나라는 남북 간에 기온과 강수량의 차이가 큽니다.

(2) **근거** ②단락 ❷번째 문장: 또한 북쪽에는 산지가, 남쪽에는 평야가 많은 것처럼 지역에 따라 자연환경이 다릅니다.

정답은 (1) _____
      (2) _____ , _____ 입니다.

03 내용 이해하기

이 글에 나온 지역별 대표 음식을 이해했는지 확인하는 문제입니다.

(1) **근거** ⑥단락 ❶번째 문장: 지수는 이외에도 서울과 경기도는 설렁탕, 충청도는 칼국수, 제주도는 옥돔 미역국 등 지역별로 유명한 음식이 다르다는 것을 알게 됐어요.

(2) **근거** ④단락 ❸번째 문장: 그래서 김치와 젓갈, 장류, 장아찌류가 발달하였습니다.

(3) **근거** ⑤단락 ❸번째 문장: 특히 동래파전, 아귀찜 등이 유명합니다.

정답은 (1) _____ (2) _____ (3) _____ 입니다.

04 내용 추론하기

🌸 각각의 선택지 내용을 순서대로 살펴볼게요.

① 서울에는 유명한 지역 음식이 ~~없다~~. (×)

  ＊**근거** ⑥단락 ❶번째 문장: 지수는 이외에도 서울과 경기도는 설렁탕, ~ 알게 됐어요.

② 음식은 따뜻한 날씨에 잘 상할 수 있다. (○)

  ＊**근거** ④단락 ❷번째 문장: 또 따뜻한 날씨에 음식이 잘 상하지 않도록 ~ 음식이 맵고 짠 편입니다.

  🍃 '따뜻한 날씨에 음식이 잘 상하지 않도록'이라고 했으므로, 따뜻한 날씨에는 음식이 잘 상할 수 있다는 것을 짐작할 수 있어요.

③ 감자, 옥수수, 메밀 등은 밭농사를 통해 생산한다. (○)

  ＊**근거** ③단락 ❶번째 문장: 산이 많은 강원도 지역은 주로 밭농사를 지어 감자, 옥수수, 메밀 등이 많이 납니다.

  🍃 '강원도 지역은 주로 밭농사를 지어 감자, 옥수수, 메밀 등이 많이 납니다.'라고 했으므로, 감자, 옥수수, 메밀 등은 밭농사를 통해 생산한다고 짐작할 수 있어요.

④ 음식의 간이 세다는 것은 음식이 맵고 짜다는 것과 비슷한 뜻이다. (○)

  ＊**근거** ④단락 ❷번째 문장: 또 따뜻한 날씨에 ~ 편입니다.

  ＊**근거** ⑤단락 ❷번째 문장: 경상도 음식도 간이 센 편으로, ~ 있습니다.

  🍃 4단락에서 전라도 음식을 '맵고 짠 편'이라고 했고, 5단락에서 '경상도 음식도 간이 센 편'이라고 말하고 있어요. 따라서 '음식이 맵고 짜다'는 '음식의 간이 세다'와 비슷한 뜻이라고 짐작할 수 있어요.

⑤ 제주도는 다른 지역에 비해 옥돔이 많거나 더 맛있다고 생각할 수 있다. (○)

  ＊**근거** ⑥단락 ❶번째 문장: 지수는 이외에도 ~ 알게 됐어요.

  🍃 제주도의 옥돔 미역국이 유명하다는 것에서 옥돔이 제주도의 특산물이라고 짐작할 수 있어요.

정답은 _____ 입니다.

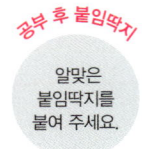
지문 확인

민수는 엄마와 함께 벼룩시장에 청소기를 팔기로 했어요. 그런데 사는 사람이 사용법을 잘 모를 것 같아 설명하는 글을 적어 함께 주기로 했죠. 이런 글은 어떻게 써야 할까요?

어떤 지식이나 정보를 읽는 이에게 알려 주기 위해 쉽게 풀어서 쓴 글을 설명문이라고 합니다. 설명문은 사실만을 전달해야 하므로, '이 청소기는 예쁘고 튼튼한 것 같다.'와 같이 글쓴이의 주관적인 생각이 들어가면 안 됩니다.

또한 설명문은 읽는 이가 쉽게 이해할 수 있도록, '처음-중간-끝'의 세 단계로 짜임새 있게 구성되어야 합니다. 처음 부분에서는 설명할 대상을 밝히고, 읽는 이가 흥미를 갖도록 이끌어야 합니다. 중간 부분에서는 설명하려는 내용에 대해 자세히 설명합니다. 그리고 끝부분에서는 설명한 내용을 간단하게 요약하고 마무리합니다.

한편 설명문은 이해하기 쉬운 낱말과 문장으로 풀어 써야 합니다. ㈎ <u>유익한 내용도 어렵게 쓰면 뜻이 잘 전달되지 않기 때문입니다.</u> 민수가 '공기의 압력차로 먼지를 처치한다.'라고 쓴다면 이해하기 어려울 것입니다.

설명문을 다 쓴 민수는 글이 알맞은 구성으로 객관적이고 쉽게 쓰였는지 확인했어요. 다른 설명문을 읽을 때도 '처음-중간-끝'에 따라 내용을 정리하고, 정확한 정보인지 살펴야겠다고 생각했죠. 민수처럼 올바른 방법으로 설명문을 읽고 쓰도록 합시다.

- **1단락 중심 낱말 :**
설명하는 글

- **2단락 중심 낱말 :**
1) ☐☐☐

- **3단락 중심 낱말 :**
2) ☐☐☐

- **4단락 중심 낱말 :**
3) ☐☐☐

- **5단락 중심 낱말 :**
설명문

낱말 따라 쓰기

- 중고품을 사고파는 시장 : 벼 룩 시 장

- 연구하거나 교육받거나 체험해서 알게 된 내용 : 지 식

  [知-알 지, 識-알 식]

  예 학교에서는 여러 가지 지식을 가르쳐 준다.

- 어떤 사실에 대한 지식 : 정 보

  예 확실하지 않은 정보를 가지고 판단해서는 안 된다.

- 자기만의 생각·관점, 또는 주장에 따르는 것 : 주 관 적

- 변하거나 발전하는 일의 여러 과정의 하나 : 단 계

- 여러 가지가 모여서 이룬 모양이 제대로 되어 있는 상태 : 짜 임 새

  예 우리 모두 각자의 생각을 짜임새 있게 정리해 봅시다.

- (글이나 그림 등에서) 여러 요소들이 엮여 이루어지다. : 구 성 되다

  예 그가 쓴 소설은 재미있게 구성되어 있다.

01

다음은 이 글의 핵심 내용을 정리한 것입니다. 빈칸에 공통으로 들어가기에 알맞은 말을 쓰세요.

> ( )은/는 어떤 지식이나 정보를 읽는 이에게 알려 주기 위해 쉽게 풀어서 쓴 글이다. ( )은/는 '처음-중간-끝'의 세 단계로 짜임새 있게 구성되어야 하며, 객관적인 사실을 바탕으로 쉽게 풀어 써야 한다.

( )

정답 콕콕 특강

01 중심 낱말 찾기
이 글에서 중심적으로 설명하고 있는 것이 무엇인지 떠올려 보세요.
글의 단락마다 등장하는 중심 대상에 대한 설명이 문제에서 주어진 내용과 같아요.

DAY 02

02

이 글에서 찾을 수 <u>없는</u> 내용은 무엇인가요? ( )

① 설명문의 개념
② 설명문의 구성
③ 설명문을 읽는 방법
④ 설명문을 쓸 때 주의할 점
⑤ 설명문과 안내문의 차이점

02 내용 이해하기
2, 3, 4, 5단락에서 선택지의 내용을 찾아 보세요.

낱말 따라 쓰기

- 무엇의 상대나 목표가 되는 것 : 대 상
- 말이나 글에서 중요한 내용만을 뽑아 간추리다. : 요 약 하다 [要-중요할 요, 約-묶을 약]
  예 이 책은 요약이 잘되어 있어 보기가 편하다.
- 도움이 되거나 이로울 만한 것이 있다. : 유 익 하다 [有-있을 유, 益-이로울 익]
- 누르거나 미는 힘의 차이 : 압 력 차 [壓-누를 압, 力-힘 력, 差-다를 차]
- 알맞게 다루어서 치우거나 없애다. : 처 치 하다
  예 처치하기 어려운 문제가 너무 많아 머리가 아프다.
- 자기 혼자만의 생각이나 감정에서 벗어나, 있는 그대로인 것 : 객 관 적 예 신문은 객관적 사실을 전달한다.

- 어떤 사실에 대한 많은 예나 복잡한 내용, 뜻을 하나로 요약한 생각 : 개 념
  예 아이가 아직 어려서 돈에 대한 개념이 없다.
- 마음에 새겨 두고 조심하다. : 주 의 하다
  예 이곳은 위험한 장치가 많으니 주의하시기 바랍니다.
- 어떤 일·장소·행사 등을 알려 주는 글 : 안 내 문
- 이루려고 하는 그것 : 목 적
- 전기 배선과 코드를 이어 주는 것으로, 플러그를 끼워 전기를 통하게 하는 장치 : 콘 센 트
- 기계가 움직이다. : 작 동 하다 [作-일하다 작, 動-움직일 동]
  예 게임기가 작동하지 않아 고치러 갔다.

03

이 글의 '설명문'에 대한 설명으로 알맞지 <u>않은</u> 것은 무엇인가요?　　(　)

① 이해하기 쉽게 써야 한다.
② 사실에 글쓴이의 생각을 덧붙여 쓴다.
③ 끝부분에서 내용을 간단하게 요약한다.
④ 지식이나 정보를 전달하는 것이 목적이다.
⑤ 처음 부분에서는 읽는 이의 흥미를 이끈다.

03 내용 이해하기
2, 3, 4단락에 나온 내용과 선택지의 내용을 비교해 보세요.

04

다음은 민수가 쓴 청소기 사용법에 대한 설명문의 일부분입니다. 이 글에 따르면 지워야 할 문장은 무엇인가요?　　(　)

> ① 청소기를 사용하려면, 먼저 뒤쪽의 코드선을 잡아당겨서 **뺍니다.** ② 이 코드선을 콘센트에 꽂고, 전원 버튼을 누릅니다. ③ 전원 버튼은 코드선 옆에 있는 빨간색 버튼입니다. ④ 찾기에 어렵지 않을 것 같습니다. ⑤ 청소기가 작동하면 소리가 나기 시작합니다.

04 내용 적용하기
2, 3, 4단락에 나온 설명문을 쓸 때 주의할 점을 참고하여 민수가 쓴 글을 살펴보세요.

05　서술형

4단락의 밑줄 친 (가)의 이유 때문에 설명문을 쓸 때 주의해야 할 점을 이 글에서 찾아 쓰세요.

_____

_____

_____

05 내용 이해하기
4단락에서 (가)의 이유가 나온 부분을 찾아 보세요.

낱말 쑥쑥 테스트

DAY 01 + DAY 02 낱말

빠른 정답 2쪽

[01~04] 주어진 뜻풀이에 해당하는 낱말을 연결하세요.

01 무엇의 상대나 목표가 되는 것 · · ㉠ 평야

02 이루려고 하는 그것 · · ㉡ 대상

03 아주 넓은 들 · · ㉢ 정보

04 어떤 사실에 대한 지식 · · ㉣ 목적

[05~08] 주어진 뜻풀이에 해당하는 낱말을 〈보기〉에서 찾아 쓰세요.

〈 보기 〉
짜임새   특산물   벼룩시장   칼칼하다

05 중고품을 사고파는 시장 : _____

06 음식의 맛이 맵고 개운하다. : _____

07 한 지역에서만 나는 생산물로, 한 지역을 대표하는 유명한 물건 : _____

08 여러 가지가 모여서 이룬 모양이 제대로 되어 있는 상태 : _____

[09~12] 주어진 자음자와 뜻풀이를 보고, 빈칸에 알맞은 낱말을 쓰세요.

09 현수가 그린 그림은 매우 ㄷ ㅌ ㅎ ㄷ .
다른 것들과 비슷하지 않고 특별하게 다르다.

10 누나가 준 책에는 ㅇ ㅇ 한 내용이 많이 담겨 있다.
도움이 되거나 이로울 만한 것

일정한 기간에 일정한 곳에 비나 눈의 형태로 떨어지는 물의 양

11 내일은 ㄱ ㅅ ㄹ 이/가 매우 많을 것으로 예상된다.

자기 혼자만의 생각이나 감정에서 벗어나, 있는 그대로인 것

12 작가 자신이 쓴 작품에 대해 ㄱ ㄱ ㅈ (으)로 가치를 매기는 것은 힘들다.

[13~16] 빈칸에 알맞은 낱말을 골라 쓰세요.

13 유지하다 | 유명하다

이 책들은 여러 나라에서 번역되었을 정도로 _____ .

14 기온 | 기운

오늘은 _____ 이 매우 낮아서 춥다.

15 부족하다 | 풍부하다

올해는 농사가 아주 잘 되어서 수확한 곡식이 _____ .

16 요약 | 확대

이 책의 핵심을 간략하게 _____ 해 보자.

지현이는 동생에게 돈에 대해 가르쳐 주었어요. 그런데 동생이 만 원짜리 지폐에 그려진 그림이 무엇인지 물어봤을 때는 대답할 수 없었죠. 지현이는 돈에 그려진 그림에 대해 알아보기로 했어요.

우리나라 돈에는 위인과 함께 다양한 그림이 그려져 있는데, 바로 문화유산입니다. 문화유산이란 우리 조상 대대로 전해 내려온 문화 중에서 다음 세대에 물려줄 만한 가치가 있는 것을 말합니다.

천 원에 그려진 문화유산부터 살펴볼까요? 천 원에 그려진 퇴계 이황 뒤에는 명륜당이 보입니다. 명륜당은 성균관 내의 건물로, 이황이 오래 머무른 것으로 알려져 있습니다. 또 오천 원의 율곡 이이 뒤에는 이이가 태어난 방인 강릉 오죽헌 몽룡실이 그려져 있습니다. 세종 대왕이 그려진 만 원의 뒷면에서는 혼천의를 볼 수 있습니다. 혼천의는 세종 대왕 때 만들어진, 천체의 움직임과 위치를 관측하던 천문 관측기입니다. 한편 십 원짜리 동전에는 아름다운 탑으로 유명한 경주 불국사 다보탑이 그려져 있습니다.

우리는 문화유산을 통해 조상들의 생활 모습 및 멋과 슬기를 알 수 있습니다. 또한 우리나라에 대한 자긍심도 가지게 됩니다. 이는 우리가 문화유산을 지키고 다음 세대에 물려줘야 하는 이유입니다. 돈에 문화유산이 그려진 이유는 소중한 문화유산을 기억하고 보존하려는 노력 중 하나가 아닐까요?

✏️ 뜻을 정확히 모르는 낱말들을 적어 보세요!

낱말 따라 쓰기

● 종이로 된 돈 : 지 폐

● 역사적으로 훌륭한 업적을 이룩한 사람 : 위 인
[偉-클 위, 人-사람 인]

● 지금 사람들보다 먼저 살던 사람들 : 조 상
[祖-조상 조, 上-윗 상]
예 조상이 남긴 글에는 본받을 만한 지혜가 담겨 있다.

STEP 1 중심 낱말 찾기

★ 중심 낱말을 찾는 방법
• 단락 혹은 글 전체에서 가장 많이 나오는 말을 찾으세요.
• 단락 혹은 글 전체에서 가장 중심이 되는 말이 무엇인지 살펴보세요.

1단락

1단락에서는 주위에서 경험할 수 있는 일을 예로 들어 글의 소재에 대한 흥미를 불러일으키고 글 전체에서 다룰 내용을 보여 주는 경우가 많아요.

이 글에서도 지현이와 동생의 이야기를 예로 들어 돈에 그려진 그림에 대해 이야기할 것이라고 보여 주고 있어요.

단락에서 중심이 되는 말이 돈에 그려진 그림이므로 1단락의 중심 낱말은 '돈에 그려진 그림'입니다.

2단락

우리나라 돈에 그려진 것이 문화유산이라고 알려 주고 있어요. 문화유산이란 우리 조상 대대로 전해 내려온 문화 중에서 다음 세대에 물려줄 만한 가치가 있는 것을 말해요.

2단락에서는 문화유산에 대해 설명하고 있으므로 2단락의 중심 낱말은 '¹⁾ ☐☐☐☐'입니다.

3단락

돈에 어떤 문화유산이 그려져 있는지 예를 들어 설명하고 있어요. 천 원에는 명륜당, 오천 원에는 몽룡실, 만 원에는 혼천의, 십 원짜리 동전에는 다보탑이 그려져 있다고 해요.

모두 돈에 그려진 문화유산에 대한 예이므로, 3단락의 중심 낱말은 '²⁾ ☐☐☐☐'입니다.

4단락

우리가 문화유산을 지키고 다음 세대에 물려줘야 하는 이유에 대해 이야기하고 있어요. 문화유산을 통해 조상들의 생활 모습 및 멋과 슬기를 알 수 있고, 우리나라에 대한 ³⁾ ☐☐☐도 가지게 되기 때문이에요.

2, 3단락과 마찬가지로 가장 중심이 되는 말이 문화유산이므로 4단락의 중심 낱말도 '문화유산'입니다.

★ 4개 단락 중 3개 단락의 중심 낱말이 '문화유산'이므로, 이 글의 전체 중심 낱말은 '⁴⁾ ☐☐☐☐'입니다.

낱말 따라 쓰기

● 같은 시대에 살아서 나이와 생각이 서로 비슷한 사람들 : ☐세 ☐대

   ㉠ 부모님 세대와 우리 세대는 문화가 많이 다르다.

● 우주에 있는 모든 물체 : ☐천 ☐체

   ㉠ 태양의 둘레를 도는 천체를 행성이라고 한다.

● 자연 현상을 관찰하여 어떤 사실을 조사하거나 알아내다 : ☐관 ☐측 하다 [觀-볼 관, 測-헤아릴 측]

● 이름이 널리 알려져 있다. : ☐유 ☐명 하다
   [有-있을 유, 名-이름 명]

● 일을 바르게 판단하고 잘 처리해 나가는 능력 : ☐슬 ☐기

● 스스로를 자랑스럽고 떳떳하게 여기는 마음 : ☐자 ☐긍 ☐심

● 중요하거나 가치가 있는 것을 잘 보살펴서 그대로 남아 있게 하다 : ☐보 ☐존 하다 [保-지킬 보, 存-있을 존]

01

이 글에서 가장 중심이 되는 낱말에 ○표 하세요.

위인	조상	문화유산	멋과 슬기

빠른 정답 2쪽, 정답과 풀이 8~9쪽

정답 콕콕 특강

01 중심 낱말 찾기
이 글에서 중심적으로 설명하고 있는 것이 무엇인지 떠올려 보세요.

02

이 글에 나온 문화유산과 그에 대한 설명을 알맞게 이어 보세요.

(1) 혼천의 •   • ㉠ 아름다운 탑

(2) 명륜당 •   • ㉡ 천문 관측기

(3) 경주 불국사 다보탑 •   • ㉢ 성균관 내의 건물

02 내용 이해하기
3단락에서 각 문화유산에 대해 설명하고 있어요.

03

다음 중 이 글에 대한 설명으로 알맞지 <u>않은</u> 것은 무엇인가요? (   )

① 물음 형식을 사용해 읽는 사람이 관심을 가지게 한다.
② 돈에 문화유산이 그려진 이유로 글을 마무리하고 있다.
③ 비교를 통해 문화유산을 구분하는 방법을 설명하고 있다.
④ 돈에 그려진 문화유산의 구체적인 예를 들어 설명하고 있다.
⑤ 일상의 예를 들어 글의 소재에 대한 흥미를 불러일으키고 있다.

03 글쓰기 방식 이해하기
각 단락에서 어떤 방식으로 글을 쓰고 있는지 살펴보세요.

04

다음 중 돈에 문화유산이 그려진 이유가 <u>아닌</u> 것은 무엇인가요? (   )

① 문화유산의 값어치를 매겨야 하기 때문에
② 문화유산을 다음 세대에게 물려줘야 하기 때문에
③ 문화유산을 통해 조상들의 생활 모습을 알 수 있기 때문에
④ 문화유산을 기억하고 보존하기 위해 노력해야 하기 때문에
⑤ 문화유산을 통해 우리나라에 대한 자긍심을 가질 수 있기 때문에

04 내용 이해하기
4단락에서 돈에 문화유산이 그려진 이유를 물음 형식을 통해 설명하고 있어요.

낱말 따라 쓰기

● 내용을 담거나 전달하기 위한 일정한 방식·절차·수단, 또는 겉모양 : | 형 | 식 | ⑩ 이 책은 편지 형식으로 쓰였다.

● (차이를 알아내려고) 여럿을 서로 견주어 보는 것 : | 비 | 교 |

● 전체를 어떤 기준에 따라 몇 가지로 묶어서 가르다. : | 구 | 분 |하다 [區-구분할 구, 分-나눌 분]

● 인정해 줄 수 있는 가치 : | 값 | 어 | 치 |

DAY 03 낱말 쑥쑥 테스트

빠른 정답 2쪽

[01~05] 주어진 뜻풀이에 해당하는 낱말을 연결하세요.

01 역사적으로 훌륭한 업적을 이룩한 사람 · · ㉠ 천체

02 인정해 줄 수 있는 가치 · · ㉡ 세대

03 자연 현상을 관찰하여 어떤 사실을 조사하거나 알아내다. · · ㉢ 위인

04 같은 시대에 살아서 나이와 생각이 서로 비슷한 사람들 · · ㉣ 관측하다

05 우주에 있는 모든 물체 · · ㉤ 값어치

[06~09] 주어진 자음자와 낱말의 뜻을 보고, 밑줄 친 곳에 알맞은 낱말을 쓰세요.

06 ㅅ ㄱ : 일을 바르게 판단하고 잘 처리해 나가는 능력

㉠ 온돌에는 우리 조상들의 _____ 이/가 담겨 있다.

07 ㅂ ㅈ 하다 : 중요하거나 가치가 있는 것을 잘 보살펴서 그대로 남아 있게 하다.

㉠ 전통 문화를 잘 _____ 해야 한다.

08 ㅈ ㄱ ㅅ : 스스로를 자랑스럽고 떳떳하게 여기는 마음

㉠ 나는 한 번도 학교에 지각하지 않은 것에 _____ 을/를 느꼈다.

09 ㅎ ㅅ : 내용을 담거나 전달하기 위한 일정한 방식·절차·수단, 또는 겉모양

㉠ 나는 일기 _____ (으)로 책을 썼다.

배경지식

지폐에 복잡한 그림이 있는 이유

지폐에 위인이나 문화유산과 같은 복잡한 그림이 그려져 있는 또 다른 이유가 있어요. 다름 아니라 가짜 지폐를 만드는 것을 방지하기 위해서예요.

그림들 중 특히 인물 그림은 섬세하고 복잡하게 그려져 있어서 베껴 그리기가 무척 어려워요. 그럼 복사를 하면 된다고요? 만약 만 원짜리를 복사하면, 세종 대왕의 얼굴선이 부드럽지 않아서 한눈에도 가짜 지폐인 것을 알게 돼요. 또 지폐의 가운데 부분에 찍힌 은색 점선은 복사를 하면 까맣게 나온답니다.

공부한 날   월   일

민석이는 주말에 가족들과 미술 전시회에 갔어요. 그런데 판화를 감상하던 중 눈에 띄는 것이 있었어요. 한쪽에 화가의 서명과 함께 연필로 '7/10'이라는 숫자가 쓰여 있었어요. 마치 암호 같은 이 숫자의 의미는 무엇일까요?

판화는 나무, 금속, 돌 등의 면에 형상을 그려 판을 만든 다음, 잉크나 물감 등을 칠하여 종이나 천 등에 찍어 내는 그림입니다. 판화에는 크게 오리지널 판화와 복제 판화가 있습니다. 오리지널 판화는 화가가 직접 만든 판화이고, 복제 판화는 원본의 사진을 이용해서 복사하거나 화가가 죽고 난 뒤 원판을 가지고 더 찍어 낸 판화입니다.

민석이가 봤던 숫자는 두 종류의 판화 중 오리지널 판화에서 찾을 수 있습니다. 이 숫자는 화가가 몇 장의 판화를 찍었고, 그중 몇 번째 그림인지를 나타냅니다. 예를 들어 '7/10'이라는 숫자가 있으면 '모두 열 장을 찍었는데, 이 판화는 그중에서 일곱 번째 찍은 판화입니다.'라는 뜻입니다.

오리지널 판화는 화가가 직접 참여하여 찍고, 이것을 화가가 인정한 판화이기 때문에 복제 판화보다 더 가치가 높습니다. 같은 그림이 많을수록 그 값어치가 떨어지니까 화가가 직접 참여한 처음 그림들이 더 비싸지겠지요? 즉, 판화의 숫자는 그림의 가치를 보여 주는 일종의 기호라고 볼 수 있습니다.

뜻을 정확히 모르는 낱말들을 적어 보세요!

낱말 따라 쓰기

● 작품이나 물건 등을 잘 벌여 놓고 사람들에게 보이는 모임이나 행사 : 전 시 회

● 예술 작품의 아름다움을 느끼고 즐기고 이해하다. : 감 상 하다 [鑑-살펴볼 감, 賞-즐길 상]

● (어떤 문서의 내용을 인정하거나 찬성하는 뜻으로) 자기의 이름을 써넣는 것, 또는 써넣은 그 이름 : 서 명
⑩ 이 일을 하려면 먼저 부모님의 서명을 받아야 한다.

● 비밀을 유지하려고 다른 사람이 모르게 정해 놓고 사용하는 부호나 신호 : 암 호 [暗-숨길 암, 號-부호 호]

● 사람이나 물건의 겉으로 나타나 보이는 모양 : 형 상 [形-모양 형, 象-모양 상]

● 복제, 각색, 모조품 따위에 대하여, 그것들을 낳게 한 최초의 작품 : 오 리 지 널
⑩ 이 소설은 오리지널 작품을 고쳐 다시 지은 것이다.

✏️ 뜻을 정확히 모르는
낱말들을 적어 보세요!

01

다음은 이 글의 핵심 내용을 정리한 것입니다. ㉠, ㉡에 알맞은 말을 각각 쓰세요.

(㉠)에는 오리지널과 복제 두 종류가 있다. 화가의 서명과 함께 있는 (㉡)은/는 오리지널 (㉠)에서만 볼 수 있다. 이 (㉡)은/는 화가가 몇 장의 (㉠)을/를 찍었고, 그중 몇 번째 그림인지 나타낸다.

오리지널 (㉠)은/는 화가가 직접 참여하여 찍은 것이기 때문에 더 가치가 높다. 즉 (㉠)의 (㉡)은/는 그림의 가치를 보여 준다.

㉠: (   ), ㉡: (   )

02

이 글을 이해한 내용으로 알맞지 <u>않은</u> 것은 무엇인가요?   (   )

① 판화는 크게 두 종류로 나뉜다.
② 화가가 죽은 후에 판화를 찍을 수도 있다.
③ 숫자가 없는 판화는 있는 판화보다 가치가 높다.
④ 판화는 판을 이용해서 그림을 찍어 내는 것을 말한다.
⑤ 민석이가 본 것과 같은 숫자는 오리지널 판화에서만 찾을 수 있다.

───────────────── 낱말 따라 쓰기

● 본래의 것과 똑같이 만드는 것 : 복 제
  예 음악, 영화 등의 불법 복제는 심각한 문제이다.

● 베끼거나 고치지 않은 원래의 서류나 책 : 원 본
  예 나는 원본과 복사본을 꼼꼼히 비교하여 다른 점을 찾았다.

● 끼어서 함께 일하다 : 참 여 하다
  [參 – 참여할 참, 與 – 같이할 여]
  예 그는 동물 보호 운동에 적극적으로 참여했다.

● (어떤 가치나 사실을) 옳다고 여겨 받아들이다 : 인 정 하다
  예 그는 자신의 잘못을 인정했다.

● 귀중하게 여길 만한 성질이나 중요한 것 : 가 치
  [價 – 값 가, 値 – 값 치]
  예 모든 사람은 그 자체로 가치가 있다.

● 어떠한 뜻을 전달하기 위한 일정한 표시 : 기 호
  예 컴퓨터에는 알아보기 쉽고 사용하기 편하도록 만든 많은 기호가 사용된다.

● 아직 덜 된 것, 완전히 끝내지 못한 것 : 미 완 성
  [未 – 아닐 미, 完 – 완전할 완, 成 – 이룰 성]
  예 그 화가가 죽은 뒤 그의 미완성 그림이 발견되었다.

03

어떤 오리지널 판화에 '3/4'라고 숫자가 적혀 있을 때, 이 숫자가 의미하는 것으로 알맞은 것을 〈보기〉에서 골라 기호를 쓰세요.

〈 보기 〉

ㄱ 이 판화는 3월 4일에 찍은 판화입니다.

ㄴ 이 판화는 4분의 3만 마무리된, 미완성 작품입니다.

ㄷ 판화를 모두 네 장 찍었는데, 이 판화는 그중에서 세 번째로 찍은 판화입니다.

ㄹ 판화를 모두 세 장 찍었는데, 이 판화는 그중에서 첫 번째로 찍은 판화입니다.

(   )

04

다음은 이 글을 읽은 학생들의 반응입니다. 알맞지 <u>않은</u> 반응을 한 사람은 누구인가요? (   )

① 재현: 민석이가 본 판화는 오리지널 판화이구나.

② 수진: 민석이가 본 판화는 화가가 살아 있을 때 찍었겠구나.

③ 아름: 민석이가 본 판화는 화가가 직접 참여하여 찍었겠구나.

④ 희수: 더 가치가 높은 판화를 만들려면 더 많이 찍어야겠구나.

⑤ 의혁: 판화에 숫자가 있는지 없는지에 따라 값이 달라질 수 있겠구나.

05 서술형

오리지널 판화가 복제 판화보다 더 가치가 높은 이유를 이 글에서 찾아 쓰세요.

_____

_____

_____

[01~04] 빈칸에 알맞은 낱말을 골라 쓰세요.

01 | 가치 | 가격 |

귀중하게 여길 만한 성질이나 중요한 것 :

☐☐

02 | 박제 | 복제 |

본래의 것과 똑같이 만드는 것 : ☐☐

03 | 원본 | 사본 |

베끼거나 고치지 않은 원래의 서류나 책 :

☐☐

04 | 설명 | 기호 |

어떠한 뜻을 전달하기 위한 일정한 표시 :

☐☐

[05~08] 문장의 밑줄 친 곳에 알맞은 낱말을 〈보기〉에서 찾아 쓰세요.

〈 보기 〉

참여   미완성   인정   전시회

05 그 배우는 그간의 노력을 _____ 받아 큰 상을 받았다.

06 네가 들은 그 음악은 작곡가가 중간에 그만둬서 아쉽게도 _____(으)로 남아 있다.

07 나는 이번 불우 이웃 돕기 행사에 많은 사람들이 _____해 주기를 바랐다.

08 우리가 관람한 _____에는 다양한 형식의 그림이 많아 보는 재미가 있었다.

────── 배경지식 ──────

판화에는 어떤 특징이 있을까요?

판화는 고무판, 나무판 등을 이용해서 표현하고자 하는 그림을 찍어 내는 것을 말해요. 판화의 특징을 살펴볼까요?

첫째, 보통의 그림이 화가가 종이에 바로 그려 내는 직접적인 표현이라고 한다면, 판화는 '판'을 이용해 원하는 그림을 얻는다는 점에서 간접적인 표현이라고 할 수 있어요.

둘째, 하나의 판을 가지고 똑같은 작품을 여러 장 찍을 수도 있고, 여러 가지 방법으로 다른 느낌의 그림을 여러 장 찍어 낼 수도 있어요.

셋째, 판화는 직접 그린 그림에서는 느낄 수 없는 독특한 아름다움을 지니고 있어요. 고무나 나무 등 판의 재료에 따라 그 효과가 달라지기도 한답니다.

같은 그림을 여러 장 만들거나 색다른 느낌의 그림을 표현하고 싶다면 판화에 도전해 보면 어떨까요?

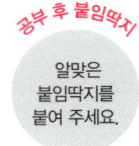
짭짤한 감자와 달콤한 고구마는 지원이에게 최고의 간식이에요. 그런데 어릴 때 지원이는 두 음식이 헷갈리기도 했어요. 감자와 고구마는 어떤 점이 다를까요?

감자와 고구마는 모두 비옥하지 않은 땅에서도 잘 자라기 때문에, 식량이 부족할 때 큰 도움이 되었습니다. 감자는  탄수화물이 많아서 먹을 것이 모자랄 때 밥 대신 먹기도 했습니다. 고구마 또한 잎과 줄기까지 모두 먹을 수 있어 버릴 것이 없는 식품으로 불립니다.

둘 다 땅속에서 자라서 같은 종류의 식물처럼 보일 수 있지만, 사실 이 둘은 종류가 전혀 다릅니다. 가장 큰 차이점은 감자는 줄기 식물이고 고구마는 뿌리 식물이라는 점입니다. 감자는 땅속으로 뻗은 줄기의 일부가 커지면서 생기는 것이고, 고구마는 뿌리 중 일부가 커지면서 덩이가 생기는 것입니다.

또한 두 음식은 보관 방법도 다릅니다. 감자는 10℃ 이하에 보관하는 게 좋습니다. 햇빛을 받으면 독성 물질이 생기기 때문에 서늘한 그늘에 보관해야 합니다. 반면 고구마는 추위에 약해서 주의해야 합니다. 10℃ 이상의 온도에서 통풍이 잘 되게 보관하는 것이 좋습니다.

이처럼 감자와 고구마는 닮은 듯 달라요. 어릴 때의 지원이처럼 헷갈려 하는 친구가 있다면 차이점에 대해 알려 주면 어떨까요?

✏️ 뜻을 정확히 모르는 낱말들을 적어 보세요!

●
●
●
●
●
●
●
●
●

낱말 따라 쓰기

● 음식이 입에 당길 정도로 조금 짜다. : 짭 짤 하다
㉠ 우리 아버지는 짭짤하게 끓인 된장국을 가장 좋아하신다.

● 이것인지 저것인지 쉽게 알아차리지 못하다. :
헷 갈 리 다
㉠ 쌍둥이가 너무 닮아서 누가 누구인지 헷갈린다.

● 식물이 잘 자랄 수 있게 하는 성분이 많이 들어 있다. :
비 옥 하다 ㉠ 땅이 비옥해서 농사가 아주 잘 되었다.

● 사람이 살아가기 위해 필요한 곡식 등의 먹을거리 :
식 량 [食-밥 식, 糧-양식 량]

● 필요한 양이나 기준에 미치지 못해 충분하지 아니하다. :
부 족 하다

● 주로 식물의 안에서 만들어지며 동물의 주요한 영양소가 되는 물질 : 탄 수 화 물
㉠ 빵에는 탄수화물이 많아서 먹으면 든든하다.

✏️ 뜻을 정확히 모르는 낱말들을 적어 보세요!

01

다음은 이 글의 핵심 내용을 정리한 것입니다. ㉠, ㉡에 알맞은 말을 각각 쓰세요.

> (㉠)와/과 (㉡)은/는 비옥하지 않은 땅에서도 잘 자라고, 땅 속에서 자라는 등 비슷한 점이 있지만 다른 식물이다.
> (㉠)은/는 줄기 식물, (㉡)은/는 뿌리 식물에 해당한다. 또 (㉠)은/는 10℃ 이하 온도의 그늘에서, (㉡)은/는 10℃ 이상의 온도에서 통풍이 잘 되게 보관하는 것이 좋다.

㉠: (   ), ㉡: (   )

02

다음 중 이 글에 대한 설명으로 알맞지 <u>않은</u> 것은 무엇인가요?   (   )

① 두 가지 대상을 비교하고 있다.
② 물음 형식을 사용해 읽는 사람의 흥미를 끌고 있다.
③ 두 가지 대상 중 하나에 더 큰 비중을 두고 설명하고 있다.
④ 두 가지 대상의 공통점을 먼저 이야기한 후 차이점을 설명하고 있다.
⑤ 일상에서 경험할 수 있는 예를 들어 글의 소재에 대한 흥미를 불러일으키고 있다.

낱말 따라 쓰기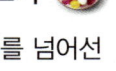

- 나무나 풀의 작은 가지나 잎이 붙는, 중심이 되는 부분 : 줄 기

- 땅속으로 뻗어 줄기를 떠받치고, 물과 양분을 빨아올리는 식물의 한 부분 : 뿌 리

- 같은 물질이 뭉쳐진 것 : 덩 이

- 물건을 맡아 잘 간직하여 두는 것 : 보 관
  [保-지킬 보, 管-맡을 관]

- 일정한 기준을 포함하여 그것보다 적거나 아래인 것 : 이 하

- 독이 있는 성분이나 성질 : 독 성

- 조금 차거나 추운 기운이 있다. : 서 늘 하다

- 정신을 차리고 조심하여 미리 준비하다. : 주 의 하다
  ⑩ 이곳은 위험하니 <u>주의해서</u> 걸어야 한다.

- 일정한 기준을 포함하여 그것보다 많거나 그 범위를 넘어선 것 : 이 상

- 바람이 통하게 하는 것 : 통 풍
  [通-통할 통, 風-바람 풍]

- 어떤 범위나 조건 따위에 바로 들어맞다. : 해 당 하다

- 다른 사물이나 일과 비교했을 때의 중요성의 정도 : 비 중 [比-견줄 비, 重-무거울 중]

- 서로 비슷하거나 같은 점 : 공 통 점

- 서로 같지 않고 다른 점 : 차 이 점
  [差-다를 차, 異-다를 이, 點-점 점]

- 비슷하거나 늘 있는 일이 벌어지는 매일 : 일 상

- 자신이 실제로 해 보거나 겪어 보다. : 경 험 하다

- 작품을 만들기 위하여 다루는 사실이나 사물 : 소 재

03

다음의 '나'는 어떤 식물일지, 이 글에서 찾아 쓰세요.

> 나는 땅속에서 자라는 뿌리 식물이야. 약간 단맛이 나며 잎과 줄기까지 모두 먹을 수 있지. 그리고 나는 추위에 약해.

(   )

04

이 글의 제목을 달 때, 가장 알맞은 것은 무엇인가요?　　　(　　　)

① 감자와 고구마는 무엇이 다를까요?
② 감자가 햇빛을 받으면 어떻게 될까요?
③ 감자와 고구마가 자라는 곳은 어디일까요?
④ 고구마가 추위에 약한 이유는 무엇일까요?
⑤ 감자와 고구마를 보관하는 방법은 무엇일까요?

05　서술형

감자와 고구마는 어떻게 생기는지 이 글에서 찾아 쓰세요.

_____

_____

_____

낱말 쑥쑥 테스트

빠른 정답 2쪽

[01~05] 주어진 뜻풀이에 해당하는 낱말을 〈보기〉에서 찾아 쓰세요.

〈 보기 〉
식량   독성   덩이   탄수화물   소재

01 주로 식물의 안에서 만들어지며 동물의 주요한 영양소가 되는 물질 : _____

02 독이 있는 성분이나 성질 : _____

03 사람이 살아가기 위해 필요한 곡식 등의 먹을거리 : _____

04 작품을 만들기 위하여 다루는 사실이나 사물 : _____

05 같은 물질이 뭉쳐진 것 : _____

[06~10] 주어진 자음자와 뜻풀이를 보고, 빈칸에 알맞은 낱말을 쓰세요.

06 박물관에서는 중요한 문화재를 ㅂㄱ 하고 있다.
물건을 맡아 잘 간직하여 두는 것

07 초여름이라서 날씨가 덥지만, 아직은 그늘에 들어가면 ㅅㄴㅎㄷ.
조금 차거나 추운 기운이 있다.

08 어렸을 때 피아노를 배웠던 ㄱㅎ이/가 노래할 때 큰 도움이 되었다.
자신이 실제로 해 보거나 겪어 보는 것

09 수질 오염으로 인한 산소 ㅂㅈ(으)로 물고기가 떼죽음을 당했다.
필요한 양이나 기준에 미치지 못해 충분하지 아니한 것

10 ㅌㅍ을/를 위하여 창문을 열어 두었다.
바람을 통하게 하는 것

배경지식

감자, 고구마와 어울리는 음식은 무엇일까요?

감자와 고구마는 그냥 먹어도 맛있지만, 함께 먹으면 맛이 더 좋아지는 짝꿍 음식들이 있어요.

감자와 잘 어울리는 음식 중 하나는 치즈예요. 함께 먹으면 감자의 신선한 맛과 치즈의 고소한 맛이 잘 어우러진답니다. 또 우유로 만들어진 치즈에는 단백질이 있는데, 이것은 감자에는 적은 영양소예요. 그래서 영양 면에서도 도움이 되는 음식이랍니다.

고구마는 동치미와 찰떡궁합이에요. 고구마는 먹으면 방귀가 잦고 속이 부글거리기 쉬운 특징이 있어요. 이때 동치미를 함께 먹으면, 동치미 안의 성분이 소화를 도와주기 때문에 고구마의 단점을 보완해준답니다.

만약 이 짝꿍 음식들을 잘 몰랐다면, 지금부터라도 같이 먹어 보면 어떨까요? 감자와 고구마의 맛이 더 좋아질 거예요.

▲ 치즈

▲ 동치미

DAY 06

[STEP 1]
독해력 완성 테스트

공부 후 붙임딱지
알맞은 붙임딱지를 붙여 주세요.

공부한 날   월   일

★★★ : 상   ★★❀ : 중   ★❀❀ : 하

[01~05] 다음 글을 읽고, 물음에 답하세요.

민정이는 텔레비전에서 외국 군대가 행진하는 것을 보고, 웅장한 음악이 아주 멋있다고 생각했어요. 이러한 생각을 부모님께 말씀드렸더니, 부모님은 우리나라에도 그런 멋진 음악이 있다며, '대취타'라는 것을 알려 주셨어요. 대취타가 무엇일까요?

대취타는 임금이 행차할 때나 군대가 행진할 때 등 국가의 중요한 행사에 사용하던 음악입니다. '부는 악기인 취(吹-불 취)악기와 때리는 악기인 타(打-때릴 타)악기로 연주하는 음악'이라는 뜻에서 '대취타(大吹打)'라는 이름이 붙여졌습니다.

대취타는 태평소, 나각 등의 취악기와 징, 자바라, 장구 등의 타악기로 연주됩니다. 그리고 연주자 외에 음악의 시작과 끝을 알리는 집사가 있습니다. 집사에게는 지휘봉이라고 할 수 있는 '등채'가 있는데, 이것을 머리 위로 높이 들어 '명금일하대취타'라고 외치면 징을 치고 연주가 시작됩니다. 음악은 7개의 장으로 이루어져 몇 번이고 반복할 수 있습니다.

대취타의 규칙적인 타악기와 위엄 있는 취악기의 조화는 기운찬 느낌을 줍니다. 우리 조상들의 기상을 느끼게 하는 대취타는, 국가 무형 문화재 제46호로 지정되어 있으며 우리나라의 소중한 음악입니다.

부모님과 함께 대취타 연주 행사를 직접 본 민정이는 그 크기와 웅장함, 힘찬 기운에 놀랐어요. 마치 임금님이 된 듯, 위엄을 가진 기분이 들었지요. 힘찬 기운을 느끼고 싶을 때 대취타를 들어 보면 어떨까요?

01 ★❀❀

다음은 이 글의 핵심 내용을 정리한 것입니다. 빈칸에 공통으로 들어가기에 알맞은 말을 쓰세요.

> (   )은/는 임금의 행차 등 국가의 중요한 행사에 사용하던 음악이다. (   )은/는 취악기와 타악기로 연주하고, 집사의 외침으로 시작된다. 우리 조상들의 기상을 느끼게 하는 (   )은/는 국가 무형 문화재로 지정되었다.

(   )

02 ★★★

다음 중 대취타에 대한 설명으로 알맞지 <u>않은</u> 것은 무엇인가요?   (   )

① 몇 번이고 반복할 수 있다.
② 등채는 지휘봉과 비슷한 것이다.
③ 국가의 중요한 행사에 사용하던 음악이다.
④ 태평소, 나각, 장구 등의 악기로 연주한다.
⑤ 집사는 음악의 시작을 알리고 나면 역할이 끝난다.

03 ★★★❀

다음은 대취타의 연주가 시작되는 과정을 정리한 것입니다. 순서대로 기호를 쓰세요.

> ㉠ 징을 친다.
> ㉡ 취악기와 타악기로 연주한다.
> ㉢ 집사가 등채를 머리 위로 높이 든다.
> ㉣ 집사가 '명금일하대취타'라고 외친다.

(   ) → (   ) → (   ) → (   )

04 ★★★

다음은 대취타 연주 행사를 본 민정이의 일기입니다. 이 글을 바탕으로 했을 때, 빠져야 할 문장은 무엇인가요? (   )

> 오늘 나는 부모님과 함께 대취타 연주 행사를 보았다. ① 연주 행사의 크기와 웅장함에 놀랐다. ② 집사가 '명금일하대취타'라고 외칠 때부터는 웅장함이 느껴졌다. ③ 여러 가지 악기들의 소리에 마치 내가 임금님이 된 것 같았다. ④ 한과 슬픔의 정서가 잘 느껴졌다. ⑤ 역시 국가 무형 문화재로 지정될 만한 훌륭한 음악이라는 생각이 들었다.

05 ★★★❀ 서술형

'대취타'라는 이름의 뜻을 이 글에서 찾아 쓰세요.

_____

_____

낱말 따라 쓰기

- 여럿이 줄을 지어 앞으로 걸어가다. : 행 진 하다
  [行 - 다닐 행, 進 - 나아갈 진]
- 감탄을 일으킬 만큼 규모가 크고 으리으리하다. : 웅 장 하다
- '웃어른이 길을 가다.'를 높여 이르는 말 : 행 차 하다
- 여럿이 어떤 목적과 계획을 가지고 모임이나 절차를 진행하는 것, 또는 그러한 큰일 : 행 사
- 악기를 다루어 음악을 표현하거나 들려주다. : 연 주 하다
- 여덟 개의 구멍이 뚫린 목관 끝에 깔때기 모양의 놋쇠를 단, 나팔 비슷한 국악기 : 태 평 소
- 소라 껍데기 끝에 구멍을 뚫어 그 구멍에 입술을 대고 불어 소리를 내는 악기 : 나 각
- 놋쇠로 만든 우리나라의 타악기, 냄비 뚜껑처럼 생긴 두 짝을 마주쳐 소리를 낸다. : 자 바 라

▲ 태평소   ▲ 나각   ▲ 자바라
* 출처: 공공누리(www.kogl.or.kr)

- 노래나 연주가 조화를 이루도록 앞에서 이끌 때 쓰는 짧은 막대기 : 지 휘 봉
- 악기를 사용해 연주하는 음악을 이루는 짧은 토막 : 장
- 여럿이 서로 알맞게 어울려 바람직한 전체를 이루는 것 : 조 화
  ㉠ 장미와 안개꽃을 함께 두니 조화를 이룬다.
- 겉으로 드러나는 씩씩한 정신 : 기 상
  [氣 - 기운 기, 像 - 모양 상]
- 전통 연극·무용·음악과 같이, 훌륭한 문화적 기술이나 기능 중에서 국가의 중요한 재산으로 지정된 것 : 무 형 문 화 재 [無 - 없을 무, 形 - 모양 형, 文 - 글월 문, 化 - 될 화, 財 - 보물 재]
- 특별한 지위나 자격을 가지도록 정해지다. : 지 정 되다
- 존경이나 우러러보는 마음을 일으킬 만한 태도나 분위기 : 위 엄

＊ 주어진 뜻풀이와 자음자에 해당하는 낱말을 쓰고, 글자판에서 찾아 ○표를 하세요(가로, 세로).

(1) 전체의 상태나 성질을 어느 하나로 잘 나타내다. : | ㄷ | ㅍ | ㅎ | ㄷ |

(2) 일정한 기간에 일정한 곳에 비나 눈의 형태로 떨어지는 물의 양 : | ㄱ | ㅅ | ㄹ |

(3) 자기 혼자만의 생각이나 감정에서 벗어나, 있는 그대로인 것 : | ㄱ | ㄱ | ㅈ |

(4) 우주에 있는 모든 물체 : | ㅊ | ㅊ |

(5) 일을 바르게 판단하고 잘 처리해 나가는 능력 : | ㅅ | ㄱ |

(6) 비밀을 유지하려고 다른 사람이 모르게 정해 놓고 사용하는 부호나 신호 : | ㅇ | ㅎ |

(7) 조금 차거나 추운 기운이 있다. : | ㅅ | ㄴ | ㅎ | ㄷ |

(8) 비슷하거나 늘 있는 일이 벌어지는 매일 : | ㅇ | ㅅ |

(9) 여럿이 서로 알맞게 어울려 바람직한 전체를 이루는 것 : | ㅈ | ㅎ |

낭	월	고	요	키	진	압	하	됴	천
비	슬	기	막	속	바	으	키	리	체
당	대	표	하	다	혹	없	수	체	리
키	이	요	싸	색	독	조	화	하	더
일	율	절	효	강	돌	압	리	간	평
러	성	합	의	수	의	차	덜	는	풍
암	이	딘	하	량	서	사	둘	존	기
호	인	안	의	우	늘	보	소	발	립
율	스	외	이	양	하	너	호	일	상
기	상	객	관	적	다	도	올	진	하

STEP 2
중심 문장 찾기

중심 문장을 찾으면 각 단락에서 글쓴이가 가장 중요하게 내세우는 내용이 무엇인지 쉽게 알 수 있어요!

★ 중심 문장이란?

단락 또는 글 전체의 중심이 되는 내용이 들어 있는 문장입니다.

● 중심 문장을 찾는 이유

하나의 단락에서는 보통 하나의 중심 내용을 이야기해요.
따라서 각 단락의 중심 문장을 찾으면 그 단락에서 이야기하고자 하는 내용을 쉽게 알 수 있고, 이를 통해 글 전체에서 말하고자 하는 바를 정확하게 이해할 수 있어요.

★ 중심 문장을 찾는 방법

– 단락을 이루는 문장 중 글쓴이가 가장 중요하게 내세우는 내용을 담은 문장을 찾으세요.
– 단락의 내용을 모두 포함하고 있는 문장을 찾으세요.

공부 후 붙임딱지

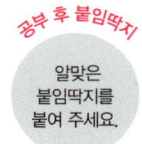
알맞은
붙임딱지를
붙여 주세요.

| 공부한 날 | 월 | 일 |

빠른 정답 2쪽

지문 확인

수현이네 반은 학교 독서왕 대회에서 1등을 했어요. 담임 선생님께서는 아이들을 칭찬하시며, "너희들이 내 얼굴을 세워 줬구나!"라고 하셨죠. 수현이는 선생님이 넘어지신 것도 아닌데 어떻게 얼굴을 세워 줬다는 것인지 이해가 가지 않았어요.

수현이는 왜 선생님의 말씀을 이해하지 못했을까요? 그 이유는 선생님이 '얼굴'을 다른 뜻으로 사용했기 때문입니다. 수현이가 이해한 '얼굴'은 '눈, 코, 입이 있는 머리의 앞면'이고, 선생님이 말씀하신 '얼굴'은 '명예나 체면'을 뜻합니다. 이처럼 두 가지 이상의 뜻을 가진 낱말을 '다의어'라고 합니다.

다의어는 중심 의미에서 주변 의미로 낱말 뜻의 범위가 커지면서 생깁니다. 위에서 수현이가 생각한 '얼굴'의 뜻이 중심 의미라고 할 수 있습니다. 이것이 '부끄러워서 얼굴을 못 든다'라고 할 때처럼, '떳떳한 도리'의 뜻으로 넓어져 '명예나 체면'이라는 의미가 만들어진 것입니다. 다른 예로, '맵다'의 경우 기본적인 뜻은 '고추와 같이 맛이 알알하다'이고, 뜻의 범위가 커지면서 '힘들고 고되다'의 의미가 생겨났습니다.

이외에도 '나이를 <u>먹다</u>', '생각을 <u>고치다</u>' 등 일상생활에서 다의어는 쉽게 찾아볼 수 있어요. 낱말이 가진 여러 가지 뜻을 활용하면 우리의 언어생활이 보다 풍부해질 거예요. 또 다른 다의어에는 어떤 것이 있는지 생각해 봅시다.

• 1단락 중심 낱말 :
얼굴

• 2단락 중심 낱말 :
1) [ ][ ][ ]

• 3단락 중심 낱말 :
2) [ ][ ][ ]

• 4단락 중심 낱말 :
3) [ ][ ][ ]

낱말 따라 쓰기

● 세상 사람들로부터 받는 높은 평가와 그에 따르는 영광 :
　[명][예]

● 남을 대하기에 떳떳한 태도나 입장 : [체][면]
　[體-몸 체, 面-얼굴 면] 예 달리기를 잘한다고 큰소리쳤는데 잘 뛰지 못해 <u>체면</u>이 말이 아니었다.

● 가장 중요하고 기본이 되는 부분 : [중][심]

● 어떤 대상의 둘레 부근 : [주][변]

● 어떤 활동이나 상태가 미치거나 벌어질 수 있는 한계 :
　[범][위] [範-한계 범, 圍-둘레 위]
　예 여기까지가 시험 <u>범위</u>이다.

● 사람이 마땅히 지켜야 할 바른 이치 : [도][리]
　예 진심으로 응원하는 것이 친구의 <u>도리</u>이다.

● (따끔거리거나 매워서) 아리고 쓰리다. : [알][알][하][다]
　예 고추 맛이 매우 <u>알알하다</u>.

STEP 2 중심 문장 찾기

중심 문장이란 단락 또는 글 전체의 중심이 되는 내용이 들어 있는 문장입니다.

하나의 단락에서는 보통 하나의 중심 내용을 이야기합니다. 그러므로 각 단락의 중심 문장을 찾으면 그 단락에서 이야기하고자 하는 내용을 쉽게 알 수 있고, 이를 통해 글 전체에서 말하고자 하는 바를 정확하게 이해할 수 있답니다.

★ **중심 문장을 찾는 방법**
- 단락을 이루는 문장 중 글쓴이가 가장 중요하게 내세우는 내용을 담은 문장을 찾으세요.
- 단락의 내용을 모두 포함하고 있는 문장을 찾으세요.

1단락

1단락에서는 선생님께서 말씀하신 다의어 '얼굴'의 뜻을 다르게 이해한 수현이의 이야기를 하고 있어요.

2단락

'얼굴'이 가진 두 가지 뜻과 함께 다의어에 대해 설명하고 있어요. 따라서 2단락의 중심 낱말은 '다의어'입니다.

수현이는 '얼굴'을 '눈, 코, 입이 있는 머리의 앞면'으로 이해했고, 선생님은 '명예나 체면'의 뜻으로 말씀하셨어요. 이렇게 여러 뜻을 가진 '얼굴'이라는 단어를 통해 다의어를 설명하고 있어요.

그러므로 중심 문장은 '이처럼 두 가지 이상의 뜻을 가진 낱말을 '1) [ ][ ][ ]'라고 합니다.'입니다.

3단락

다의어의 의미가 생겨나는 원리에 대해 설명하고 있어요. 가장 중심이 되는 낱말이 다의어이므로 3단락의 중심 낱말은 '다의어'입니다.

'얼굴'은 원래 우리가 알던 뜻에서 '명예나 체면'의 뜻을 가지게 되었어요. '맵다'는 '맛이 알알하다'의 뜻에서 '힘들고 고되다'의 의미가 생겨났어요. 다의어는 이렇게 중심 의미에서 주변 의미가 생겨나게 된다고 말해 주고 있네요.

따라서 3단락의 중심 문장은 '다의어는 2) [ ][ ] 의미에서 3) [ ][ ] 의미로 낱말 뜻의 범위가 커지면서 생깁니다.'입니다.

4단락

다의어는 일상생활에서 쉽게 찾아볼 수 있으며, 다의어를 사용하면 우리의 언어생활이 보다 풍부해질 것이라고 이야기하고 있어요. 또 다른 다의어를 생각해 보자고 권하며 글을 마무리하고 있네요. 따라서 4단락의 중심 낱말은 '다의어'입니다.

4단락의 중심 내용은 다의어를 활용하면 우리의 언어생활이 풍부해진다는 것이므로, 4단락의 중심 문장은 '낱말이 가진 여러 가지 뜻을 활용하면 우리의 4) [ ][ ][ ][ ] 이/가 보다 풍부해질 거예요.'입니다.

★ 이 글의 4단락 중 3단락의 중심 낱말이 모두 '다의어'이므로 이 글 전체의 중심 낱말은 '다의어'입니다.

★ 이 글의 중심 내용은 다의어의 뜻을 예를 통해 알려 주는 것이므로, 이 내용을 포함한 문장을 찾으면 됩니다.

이 글 전체의 중심 문장은 2단락 4번째 문장인 '이처럼 두 가지 이상의 뜻을 가진 낱말을 '다의어'라고 합니다.'입니다.

01

2단락의 중심 문장으로 가장 알맞은 것은 무엇인가요? (　　)

① 수현이는 왜 선생님의 말씀을 이해하지 못했을까요?
② 그 이유는 선생님이 '얼굴'을 다른 뜻으로 사용했기 때문입니다.
③ 수현이가 이해한 '얼굴'은 '눈, 코, 입이 있는 머리의 앞면'이고, 선생님이 말씀하신 '얼굴'은 '명예나 체면'을 뜻합니다.
④ 이처럼 두 가지 이상의 뜻을 가진 낱말을 '다의어'라고 합니다.

02

이 글을 이해한 것으로 알맞지 <u>않은</u> 것은 무엇인가요? (　　)

① '먹다'는 여러 가지 뜻을 가지고 있다.
② 다의어는 흔하게 볼 수 없는 낱말이다.
③ 다의어는 중심 의미와 주변 의미를 가진다.
④ 선생님은 '얼굴'을 '명예나 체면'의 뜻으로 사용했다.
⑤ 수현이는 선생님이 말한 '얼굴'을 다른 뜻으로 생각했다.

03

다음은 '손'의 여러 가지 의미입니다. 중심 의미와 주변 의미로 분류해 보세요.

> ㉠ 일을 하는 사람　　　　　　　㉡ 사람의 팔목 끝에 달린 부분
> ㉢ 어떤 일을 하는 데 드는 사람의 힘이나 노력

(1) 중심 의미: (　　　　　　　) (2) 주변 의미: (　　　　　　　　)

04

다음 문장의 밑줄 친 '고치다'의 뜻으로 알맞은 것을 〈보기〉에서 찾아 기호를 쓰세요.

> 나는 꾀병으로 학교에 가지 않으려다가, 생각을 <u>고치고</u> 학교에 갔다.

〈 보기 〉
> ㉠ 병 따위를 낫게 하다.　　　　㉡ 잘못되거나 틀린 것을 바로잡다.
> ㉢ 고장이 나거나 못 쓰게 된 물건을 손질하여 제대로 되게 하다.

(　　　　　　　)

빠른 정답 2쪽, 정답과 풀이 16쪽

✏ 뜻을 정확히 모르는 낱말들을 적어 보세요!

●
●
●
●
●
●
●
●

낱말 따라 쓰기

● 하는 일이 괴롭고 힘들다. : 고 되 다
● 무엇이 지니고 있는 기능이나 능력을 제대로 잘 쓰다. : 활 용 하다
　[活-응용할 활, 用-쓸 용]
● 남을 만큼 넉넉하고 아주 많다. : 풍 부 하다
● 드물지 않고 매우 많이 있어 구하기 쉽다. :
　흔 하 다
　㉠ 옛날에는 바나나가 귀한 음식이었는데, 요즘에는 <u>흔하다</u>.
● 고치고 다듬다. :
　손 질 하다

문제 이해하고 풀기

01 중심 문장 찾기

중심 문장은 글쓴이가 이야기하려는 주요 내용이에요.

① 수현이는 왜 선생님의 말씀을 이해하지 못했을까요?
(×)

🍃 중심 문장을 잘 나타내기 위하여 예를 든 뒷받침 문장이에요.

② 그 이유는 선생님이 '얼굴'을 다른 뜻으로 사용했기 때문입니다. (×)

🍃 중심 문장을 잘 나타내기 위하여 예를 든 뒷받침 문장이에요.

③ 수현이가 이해한 '얼굴'은 '눈, 코, 입이 있는 머리의 앞면'이고, 선생님이 말씀하신 '얼굴'은 '명예나 체면'을 뜻합니다. (×)

🍃 중심 문장을 잘 나타내기 위하여 예를 든 뒷받침 문장이에요.

④ 이처럼 두 가지 이상의 뜻을 가진 낱말을 '다의어'라고 합니다. (○)

🍃 '얼굴'을 예로 삼아 다의어의 뜻을 설명하고 있으므로 다의어의 뜻이 2단락의 중심 문장으로 가장 알맞아요.

정답은 _____ 입니다.

02 내용 이해하기

⚙️ 각각의 선택지 내용을 순서대로 살펴볼게요.

① '먹다'는 여러 가지 뜻을 가지고 있다. (○)

＊근거 4단락 ❶번째 문장: 이외에도 '나이를 먹다', '생각을 고치다' 등 ~ 다의어는 쉽게 찾아볼 수 있어요.

🍃 '먹다'는 '음식 따위를 입을 통하여 배 속에 들여보내다'의 중심 의미 외에도 '일정한 나이에 이르거나 나이를 더하다' 등의 여러 가지 뜻을 가지고 있어요.

② 다의어는 흔하게 볼 수 없는 낱말이다. (×)

＊근거 4단락 ❶번째 문장: 이외에도 ~ 일상생활에서 다의어는 쉽게 찾아볼 수 있어요.

🍃 다의어는 일상생활에서 쉽게 찾아볼 수 있다고 했으므로 '흔하게 볼 수 없는 낱말이다.'는 틀린 말이에요.

③ 다의어는 중심 의미와 주변 의미를 가진다. (○)

＊근거 3단락 ❶번째 문장: 다의어는 중심 의미에서 주변 의미로 낱말 뜻의 범위가 커지면서 생깁니다.

④ 선생님은 '얼굴'을 '명예나 체면'의 뜻으로 사용했다.
(○)

＊근거 2단락 ❸번째 문장: 수현이가 이해한 '얼굴'은 ~ 선생님이 말씀하신 '얼굴'은 '명예나 체면'을 뜻합니다.

⑤ 수현이는 선생님이 말한 '얼굴'을 다른 뜻으로 생각했다. (○)

＊근거 2단락 ❸번째 문장: 수현이가 이해한 '얼굴'은 '눈, 코, 입이 있는 머리의 앞면'이고, ~ 뜻합니다.

정답은 _____ 입니다.

03 내용 적용하기

🌸 다의어의 중심 의미와 주변 의미에 대해 설명한 문장을 찾아볼까요?

＊근거 3단락 ❶~❸번째 문장: 다의어는 중심 의미에서 주변 의미로 ~ 의미가 만들어진 것입니다.

㉠ 일을 하는 사람

🍃 '농사일을 하는 데 손이 부족하다.'와 같이 주변 의미예요.

㉡ 사람의 팔목 끝에 달린 부분

🍃 손의 중심 의미예요.

㉢ 어떤 일을 하는 데 드는 사람의 힘이나 노력

🍃 '환자를 돌보는 일은 손이 많이 간다.'와 같이 주변 의미예요.

정답은 (1) _____ (2) _____ 입니다.

04 내용 추론하기

밑줄 친 다의어의 뜻을 미루어 생각해 보는 문제예요.

> 나는 꾀병으로 학교에 가지 않으려다가, 생각을 고치고 학교에 갔다.

🍃 주어진 문장에서 '나'는 꾀병으로 학교에 가지 않으려는 잘못된 생각을 가지고 있었어요. 하지만 이 생각을 고치고 학교에 갔지요. 여기서 '고치다'는 '바로잡다'의 의미이므로, '잘못되거나 틀린 것을 바로잡다.'가 알맞은 의미예요.

정답은 _____ 입니다.

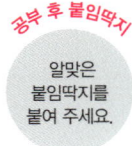
빠른 정답 2쪽

지문 확인

고창에 사는 창석이는 책에서 본 고인돌이 신기해서 부모님께 보여 드렸어요. 그런데 부모님께서 세계에서 가장 큰 고인돌이 고창에 있다고 알려 주셔서 깜짝 놀랐지요. 창석이는 주말에 부모님과 직접 고인돌을 보러 갔어요.

· 1단락 중심 낱말 :
1) [　][　][　], 고창

고인돌은 서너 개의 받침돌 위에 한 개의 넓고 커다란 덮개돌을 얹어 놓은 청동기 시대의 무덤 형태입니다. 만드는 데에 많은 사람의 힘이 필요한 크기이기 때문에 지위

· 2단락 중심 낱말 :
2) [　][　][　]

가 높은 사람의 무덤으로 추측됩니다. 고인돌을 통해 청동기 시대 사회를 짐작할 수 있고, 그물추와 돌검 등 함께 발견되는 유물들을 통해 당시의 기술도 알 수 있습니다. 세계 고인돌의 반 이상이 우리나라에 있는데, 고창·강화·화순의 고인돌은 유네스코 세계 문화유산으로 지정되어 있습니다.

그중 고창 고인돌 유적지는 우리나라에서 가장 많은 고인돌이 모여 있는 곳입니다. 440여 가지의 다양한 고인돌을 가까운 거리에서 볼 수 있습니다. 전시관에서는 고창 고인돌의 특징과 만드는 방법에 대해 알아볼 수 있습니다. 또한 실제 크기의 덮개돌을 끌어 보거나, 청동기 시대의 생활을 엿볼 수 있게 꾸며 놓은 마을을 구경할 수도 있습니다.

· 3단락 중심 낱말 :
3) [　][　]
[　][　]
[　][　]

유적지에 다녀온 창석이는 고창에 대한 자긍심이 더욱 커졌어요. 그리고 자신처럼 고인돌을 몰랐던 친구들에게도 소개해 주었어요. 창석이처럼 고장의 문화유산에 대해 알아보고 소개해 보면 어떨까요?

· 4단락 중심 낱말 :
고장의 문화유산

낱말 따라 쓰기

● 청동으로 만든 그릇이나 기구 : [청][동][기]
　예 청동기와 문자의 발명으로 문명이 빠르게 발전하였다.

● 죽은 사람이나 동물을 땅에 묻고, 비석 등을 세워 표시해 놓은 곳 : [무][덤]

● 사회적으로 차지하는 신분의 높낮이나 등급, 또는 수준 : [지][위] [地-처지 지, 位-자리 위]
　예 조선 시대에 왕은 지위가 가장 높은 신분이었다.

● 어떤 사실이 미루어져 생각되어 다른 무엇으로 헤아려지다. : [추][측]되다 [推-헤아릴 추, 測-헤아릴 측]
　예 구름이 짙어지는 것을 보니 곧 비가 올 것으로 추측된다.

● 사정이나 형편 등을 대강 알아차리다. : [짐][작]하다
　예 우리는 그녀가 늦는 것으로 보아 늦잠을 잤을 것이라고 짐작했다.

01

3단락의 중심 문장으로 가장 알맞은 것은 무엇인가요? （　　　）

① 그중 고창 고인돌 유적지는 우리나라에서 가장 많은 고인돌이 모여 있는 곳입니다.

② 440여 가지의 다양한 고인돌을 가까운 거리에서 볼 수 있습니다.

③ 전시관에서는 고창 고인돌의 특징과 만드는 방법에 대해 알아볼 수 있습니다.

④ 또한 실제 크기의 덮개돌을 끌어 보거나, 청동기 시대의 생활을 엿볼 수 있게 꾸며 놓은 마을을 구경할 수도 있습니다.

02

다음 중 이 글의 내용으로 맞는 것은 ○표, 틀린 것은 ×표를 하세요.

(1) 고인돌은 덮개돌 위에 받침돌을 얹은 무덤 형태이다. （　　　）

(2) 고인돌을 통해 신석기 시대의 사회 모습을 알 수 있다. （　　　）

(3) 우리나라에는 세계 고인돌의 반 이상이 있다. （　　　）

빠른 정답 2쪽, 정답과 풀이 17~18쪽

정답 콕콕 특강

01 중심 문장 찾기

이 글에서 가장 중요하다고 설명하는 것이 무엇인지 떠올려 보세요.
중심 낱말에 대한 설명이 중심 문장으로 가장 알맞아요.

DAY
08

02 내용 이해하기

2단락에서 문제와 관련된 문장을 찾아보세요.

낱말 따라 쓰기

● 그물이 물속에 가라앉도록 그물 끝에 매다는 돌이나 쇠붙이 : 　그 물 추

● 양 측면에 날이 서 있는, 돌로 만든 검 : 돌 검

● 과거의 조상들이 후세에 남긴 물건 : 유 물
[遺 – 남길 유, 物 – 물건 물]
　⑩ 경주에서는 조상들의 유물이 많이 발견된다.

● 특별한 지위나 자격을 가지도록 정해지다. : 지 정 되다
[指 – 가리킬 지, 定 – 정할 정]
　⑩ 그 도자기는 국보로 지정되어 박물관에 전시되어 있다.

● 역사적 유물이나 유적이 있는 장소 : 유 적 지
[遺 – 남길 유, 跡 – 발자취 적, 地 – 땅 지]

● (물건을) 잘 벌여 놓고 여러 사람에게 보이기 위한 건물 :
전 시 관 [展 – 펼 전, 示 – 보일 시, 館 – 집 관]

● 스스로를 자랑스럽고 떳떳하게 여기는 마음 : 자 긍 심

● 저마다 따로 : 각 각

● 직접 겪은 일 : 체 험
　⑩ 여행에서의 체험을 글로 기록해 놓으면 좋다.

03

이 글을 보고 생각할 수 있는 내용으로 알맞은 것은 무엇인가요?　　　（　　　）

① 고인돌은 주로 한 사람이 만들었겠구나.

② 고인돌은 다른 나라에서는 볼 수 없구나.

③ 그물추와 돌검은 조선 시대의 유물이구나.

④ 마을 지도자의 무덤은 고인돌의 형태이겠구나.

⑤ 강화와 화순에는 각각 500여 개 이상의 고인돌이 있겠구나.

03 내용 추론하기

2, 3단락에서 문제와 관련된 내용을 찾아보세요.

04

다음은 창석이가 친구들에게 고창 고인돌 유적지에 대해 소개하는 글의 일부분입니다. 알맞지 <u>않은</u> 문장은 무엇인가요?　　　（　　　）

> ① 고창 고인돌 유적지는 우리나라에서 고인돌이 가장 많이 모여 있는 곳이야. ② 전시관을 둘러보면 고창 고인돌의 특징을 살펴볼 수 있어. ③ 만드는 방법이 궁금하다면 역시 전시관에서 알아볼 수도 있고, 직접 덮개돌을 끌어 보는 체험도 할 수 있어. ④ 실제 고인돌은 세계적으로 중요한 문화유산이라서 멀리 떨어져서 봐야 해. ⑤ 또한 고인돌을 만들었던 청동기 시대 마을도 구경할 수 있단다.

04 내용 이해하기

3단락에서 문제와 관련된 문장을 찾아보세요.

05 서술형

고인돌이 지위가 높은 사람의 무덤으로 추측되는 이유를 이 글에서 찾아 쓰세요.

_____

_____

_____

05 내용 이해하기

2단락에서 이유가 나온 부분을 찾아보세요.

[01~04] 주어진 뜻풀이에 해당하는 낱말을 〈보기〉에서 찾아 쓰세요.

〈 보기 〉
추측되다   명예   무덤   지위

01 사회적으로 차지하는 신분의 높낮이나 등급, 또는 수준 : _____

02 세상 사람들로부터 받는 높은 평가와 그에 따르는 영광 : _____

03 어떤 사실이 미루어져 생각되어 다른 무엇으로 헤아려지다. : _____

04 죽은 사람이나 동물을 땅에 묻고, 비석 등을 세워 표시해 놓은 곳 : _____

[05~08] 주어진 뜻풀이에 해당하는 낱말을 연결하세요.

05 가장 중요하고 기본이 되는 부분   •   • ㉠ 유물

06 청동으로 만든 그릇이나 기구   •   • ㉡ 중심

07 과거의 조상들이 후세에 남긴 물건   •   • ㉢ 손질하다

08 고치고 다듬다.   •   • ㉣ 청동기

[09~12] 주어진 자음자와 낱말의 뜻을 보고, 빈칸에 알맞은 낱말을 쓰세요.

09 부모님을 정성껏 받드는 것이 자식으로서의
ㄷ ㄹ 이다.
사람이 마땅히 지켜야 할 바른 이치

10 갓난아이가 웃는 것으로 보아 기분이 좋은 상태라고 ㅈ ㅈ 할 수 있다.
사정이나 형편 등을 대강 알아차리는 것

11 옷 색깔로 흰색은 매우 ㅎ ㅎ ㄷ .
드물지 않고 매우 많이 있어 구하기 쉽다.

12 이번 배낭여행에서의 ㅊ ㅎ 은/는 오래도록 기억에 남을 것 같다.
직접 겪은 일

[13~16] 문장의 밑줄 친 곳에 들어갈 낱말을 〈보기〉에서 찾아 쓰세요.

〈 보기 〉
유적지   풍부하다   고되다   활용하여

13 아버지께서 헌 청바지 천을 _____ 가방을 만들어 주셨다.

14 이 과일은 영양이 _____.

15 무더운 여름날에 밖에서 하는 훈련은 굉장히 _____.

16 오늘은 학교에서 우리 조상들의 발자취가 담긴 _____(으)로 체험 학습을 가는 날이다.

공부 후 붙임딱지

알맞은 붙임딱지를 붙여 주세요.

| 공부한 날 | 월 | 일 |

빠른 정답 2쪽

지문 확인

부모님과 야구용품을 구경하던 희민이는 방망이 재료의 종류가 다양해 그 차이점이 궁금했어요. 또 야구공 속에는 무엇이 있는지도 궁금했죠. 야구용품은 어떤 물질로 이루어져 있을까요?

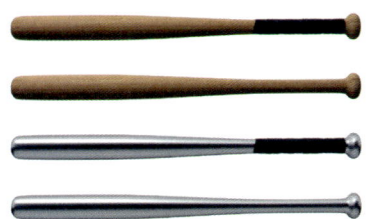

야구 방망이는 주로 나무나 알루미늄으로 만듭니다. 나무 방망이는 가볍고 단단한 물푸레나무나 단풍나무로 만듭니다. 주로 프로 선수들이 나무 방망이를 사용합니다. 알루미늄 방망이는 금속으로 되어 있어 잘 부러지지 않습니다. 또한 속이 비어 있어 나무 방망이보다 가볍습니다. 알루미늄 방망이로 야구공을 치면 나무 방망이보다 잘 튕겨 내어 공이 멀리, 빠르게 날아갑니다.

야구공은 코르크, 고무, 실, 가죽 등 다양한 물질로 이루어져 있습니다. 가장 안쪽의 코르크와 그것을 감싸는 고무는 원래 모양으로 잘 돌아오는 성질이 있습니다. ㈎ 이 때문에 공이 방망이에 부딪히는 순간 찌그러져도 다시 원래 모양으로 되돌아옵니다. 코르크를 감싼 고무는 실로 먼저 감아 주는데, 이 실은 공이 갑자기 터지는 것을 막아 줍니다. 마지막으로 겉 부분을 가죽으로 감싸고 빨간색 실로 꿰맵니다. 가죽과 실은 매우 질겨 강한 충격에도 공이 잘 찢어지지 않도록 합니다.

간단해 보이는 방망이와 공도 여러 물질로 만들어졌다는 것을 알았죠? 이처럼 야구용품은 용도와 안전을 위해 적절한 물질로 이루어져 있답니다.

• 1단락 중심 낱말 :
야구용품, 1) ☐☐

• 2단락 중심 낱말 :
2) ☐☐
☐☐

• 3단락 중심 낱말 :
3) ☐☐☐

• 4단락 중심 낱말 :
4) ☐☐☐☐, 물질

낱말 따라 쓰기

● 어떤 일에 쓰이거나 필요한 물품 : 용품
  [用-쓸 용, 品-물건 품]

● 물건을 만들 때 그것의 구성 요소가 되는 물질 : 재료

● 세상의 온갖 것을 이루며, 보고 만질 수 있거나 과학적으로 다룰 수 있는 것 : 물질 [物-물건 물, 質-바탕 질]

● 하얀 빛깔의 가볍고 부드러운 금속 원소 : 알루미늄

● 어떤 일을 전문으로 하거나 그런 지식이나 기술을 가진 사람 : 프로

● 쇠·금처럼 번들거리는 빛깔이 있고 빛이 통하지 않으며, 열과 전기를 통과시키는 성질이 있는 단단한 물질 : 금속

● 코르크나무의 두꺼운 껍질에서 탄력 있는 부분으로, 병마개·보온·방음 등 여러 곳에 쓴다. : 코르크

● 갑자기 심하게 부딪치는 것 : 충격
  ㉔ 실수로 공에 맞은 충격에 팔이 얼얼했다.

● 돈이나 물건이 쓰이는 곳이나 목적 : 용도
  [用-쓸 용, 途-길 도]

STEP 2 중심 문장 찾기

DAY
09

★ **중심 문장을 찾는 방법**
- 단락을 이루는 문장 중 글쓴이가 가장 중요하게 내세우는 내용을 담은 문장을 찾으세요.
- 단락의 내용을 모두 포함하고 있는 문장을 찾으세요.

1단락

1단락에서는 희민이의 이야기를 바탕으로, 야구용품을 이루는 물질에 대해 설명할 것임을 알려 주고 있어요.

따라서 1단락의 중심 낱말은 '야구용품, 물질'이고, 중심 문장은 '¹⁾[　][　][　][　]은/는 어떤 물질로 이루어져 있을까요?'입니다.

2단락

야구용품 중 야구 방망이를 만드는 물질에 대해 설명하고 있어요. 따라서 2단락의 중심 낱말은 '야구 방망이'입니다.

나무 방망이는 가볍고 단단한 나무로 만들어요. 알루미늄 방망이는 가볍고 잘 부러지지 않으며, 공을 잘 튕겨 내요. 이렇게 야구 방망이는 그것을 이루는 물질에 따라 두 가지로 나뉘어요.

따라서 2단락의 중심 문장은 '야구 방망이는 주로 ²⁾[　][　]나 ³⁾[　][　][　][　](으)로 만듭니다.'입니다.

3단락

야구용품 중 야구공을 이루는 물질에 대해 설명하고 있어요. 따라서 3단락의 중심 낱말은 '야구공'입니다.

야구공의 가장 안쪽에는 코르크와 그것을 감싸는 고무가 있어요. 그리고 이것을 실로 감은 후, 겉 부분을 가죽으로 감싸고 빨간색 실로 꿰매는 것이에요.

야구공을 이루는 여러 가지 물질에 대해 공 안쪽부터 순서대로 이야기하고 있어요.

따라서 3단락의 중심 문장은 '한편 야구공은 코르크, 고무, 실, 가죽 등 다양한 ⁴⁾[　][　](으)로 이루어져 있습니다.'입니다.

4단락

간단해 보이는 방망이와 공도 여러 물질로 만들어졌음을 알 수 있어요.

따라서 4단락의 중심 낱말은 '야구용품, 물질'이고, 중심 문장은 '이처럼 야구용품은 용도와 안전을 위해 적절한 ⁵⁾[　][　](으)로 이루어져 있답니다.'입니다.

★ 이 글의 단락별 중심 낱말은 각각 '야구용품, 물질', '야구 방망이', '야구공'입니다.

또 내용을 보면 야구 방망이와 야구공을 이루는 물질에 대해 설명하고 있으므로, 이 글 전체의 중심 낱말은 '야구용품, 물질'입니다.

★ 이 글의 중심 내용은 야구용품이 여러 가지 물질로 이루어져 있음을 설명하는 것입니다.

이러한 내용을 포함하고 있는 문장을 찾으면 글 전체의 중심 문장은 4단락 2번째 문장인 '이처럼 야구용품은 ⁶⁾[　][　]와/과 안전을 위해 적절한 물질로 이루어져 있답니다.'입니다.

01

3단락의 중심 문장으로 가장 알맞은 것은 무엇인가요?　　　　　　　（　　　）

① 야구공은 코르크, 고무, 실, 가죽 등 다양한 물질로 이루어져 있습니다.

② 가장 안쪽의 코르크와 그것을 감싸는 고무는 원래 모양으로 잘 돌아오는 성질이 있습니다.

③ 마지막으로 겉 부분을 가죽으로 감싸고 **빨간색** 실로 꿰맵니다.

④ 가죽과 실은 매우 질겨 강한 충격에도 공이 잘 찢어지지 않도록 합니다.

02

이 글의 내용으로 알맞은 것은 무엇인가요?　　　　　　　　　（　　　）

① 알루미늄 방망이는 나무 방망이보다 무겁다.

② 나무 방망이는 무겁고 단단한 나무로 만든다.

③ 알루미늄 방망이는 속이 비어 있어 잘 부러진다.

④ 프로 선수들은 주로 알루미늄 방망이를 사용한다.

⑤ 알루미늄 방망이는 나무 방망이보다 공을 잘 튕겨 낸다.

03

오른쪽 그림은 야구공을 반으로 자른 단면입니다. ㉠, ㉡에 알맞은 물질의 이름을 이 글에서 찾아 쓰세요.

㉠: (　　　　　　　　)

㉡: (　　　　　　　　)

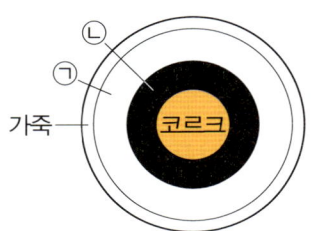

04

3단락의 밑줄 친 (가)에 대한 이유로 알맞은 것은 무엇인가요?　（　　　）

① 단단한 나무 방망이의 도움을 받기 때문에

② 공이 갑자기 터지는 것을 실이 막아 주기 때문에

③ 질긴 가죽이 공이 잘 찢어지지 않도록 해 주기 때문에

④ 알루미늄 방망이에는 공이 잘 찌그러지지 않기 때문에

⑤ 코르크와 고무는 원래 모양으로 잘 돌아오는 성질이 있기 때문에

빠른 정답 2쪽, 정답과 풀이 19~20쪽

정답 **콕콕** 특강

01 중심 문장 찾기

이 글에서 알려 주고자 하는 내용이 무엇인지 떠올려 보세요. 단락의 내용을 모두 포함하고 있는 문장을 찾으면 됩니다.

02 내용 이해하기

2단락에 나오는 나무 방망이와 알루미늄 방망이에 대한 설명과 선택지를 비교해 보세요.

03 내용 적용하기

3단락에서 야구공을 이루는 물질이 어떤 순서로 감싸고 있는지 찾아 보세요.

04 내용 이해하기

3단락에서 밑줄 친 (가)의 이유가 나오는 문장을 찾아 보세요.

낱말 따라 쓰기

● 아무 탈이 없고 위험이 없는 것 : 안 전　　　● 물체의 잘린 면 : 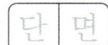 [斷 – 끊을 단, 面 – 모양 면]

낱말 쑥쑥 테스트

빠른 정답 2쪽

[01~04] 주어진 뜻풀이에 해당하는 낱말을 연결하세요.

01 하얀 빛깔의 가볍고 부드러운 금속 원소

02 코르크나무의 두꺼운 껍질에서 탄력 있는 부분

03 어떤 일에 쓰이거나 필요한 물품

04 물건을 만들 때 그것의 구성 요소가 되는 물질

- ㉠ 재료
- ㉡ 용품
- ㉢ 알루미늄
- ㉣ 코르크

[05~08] 주어진 자음자와 낱말의 뜻을 보고, 빈칸에 알맞은 낱말을 쓰세요.

05 불이 잘 붙는 성질의 ⎡ㅁ ㅈ⎤ 을/를 가지고 비행기를 탈 수 없다. 세상의 온갖 것을 이루며, 보고 만질 수 있거나 과학적으로 다룰 수 있는 것

06 무딘 칼로 사과를 썰었더니 ⎡ㄷ ㅁ⎤ 이/가 울퉁불퉁하다. 물체의 잘린 면

07 이 가림판의 ⎡ㅇ ㄷ⎤ 은/는 햇빛을 가리는 것이다. 돈이나 물건이 쓰이는 곳이나 목적

08 이 물건은 ⎡ㅊ ㄱ⎤ 을/를 받으면 고장이 날 수 있다. 갑자기 심하게 부딪치는 것

배경지식

프로 야구 선수들은 왜 나무 방망이를 사용할까요?

야구 방망이의 종류에는 나무와 알루미늄이 있습니다. 알루미늄 방망이는 나무 방망이보다 가볍고, 공을 잘 튕겨 내어 공이 멀리, 빠르게 날아갑니다. 그런데 프로 야구 선수들은 주로 나무 방망이를 사용한다고 해요. 왜 그럴까요?

프로 선수들은 보통의 사람들에 비해 힘과 기술이 훨씬 좋겠죠? 이러한 선수들이 알루미늄 방망이를 사용하면 매우 빠르게 휘두를 수 있고, 그렇게 휘두른 방망이에 맞은 공은 굉장히 빠르게 날아갈 거예요. 이때 그 공을 받는 수비 선수들은 자칫 잘못하면 위험해질 수도 있어요. 작은 물체라도 빠른 속도로 날아가면 큰 힘을 가지게 되기 때문이에요.

이러한 이유 때문에 프로 선수들은 주로 나무 방망이를 사용한답니다.

지문 확인

'나누다'라는 것은 무엇인가를 쪼개는 것이므로 원래의 것보다 작아진다고 생각할 수 있습니다. 하지만 수학에서 배우는 '나눗셈'에서는 꼭 그렇지만은 않습니다.

• 1단락 중심 낱말 :
나눗셈

나눗셈이란 어떤 수를 다른 수로 나누는 계산입니다. 무엇인가를 똑같이 나눠야 할 때 나눗셈이 유용하게 사용됩니다. 예를 들어 사과 6개를 2명에게 똑같이 나눠 주려고 한다면 6 나누기 2를 하면 됩니다. 이때 6을 나누어지는 수, 2를 나누는 수라고 합니다. 처음 나눗셈을 할 때는 나누는 수가 나누어지는 수에 몇 번 들어가는지를 생각해 보면 쉽습니다. 2+2+2=6, 즉 2는 6에 3번 들어가기 때문에 6 나누기 2는 3이 됩니다.

• 2단락 중심 낱말 :
1)

그렇다면 나눗셈의 결과는 항상 원래 수보다 작아질까요? 그렇지 않습니다. 이번에는 6을 $\frac{1}{2}$로 나누어 볼까요? 아래 그림처럼 6에 $\frac{1}{2}$이 몇 번 들어가는지 생각해 봅시다. 먼저 $\frac{1}{2}+\frac{1}{2}=1$이므로, $(\frac{1}{2}+\frac{1}{2})+(\frac{1}{2}+\frac{1}{2})+(\frac{1}{2}+\frac{1}{2})+(\frac{1}{2}+\frac{1}{2})+(\frac{1}{2}+\frac{1}{2})+(\frac{1}{2}+\frac{1}{2})=6$, 즉 $\frac{1}{2}$은 6에 12번 들어가기 때문에 6 나누기 $\frac{1}{2}$은 12입니다. 원래 수인 6보다 커졌지요?

• 3단락 중심 낱말 :
2) □□□ 의

이렇게 나눗셈의 결과는 원래 수보다 작아질 수도 있고, 커질 수도 있습니다. 나누는 수가 1보다 크면 그 결과는 원래 수보다 작아지고, 나누는 수가 1보다 작으면 그 결과는 원래 수보다 커지는 것입니다.

• 4단락 중심 낱말 :
3) □□□ 의

낱말 따라 쓰기

● (무엇을) 몇 조각으로 나누거나 가르다. : 쪼 개 다
   ㉔ 나는 수박을 여러 조각으로 작게 <u>쪼개어</u> 친구들과 함께 먹었다.

● 처음 시작할 때의 것, 처음부터 : 원 래
   ㉔ 옷은 한 번 줄어들면 <u>원래</u>의 모습대로 되돌리기가 힘들다.

01

2단락의 중심 문장으로 가장 알맞은 것은 무엇인가요?　　　　　　　(　　)

① 나눗셈이란 어떤 수를 다른 수로 나누는 계산입니다.
② 무엇인가를 똑같이 나눠야 할 때 나눗셈이 유용하게 사용됩니다.
③ 예를 들어 사과 6개를 2명에게 똑같이 나눠 주려고 한다면 6 나누기 2를 하면 됩니다.
④ 이때 6을 나누어지는 수, 2를 나누는 수라고 합니다.
⑤ 처음 나눗셈을 할 때는 나누는 수가 나누어지는 수에 몇 번 들어가는지를 생각해 보면 쉽습니다.

DAY
10

02

이 글의 내용으로 알맞지 <u>않은</u> 것은 무엇인가요?　　　　　　　(　　)

① 6을 2로 나누면 3이 된다.
② 나눗셈의 결과는 항상 원래 수보다 커진다.
③ 나눗셈을 할 때 1보다 작은 수로 나눌 수도 있다.
④ 나눗셈은 무엇인가를 똑같이 나눠야 할 때 사용될 수 있다.
⑤ 처음 나눗셈을 할 때는 나누는 수가 나누어지는 수에 몇 번 들어가는지 생각해 보면 쉽다.

 낱말 따라 쓰기

● 아무 탈이 없고 위험이 없는 것 : 안 전

● 수를 셈하는 것 : 계 산 [計 – 셀 계, 算 – 셈 산]

● (어떤 데에) 쓸모가 있다. : 유 용 하다

● 일정한 목적이나 기능에 맞게 쓰이다. : 사 용 되다
　[使 – 하여금 사, 用 – 쓸 용]

● 어떤 일을 하거나 어떤 일이 있은 후에 생긴 상태나 상황 :
　결 과 [結 – 맺을 결, 果 – 결과 과]

● 계산의 결과가 맞는지를 다시 조사하다. : 검 산 하다

● 어떤 사물·인물·조직 등의 대상이 오늘에 이르기까지의 남아
　있는 흔적 : 역 사 [歷 – 지날 력(역), 史 – 역사 사]

● 시간이 지나간 동안이 길다. : 오 래 되다

● 오랜 세월 동안 알려져서 내려오다. : 전 하 다
　[傳 – 전할 전]
　예 고장마다 <u>전해지는</u> 노래나 이야기가 있다.

03

다음 ㉠~㉢에 들어갈 숫자를 차례로 쓴 것은 무엇인가요?　　　　（　　　　）

> （　㉠　）은/는 （　㉡　）에 （　㉢　）번 들어가기 때문에 6 나누기 $\frac{1}{2}$은 12이다.

① 6, $\frac{1}{2}$, 12

② 6, 12, $\frac{1}{2}$

③ $\frac{1}{2}$, 12, 6

④ $\frac{1}{2}$, 6, 12

⑤ 12, $\frac{1}{2}$, 6

04

이 글의 내용을 바탕으로, 다음 괄호 속에 들어갈 숫자는 무엇인지 쓰세요.

> 2 나누기 $\frac{1}{3}$은 （　　　　）이다.

（　　　　　　　　　　　）

05　서술형

나눗셈에서 나누는 수가 1보다 큰지 작은지에 따라 결과가 어떻게 달라지는지 이 글에서 찾아 쓰세요.

_____

_____

_____

[01~02] 다음 문장에서 밑줄 친 낱말의 뜻을 찾아 ○표 하세요.

01

> 9를 3으로 나눈 <u>결과</u>는 3이다.

① 어떤 현상이나 일의 마지막 끝을 생기게 하는 요소 ( )

② 어떤 일을 하거나 어떤 일이 있은 후에 생긴 상태나 상황 ( )

02

> 은행원은 돈 <u>계산</u>을 잘못하여 늦게까지 일해야 했다.

① 어떤 일에 대하여 이득이나 손해를 따지는 것 ( )

② 수를 셈하는 것 ( )

[03~06] 문장의 밑줄 친 곳에 들어갈 낱말을 〈보기〉에서 찾아 쓰세요.

〈 보기 〉
원래   유용하다   사용   쪼개어

03 초등학교 3학년인 내 동생은 덧셈을 하다가 헷갈리면 손가락을 ＿＿＿＿＿＿ 하기도 한다.

04 전자계산기는 복잡한 계산을 빠르게 끝내는 데 아주 ＿＿＿＿＿＿.

05 날씨가 추워지자 그는 나무를 ＿＿＿＿＿ 장작을 만들었다.

06 이 몽당연필은 ＿＿＿＿＿＿ 굉장히 길었다.

DAY
10

배경지식

구구단은 언제부터 외웠을까요?

나눗셈을 할 때 유용하게 쓰이는 셈이 있어요. 바로 곱셈이에요. 나눗셈의 거꾸로인 곱셈은 특히 나눗셈을 검산할 때 사용하면 좋아요. 그런데 곱셈할 때 쓰이는 구구단은 언제부터 외웠을까요?

구구단의 역사는 아주 오래되었어요. 중국에서 만들어졌다고 전해지는 구구단은 2,000여 년 전 한나라 시대에 이미 사용했다고 합니다. 우리나라에는 1,200여 년 전에 전해졌는데, 신라 시대에도 구구단을 외웠다고 해요.

옛날에는 구구단을 특별한 사람들만 외웠다고 합니다. 이 사람들은 구구단을 소중히 여기며 아무한테나 알려 주지 않았답니다. 그래서 일부러 어렵게 보이게 하려고 9단의 맨 끝인 '구구 팔십일'부터 외웠대요. '구구단'이라는 이름은 그런 이유 때문에 붙여졌다고 합니다.

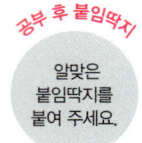

공부 후 붙임딱지

알맞은 붙임딱지를 붙여 주세요.

| 공부한 날 | 월 | 일 |

빠른 정답 2쪽

지문 확인

방학 생활 계획표를 세운 영지는 하고 싶은 일이 너무 많아서 잠을 줄여야겠다고 생각했어요. (가) 그런데 부모님은 '잠이 보약'이라면서 말리셨어요. 이게 무슨 뜻일까요?

사람은 하루에 여덟 시간 정도를 잡니다. 누군가는 잠자는 시간을 아까워하거나 그 시간을 무리하게 줄여 다른 일을 하기도 합니다. 하지만 잠은 하루의 삼분의 일을 써야 할 만큼 우리에게 가장 중요한 것 중 하나입니다.

잠을 자는 동안 우리의 몸은 부족한 면역 물질을 만들어 내고 몸 안에 쌓인 피로 물질을 분해하며 깨어나서 쓸 영양분을 준비합니다. 잘 자지 못했을 때 쉽게 아프고 피곤한 것은 이런 이유에서입니다.

또한 성장 호르몬은 잠을 잘 때 많이 분비됩니다. (   ) 성장기의 학생들은 잠을 충분히 자는 것이 더욱 중요합니다. 늦은 시간에 잠들거나 자는 시간이 부족하면 성장 호르몬이 충분히 분비되지 못해 키가 많이 자라지 못할 수 있습니다.

잠은 뇌의 활동을 회복시켜 주기도 합니다. 잠자는 동안 우리 뇌는 깨어 있는 동안 배우고 체험한 것에 대한 정보들을 차곡차곡 정리하여 기억 저장소에 보관합니다. 덕분에 우리는 하루 동안 익힌 것을 잘 저장하고, 다시 새로운 것을 익힐 수 있는 상태가 됩니다.

이처럼 잠자는 시간은 우리 몸이 재정비를 하는 중요한 시간이랍니다. 이제 영지 부모님께서 하신 말씀이 이해가 가지요?

- 1단락 중심 낱말 :
  1) [ ]

- 2단락 중심 낱말 :
  2) [ ]

- 3단락 중심 낱말 :
  잠

- 4단락 중심 낱말 :
  3) [ ]

- 5단락 중심 낱말 :
  4) [ ]

- 6단락 중심 낱말 :
  잠자는 시간

낱말 따라 쓰기

- 몸의 기운을 회복시키거나 높여 주는 한약 : [보][약]

- (어떤 행동을) 하지 못하게 타이르거나 권유하다. : [말][리][다]

- 정도가 지나치거나 상식에서 벗어나다. : [무][리] 하다
  ㉑ 몸이 안 좋을 때는 <u>무리하지</u> 말아야 한다.

- 사람이나 동물의 몸 안에 들어온 균이나 바이러스에 대하여 항체가 생겨서, 같은 균이나 바이러스가 일으키는 병에 걸리지 않는 것 : [면][역] **[免 − 면할 면, 疫 − 전염병 역]**

- 몸이나 마음을 심하게 써서 지치고 기운이 없는 상태 : [피][로] ㉑ 며칠 고생했더니 <u>피로</u>가 많이 쌓였다.

빠른 정답 2쪽, 정답과 풀이 23~24쪽

✏️ 뜻을 정확히 모르는
낱말들을 적어 보세요!

01

2단락의 중심 문장으로 가장 알맞은 것은 무엇인가요?　　　　(　　)

① 사람은 하루에 여덟 시간 정도를 잡니다.
② 누군가는 잠자는 시간을 아까워하거나 그 시간을 무리하게 줄여 다른
　 일을 하기도 합니다.
③ 하지만 잠은 하루의 삼분의 일을 써야 할 만큼 우리에게 가장 중요한
　 것 중 하나입니다.

DAY
11

02

다음 중 자는 동안 우리 몸속에서 일어나는 일이 <u>아닌</u> 것을 찾아 기호를 쓰세요.

> ㉠ 깨어나서 쓸 영양분을 준비한다.
> ㉡ 몸 안에 쌓인 피로 물질을 분해한다.
> ㉢ 깨어 있는 동안 얻은 정보들을 지운다.
> ㉣ 몸에 부족한 면역 물질을 만들어 낸다.

(　　　　　　　　)

낱말 따라 쓰기

● 결합되어 있는 것을 여러 조각으로 가르다. : 분 해 하다
　[分 – 나눌 분, 解 – 풀 해]
● (식품에 들어 있는) 영양이 되는 성분 : 영 양 분
● 인간의 성장이 빨리 되어 나가도록 하는 호르몬 :
　성 장 호 르 몬
● 몸속의 일부 기관과 세포에서 여러 가지 물질을 만들어 몸에
　서 퍼지거나 나오다. : 분 비 되다
● 성장하는 기간이나 시기 : 성 장 기
　[成 – 이룰 성, 長 – 어른 장, 期 – 기간 기]

● 약해지거나 나빠진 상태를 예전의 좋은 상태로 되돌리는 것 :
　회 복 [回 – 돌아올 회, 復 – 회복할 복]
● 직접 겪다. : 체 험 하다
● 다시 정돈하여 갖춤. : 재 정 비
　[再 – 다시 재, 整 – 가지런할 정, 備 – 갖출 비]
● 정해진 규격·제도·모양에 맞게, 알맞은 정도나 수준으로 :
　제 대 로
　㉠ 처음에 일을 할 때 <u>제대로</u> 해야 나중에 문제가 생기
　　 지 않는다.

03

4단락의 (   ) 안에 들어갈 이어 주는 말로 가장 알맞은 것은 무엇인가요?

(   )

① 또　　　　　　② 그런데　　　　　③ 따라서

④ 그러나　　　　⑤ 왜냐하면

04

이 글을 바탕으로 했을 때, 1단락의 밑줄 친 (개)의 이유로 볼 수 <u>없는</u> 것은 무엇인가요?

(   )

① 영지가 피곤해할 수 있어서

② 영지가 쉽게 아플 수 있어서

③ 영지의 키가 많이 자라지 못할 수 있어서

④ 영지가 배운 것을 제대로 기억하지 못할 수 있어서

⑤ 영지의 성장기가 끝나면 그때 잠을 많이 줄여도 되어서

05 서술형

잠이 우리에게 중요한 이유를 정리한 문장을 이 글에서 찾아 쓰세요.

DAY 11 낱말 쑥쑥 테스트

빠른 정답 2쪽

[01~04] 주어진 뜻풀이에 해당하는 낱말을 연결하세요.

01 (식품에 들어 있는) 영양이 되는 성분 •

02 결합되어 있는 것을 여러 조각으로 가르다. •

03 다시 정돈하여 갖춤. •

04 몸의 기운을 회복시키거나 높여 주는 한약 •

• ㉠ 재정비

• ㉡ 영양분

• ㉢ 보약

• ㉣ 분해하다

[05~07] 낱말의 뜻과 예로 든 문장을 보고, 빈칸에 알맞은 낱말을 쓰세요.

05 ☐☐ : 몸이나 마음을 심하게 써서 지치고 기운이 없는 상태

㈜ 이틀 연속으로 하루 종일 축구를 했더니 몸에 _____ 이/가 쌓였다.

06 ☐☐ : 약해지거나 나빠진 상태를 예전의 좋은 상태로 되돌리는 것

㈜ 푹 쉬었더니 몸이 많이 _____ 되었다.

07 ☐☐☐ : 정해진 규격·제도·모양에 맞게, 알맞은 정도나 수준으로

㈜ 숙제를 할 때 _____ 하지 않으면 소용이 없다.

DAY 11

배경지식

어떻게 하면 키가 잘 자랄까요?

키가 크려면 성장기 때의 생활 습관이 정말 중요해요.

키가 크기 위해서는 밤 10시부터 아침 6시까지 잠을 자는 것이 가장 좋아요. 왜냐하면 밤 10시부터 새벽 2시 사이에 몸에서 성장 호르몬이 나오기 때문이에요.

이외에도 운동을 열심히 하면 뼈가 튼튼해져 잘 자랄 수 있어요. 이러한 운동이 특별히 어려운 것은 아니에요. 달리기, 걷기, 농구 등 쉽게 할 수 있는 운동들을 꾸준하게 열심히 하면 된답니다.

또한 우유처럼 칼슘이 많이 들어 있는 음식도 뼈를 튼튼하게 해 주기 때문에 도움이 돼요. 하지만 운동을 하지 않고 음식만 먹는 것은 좋은 방법이 아니에요. 운동을 해야 뼈가 칼슘을 잘 흡수한다고 해요.

무럭무럭 자라고 싶다면 위의 세 가지 방법을 꾸준히 실천하는 것이 좋겠죠?

[STEP 2]
독해력 완성 테스트

공부 후 붙임딱지
알맞은 붙임딱지를 붙여 주세요.

| 공부한 날 | 월 | 일 |

★★★ :상 ★★☆ :중 ★☆☆ :하

[01~05] 다음 글을 읽고, 물음에 답하세요.

우리 조상들은 어떤 집에서 살았을까요? 조상들이 살았던 한옥은 주변에서 쉽게 구할 수 있는 나무와 흙을 사용하여 지었는데, 그 종류가 여러 가지입니다. 그중 가장 대표적인 초가집과 기와집에 대해 알아볼까요?

초가집은 흙으로 벽을 세우고 짚이나 갈대를 엮어서 지붕을 얹은 집입니다. 농사를 짓는 평범한 백성들이 초가집에서 살았습니다. 짚이나 갈대는 잘 썩기 때문에 1년마다 지붕을 새로 얹어 주어야 하는데, 한 해 농사가 끝나면 볏짚을 새로 엮어 지붕을 덮었습니다. 초가집에는 방, 마루, 부엌, 화장실, 헛간 등이 있어 용도에 맞게 나누어 사용하였습니다. 마당에서는 닭 같은 동물을 기르거나 농사와 관련된 여러 가지 일을 했습니다.

기와집은 흙을 구워 만든 기와로 지붕을 덮은 집입니다. 기와집에는 주로 양반들이 살았습니다. 기와는 튼튼하고 불에 탈 걱정이 없으며, 썩지 않아 초가집과 달리 지붕을 바꾸지 않고 오래 살 수 있었습니다. 기와집은 안쪽의 안채와 바깥쪽의 사랑채로 구성되어 있습니다. 안채에서는 주로 여자들이 생활하였고, 사랑채에서는 남자들이 글공부를 하거나 찾아온 손님을 맞이했습니다.

오늘날에는 한옥을 흔하게 볼 수 없지만, 지금도 한옥에서 사는 사람들이 있습니다. 자연 재료를 이용하여 만든 한옥은 건강에 도움이 되기 때문에 다시 인기를 얻고 있다고 합니다.

01 ★☆☆

2단락의 중심 문장으로 가장 알맞은 것은 무엇인가요? (   )

① 초가집은 흙으로 벽을 세우고 짚이나 갈대를 엮어서 지붕을 얹은 집입니다.
② 농사를 짓는 평범한 백성들이 초가집에서 살았습니다.
③ 짚이나 갈대는 잘 썩기 때문에 1년마다 지붕을 새로 얹어 주어야 하는데, 한 해 농사가 끝나면 볏짚을 새로 엮어 지붕을 덮었습니다.
④ 초가집에는 방, 마루, 부엌, 화장실, 헛간 등이 있어 용도에 맞게 나누어 사용하였습니다.
⑤ 마당에서는 닭 같은 동물을 기르거나 농사와 관련된 여러 가지 일을 했습니다.

02 ★★☆

다음 중 이 글의 내용으로 알맞은 것은 무엇인가요? (   )

① 기와는 돌을 깎아 만든 것이다.
② 초가집에는 주로 양반들이 살았다.
③ 기와는 튼튼하고 불에 탈 걱정이 없다.
④ 초가집은 짚이나 갈대로 벽을 세운 집이다.
⑤ 기와집은 1년마다 지붕을 새로 얹어야 했다.

03 ✲✲✳

다음 중 이 글에 나오지 <u>않는</u> 내용은 무엇인가요?

( )

① 기와의 특성
② 기와집의 크기
③ 기와집의 구성
④ 초가집의 재료
⑤ 초가집의 구성

04 ✲✲✲

이 글을 바탕으로, 초가집에 사는 사람이 했을 법한 말로 알맞은 것을 〈보기〉에서 모두 찾아 기호를 쓰세요.

〈 보기 〉

㉠ 우리 집 지붕은 불에 탈 걱정이 없지!
㉡ 아내는 사랑채에서 손님을 맞고 있어요.
㉢ 올해 농사가 끝났으니 지붕을 새로 덮어야겠어.
㉣ 마루에서 조금 쉬다가 마당에서 농사 관련 일을 해야겠다.

( )

05 ✲✲✳ 서술형

오늘날 한옥이 다시 인기를 얻고 있는 이유를 이 글에서 찾아 쓰세요.

_____

_____

_____

낱말 따라 쓰기

● 한국의 전통 집 : 한 옥 [韓-한국 한, 屋-집 옥]
　예 우리가 묵었던 곳은 'ㄱ'자 모양의 <u>한옥</u>이었다.
● 가장 두드러지거나 뛰어나 대표가 될 만한 것 : 대 표 적
　[代-대신할 대, 表-규범 표, 的-표준 적]
　예 단오날에 즐기는 <u>대표적</u>인 놀이로 씨름이 있다.
● 벼의 이삭을 떨어낸 마른 줄기와 잎 : 짚
● (무엇을 무엇 위에) 올려놓거나 갖다 대다. : 얹 다
　예 가방을 선반 위에 <u>얹어</u> 놓았다.
● (옛날에) 일반 평민 : 백 성
　예 흉년이 심해지자 <u>백성</u>의 삶이 힘들어졌다.
● 벼의 낟알을 떨어내고 남은 줄기와 잎 : 볏 짚
● 온돌 없이 안방과 건넌방 사이에 나무판을 깔아 놓은 곳 : 마 루 　예 <u>마루</u>에 누워 있으면 아주 시원하다.
● 문짝이 없고 지붕과 벽만 있는 창고 : 헛 간
● (조선 시대에) 신분이 높은 상류 계층 사람 : 양 반
　예 조선 시대의 <u>양반</u>들은 주로 글공부를 하였다.
● 대문이 달린 바깥채로부터 떨어져 안쪽에 있는, 주로 주인이 사는 집 : 안 채
　예 그 댁 따님은 <u>안채</u>에서 잘 나오지 않는다.
● 남자 주인이 쓰면서 손님도 맞아들이는 곳으로 쓰이는 집의 부분 : 사 랑 채
　예 대감이 <u>사랑채</u>에서 손님을 맞이했다.
● 주로 예전의 학문을 읽고 공부하는 것 : 글 공 부
　예 그 선비는 졸음을 쫓아가며 <u>글공부</u>를 하였다.
● 무엇에 대해서 쏠리는, 많은 사람들의 관심이나 좋아하는 마음 : 인 기 [人-사람 인, 氣-기운 기]
　예 그 가수의 노래는 모든 사람에게 <u>인기</u>가 많다.
● 어떤 사물에만 있거나, 그것의 특징을 나타내는 성질 : 특 성 [特-특별할 특, 性-성질 성]
　예 물의 <u>특성</u> 중 하나는 색과 냄새가 없다는 것이다.
● 여러 사람이나 몇 가지 요소를 모아 하나의 전체를 이루는 일 : 구 성
● 둘 이상의 사람·사물·현상이 서로 어떤 영향을 주고받도록 이어져 있는 것 : 관 련

＊ '○○○자로 끝나는 말은?' 놀이를 하려고 합니다. 다음 뜻풀이에 해당하는 낱말을 빈칸에
쓰세요.

1 위 위 '위'자로 끝나는 말은?

    (1) 어떤 활동이나 상태가 미치거나 벌어질 수 있는 한계 : ☐ 위

    (2) 사회적으로 차지하는 신분의 높낮이나 등급, 또는 수준. : ☐ 위

2 성 성 '성'자로 끝나는 말은?

    (1) (옛날에) 일반 평민 : ☐ 성

    (2) 어떤 사물에만 있거나, 그것의 특징을 나타내는 성질 : ☐ 성

    (3) 여러 사람이나 몇 가지 요소를 모아 하나의 전체를 이루는 일 : ☐ 성

3 기 기 '기'자로 끝나는 말은?

    (1) 청동으로 만든 그릇이나 기구 : ☐☐ 기

    (2) 성장하는 기간이나 시기 : ☐☐ 기

    (3) 무엇에 대해서 쏠리는, 많은 사람들의 관심이나 좋아하는 마음 : ☐ 기

4 로 로 '로'자로 끝나는 말은?

    (1) 어떤 일을 전문으로 하거나 그런 지식이나 기술을 가진 사람 : ☐ 로

    (2) 몸이나 마음을 심하게 써서 지치고 기운이 없는 상태 : ☐ 로

5 면 면 '면'자로 끝나는 말은?

    (1) 남을 대하기에 떳떳한 태도나 입장 : ☐ 면

    (2) 물체의 잘린 면 : ☐ 면

STEP 3

단락 요약하기

단락별로 글의 내용을 요약하면 긴 글에서도 필요한 내용을 빠르게 찾아 문제를 바로 풀 수 있어요!

★ **단락 요약이란?**

단락의 중심 내용을 한 문장으로 간단하게 표현하는 것입니다.

● **단락을 요약하는 이유**

단락을 요약하면 글에서 무엇을 이야기하고 있는지 쉽게 이해하고, 글의 내용을 더 잘 기억할 수 있어요.

단락을 요약하는 방법

– 중심 문장을 선택하여 중심 낱말을 포함한 간단한 말로 표현하세요.
– 대상의 의미나 구체적인 정보를 이야기하고 있다면 이 내용들을 모두 담을 수 있는 표현을 사용하여 정리하세요.
– 구체적인 예시가 나온다면, 이 예시를 통해 무엇을 이야기하려는 것인지 생각하여 정리해 보세요.

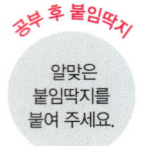

지문 확인

서울에 사는 승현이는 경주에서 지진이 일어났다는 뉴스를 봤어요. 큰 건물까지 흔들리는 모습을 보고, 어떻게 행동해야 할지 미리 알아 둬야 겠다고 생각했지요. 승현이와 함께 관련 누리집을 살펴볼까요?

지진이 일어났을 때, 집 안에 있다면 탁자 아래로 들어가 몸을 보호합니다. 할 수 있으면 전기와 가스를 차단하고, 문을 열어 출구를 확보한 뒤에 밖으로 나갑니다. 학교 안에서도 책상 아래로 들어가고, 할 수 있으면 질서를 지키며 바깥 운동장으로 대피합니다.

바깥이라면 물건이 떨어질 것에 대비해 가방이나 손으로 머리를 보호하면서, 건물과 떨어져 공원같이 넓은 공간으로 대피합니다. 산이나 바다에 있다면 산사태가 나거나 절벽이 무너질 수 있으니 안전한 곳으로 대피합니다. 해안에 있다면 지진 때문에 해일이 일어날 것을 대비해 높은 곳으로 이동합니다.

한편 지진이 났을 때 승강기를 타고 있다면 매우 위험합니다. 따라서 승강기의 모든 숫자 단추를 눌러 가장 먼저 열리는 층에서 내린 뒤에 계단을 이용합니다. 또 전철을 타고 있다면 기둥을 잡아 넘어지지 않도록 하고, 안내에 따라 행동해야 합니다.

지진은 언제 발생할지 정확히 예측하기 어렵기 때문에, 지진 발생 시 행동 요령을 평소에 잘 알아 두는 것이 중요해요. 위의 내용을 기억하여 만일의 상황에 안전하게 대비하도록 합시다.

- 1단락의 중심 문장에 표시해 보세요.

- 2단락의 중심 문장에 표시해 보세요.

- 3단락의 중심 문장에 표시해 보세요.

- 4단락의 중심 문장에 표시해 보세요.

- 5단락의 중심 문장에 표시해 보세요.

낱말 따라 쓰기

● 화산 활동이나 땅속 물질이 움직여서 땅이 흔들리는 현상 : 지 진 [地-땅 지, 震-천둥 진]

● 몸을 움직여 어떤 짓을 하거나 일을 하다. : 행 동 하다

● 개인의 관심사나 단체의 업무·홍보 등의 내용을 다양하게 제공하는 인터넷 페이지 : 누 리 집

● 사람이나 사물이 위험·곤란을 당하지 않게 지키고 보살펴 주다. : 보 호 하다 [保-지킬 보, 護-도울 호]

● 끊거나 막아서 서로 통하지 못하게 하다. : 차 단 하다

● 확실히 차지하다. : 확 보 하다

● 위험이나 피해를 임시로 피하다. : 대 피 하다

● 앞으로 일어날지도 모를 힘들거나 어려운 일을 겪지 않기 위해 미리 준비하다. : 대 비 하다

● 비가 많이 내려 산에서 돌과 흙이 한꺼번에 무너져 내리는 것 : 산 사 태

● 갑자기 파도가 크게 일어 육지로 넘쳐 들어오는 것 : 해 일

STEP 3 단락 요약하기

빠른 정답 3쪽

단락 요약이란 단락의 중심 내용을 한 문장으로 간단하게 표현하는 것입니다.

단락별로 간단하게 표현한 것을 모아 정리하면 전체 글을 요약한 것이 됩니다. 따라서 단락을 요약하면 글에서 무엇을 이야기하고 있는지 쉽게 이해할 수 있어요.

★ 단락을 요약하는 방법

❶ 중심 문장을 선택하여 중심 낱말을 포함한 간단한 말로 표현하세요.

❷ 대상의 의미, 구체적인 정보를 이야기하고 있다면 이 내용들을 모두 담을 수 있는 표현을 사용하여 정리하세요.

❸ 구체적인 예시가 나온다면 이 예시를 통해 무엇을 이야기하려는 것인지 생각하여 정리해 보세요.

1단락

승현이의 이야기를 통해 지진이 발생했을 때 어떻게 행동해야 할지 알아 둬야 한다고 말하고 있어요. 그러므로 1단락의 중심 낱말은 '지진'이고, 1단락을 요약하면 '지진이 일어났을 때의 행동 요령을 알아 둘 필요성'입니다.(요약 방법 ❸ 적용)

2단락

지진이 일어났을 때 집 안과 학교에 있을 경우 대처하는 방법에 대해 알려 주고 있으므로 2단락의 중심 낱말은 '지진'입니다.

집 안과 학교에서는 탁자나 책상 아래로 들어가고, 할 수 있다면 밖으로 나가야 한다고 말하고 있어요. 2단락을 요약하면 ᐧ1)〔   〕이/가 일어났을 때 실내에서의 행동 요령'입니다. (요약 방법 ❷ 적용)

3단락

바깥에 있을 때 지진이 나면 대처하는 방법을 알려 주고 있으므로 3단락의 중심 낱말은 '지진'입니다.

바깥에서는 머리를 보호하면서 넓고 안전한 공간으로 대피해야 해요. 이것을 간단하게 표현하여 3단락을 요약하면 '지진이 일어났을 때 2)〔   〕에서의 행동 요령'입니다.(요약 방법 ❷ 적용)

4단락

승강기나 전철을 타고 있을 때 지진이 난 경우 대처하는 방법에 대해 알려 주고 있으므로 4단락의 중심 낱말은 '지진'입니다.

지진이 났을 때 승강기를 타면 매우 위험하므로 가장 먼저 열리는 층에서 내려 계단을 이용해야 해요. 전철에서는 기둥을 잡고 안내에 따라 행동해야 해요. 이 내용들을 정리하여 4단락을 요약하면 '지진이 일어났을 때 3)〔   〕와/과 4)〔   〕에서의 행동 요령'입니다.(요약 방법 ❷ 적용)

5단락

지진은 언제 발생할지 예측하기 어렵기 때문에 행동 요령을 평소에 알아 두는 것이 중요해요. 그러므로 5단락의 중심 낱말은 '지진'이고, 5단락을 요약하면 '지진 발생 시 5)〔   〕〔   〕을/를 평소에 알아 두는 것의 중요성'입니다.(요약 방법 ❶ 적용)

★ 각 단락을 요약한 것 중에서 더 중요한 내용을 뽑아 다시 정리하면 글 전체의 내용을 요약한 것이 됩니다.

★ 이 글은 지진이 났을 때 여러 장소에서 대처하는 방법에 대해 알려 주는 내용입니다. 그러므로 이 글 전체를 요약하면 '지진이 일어났을 때 실내, 실외, 이동 수단에서의 행동 요령'입니다.

01

3단락의 내용을 알맞게 요약한 것은 무엇인가요? ( )

① 산사태가 발생했을 때의 행동 요령
② 지진이 일어났을 때 머리를 보호하는 방법
③ 지진이 일어났을 때 해안에서의 행동 요령
④ 지진이 일어났을 때 바깥에서의 행동 요령

02

다음 중 이 글에 대한 설명으로 알맞은 것은 무엇인가요? ( )

① 각 장소에서 지진 대피에 성공한 실제 사례를 소개하고 있다.
② 지진이 발행하는 원인에 대한 학자들의 생각을 비교하고 있다.
③ 세계에서 지진이 가장 활발하게 일어나는 곳을 알려 주고 있다.
④ 여러 장소에서의 지진 발생 시 행동 요령을 차례로 알려 주고 있다.
⑤ 상상 속에서만 존재하는 특별한 소재로 흥미를 불러일으키고 있다.

03

지진 발생 시 해안에서 놀던 정은이가 해야 할 행동을 찾아 기호를 쓰세요.

> ㉠ 높은 곳으로 이동한다.
> ㉡ 책상 아래로 들어가 몸을 보호한다.
> ㉢ 기둥을 잡아 넘어지지 않도록 하며 안내에 따른다.

( )

04

다음은 어느 아파트에서 지진 발생 시 행동 요령을 정리한 안내문입니다. 이 글의 내용과 비교해서 잘못된 문장은 무엇인가요? ( )

> ① 집 안에 있을 때 지진이 발생하면 탁자 아래로 들어가 머리와 몸을 보호하세요. ② 그리고 할 수 있다면 전기와 가스를 차단하고, 문을 열어 출구를 확보한 뒤에 밖으로 나가세요. ③ 빨리 바깥으로 대피하는 것이 안전하므로 승강기를 타고 속히 내려오세요. ④ 밖으로 나오면 건물과 거리를 두면서 공원같이 넓은 공간으로 대피하세요. ⑤ 이때 계속 가방이나 손으로 머리를 보호해야 합니다.

빠른 정답 3쪽, 정답과 풀이 27쪽

✎ 뜻을 정확히 모르는
낱말들을 적어 보세요!

-
-
-
-
-
-

낱말 따라 쓰기

- 높은 건물 등에서 동력을 이용하여 사람이나 짐을 아래위로 나르는 시설 : 승 강 기

- 어떤 일·장소·행사 등에 대하여 남에게 알려 주는 것 : 안 내

- 앞으로 일어날 일을 미리 짐작하다. : 예 측 하다

- 경험으로부터 얻은 좋은 방법 : 요 령

- 있는 그대로의 상태나 사실 : 실 제
  예 그는 실제 나이보다 젊어 보인다.

- 보통과 구별되게 다르다. : 특 별 하다

- 글의 내용이 되는 재료 : 소 재

문제 이해하고 풀기

01 단락 요약하기

3단락은 산과 바다, 해안을 포함한 공간에서 지진이 일어났을 때의 행동 요령을 설명하고 있어요.

① 산사태가 발생했을 때의 행동 요령.

② 지진이 일어났을 때 머리를 보호하는 방법.

③ 지진이 일어났을 때 해안에서의 행동 요령 (×)

🍃 ①∼③은 모두 3단락에 나오는 내용이지만, 단락의 중심 내용을 한 문장으로 간단하게 표현한 것은 아니에요.

④ 지진이 일어났을 때 바깥에서의 행동 요령 (○)

🍃 산과 바다, 해안을 모두 담을 수 있는 낱말을 찾아 요약한 것은 '지진이 일어났을 때 바깥에서의 행동 요령'입니다.

정답은 _____ 입니다.

02 글쓰기 방식 이해하기

⚙ 선택지 내용을 순서대로 살펴볼게요.

① 각 장소에서 지진 대피에 성공한 실제 사례를 소개하고 있다. (×)

🍃 이 글에 나오지 않는 내용이에요.

② 지진이 발행하는 원인에 대한 학자들의 생각을 비교하고 있다. (×)

🍃 이 글에 나오지 않는 내용이에요.

③ 세계에서 지진이 가장 활발하게 일어나는 곳을 알려 주고 있다. (×)

🍃 이 글에 나오지 않는 내용이에요.

④ 여러 장소에서의 지진 발생 시 행동 요령을 차례로 알려 주고 있다. (○)

🍃 이 글은 2, 3, 4단락에서 각각 실내, 실외, 이동 수단에서 지진이 발생했을 때의 행동 요령에 대해 알려 주고 있어요.

⑤ 상상 속에서만 존재하는 특별한 소재로 흥미를 불러일으키고 있다. (×)

🍃 지진은 상상 속에서만 존재하는 것이 아니라 우리나라에서 실제로 발생하고 있는 현상이에요.

정답은 _____ 입니다.

03 내용 이해하기

지진 발생 시 해안에서의 행동 요령을 알아보는 문제예요.

㉠ 높은 곳으로 이동한다. (○)

＊근거 ③단락 ❸번째 문장: 해안에 ∼ 이동합니다.

㉡ 책상 아래로 들어가 몸을 보호한다. (×)

＊근거 ②단락 ❸번째 문장: 학교 ∼ 대피합니다.

🍃 지진 발생 시 학교에서의 행동 요령이에요.

㉢ 기둥을 잡아 넘어지지 않도록 하며 안내에 따른다.
(×)

＊근거 ④단락 ❸번째 문장: 또 전철을 ∼ 행동해야 합니다.

🍃 지진 발생 시 전철에서의 행동 요령이에요.

정답은 _____ 입니다.

04 내용 적용하기

⚙ 선택지 내용을 순서대로 살펴볼게요.

① 집 안에 있을 때 지진이 발생하면 탁자 아래로 들어가 머리와 몸을 보호하세요. (○)

＊근거 ②단락 ❶번째 문장: 지진이 ∼ 몸을 보호합니다.

② 그리고 할 수 있다면 전기와 가스를 차단하고, 문을 열어 출구를 확보한 뒤에 밖으로 나가세요. (○)

＊근거 ②단락 ❷번째 문장: 할 수 ∼ 밖으로 나갑니다.

③ 빨리 바깥으로 대피하는 것이 안전하므로 ~~승강기를 타고~~ 속히 내려오세요. (×)

＊근거 ④단락 ❶, ❷번째 문장: 한편 ∼ 이용합니다.

🍃 승강기를 타면 위험하니 계단을 이용하라고 했어요.

④ 밖으로 나오면 건물과 거리를 두면서 공원같이 넓은 공간으로 대피하세요. (○)

＊근거 ③단락 ❶번째 문장: 바깥이라면 ∼ 대피합니다.

⑤ 이때 계속 가방이나 손으로 머리를 보호해야 합니다. (○)

＊근거 ③단락 ❶번째 문장: 바깥이라면 ∼ 대피합니다.

정답은 _____ 입니다.

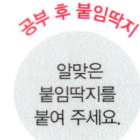

빠른 정답 3쪽

지문 확인

성탄절을 손꼽아 기다리던 하영이는 산타 할아버지가 왜 자동차가 아닌 순록이 끄는 썰매를 타는지 궁금해졌어요. 부모님께서는 순록 썰매가 추운 지역의 교통수단이라고 말씀해 주셨지요. 하영이는 다른 지역에서는 또 어떤 교통수단을 이용하는지 알아보기로 했어요.

• 1단락의 중심 문장에 표시해 보세요.

지역의 자연환경은 그 지역에서 이용되는 교통수단에 영향을 줍니다. 그래서 예로부터 세계 여러 지역에서는 자연환경에 따라 특별한 교통수단을 이용했습니다.

• 2단락의 중심 문장에 표시해 보세요.

(   ) 뜨겁고 건조한 사막 지역에서는 낙타를 중요한 교통수단으로 이용했습니다. 낙타는 등에 지방이 저장된 혹이 있어서 오랫동안 물이 없어도 견딜 수 있고, 발바닥이 넓어 모래땅을 다니기에 알맞기 때문입니다.

• 3단락의 중심 문장에 표시해 보세요.

나라의 85%가 얼음으로 덮여 있어 '눈과 얼음의 나라'라고 불리는 그린란드에서는 개 썰매를 중요한 교통수단으로 이용했습니다. 그린란드 지역의 개는 매서운 추위와 얼음으로 뒤덮인 환경에서도 잘 견딜 수 있기 때문입니다.

• 4단락의 중심 문장에 표시해 보세요.

한편 그린란드가 속한 북극이나 남극과 같은 극지방은 몹시 춥기 때문에 바다도 얼어 버립니다. 그래서 이 지역의 바다에서는 얼음을 부수고 앞으로 나아갈 수 있게 해 주는 배인 쇄빙선을 이용하고 있습니다.

• 5단락의 중심 문장에 표시해 보세요.

순록 또한 추위를 잘 견디기 때문에 추운 지역에서 썰매를 끌어 왔어요. 이제 산타 할아버지가 왜 순록 썰매를 타고 오시는지 알겠죠?

• 6단락의 중심 문장에 표시해 보세요.

낱말 따라 쓰기

● 예수가 태어난 날로 12월 25일. 크리스마스 : 성 탄 절

● 매우 초조하거나 애가 타다. : 손 꼽 다
　　예 동생은 초등학교에 입학할 날을 <u>손꼽아</u> 기다렸다.

● 북극처럼 추운 곳에서 이끼류를 먹고 사는 사슴과의 동물로 몸의 길이는 1.8미터이고, 커다란 뿔이 있다. : 순 록

● 배・비행기처럼 사람이나 물건을 실어 나르는 데에 쓰는 도구 : 교 통 수 단
　　예 해외로 갈 때 비행기 등의 <u>교통수단</u>을 이용할 수 있다.

● 인간 생활을 둘러싸고 있는 자연의 조건이나 상태 :
　　자 연 환 경

01

다음은 4단락의 내용을 요약한 것입니다. ㉠, ㉡에 알맞은 말을 각각 쓰세요.

(㉠)에서 이용되는 (㉡)

㉠: (   ), ㉡: (   )

빠른 정답 3쪽, 정답과 풀이 28~29쪽

정답 콕콕 특강

01 단락 요약하기

구체적인 정보를 이야기하고 있다면 이 내용들을 모두 담을 수 있는 표현을 사용하여 정리해 보세요.

02

이 글의 내용으로 가장 알맞은 것은 무엇인가요? (   )

① 극지방에서는 배를 탈 수 없다.
② 그린란드는 덥고 나무가 많은 지역이다.
③ 낙타의 혹 안에는 지방이 저장되어 있다.
④ 사막 지역에서는 개 썰매를 중요한 교통수단으로 이용했다.
⑤ 산타 할아버지가 순록 썰매를 타는 이유는 순록이 가장 빠르기 때문이다.

02 내용 이해하기

3~6단락에서 문제와 관련된 내용을 찾아 보세요.

DAY
14

낱말 따라 쓰기

- 무엇에 원인이 되거나 힘을 미치어 반응이나 변화가 생기게 하는 것 : 영 향

- 보통과 구별되게 다르다. : 특 별 하다

- 물기가 말라서 없다. : 건 조 하다

- 보통 온도에서 고체가 되는 기름으로, 생물체의 몸 안에서 열과 힘을 내는 데 가장 필요한 영양소 : 지 방

- (나중에 쓰기 위하여) 물질이나 물건 따위가 모아져서 보관되다. : 저 장 되 다

- 살갗이나 몸속에 불필요하게 생긴 살덩어리 : 혹

- (추위나 바람이) 매우 심하다. : 매 섭 다
  예 1월에는 추위가 매섭다.

- (빈 곳이 없게 무엇으로) 모두 가려 덮이다. : 뒤 덮 이 다

- (어려움을) 참아 내다. : 견 디 다

- 남극 지방과 북극 지방 : 극 지 방

- 가축이나 농작물이 예전부터 한 지방에서 나는 종류 : 토 종

- 각각 저마다 : 각 기

03

3단락의 괄호 안에 들어갈 이어 주는 말로 가장 알맞은 것은 무엇인가요?

( )

① 또는   ② 그런데   ③ 그러나
④ 왜냐하면   ⑤ 예를 들어

03 올바른 접속어 찾기
괄호 앞뒤 문장의 내용이 어떤 관계인지 생각해 보세요.

04

이 글을 읽고 알맞지 <u>않은</u> 반응을 한 사람은 누구인가요? ( )

① 해찬: 그린란드는 극지방에 속하는구나.
② 슬기: 너무 추우면 바다가 얼기도 하는구나.
③ 지후: 지방은 물 없이 견디는 데 도움이 되는구나.
④ 영서: 발바닥이 좁으면 모래땅을 다니기에 힘들겠구나.
⑤ 수연: 우리나라의 토종 개들도 얼음으로 덮인 환경에서 잘 견디겠구나.

04 내용 추론하기
3~5단락에서 문제와 관련된 내용을 찾아 보세요.

05 서술형

예로부터 세계 여러 지역에서 각기 다른 교통수단을 이용한 이유를 이 글에서 찾아 쓰세요.

05 내용 이해하기
2단락에서 세계 여러 지역에서 각기 다른 교통수단을 이용한 이유를 찾아 보세요.

[01~04] 빈칸에 알맞은 낱말을 골라 쓰세요.

01 보충하다   보호하다

사람이나 사물이 위험·곤란을 당하지 않게 지키고 보살펴 주다. : ☐☐ 하다

02 영향   결과

무엇에 원인이 되거나 힘을 미치어 반응이나 변화가 생기게 하는 것 : ☐☐

03 지진   해일

화산 활동이나 땅속 물질이 움직여서 땅이 흔들리는 현상 : ☐☐

04 요령   체험

경험으로부터 얻은 좋은 방법 : ☐☐

[05~07] 주어진 자음자와 낱말의 뜻을 보고, 빈칸에 알맞은 낱말을 쓰세요.

05 이곳은 위험한 상황일 때 ☐ ㄷ ☐ ㅍ 하는 장소이다.
<small>위험이나 피해를 임시로 피하는 것</small>

<small>배·비행기처럼 사람이나 물건을 실어 나르는 데에 쓰는 도구</small>
06 ☐ ㄱ ☐ ㅌ ☐ ㅅ ☐ ㄷ 의 발달로 과거에 비해 먼 곳에도 쉽게 갈 수 있다.

<small>몸을 움직여 어떤 짓을 하거나 일을 하는 것</small>
07 남을 배려하는 ☐ ㅎ ☐ ㄷ 은/는 모두를 기분 좋게 할 수 있다.

[08~11] 주어진 뜻풀이에 해당하는 낱말을 연결하세요.

08 확실히 차지하다.   •   • ㉠ 혹

09 살갗이나 몸속에 불필요하게 생긴 살덩어리   •   • ㉡ 자연환경

10 끊거나 막아서 서로 통하지 못하게 하다.   •   • ㉢ 확보하다

11 인간 생활을 둘러싸고 있는 자연의 조건이나 상태   •   • ㉣ 차단하다

[12~15] 밑줄 친 곳에 들어갈 낱말을 〈보기〉에서 찾아 쓰세요.

〈 보기 〉
뒤덮였다   건조하다   매섭다   승강기

12 겨울이 되니까 바람이 _____.

13 어제 날아온 심한 황사 때문에 창문이 모래 먼지로 _____.

14 짐이 많을 때는 _____을/를 타고 가는 게 도움이 된다.

15 비가 오랫동안 오지 않아 땅이 _____.

빠른 정답 3쪽

지문 확인

'개구리 올챙이 적 생각을 못 한다.'라는 속담을 들어본 적이 있나요? 지난 일을 생각하지 못하고 처음부터 잘난 것처럼 뽐낸다는 뜻이에요. 올챙이와 개구리가 얼마나 다르길래 이런 속담이 생긴 걸까요?

• 1단락의 중심 문장에 표시해 보세요.

올챙이는 투명하고 말랑말랑한 알에서 태어납니다. 부화한 직후의 올챙이는 동그란 몸통에 꼬리가 달린 형태입니다. 부화 후 15일이 지나면 뒷다리가 먼저 나오기 시작하고, 25일이 지나면 앞다리가 나오고 꼬리가 짧아집니다. 그리고 55일이 지나면 우리가 아는 개구리의 형태가 됩니다.

• 2단락의 중심 문장에 표시해 보세요.

이렇게 여러 단계를 거쳐 성장하는 개구리는 올챙이와 생김새가 많이 다릅니다. 개구리는 짧은 앞다리와 그보다 긴 뒷다리가 있습니다. 뒷다리는 길고 튼튼하며 발가락에 물갈퀴가 있어 헤엄을 잘 치게 해 줍니다. 또 눈은 머리 위로 볼록 튀어나와 있으며, 매우 크고 끈적거리는 긴 혀를 가지고 있습니다.

• 3단락의 중심 문장에 표시해 보세요.

올챙이와 개구리는 생김새만 다른 것이 아닙니다. 올챙이는 아가미로 물속에서 호흡하며 삽니다. 먹이로는 물속 플랑크톤이나 죽은 동물의 사체를 먹습니다. 반면 개구리는 물과 땅 위에서 살고, 허파와 피부로 호흡합니다. 개구리는 긴 혀를 이용해 작은 벌레를 잡아먹으며, 소리를 내지 못하는 올챙이와 달리 '개굴개굴' 울기도 합니다.

• 4단락의 중심 문장에 표시해 보세요.

같은 생물인데 자라면서 이렇게 달라지다니, 개구리는 참 신비한 동물이죠?

• 5단락의 중심 문장에 표시해 보세요.

낱말 따라 쓰기

● 옛날부터 사람들 사이에서 전하여 오는, 교훈이나 풍자가 담긴 짧은 말 : 속 담

● (자기의 것을) 남에게 보이며 자랑하다. : 뽐 내 다

● 속까지 환히 보일 만큼 맑다. : 투 명 하다

● 동물의 새끼가 알을 깨고 밖으로 나오다. : 부 화 하다

● 전체의 생긴 모양 : 생 김 새

● 개구리·기러기·오리 등의 발가락 사이에 있어서 헤엄을 치기에 알맞은 얇은 막 : 물 갈 퀴

● 물고기처럼 물에 사는 동물의 머리 속에 있어서 물속의 산소를 받아들이는 기관 : 아 가 미

STEP 3 단락 요약하기

빠른 정답 3쪽

★ 단락을 요약하는 방법

1 중심 문장을 선택하여 중심 낱말을 포함한 간단한 말로 표현하세요.

2 대상의 의미, 구체적인 정보를 이야기하고 있다면 이 내용들을 모두 담을 수 있는 표현을 사용하여 정리하세요.

3 구체적인 예시가 나온다면 이 예시를 통해 무엇을 이야기하려는 것인지 생각하여 정리해 보세요.

1단락

'개구리 올챙이 적 생각을 못 한다.'라는 속담으로 글의 소재를 소개하고 있어요.

따라서 1단락의 중심 낱말은 '개구리 올챙이'이고, 1단락을 요약하면 '올챙이와 개구리는 얼마나 다를까요?'입니다.(요약 방법 **1** 적용)

2단락

올챙이가 알에서 태어나 개구리가 되어 가는 과정을 설명하고 있으므로, 2단락의 중심 낱말은 '올챙이'와 '개구리'입니다.

올챙이는 동그란 몸통에 꼬리가 달린 모습이에요. 이후 뒷다리와 앞다리가 나오고 꼬리가 짧아지면서 개구리의 형태가 됩니다. 따라서 2단락을 요약하면 1) ☐☐☐ 이/가 2) ☐☐☐ 이/가 되는 과정'입니다.(요약 방법 **2** 적용)

3단락

성장한 개구리의 생김새를 설명하고 있어요. 따라서 3단락의 중심 낱말은 '개구리'입니다.

개구리는 성장하면서 올챙이와 생김새가 달라져요. 이것을 간단하게 표현하여 3단락을 요약하면 '올챙이와 개구리의 차이점 ① – 3) ☐☐☐'입니다.(요약 방법 **2** 적용)

4단락

올챙이와 개구리의 다른 차이점을 설명하고 있어요. 4단락의 중심 낱말은 '올챙이와 개구리'입니다.

올챙이와 개구리는 사는 곳, 호흡하는 방법, 먹는 것이 모두 달라요. 그러므로 4단락을 요약하면 '올챙이와 개구리의 차이점 ② – 사는 곳, 호흡 기관, 4) ☐☐'입니다.(요약 방법 **2** 적용)

5단락

올챙이와 개구리는 같은 생물인데도 자라면서 달라지는 게 신비하다고 말하며 마무리하고 있어요.

따라서 5단락을 요약하면 '자라면서 달라지는 신비한 동물인 개구리'입니다.(요약 방법 **1** 적용)

★ 각 단락을 요약한 것 중에서 더 중요한 내용을 뽑아 다시 정리하면 글 전체의 내용을 요약한 것이 됩니다.

★ 이 글은 올챙이와 개구리가 어떻게 다른지 알려 주고 있습니다. 그러므로 이 글 전체를 요약하면 '올챙이와 개구리의 5) ☐☐☐'입니다.

낱말 따라 쓰기

● 물속이나 물 위에 떠돌며 사는 아주 작은 미생물로, 물고기의 먹이가 된다. : 플 랑 크 톤

● (사람이나 짐승 등의) 죽은 몸뚱이 : 사 체

● 동물의 가슴 속에 있는, 숨 쉬는 데에 쓰는 기관 : 허 파

● 매우 놀랍고 신기하다. : 신 비 하다

01

다음은 2, 3단락의 내용을 요약한 것입니다. ㉠, ㉡에 알맞은 말을 각각 쓰세요.

빠른 정답 3쪽, 정답과 풀이 30~31쪽

정답 콕콕 특강

> 2단락: (㉠)이/가 (㉡)이/가 되는 과정
> 3단락: (㉠)와/과 (㉡)의 차이점 ① – 생김새

㉠: (   ), ㉡: (   )

01 단락 요약하기
각 단락의 중심 낱말을 포함하여 중심 내용을 간추려 보세요.

02

다음은 올챙이가 개구리가 되는 과정입니다. 알맞은 순서대로 기호를 쓰세요.

> ㉠ 뒷다리가 나온다.
> ㉡ 개구리의 형태가 된다.
> ㉢ 앞다리가 나오고 꼬리가 짧아진다.
> ㉣ 동그란 몸통에 꼬리가 달린 형태로 부화한다.

(   ) → (   ) → (   ) → (   )

02 내용 이해하기
2단락을 읽으며 올챙이가 개구리가 되는 과정을 정리해 보세요.

03

이 글의 내용으로 가장 알맞은 것은 무엇인가요?   (   )

① 개구리는 끈적거리는 긴 혀가 있다.
② 개구리는 앞다리가 뒷다리보다 길다.
③ 올챙이와 개구리는 사실 다른 생물이다.
④ 올챙이의 눈은 머리 위로 볼록 튀어나와 있다.
⑤ 올챙이는 발가락에 물갈퀴가 있어 물속에서 잘 살 수 있다.

03 내용 이해하기
3, 5단락에 나오는 내용과 선택지를 비교해 보세요.

04

다음 문장은 각각 올챙이와 개구리 중 무엇의 특성인지 연결해 보세요.

(1) 아가미로 호흡한다. •

(2) 물과 땅 위에서 산다. •

          • ㉠ 올챙이

(3) 먹이로 작은 벌레를 잡아먹는다. •

          • ㉡ 개구리

(4) 먹이로 죽은 동물의 사체를 먹는다. •

04 내용 적용하기
4단락에 나오는 내용과 선택지를 비교해 보세요

DAY 15 낱말 쑥쑥 테스트

빠른 정답 3쪽

[01~04] 주어진 뜻풀이에 해당하는 낱말을 〈보기〉에서 찾아 쓰세요.

〈 보기 〉

부화하다   허파   속담   물갈퀴

01 옛날부터 사람들 사이에서 전하여 오는, 교훈이나 풍자가 담긴 짧은 말 : _____

02 동물의 새끼가 알을 깨고 밖으로 나오다. :

_____

03 개구리·기러기·오리 등의 발가락 사이에 있어서 헤엄을 치기에 알맞은 얇은 막 :

_____

04 동물의 가슴 속에 있는, 숨 쉬는 데에 쓰는 기관 : _____

[05~08] 주어진 자음자와 낱말의 뜻을 보고, 빈칸에 알맞은 낱말을 쓰세요.

05 밤하늘을 바라보고 있으면 별이 빛나는 것이 참으로 | ㅅ | ㅂ | 하다.

매우 놀랍고 신기한 일

06 속까지 환히 보일 만큼 맑은 것

나는 너무 | ㅌ | ㅁ | 해서 뚫린 것처럼 보이는 유리창에 부딪쳤다.

07 물고기가 **빠끔빠끔** 물을 들이마실 때마다 | ㅇ | ㄱ | ㅁ | 도 움직이는 것을 볼 수 있었다.

물고기처럼 물에 사는 동물의 머리 속에 있어서 물속의 산소를 받아들이는 기관

08 뛰어노는 강아지의 | ㅅ | ㄱ | ㅅ | 이/가 꼭 인형 같이 귀엽다.

전체의 생긴 모양

DAY 15

배경지식

물속에서도, 땅 위에서도 산다고요?

개구리처럼 어릴 때는 물속에서 살면서 아가미로 호흡하다가, 커서는 물 밖에서 허파와 피부로 호흡하며 사는 동물들을 '양서류'라고 해요.

양서류 동물들은 원래부터 허파로 호흡하던 동물들보다 허파가 완벽하게 발달하지 않았어요. 그래서 피부로 하는 호흡이 중요하기 때문에, 이 피부가 마르지 않도록 끈끈한 액체가 분비돼요. 피부가 축축해야 공기 중의 산소를 흡수할 수 있거든요.

또 양서류 동물들은 물을 입으로 마시지 않고 대부분 피부로 빨아들이기 때문에 논이나 냇가 등 물가에 살아요. '양서류'라는 이름은 이렇게 물과 땅 모두에서 사는 특성을 나타내는 이름이에요. '둘 양(兩)', '살 서(棲)'라는 한자 그대로 '두 곳에서 산다'고 하여 양서류라는 이름이 지어졌답니다.

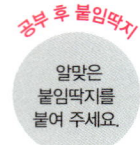

공부 후 붙임딱지
알맞은 붙임딱지를 붙여 주세요.

공부한 날	월	일

빠른 정답 3쪽

지문 확인

예원이는 한국어를 잘 못하는 미국인 친구에게 우리나라의 노래를 알려 주기로 했어요. 그런데 친구가 '도레미파솔라시'로 먼저 알려 달라고 해서 깜짝 놀랐어요. 예원이는 계이름이 한국어인 줄 알았는데, 친구는 영어인 줄 알았다고 해요. '도레미파솔라시'라는 계이름은 누가, 어디에서 처음 만들었을까요?

· 1단락의 중심 문장에 표시해 보세요.

'도레미파솔라'라는 계이름은 1025년 무렵 이탈리아에서 구이도 다레초가 처음 만들었습니다. 다레초는 교회 성가대 지휘자였는데, 성가 대원들이 음정을 잡지 못하고 엉뚱한 음을 내어서 고민에 빠졌다고 합니다.

· 2단락의 중심 문장에 표시해 보세요.

다레초는 음정을 잡아 주는 기호를 만들면 성가 대원들이 음을 좀 더 쉽게 배울 수 있겠다고 생각했습니다. 그래서 〈성 요한의 찬가〉라는 찬송가에서 6개 마디의 첫 음을, 바로 그 음에 해당하는 가사로 이름 붙였습니다. 이것이 '우트, 레, 미, 파, 솔, 라'였습니다.

· 3단락의 중심 문장에 표시해 보세요.

계이름은 음을 정확하게 잡아 주고, 노래를 쉽게 배울 수 있다는 장점이 있어서 금방 전 세계로 퍼져 나갔습니다. 그 과정에서 발음하기 힘든 '우트'가 '도'로 바뀌고, '시'라는 음이 새로 생겨났습니다. 이렇게 해서 '도레미파솔라시'가 만들어진 것입니다.

· 4단락의 중심 문장에 표시해 보세요.

이탈리아의 성가대 지휘자 다레초에 의해 만들어진 계이름은 이탈리아어라고 볼 수 있어요. ___(가)___ 오래전부터 수많은 나라에 자리 잡았기 때문에, 전 세계인의 공통어라고 할 수 있을 정도랍니다.

· 5단락의 중심 문장에 표시해 보세요.

낱말 따라 쓰기

● 음의 일정한 높낮이를 나타내는 이름 : 계 이 름

● 교회에서 예배를 돕는 노래를 부르기 위하여 조직된 합창단 : 성 가 대
[聖 – 성스러울 성, 歌 – 노래 가, 隊 – 무리 대]

● (음악에서) 합창이나 합주를 지휘하는 사람 : 지 휘 자
[指 – 가리킬 지, 揮 – 지휘할 휘, 者 – 사람 자] 예 단원들은 지휘자의 지시에 따라 연주의 세기를 조절했다.

● 높이가 다른 두 음 사이의 간격 : 음 정
[音 – 소리 음, 程 – 음률 정]
예 나는 음정이 불안해서 노래하는 것이 두렵다.

● 사람, 물건, 일 등이 현재 일과 관계가 없다. : 엉 뚱 하다
예 그 일로 엉뚱한 사람들이 피해를 입었다.

● 하나님을 높이 받들어 부르는 노래 : 찬 송 가
예 교회당 안에서 찬송가 소리가 울려 나왔다.

빠른 정답 3쪽, 정답과 풀이 32~33쪽

✏️ 뜻을 정확히 모르는
낱말들을 적어 보세요!

01

다음은 2, 3, 4단락의 내용을 요약한 것입니다. 빈칸에 공통으로 들어가기에 알맞은 말을 쓰세요.

2단락	이탈리아에서 구이도 다레초에 의해 처음 만들어진 '도레미파솔라'라는 ( )
3단락	( )이/가 만들어진 배경
4단락	( )이/가 전 세계로 퍼진 까닭과 과정

(   )

02

'도레미파솔라시'라는 계이름에 대한 내용으로 가장 알맞은 것은 무엇인가요?

(   )

① 전 세계로 금방 퍼졌다.
② 처음에는 7개 음이 있었다.
③ 미국에서 처음 만들어졌다.
④ 교회 성가 대원이 처음 만들었다.
⑤ 1520년 무렵에 맨 처음 만들어졌다.

--- 낱말 따라 쓰기

● 무엇에 잘 어울리거나 바로 들어맞다. : 해 당 하다
  ㉠ 다음 그림에 해당하는 낱말을 말해 봅시다.
● 바르고 확실하여 틀림이 없다. : 정 확 하다
  [正-바를 정, 確-확실할 확]
  ㉠ 그는 내 말의 뜻을 정확하게 맞혔다.
● 좋거나 나은 점 : 장 점
  ㉠ 내 장점 중 하나는 부지런하다는 것이다.
● (목청·혀·이·입술 등을 이용하여) 말의 소리를 내다. :
  발 음 하다

● (질서·제도 등이) 정착되다. : 자 리 잡 다
  ㉠ 새 학급 규칙은 금방 자리 잡았다.
● 여러 다른 종족이나 민족 사이에서 두루 쓰는 말 :
  공 통 어 [共-같을 공, 通-통할 통, 語-말씀 어]
  ㉠ 오늘날 국제회의에서 영어는 세계의 공통어 역할을
  하고 있다.
● 사건이나 환경, 인물 따위를 둘러싼 주위의 모습이나 형편 :
  배 경 ㉠ 하이힐이 탄생한 배경에는 거리에 오물이
  많았다는 사실이 있다.

03

5단락의 밑줄 친 (가)에 들어갈 이어 주는 말로 가장 알맞은 것은 무엇인가요?

(   )

① 따라서   ② 하지만
③ 그리하여   ④ 왜냐하면
⑤ 그러므로

04

이 글을 읽고 가장 알맞지 <u>않은</u> 반응을 한 사람은 누구인지 이름을 쓰세요.

> 혜원: 계이름 덕분에 노래를 더 쉽게 배울 수 있겠구나.
> 정훈: 이탈리아 사람들은 '우트'를 발음하기 힘들겠구나.
> 미연: 성가 대원들이 음정을 잡지 못하고 엉뚱한 음을 냈던 것은 계이
>   름이 없어서였겠구나.
> 수찬: 〈성 요한의 찬가〉라는 찬송가의 처음 6개 마디에는 '시'로 시작하
>   는 음이 없을 수도 있겠구나.

(   )

05 서술형

계이름이 처음 만들어졌을 때와 달라진 점 두 가지를 이 글에서 찾아 쓰세요.

[01~02] 다음 문장에서 밑줄 친 낱말의 뜻을 찾아 ○표 하세요.

01

> 영화관 예절이 빠르게 <u>자리 잡는</u> 데에는 관객들의 도움이 컸다.

① (일정한 곳에서 살거나 일정한 면적을) 차지하다. ( )

② (질서·제도 등이) 정착되다. ( )

02

> 그녀가 최고의 과학자가 된 <u>배경</u>에는 훌륭한 선생님의 가르침이 있었다.

① 사건이나 환경, 인물 따위를 둘러싼 주위의 모습이나 형편 ( )

② 뒤쪽의 경치 ( )

[03~07] 주어진 뜻풀이에 해당하는 낱말을 연결하세요.

03 좋거나 나은 점 • • ㉠ 음정

04 여러 다른 종족이나 민족 사이에서 두루 쓰는 말 • • ㉡ 장점

05 바르고 확실하여 틀림이 없다. • • ㉢ 정확하다

06 높이가 다른 두 음 사이의 간격 • • ㉣ 발음하다

07 말의 소리를 내다. • • ㉤ 공통어

배경지식

오선보는 언제 만들어졌을까요?

음악을 오랫동안 기억하기 위해서 만들어진 악보는 오래전부터 존재했어요. 여러 나라에서 다양한 형태의 악보들이 전해져 왔지요. 하지만 어떤 악보는 전문가조차도 쉽게 읽을 수 없을 만큼 알아보기 힘들기도 했어요.

중세 유럽에서는 예배를 드릴 때 성가를 통일되게 부르기 위해서 음의 높낮이를 표시하는 일이 필요했어요. 그래서 선 하나를 그어 음의 높낮이를 표시하다가, 나중에는 네 개의 줄이 있는 4선 악보로 발전했어요.

5개의 줄이 있는 오선보는 10세기 이후에 나타났어요. 하지만 오늘날과 같이 음의 자리를 정하는 높은음자리표나 낮은음자리표, 음의 길이와 높이를 나타내는 음표를 사용하는 오선보는 17세기에 완성됐어요. 그때부터 유럽의 음악가들은 오선지에 악보를 그리기 시작했고, 지금은 전 세계적으로 쓰고 있답니다.

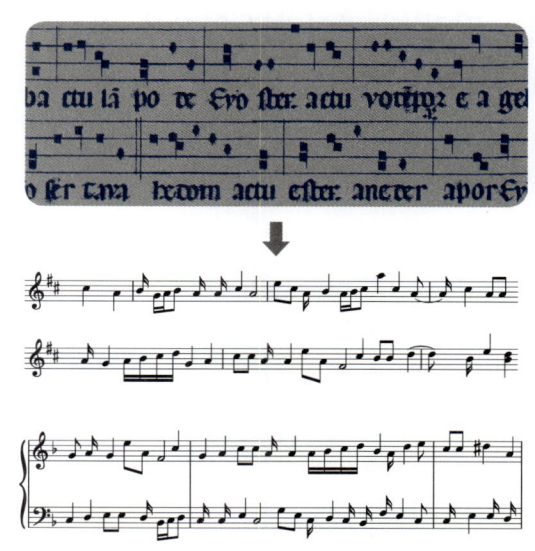

DAY 17 [사회]

공부 후 붙임딱지

알맞은
붙임딱지를
붙여 주세요.

공부한 날	월	일

빠른 정답 3쪽

진수는 주말에 어머니와 외출하기로 했어요. 그런데 어머니께서 차에 열쇠를 꽂지 않은 채 문을 열고 시동을 거셔서, 진수는 차가 고장 난 줄 알고 깜짝 놀랐어요. 어머니께서는 "사물 인터넷 덕분에 열쇠가 가까이에만 있으면 된단다."라고 설명해 주셨지요. 사물 인터넷이 무엇일까요?

사물 인터넷이란, 인터넷에 연결된 기기가 사람의 개입 없이 실시간으로 서로 정보를 주고받아 처리하는 시스템입니다. 위 이야기처럼 열쇠를 꽂지 않아도 문을 열고 시동을 걸 수 있는 '스마트키'가 그 예입니다. 이외에도 칫솔질 횟수와 시간이 스마트폰에 기록되는 칫솔, 빈 공간을 탐지해 사야 할 먹거리를 알려 주는 냉장고 등이 있습니다.

사물 인터넷 환경이 만들어지기 위해서는 네 가지 기술이 필요합니다. 사물과 주변 환경으로부터 정보를 얻는 '센싱 기술', 사물과 인터넷을 연결하는 '네트워크 기술', 서비스와 정보를 처리하는 '서비스 인터페이스 기술', 해킹이나 정보 유출을 방지하는 '보안 기술'입니다. 이 기술들을 통해서 사물들끼리 정보를 나눌 수 있게 됩니다.

컴퓨터끼리 정보를 주고받는 기술을 다른 물건들에도 적용한 덕분에, 이제는 사물들끼리 정보를 주고받을 수 있게 되었어요. 사물 인터넷의 범위는 점점 더 넓어지고 있어서, 우리의 생활은 상상 이상으로 편리해져 가고 있답니다.

지문 확인

• 1단락의 중심 문장에 표시해 보세요.

• 2단락의 중심 문장에 표시해 보세요.

• 3단락의 중심 문장에 표시해 보세요.

• 4단락의 중심 문장에 표시해 보세요.

낱말 따라 쓰기

● 집이나 근무지 따위에서 벗어나 잠시 밖으로 나가다. : 외 출 하다 [外－바깥 외, 出－나갈 출]
㉑ 집에만 있으니 답답해서 외출했다.

● 기계 등이 처음으로 움직이기 시작하는 것, 또는 그렇게 되게 하는 것 : 시 동 [始－처음 시, 動－움직일 동]

● 기구나 기계 : 기 기

● 남의 일에 끼어들어 관계하는 것 : 개 입 [介－낄 개, 入－들 입] ㉑ 경찰관들의 개입으로 싸움이 진정되었다.

● 즉시와 같은 정도로 아주 빠른 시간 : 실 시 간

● 어떤 일을 알맞게 다루어 끝내다. : 처 리 하다
㉑ 이 일은 내가 처리할 테니 걱정하지 마.

● 여러 부분이 각각 자기 일을 하며 동시에 다른 것들과 서로 관련을 맺어서 이루는 하나의 큰 전체 : 시 스 템

● 드러나지 않은 사실이나 물건 따위를 더듬어 찾아 알아내다. : 탐 지 하다 [探－찾을 탐, 知－알 지]
㉑ 이 기계는 폭발물을 탐지할 수 있다.

01

다음은 2, 3단락의 내용을 요약한 것입니다. ㉠, ㉡에 알맞은 말을 각각 쓰세요.

✏️ 뜻을 정확히 모르는
낱말들을 적어 보세요!

2단락	(㉠)의 개념과 예
3단락	사물 인터넷 환경이 만들어지기 위해 필요한 네 가지 (㉡)

㉠: (   ), ㉡: (   )

02

진수 어머니께서 차에 열쇠를 꽂지 않아도 되었던 이유로 가장 알맞은 것은 무엇
인가요?   (   )

① 차가 고장 났기 때문에
② 열쇠에 있는 자석 기능 때문에
③ 어제 차 문을 잠그지 않았기 때문에
④ 어머니의 개입으로 차와 열쇠가 정보를 주고받았기 때문에
⑤ 차와 열쇠가 인터넷에 연결되어 정보를 주고받았기 때문에

DAY
17

낱말 따라 쓰기

- 사용자인 인간과 컴퓨터를 연결시켜 주는 장치로, 키보드나 디스플레이 등을 이른다. : 인 터 페 이 스

- 통신망 등을 통해서 남의 컴퓨터 시스템에 몰래 침입하여 데이터와 프로그램을 마음대로 조작하는 것 : 해 킹

- (비밀 등이) 새어 나와 알려지게 되는 것 : 유 출
  [流 – 흐를 유, 出 – 나갈 출]
  ㉔ 나는 개인 정보의 <u>유출</u>을 막기 위해 새로운 프로그램을 깔았다.

- 좋지 않은 일이 일어나지 않도록 미리 막다. : 방 지 하다
  [防 – 막을 방, 止 – 그칠 지]
  ㉔ 폭우 피해가 다시 일어나지 않도록 대책을 마련하여 <u>방지해야</u> 한다.

- 안전을 유지하고 보호하는 것 : 보 안
  ㉔ 컴퓨터 보안 시스템에 해커가 침입하였다.

- 어떤 원칙·이론·방법 등을 실제의 문제나 사실을 해결하거나 설명하는 데에 쓰다. : 적 용 하다
  ㉔ 법은 모든 사람에게 평등하게 <u>적용해야</u> 한다.

- 실제로는 없거나 보이지 않는 것의 모양을 생각 속에 꾸미는 것, 또는 그런 현상 : 상 상

- 철을 끌어당기는 힘을 가진 특수한 쇳덩이 : 자 석

- 먹을거리나 약 같은 상품이 시중에 유통될 수 있는 기한 : 유 통 기 한
  ㉔ 우유를 살 때는 <u>유통 기한</u>을 꼭 확인해야 한다.

03

다음은 사물 인터넷 환경이 만들어지는 것과 관련된 기술들입니다. 각 설명에 알맞은 기술을 연결해 보세요.

(1) 해킹이나 정보 유출을 방지하는 기술 •

(2) 사물과 주변 환경으로부터 정보를 얻는 기술 •

(3) 서비스와 정보를 처리하는 기술 •

(4) 사물과 인터넷을 연결하는 기술 •

• ㉠ 센싱 기술

• ㉡ 네트워크 기술

• ㉢ 서비스 인터페이스 기술

• ㉣ 보안 기술

04

이 글을 바탕으로 했을 때, 사물 인터넷의 예로 볼 수 <u>없는</u> 것은 무엇인가요?

( )

① 스마트폰이 가까이 있으면 열리는 출입문
② 스마트폰에 꽂으면 소리가 들리는 이어폰
③ 마신 물의 양이 스마트폰에 기록되는 보온병
④ 차가 주차장에 도착하면 켜지는 집안의 에어컨
⑤ 들어온 날짜를 계산해 유통 기한이 지나면 알려 주는 냉장고

05 서술형

사물 인터넷이 무엇인지 이 글에서 찾아 한 문장으로 쓰세요.

_____

_____

_____

뜻을 정확히 모르는 낱말들을 적어 보세요!

낱말 쑥쑥 테스트

빠른 정답 3쪽

[01~04] 빈칸에 알맞은 낱말을 골라 쓰세요.

01 시동 자동

기계 등이 처음으로 움직이기 시작하는 것,
또는 그렇게 되게 하는 것 : ☐☐

02 탐지하다 방지하다

좋지 않은 일이 일어나지 않도록 미리 막다. :
☐☐하다

03 개입 개인

남의 일에 끼어들어 관계하는 것 : ☐☐

04 유보 보안

안전을 유지하고 보호하는 것 : ☐☐

[05~08] 밑줄 친 곳에 들어갈 낱말을 〈보기〉에서 찾아 쓰세요.

〈 보기 〉
처리   외출   적용   유출

05 실수로 시험지가 _____되는 바람에 시험 일정이 연기되었다.

06 _____하고 집에 돌아오면 손발을 깨끗이 씻어야 한다.

07 이번 축제의 진행을 도맡으신 선생님께서는 _____할 일이 많아 바쁘셨다.

08 오늘 배운 내용을 _____하여 문제를 풀어 봅시다.

DAY
17

배경지식

스스로 달리는 자동차

사물 인터넷과 함께 인공 지능의 발달로, 오래전부터 사람들이 상상했던 '자율 주행 자동차'가 현실이 되어 가고 있어요. 자율 주행 자동차는 운전자가 운전하지 않아도 스스로 움직이는 자동차를 말해요.

스마트 시계와 연동한 자율 주행 자동차 연구도 계속되고 있다고 해요. 운전자가 스마트 시계를 통해 자동차를 부르면, 운전자가 있는 곳까지 스스로 달려오고 문도 열어 주는 상상 속의 자동차가 개발되고 있는 거예요.

미래에는 이렇게 운전자가 조작하지 않아도 모든 것이 자동으로 해결되는 자동차가 일상이 될 수도 있어요. 만약 관련된 법률과 제도가 잘 갖추어진다면, 우리는 이 새로운 기술을 더 안전하고 편리하게 즐길 수 있을 거예요.

독해력 완성 테스트

[01~05] 다음 글을 읽고, 물음에 답하세요.

세계에서 가장 유명한 그림 중 하나인 '모나리자'를 알고 있나요? '모나리자'는 '리자 부인'이라는 뜻으로, 이탈리아를 대표하는 화가 레오나르도 다 빈치가 그린 여인의 초상화예요. 미소를 짓고 있는 여인이 담긴 이 그림은 유명한 만큼 많은 수수께끼를 안고 있어요.

'모나리자'의 특징 중 하나는 그림 속 여인에게 눈썹이 없다는 것입니다. 눈썹이 없는 이유에 대해서는 여러 가지 설이 있습니다. ㈎ 그중 가장 믿을 만한 것은 원래 모델의 눈썹이 없었다는 것입니다. 당시에는 여인들이 눈썹을 미는 것이 유행이었기 때문입니다. 한편 세월이 흘러 눈썹 부분이 지워졌다는 설도 있고, 다 빈치가 미소를 더 신비스럽게 보이게 하려고 일부러 눈썹을 그리지 않았다는 설도 있습니다.

'모나리자'의 모델이 누구인지에 대해서도 여러 의견이 있습니다. 피렌체의 부유한 상인 조콘다 백작의 부인 '리자'라는 설이 가장 유력합니다. (   ) 남자라는 이야기도 있고, 다 빈치 자신의 초상화라는 설도 있습니다.

이외에도 '모나리자'는 여러 가지 수수께끼를 안고 있는 그림이에요. 뛰어난 작품성과 함께 이러한 수수께끼가 사람들의 관심을 끈답니다. 지금까지도 많은 사람들이 그 비밀을 밝히기 위해 노력하고 있어요. '모나리자' 속 미소가 한층 더 신비롭게 느껴지지 않나요?

01 ★❀❀

다음은 2, 3단락의 내용을 요약한 것입니다. ㉠, ㉡에 알맞은 말을 쓰세요.

2단락	'모나리자' 그림 속 여인의 (㉠)와/과 관련된 수수께끼
3단락	'모나리자'의 모델이 (㉡)인지와 관련된 수수께끼

㉠: (   ), ㉡: (   )

02 ★★★❀

이 글의 내용으로 알맞지 않은 것은 무엇인가요?

(   )

① '모나리자' 속 여인은 눈썹이 없다.
② '모나리자'는 작품성도 뛰어난 작품이다.
③ '모나리자'의 모델은 눈썹이 없었던 게 확실하다.
④ '모나리자'의 수수께끼는 아직 풀리지 않은 게 많다.
⑤ '모나리자'에는 원래 눈썹이 그려져 있었을 수도 있다.

03 ★★❀

3단락의 괄호 안에 들어갈 이어 주는 말로 가장 알맞은 것은 무엇인가요?　　　　　　　　(　　　)

① 따라서　　　　　　② 하지만
③ 그래서　　　　　　④ 왜냐하면
⑤ 그러므로

04 ★★★

이 글을 바탕으로 했을 때, '모나리자'에 대한 가장 유력한 추측만을 말한 것은 누구인가요?　(　　　)

① 민서: '모나리자'의 모델은 리자 부인이고, 당시에 눈썹이 없었을 거야.
② 예은: '모나리자'의 모델은 다 빈치 자신이고, 당시에 눈썹이 없었을 거야.
③ 윤미: '모나리자'의 모델은 다 빈치이고, 그가 일부러 눈썹을 그리지 않았을 거야.
④ 준호: '모나리자'의 모델은 남자이고, 다 빈치가 일부러 눈썹을 그리지 않았을 거야.
⑤ 지나: '모나리자'의 모델은 리자 부인이고, 눈썹이 있었지만 세월이 흘러 그 부분이 지워졌을 거야.

05 ★★★❀ 서술형

2단락의 밑줄 친 (가)의 이유를 이 글에서 찾아 쓰세요.

낱말 따라 쓰기

● 이름이 널리 알려져 있다 : 유 명 하다
[有-있을 유, 名-이름 명]
예 이 식당은 맛있기로 유명하다.

● 결혼한 여자 : 부 인

● 전체의 상태나 성질을 어느 하나로 잘 나타내다. :
대 표 하다

● 어떤 사람의 얼굴 모습을 그린 그림 : 초 상 화
[肖-닮을 초, 像-모양 상, 畵-그림 화]

● 어떤 사물이나 현상이 복잡하고 이상하게 얽혀 쉽게 알 수 없는 것 : 수 수 께 끼

● (다른 것과 비교하여) 특별히 눈에 띄거나 두드러진 점 :
특 징 [特-특별할 특, 徵-부를 징]

● 어떤 사물이나 현상에 대하여 주장하는 의견이나 생각, 또는 이론 : 설 예 이 책의 작가가 누구인지에 대해서는 여러 가지 설이 있다.

● 어떤 시기에 사회의 일부나 전체에 두루 퍼지는 몸짓·옷차림·문화 등에 대한 취미 : 유 행
[流-퍼질 유, 行-다닐 행]
예 젊은 세대들은 유행에 더 민감한 편이다.

● 어떤 사물이나 현상에 대하여 판단하여 가지게 된 일정한 생각 : 의 견 예 회의 시간에 열심히 의견을 냈다.

● 재물이 많아 생활이 아주 넉넉하다. : 부 유 하다

● 가능성이 있거나 기대할 만하다. : 유 력 하다
[有-있을 유, 力-힘 력]
예 시험 날짜는 4월이 가장 유력하다.

● 작품이 가지는 그 자체의 예술적 가치 : 작 품 성
예 그 영화는 작품성이 매우 뛰어나 아카데미상을 휩쓸었다.

● 어떤 대상에 쏠리는 감정과 생각, 또는 감정과 생각을 쏠리게 하는 사실 : 관 심
예 나는 고양이의 행동에 관심을 가졌다.

● (인기나 관심을) 쏠리게 하다. : 끌 다
예 내 이야기는 많은 친구들의 관심을 끌었다.

● (모르거나 알려지지 않은 사실을) 알아내거나 증명하다. :
밝 히 다
예 그는 미궁 속에 빠졌던 사건을 드디어 밝혔다.

잠깐! 쉬어가기

빠른 정답 3쪽

＊ 다음 가로·세로 열쇠를 잘 읽고, 주어진 자음자를 참고하여 빈칸에 알맞은 답을 쓰세요.

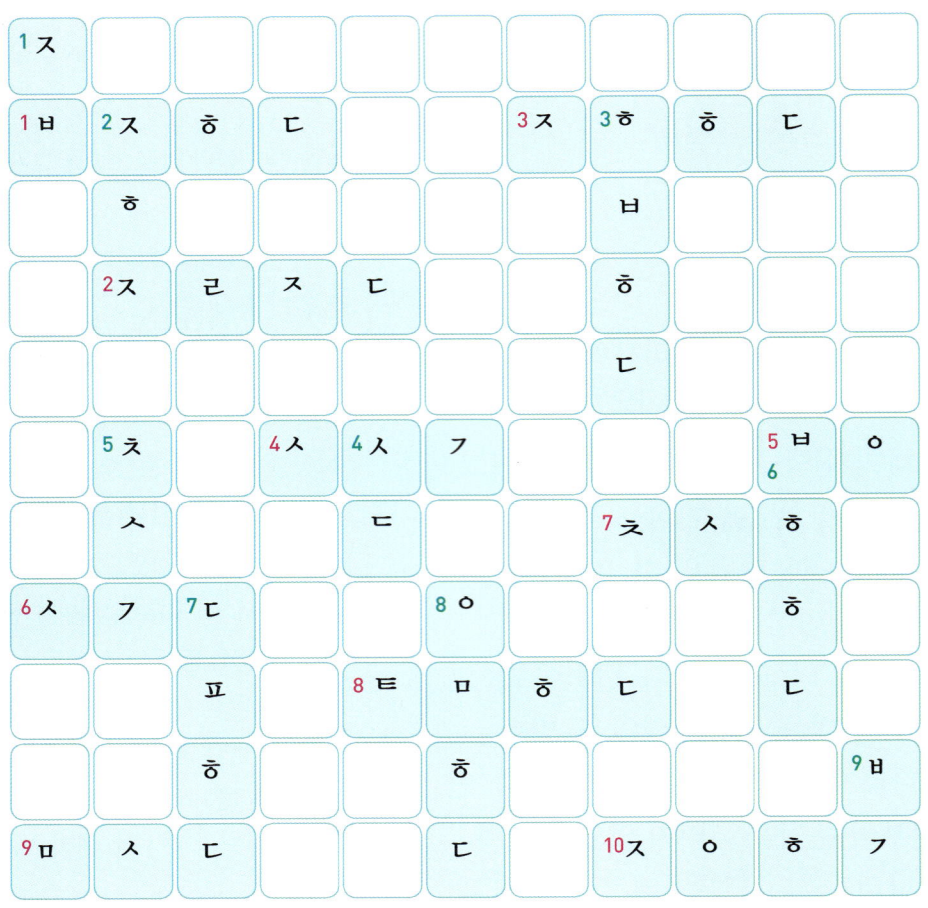

가로 열쇠

1 좋지 않은 일이 일어나지 않도록 미리 막다.

2 (질서·제도 등이) 정착되다.

3 바르고 확실하여 틀림이 없다.

4 즉시와 같은 정도로 아주 빠른 시간

5 결혼한 여자

6 교회에서 예배를 돕는 노래를 부르기 위하여 조직된 합창단

7 어떤 사람의 얼굴 모습을 그린 그림

8 속까지 환히 보일 만큼 맑다.

9 (추위나 바람이) 매우 심하다.

10 자연의 조건이나 상태

세로 열쇠

1 보통 온도에서 고체가 되는 기름으로, 생물체의 몸 안에서 열과 힘을 내는 데 가장 필요한 영양소

2 (음악에서) 합창이나 합주를 지휘하는 사람

3 확실히 차지하다

4 기계 등이 처음으로 움직이기 시작하는 것, 또는 그렇게 되게 하는 것

5 하나님을 높이 받들어 부르는 노래

6 동물의 새끼가 알을 깨고 밖으로 나오다.

7 위험이나 피해를 임시로 피하다.

8 이름이 널리 알려져 있다.

9 사건이나 환경, 인물 따위를 둘러싼 주위의 모습이나 형편

단락 간의 관계를 이해하면 어떤 일이 되어 가는 단계, 대상이 변해 가는 과정 등 글의 흐름을 쉽게 알 수 있어요!

STEP 4
단락 간의 관계 이해하기

★ **단락 간의 관계 이해란?**
각 단락이 서로 어떻게 이어져 있는지 알아보는 것입니다.

● **단락 간의 관계를 이해해야 하는 이유**
각 단락이 어떻게 연결되어 있는지를 이해하면 글 전체에서 이야기하고자 하는 것이 무엇인지 쉽게 알 수 있어요.

단락 간의 관계를 이해하는 방법(이어 주는 말 확인)

– '그리고, 또, 또한, 마찬가지로' 등의 이어 주는 말이 나오면 앞의 내용과 비슷한 내용이 이어질 것을 알 수 있어요.

– '그러나, 하지만, 그렇지만, 그럼에도' 등의 이어 주는 말이 나오면 앞의 내용과 반대되거나 다른 방향의 내용이 이어질 것을 알 수 있어요.

– '그러므로, 그래서, 따라서' 등의 이어 주는 말이 나오면 앞의 내용이 이유가 되는 결과가 이어질 것을 알 수 있어요.

– '즉, 정리하면' 등의 이어 주는 말이 나오면 앞의 내용을 요약하는 내용이 이어질 것을 알 수 있어요.

공부 후 붙임딱지
알맞은 붙임딱지를 붙여 주세요.

| 공부한 날 | 월 | 일 |

빠른 정답 3쪽

지문 확인

학교에서 자석에 대해 배운 수진이는 집에서 자석의 성질을 더 실험해 보고 싶었어요. 하지만 집에는 학교에서 사용한 막대자석이 없었죠. 그런데 부모님께서 집에 있는 물건들에서 얼마든지 자석을 찾을 수 있다고 하셨어요. 어떤 물건에 자석이 있을까요?

자석은 여러 가지 생활용품에 이용되고 있습니다. 이러한 용품들은 자석의 어떤 성질을 이용했는지에 따라 세 가지 종류로 나눌 수 있습니다.

먼저 자석이 철로 된 물체를 끌어당기는 성질을 이용한 경우입니다. 대표적인 것은 냉장고나 칠판에 붙이는 자석입니다. 손쉽게 붙였다 뗄 수 있어 종이나 사진 등을 붙일 때 유용하게 쓰입니다. 또 자석을 이용하여 필통 뚜껑이 잘 닫히게 하기도 합니다.

두 번째는 자석이 다른 극끼리 서로 당기는 성질을 이용한 것입니다. 자석 방충망은 입구의 띠 부분에 있는 자석이 방충망을 쉽게 열고 닫을 수 있게 합니다. 같은 성질을 이용해 신발 끈을 쉽게 맬 수 있도록 도와주는 신발 끈 매듭기라는 용품도 있습니다.

마지막은 자석이 일정한 방향을 가리키는 성질을 이용한 것으로, 나침반이 있습니다. 나침반은 자석으로 바늘을 만들기 때문에, 이 바늘의 양 끝은 항상 북쪽과 남쪽을 가리킵니다. 이를 통해 우리는 방향을 가늠할 수 있게 됩니다.

이처럼 자석은 여러 가지 생활용품에 이용되어 우리를 편리하게 해 주고 있어요. 자석을 이용한 용품들에는 또 무엇이 있는지 생각해 볼까요?

- **1단락 요약 :**
  집에 있는 물건들에서 찾을 수 있는 1) ☐☐

- **2단락 요약 :**
  여러 가지 생활용품에 이용되는 자석

- **3단락 요약 :**
  2) ☐(으)로 된 물체를 끌어당기는 자석의 성질을 이용한 생활용품

- **4단락 요약 :**
  다른 3) ☐끼리 서로 당기는 자석의 성질을 이용한 생활용품

- **5단락 요약 :**
  일정한 4) ☐☐을/를 가리키는 자석의 성질을 이용한 생활용품

- **6단락 요약 :**
  생활용품에 이용되어 우리를 편리하게 해 주는 자석

낱말 따라 쓰기

- (한 사물이나 현상이 가지고 있는) 다른 것과 구별되는 특징 :
  ☐성 ☐질 [性-바탕 성, 質-바탕 질]

- 끌어서 가까이 오게 하다. : ☐끌 ☐어 ☐당 ☐기 ☐다
  예) 나는 의자를 끌어당겨 앉았다.

- 어렵지 않다. : ☐손 ☐쉽 ☐다 예) 요즘에는 제철 과일도 일 년 중 아무 때나 손쉽게 구할 수 있다.

- 쓸모가 있다. : ☐유 ☐용 하다

- 밖의 파리나 모기 같은 벌레들이 들어오지 못하도록 창이나 문에 치는 그물 : ☐방 ☐충 ☐망
  [防-막을 방, 蟲-벌레 충, 網-그물 망]

- (크기·모양·시간 등이) 하나로 정해져 있다. : ☐일 ☐정 하다
  예) 아파트는 크기도 간격도 일정하였다.

STEP 4 단락 간의 관계 이해하기

빠른 정답 3쪽

단락 간의 관계 이해하기는 각 단락들이 서로 어떻게 이어져 있는지 알아보는 것입니다.

각 단락이 어떻게 연결되어 있는지를 이해하면 글 전체에서 이야기하고자 하는 것이 무엇인지 쉽게 알 수 있어요.

★ **단락 간의 관계를 이해하는 방법**(이어 주는 말 확인)

- '그리고, 또, 또한, 마찬가지로' 등이 나오면 앞의 내용과 비슷한 내용이 이어질 것을 알 수 있어요.
- '그러나, 하지만, 그렇지만, 그럼에도' 등이 나오면 앞의 내용과 반대되거나 다른 방향의 내용이 이어질 것을 알 수 있어요.
- '그러므로, 그래서, 따라서' 등이 나오면 앞의 내용이 이유가 되어 나타나는 결과가 이어질 것을 알 수 있어요.
- '즉, 정리하면' 등이 나오면 앞의 내용을 요약하거나, 다시 한 번 말하면서 강조하는 내용이 이어질 것을 알 수 있어요.
- '이, 그, 저, 이러한' 등이 나오면 이 표현들이 앞의 내용 중 무엇을 가리키는지 살펴보세요.

1단락

집에서 자석을 찾는 수진이의 이야기를 하고 있어요. 1단락을 요약하면 '집에 있는 물건들에서 찾을 수 있는 1) [ ][ ]'입니다.

[단락 간의 관계] '어떤 물건에 자석이 있을까요?'라는 마지막 문장으로 이어질 내용을 예상할 수 있어요.

2단락

자석을 이용한 생활용품을 세 가지 종류로 나눌 수 있다고 이야기하고 있어요. 2단락을 요약하면 '여러 가지 2) [ ][ ][ ][ ]에 이용되는 자석'입니다.

3~5단락

자석의 세 가지 성질을 이용한 생활용품의 예를 각각 들고 있어요. 3단락을 요약하면 '철로 된 물체를 끌어당기는 자석의 성질을 이용한 생활용품'입니다.

4단락을 요약하면 '다른 극끼리 서로 당기는 자석의 성질을 이용한 생활용품'입니다.

5단락을 요약하면 '일정한 방향을 가리키는 자석의 성질을 이용한 생활용품'입니다.

[단락 간의 관계] '3) [ ][ ], 두 번째는, 마지막은' 이라는 말로 각 단락이 시작되면서 자석의 세 가지 성질을 이용한 생활용품에 대해 설명하고 있어요.

6단락

앞선 내용처럼 자석은 여러 가지 생활용품에 이용되어 우리를 편리하게 해 준다고 정리하고 있어요. 6단락을 요약하면 '생활용품에 이용되어 우리를 편리하게 해 주는 자석'입니다.

- 1단락은 집에 있는 물건들에서 글 전체의 중심 낱말인 '자석'을 찾을 수 있다고, 2단락은 여러 가지 생활용품에 이용되는 자석에 대해 말하고 있어요.
- 3, 4, 5단락에서는 자석의 세 가지 성질을 이용한 생활용품을 각각 설명하고 있어요.
- ★ 3~5단락은 자석의 세 가지 성질을 이용한 생활용품으로 묶을 수 있어요.
- 6단락은 자석이 삶을 편리하게 해 준다고 정리하고 있어요.

★ [단락 간의 관계] 정리

- 1단락: 집에 있는 물건들에서 찾을 수 있는 자석 — 중심 낱말 소개
- 2단락: 여러 가지 생활용품에 이용되는 자석 — 전체 중심 문장
- 3단락: 철로 된 물체를 끌어당기는 자석의 성질을 이용한 생활용품 ┐
- 4단락: 다른 극끼리 서로 당기는 자석의 성질을 이용한 생활용품 │ 중심 낱말의 종류를 나누는 기준 소개
- 5단락: 일정한 방향을 가리키는 자석의 성질을 이용한 생활용품 ┘
- 6단락: 생활용품에 이용되어 우리를 편리하게 해 주는 자석 — 정리 및 마무리

01

각 단락에 대한 설명으로 알맞지 <u>않은</u> 것은 무엇인가요? ( )

① 1단락의 마지막 문장을 통해 뒤에 이어질 내용을 예상할 수 있다.
② 3단락의 '먼저'라는 낱말을 통해 앞선 단락의 '세 가지 종류' 중 첫 번째에 대해 이야기할 것임을 알 수 있다.
③ 5단락에서는 앞선 단락들과 다른, 새로운 이야기를 시작하고 있다.

02

다음 중 이 글에 대한 설명으로 알맞은 것은 무엇인가요? ( )

① 예를 들지 않고 개념만 설명하고 있다.
② 대상의 세 가지 종류를 각각 소개하고 있다.
③ 자석을 이용한 생활용품의 장점과 단점을 보여 주고 있다.
④ 높임말을 사용하지 않아 읽는 이에게 친숙한 느낌을 주고 있다.
⑤ 자석을 이용한 생활용품과 그렇지 않은 생활용품을 비교하고 있다.

03

이 글의 내용으로 알맞지 <u>않은</u> 것은 무엇인가요? ( )

① 나침반 바늘은 항상 북쪽과 남쪽을 가리킨다.
② 자석 방충망은 자석의 성질을 이용해 벌레를 잡는다.
③ 자석을 이용한 생활용품은 어렵지 않게 찾아볼 수 있다.
④ 냉장고나 칠판에 붙이는 자석은 종이를 붙일 때 유용하게 쓰인다.
⑤ 자석을 이용한 용품 중에 신발 끈을 쉽게 매도록 해 주는 것도 있다.

04

다음 자석의 세 가지 성질을, 그 성질을 이용한 생활용품과 연결해 보세요.

(1) 철로 된 물체를 끌어당기는 성질　•

(2) 다른 극끼리 서로 당기는 성질　•

(3) 일정한 방향을 가리키는 성질　•

•㉠ 나침반

•㉡ 필통 두껑

•㉢ 신발 끈 매듭기

빠른 정답 3쪽, 정답과 풀이 38쪽

뜻을 정확히 모르는 낱말들을 적어 보세요!

낱말 따라 쓰기

● 자석으로 된 바늘이 움직이며 남과 북을 가리켜, 방위를 알 수 있게 하는 기구 : 나 침 반

● 사물이나 일이 되어 가는 형편을 헤아리다. : 가 늠하다

● 사물이나 현상에 대한 일반적인 지식 : 개 념
[槪 – 대개 개, 念 – 생각 념]
㉠ 나는 오늘 분수의 개념을 배웠다.

● 늘 보아서 낯설지 않다. : 친 숙하다
㉠ 우리는 오랜 친구 사이처럼 친숙하게 대화를 나누었다.

문제 이해하고 풀기

빠른 정답 3쪽, 정답과 풀이 38쪽

01 단락 간의 관계 이해하기

단락들이 서로 어떻게 이어져 있는지 살펴보세요.

① 1단락의 마지막 문장을 통해 뒤에 이어질 내용을 예상할 수 있다. (○)

＊근거 ①단락 ❹번째 문장: 어떤 물건에 자석이 있을까요?

② 3단락의 '먼저'라는 낱말을 통해 앞선 단락의 '세 가지 종류' 중 첫 번째에 대해 이야기할 것임을 알 수 있다. (○)

＊근거 ②단락 ❷번째 문장, ③단락 ❶번째 문장: 이러한 용품들은 ～ 성질을 이용한 경우입니다.

③ 5단락에서는 앞선 단락들과 다른, ~~새로운 이야기를 시작~~하고 있다. (×)

🍃 5단락에서는 앞선 단락과 이어지면서, 자석의 성질을 이용한 생활용품의 세 가지 종류 중 마지막에 대해 설명하고 있어요. 따라서 앞선 단락들과 다른, 새로운 이야기를 시작하지 않아요.

정답은 ＿＿＿＿＿＿ 입니다.

02 글쓰기 방식 이해하기

🌸 선택지 내용을 순서대로 살펴볼게요.

① ~~예를 들지 않고~~ 개념만 설명하고 있다. (×)

🍃 필통 뚜껑, 자석 방충망, 나침반 등 여러 예를 들고 있어요.

② 대상의 세 가지 종류를 각각 소개하고 있다. (○)

🍃 이 글은 3, 4, 5단락에서 자석의 세 가지 성질을 이용한 생활용품의 종류를 각각 소개하고 있어요.

③ 자석을 이용한 생활용품의 장점과 단점을 보여 주고 있다. (×)

🍃 이 글에 나오지 않는 내용이에요.

④ ~~높임말을 사용하지 않아~~ 읽는 이에게 친숙한 느낌을 주고 있다. (×)

🍃 2, 3, 4, 5단락에서 높임말을 사용하고 있어요.

⑤ 자석을 이용한 생활용품과 그렇지 않은 생활용품을 비교하고 있다. (×)

🍃 이 글에 나오지 않는 내용이에요.

정답은 ＿＿＿＿＿＿ 입니다.

03 내용 이해하기

🌸 선택지 내용을 순서대로 살펴볼게요.

① 나침반 바늘은 항상 북쪽과 남쪽을 가리킨다. (○)

＊근거 ⑤단락 ❷번째 문장: 나침반은 ～ 가리킵니다.

② 자석 방충망은 자석의 성질을 이용해 ~~벌레를 잡는다~~. (×)

＊근거 ④단락 ❷번째 문장: 자석 방충망은 ～ 있게 합니다.

🍃 자석 방충망에 이용된 자석이 방충망을 쉽게 열고 닫을 수 있게 해 준다는 설명만 있을 뿐, 벌레를 잡는다는 내용은 없어요.

③ 자석을 이용한 생활용품은 어렵지 않게 찾아볼 수 있다. (○)

＊근거 ①단락 ❸번째 문장, ②단락 ❶번째 문장: 그런데 부모님께서 ～ 하셨어요. 자석은 ～ 이용되고 있습니다.

④ 냉장고나 칠판에 붙이는 자석은 종이를 붙일 때 유용하게 쓰인다. (○)

＊근거 ③단락 ❸번째 문장: 손쉽게 ～ 유용하게 쓰입니다.

⑤ 자석을 이용한 용품 중에 신발 끈을 쉽게 매도록 해 주는 것도 있다. (○)

＊근거 ④단락 ❸번째 문장: 같은 성질을 ～ 용품도 있습니다.

정답은 ＿＿＿＿＿＿ 입니다.

04 내용 이해하기

이 글 속의 생활용품을 자석의 성질에 따라 정리해 보세요.

(1) 철로 된 물체를 끌어당기는 성질

🍃 (3단락) – 냉장고나 칠판에 붙이는 자석, 필통 뚜껑

(2) 다른 극끼리 서로 당기는 성질

🍃 (4단락) – 자석 방충망, 신발 끈 매듭기

(3) 일정한 방향을 가리키는 성질

🍃 (5단락) – 나침반

정답은 (1) ＿＿＿＿ (2) ＿＿＿＿ (3) ＿＿＿＿
입니다.

공부 후 붙임딱지

알맞은
붙임딱지를
붙여 주세요.

공부한 날 　월　　일

빠른 정답 3쪽
지문 확인

　민서는 도서관 책장에서 《흥부와 놀부》를 발견했어요. 책 표지에는 금은보화가 담긴 박이 그려져 있었어요. 내용이 궁금해진 민서는 책을 펼쳐 재미있게 읽었고, 흥부의 착한 마음씨에 감명을 받았어요. 민서는 독서 감상문을 쓰면서 책의 내용과 자신의 감상을 기억하기로 했어요. 독서 감상문은 어떻게 써야 할까요?

　독서 감상문이란 책을 읽고 자신의 생각이나 느낌을 적은 글입니다. 보통 책을 읽게 된 까닭, 책의 내용, 인상 깊은 부분, 읽은 뒤에 든 생각이나 느낌을 적습니다. 모든 내용이나 사건을 다 써야 하는 것은 아니며, 중요한 내용이나 사건을 중심으로 쓰면 됩니다.

　《흥부와 놀부》를 예로 들어 볼까요? 책을 읽게 된 까닭에는 '표지에 그려진 금은보화가 담긴 박을 보고 내용이 궁금했기 때문이다.'와 같은 내용을 적을 수 있습니다. (　　　　)에는 중요한 사건을 중심으로 《흥부와 놀부》의 줄거리를 정리하면 됩니다. 인상 깊은 부분에는 '흥부가 자신을 못살게 굴었던 놀부를 용서하는 장면이 기억에 남았다.' 등의 내용을 쓸 수 있습니다. 마지막으로 '나도 흥부처럼 착하게 살아야겠다.'와 같은 자신의 생각이나 느낌으로 마무리합니다.

　독서 감상문을 쓰면 책의 내용과 감상이 잘 정리되고, 보다 오래 기억할 수 있어요. 감명 깊게 읽은 책이 있다면, 독서 감상문을 써 봅시다.

- **1단락 요약 :**
《흥부와 놀부》를 읽고 독서 감상문을 쓰기로 한 민서

- **2단락 요약 :**
1) ☐☐ 감상문의 뜻과 독서 감상문을 쓰는 방법

- **3단락 요약 :**
독서 2) ☐☐☐ 을/를 쓰는 방법의 예

- **4단락 요약 :**
3) ☐☐
☐☐☐ 을/를
쓰면 좋은 점

낱말 따라 쓰기

- 책의 겉장 : 표 지 [表-겉 표, 紙-종이 지]
  ㉠ 이 책은 표지만 보아서는 어떤 내용인지 알 수가 없다.
- 금, 은, 진주 따위의 매우 귀중한 물건 : 금 은 보 화
  [金-쇠 금, 銀-은 은, 寶-보배 보, 貨-재물 화]
  ㉠ 흥부가 톱으로 박을 가르자 금은보화가 쏟아져 나왔다.
- 잊을 수 없는 큰 감동 : 감 명
  [感-느낄 감, 銘-새길 명]
  ㉠ 우리들은 이 영화를 보고 깊은 감명을 받았다.

- 예술 작품 등의 아름다움을 느끼고 즐기고 이해하는 것 :
  감 상 [感-느낄 감, 賞-상줄 상]
  ㉠ 나는 미술 전시회에 가서 피카소의 그림을 감상했다.
- 어떤 일이 있게 된 사정이나 이유 : 까 닭
  ㉠ 그가 기분이 좋지 않은 까닭을 알 수 없어 답답했다.
- 무엇을 직접 보거나 듣거나 겪어서, 그것이 마음에 주는 느낌 : 인 상 [印-인상 인, 象-모양 상]
  ㉠ 그녀의 환한 웃음은 친절하다는 인상을 주었다.

01

각 단락에 대한 설명으로 알맞지 <u>않은</u> 것은 무엇인가요? (　　)

① 1단락에서는 민서의 이야기를 통해 독서 감상문에 대한 흥미를 끌고 있다.

② 2단락에서는 1단락에서 말한 독서 감상문의 뜻과 독서 감상문을 쓰는 방법에 대해 설명하고 있다.

③ 3단락에서는 《흥부와 놀부》를 예로 들어 독서 감상문의 표지를 만드는 방법을 설명하고 있다.

④ 4단락에서는 독서 감상문을 쓰면 좋은 점을 설명하며 독서 감상문 쓰기를 권하고 있다.

빠른 정답 3쪽, 정답과 풀이 39~40쪽

정답 **콕콕** 특강

01 단락 간의 관계 이해하기
각 단락의 중심 내용을 떠올리면서 단락들이 서로 어떻게 이어져 있는지 살펴보세요.

02

3단락의 빈칸에 들어갈 말로 가장 알맞은 것은 무엇인가요? (　　)

① 작가 소개　　　　② 책의 가격
③ 책의 배경　　　　④ 책의 내용
⑤ 비슷한 책

02 내용 추측하기
2, 3단락을 비교하여 읽으면서 빈칸에 들어갈 말을 찾아보세요.

DAY
20

낱말 따라 쓰기

● 글이나 이야기를 이끌어 나가는 중심이 되는 내용 :
　줄　거　리

● 성가셔서 견디기 어려워하다. : 못　살　다
　예 동생은 자꾸 장난을 치며 나를 <u>못살게</u> 했다.

● 잘못이나 죄를 꾸짖거나 벌하지 않고 너그럽게 보아주다 :
　용　서 하다 [容 – 얼굴 용, 恕 – 용서할 서]
　예 나는 한 번만 <u>용서해</u> 달라고 선생님께 빌었다.

● 어떤 일을 하도록 부추기다. : 권　하　다

● 문학 작품의 내용이나 역사적 사건 등의 시간, 공간, 사회 환경 : 배　경 [背 – 뒤 배, 景 – 경치 경]
　예 그 소설은 조선 시대를 <u>배경</u>으로 하였다.

● 어떤 모습의 기억이 오래도록 지워지지 않고 뚜렷이 생각에 남는 것 : 인　상　적
　예 화려한 모양의 건축물이 <u>인상적</u>이었다.

03

이 글의 내용으로 알맞지 <u>않은</u> 것은 무엇인가요?   (   )

① 독서 감상문은 보통 네 가지 부분으로 구성된다.
② 책을 읽게 된 이유도 독서 감상문에 적을 수 있다.
③ 독서 감상문에는 책에 나오는 모든 사건을 써야 한다.
④ 독서 감상문이란 책에 대한 자신의 생각이나 느낌을 적은 글이다.
⑤ '흥부가 놀부를 용서하는 장면이 기억에 남았다.'는 '인상 깊은 부분'에
　 해당한다.

03 내용 이해하기
2, 3단락에 나오는 내용과 선택지를 비교해 보세요.

04

다음 〈보기〉는 어느 독서 감상문의 일부분입니다. 〈보기〉에 대해 알맞게 설명한
것을 두 가지 찾아 기호를 쓰세요.

〈 보기 〉

　오늘 정말 재미있는 책을 읽었다. …… ㈎ 그런데 그때, 주인공이 도
와 주었던 고양이가 요정으로 변했다. 요정은 주인공을 위험에서 구해
주었다. …… ㈏ 주인공이 동물과 자연을 아끼는 모습이 제일 인상적
이었다. …… ㈐ 나도 동물과 자연을 사랑하며 살아야겠다.

㉠ ㈎는 '책의 내용'에 해당한다.
㉡ ㈏는 '책을 읽게 된 까닭'에 해당한다.
㉢ ㈐는 '자신의 생각이나 느낌'에 해당한다.

(   )

04 내용 적용하기
3단락에 나오는 독서 감상문의 예를 바탕으로 〈보기〉를 읽어 보세요.

05   서술형

독서 감상문을 쓰면 좋은 점을 이 글에서 찾아 쓰세요.

_____

_____

_____

05 내용 이해하기
4단락에서 독서 감상문을 쓰면 좋은 점을 찾아 보세요.

[01~04] 주어진 뜻풀이에 해당하는 낱말을 〈보기〉에서 찾아 쓰세요.

〈 보기 〉

줄거리　방충망　나침반　못살다

01 밖의 파리나 모기 같은 벌레들이 들어오지 못하도록 창이나 문에 치는 그물 :

_____

02 성가셔서 견디기 어려워하다. :

_____

03 글이나 이야기를 이끌어 나가는 중심이 되는 내용 : _____

04 자석으로 된 바늘이 움직이며 남과 북을 가리켜, 방위를 알 수 있게 하는 기구 :

_____

[05~07] 주어진 한자와 뜻풀이를 생각하여 빈칸에 들어가기에 알맞은 말을 쓰세요.

05 性 바탕 [ ] + 質 바탕 [ ] = [ ][ ]

(한 사물이나 현상이 가지고 있는) 다른 것과 구별되는 특징

06 表 겉 [ ] + 紙 종이 [ ] = [ ][ ]

책의 겉장

07 槪 대개 [ ] + 念 생각 [ ] = [ ][ ]

사물이나 현상에 대한 일반적인 지식

[08~11] 주어진 뜻풀이에 해당하는 낱말을 연결하세요.

08 금, 은, 진주 따위의 매우 귀한 물건　·

　　·㉠ 손쉽다

09 (크기·모양·시간 등이) 하나로 정해져 있다.　·

　　·㉡ 일정하다

10 어렵지 않다.　·

　　·㉢ 까닭

11 어떤 일이 있게 된 사정이나 이유　·

　　·㉣ 금은보화

[12~15] 주어진 자음자와 낱말의 뜻을 보고, 빈칸에 알맞은 낱말을 쓰세요.

12 친구가 빌려준 책은 나에게 깊은 [ㄱ][ㅁ] 을/를 주었다.

잊을 수 없는 큰 감동

13 〈나무꾼과 선녀〉는 금강산을 [ㅂ][ㄱ] (으)로 한 이야기라는 설이 있다.

문학 작품의 내용이나 역사적 사건 등의 시간, 공간, 사회 환경

14 그 소설의 주인공이 꿋꿋하게 자신의 삶을 살아가는 모습이 [ㅇ][ㅅ][ㅈ] 이었다.

어떤 모습의 기억이 오래도록 지워지지 않고 뚜렷이 생각에 남는 것

15 그녀는 친구에게 사과하고 [ㅇ][ㅅ] 을/를 빌었다.

잘못이나 죄를 꾸짖거나 벌하지 않고 너그럽게 보아주는 것

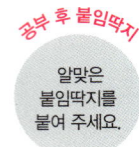
지문 확인

지호는 요즘 햄버거에 푹 빠져서, 매일 부모님께 햄버거를 먹자고 졸랐어요. 하지만 부모님께서는 햄버거를 자주 먹으면 안 된다고 하셨어요. 그 이유가 무엇일까요?

햄버거를 비롯해 감자튀김, 프라이드치킨 등과 같이 빠르고 간편하게 먹을 수 있는 음식을 '패스트푸드'라고 합니다. 음식을 오래 기다리지 않고 그 자리에서 바로 먹을 수 있으며, 그 맛을 좋아하는 사람들도 많아 인기가 좋습니다.

하지만 패스트푸드는 너무 많이 먹으면 건강에 해롭습니다. 패스트푸드는 오래 보존하기 위해 건강에 좋지 않은 식품 첨가물을 많이 넣습니다. 또 맛을 좋게 하려고 화학조미료나 소금, 설탕도 많이 사용합니다. 이에 비해 비타민과 같이 우리 몸에 꼭 필요한 영양소는 거의 없습니다. 그래서 너무 많이 먹으면 우리 몸의 영양소가 불균형해져 건강을 해칠 수 있습니다. 게다가 패스트푸드에는 '트랜스 지방'이라는 좋지 않은 지방이 많이 들어 있습니다. 이것을 많이 섭취하게 되면 비만이나 고혈압, 당뇨 같은 병에 걸릴 위험이 (　　　　).

이렇게 우리 몸에 꼭 필요한 영양소는 거의 없고 열량만 높은 음식을 '정크 푸드'라고 해요. '정크'는 영어로 '쓰레기', '푸드'는 영어로 '음식'을 뜻하죠. 이제 지호의 부모님께서 햄버거를 자주 사 주지 않으려고 하는 이유를 알겠죠?

- **1단락 요약** : 햄버거를 자주 먹으면 안 되는 이유에 대한 궁금증

- **2단락 요약** :
  1) ☐☐☐ 푸드의 의미

- **3단락 요약** :
  패스트푸드가 2) ☐☐ 에 해로운 점

- **4단락 요약** :
  패스트푸드의 다른 이름인 3) ☐☐☐☐

낱말 따라 쓰기

- 간단하고 편하고 쉽다. : 간 편 하다
  예 이 의자는 간편하게 접었다 펼 수 있다.

- (미치는 영향이) 좋지 않다. 이롭지 않다. : 해 롭 다
  예 군것질을 자주 하면 몸에 해롭다.

- 식료품을 제조·가공할 때 맛을 좋게 하거나 영양 가치를 높일 목적으로 첨가하는 물질 : 식 품 첨 가 물
  [食 – 먹을 식, 品 – 물건 품, 添 – 더할 첨, 加 – 더할 가, 物 – 물건 물]

- 구수하고 감칠맛이 나는 성분을 화학적으로 합성하여 만든 것 : 화 학 조 미 료

- 어느 편으로 치우쳐 균형이 잡혀 있지 않다. : 불 균 형 하다 [不 – 아닐 불, 均 – 고를 균, 衡 – 저울 형]

- 액체 기름을 고체 지방으로 바꾸는 과정에서 생기는 지방, 나쁜 콜레스테롤을 증가시킨다. : 트 랜 스 지 방

- 영양분을 몸속으로 빨아들이다. : 섭 취 하다

STEP 4 단락 간의 관계 이해하기

빠른 정답 3쪽

★ 단락 간의 관계를 이해하는 방법(이어 주는 말 확인)

- '그리고, 또, 또한, 마찬가지로' 등이 나오면 앞의 내용과 비슷한 내용이 이어질 것을 알 수 있어요.
- '그러나, 하지만, 그렇지만, 그럼에도' 등이 나오면 앞의 내용과 반대되거나 다른 방향의 내용이 이어질 것을 알 수 있어요.
- '그러므로, 그래서, 따라서' 등이 나오면 앞의 내용이 이유가 되어 나타나는 결과가 이어질 것을 알 수 있어요.
- '즉, 정리하면' 등이 나오면 앞의 내용을 요약하거나, 다시 한 번 말하면서 강조하는 내용이 이어질 것을 알 수 있어요.
- '이, 그, 저, 이러한' 등이 나오면 이 표현들이 앞의 내용 중 무엇을 가리키는지 살펴보세요.

1단락

햄버거를 매일 먹고 싶어 하는 지호와 이를 안 된다고 하시는 부모님의 이야기를 소개하고 있어요. 1단락을 요약하면 '햄버거를 자주 먹으면 안 되는 이유에 대한 궁금증'입니다.

[단락 간의 관계] '그 1) ☐☐ 이/가 무엇일까요?'라는 문장을 통해 이어질 내용을 예상할 수 있어요.

2단락

햄버거, 감자튀김, 프라이드치킨 등을 이야기하며 패스트푸드가 어떤 음식인지 설명하고 있어요. 2단락을 요약하면 '패스트푸드의 의미'입니다.

[단락 간의 관계] 앞선 단락의 중심 낱말인 '햄버거'를 시작으로 다른 음식들을 말하면서, 햄버거가 속한 '2) ☐☐☐☐☐'(으)로 중심 낱말의 범위를 넓히고 있어요.

▲ 패스트푸드

3단락

패스트푸드의 어떤 점이 건강에 해로운지 설명하고 있어요. 3단락을 요약하면 '패스트푸드가 건강에 해로운 점'입니다.

[단락 간의 관계] '3) ☐☐☐'(이)라는 말로 단락이 시작되고 있으므로, 앞선 단락과 반대되는 내용이 이어질 것임을 알 수 있어요.

4단락

패스트푸드는 몸에 꼭 필요한 영양소는 거의 없고 열량만 높아 '정크 푸드'라고 불려요. 4단락을 요약하면 '패스트푸드의 다른 이름인 정크 푸드'입니다.

[단락 간의 관계] 단락의 첫 낱말인 '4) ☐☐☐', 은/는 3단락의 내용인 패스트푸드의 건강에 해로운 특성들을 가리켜요.

- 이 글은 1단락의 이야기를 통해 햄버거를 자주 먹으면 안 되는 이유에 대해 궁금증을 일으키고 있어요.
- 2단락에서는 글 전체의 중심 낱말인 '패스트푸드'의 의미를 설명하고 있어요.
- 3단락에서는 패스트푸드가 건강에 해로운 점을 설명하고 있어요.
- 4단락에서는 '쓰레기 음식'을 뜻하는 '정크 푸드'라고 불린다는 것을 말하며 패스트푸드를 자주 먹으면 안 되는 이유를 설명하고 있어요.

★[단락 간의 관계] 정리

- 1단락: 햄버거를 자주 먹으면 안 되는 이유에 대한 궁금증
  — 주제에 대한 궁금증 유발
- 2단락: '패스트푸드'의 의미 — 중심 낱말 소개
- 3단락: 패스트푸드가 건강에 해로운 점
  — 중심 낱말이 건강에 해로운 점 소개(주제)
- 4단락: 패스트푸드의 다른 이름인 '정크 푸드'
  — 앞에서 말한 중심 낱말의 특징을 담은 또 다른 이름 소개, 마무리

01

각 단락에 대한 설명으로 알맞지 <u>않은</u> 것은 무엇인가요?　（　　　）

① 1단락에서는 뒤에 이어질 내용에 대한 궁금증을 유발하고 있다.
② 2단락에서는 1단락의 중심 낱말을 포함하는 더 넓은 범위의 중심 낱말을 소개하고 있다.
③ 3단락에서는 구체적인 설명을 통해 2단락의 주장에 힘을 더하고 있다.

02

이 글의 내용으로 알맞지 <u>않은</u> 것은 무엇인가요?　（　　　）

① 햄버거는 정크 푸드이다.
② 패스트푸드에는 트랜스 지방이 많이 있다.
③ 감자튀김과 프라이드치킨은 패스트푸드이다.
④ 패스트푸드에는 비타민이 필요 이상으로 많다.
⑤ 패스트푸드에는 식품 첨가물이 많이 들어간다.

03

다음 중 이 글에 대한 설명으로 알맞은 것은 무엇인가요?　（　　　）

① 패스트푸드에 대한 오해를 풀어 주고 있다.
② 패스트푸드의 높은 가격에 대해 비판하고 있다.
③ 패스트푸드의 안 좋은 점에 대해 설명하고 있다.
④ 패스트푸드가 생겨난 유래에 대해 알려 주고 있다.
⑤ 패스트푸드와 정크 푸드의 차이점을 비교하고 있다.

04

3단락의 빈칸에 들어가기에 알맞은 말을 두 가지 고르세요.　（　　，　　）

① 커집니다　　　② 사라집니다　　　③ 낮아집니다
④ 없어집니다　　　⑤ 높아집니다

정답 콕콕 특강

01 단락 간의 관계 이해하기
각 단락의 중심 내용을 떠올리면서 단락들이 서로 어떻게 이어져 있는지 살펴보세요.

02 내용 이해하기
2, 3, 4단락에 나오는 내용과 선택지를 비교해 보세요.

03 글쓰기 방식 이해하기
글의 내용과 선택지를 비교하면서, 선택지의 근거를 찾아보세요.

04 내용 추측하기
3단락의 내용을 바탕으로 빈칸에 들어가기에 알맞은 말들을 골라 보세요.

낱말 따라 쓰기

- 음식이나 연료가 내는 힘의 양, 단위는 보통 '칼로리'로 표시한다. : [열][량] 예 너무 단 음식은 <u>열량</u>이 매우 높다.
- 어떤 사건이나 현상을 일어나게 하다. : [유][발]하다 예 이 문제는 도전하고 싶은 마음을 <u>유발</u>했다.

- 사실과 다르게 잘못 아는 것 : [오][해]
  [誤 － 그르칠 오, 解 － 풀 해]
- (어떤 것이) 전부터 전해 내려오는 것, 또는 그 전해져 온 역사 : [유][래]　[由 － 말미암을 유, 來 － 올 래]

[01~04] 빈칸에 알맞은 낱말을 골라 쓰세요.

01 유명　유래

(어떤 것이) 전부터 전해 내려오는 것, 또는 그 전해져 온 역사 : ☐☐

02 열량　식량

음식이나 연료가 내는 힘의 양, 단위는 보통 '칼로리'로 표시한다. : ☐☐

03 불합리하다　불균형하다

어느 편으로 치우쳐 균형이 잡혀 있지 않다. : ☐☐☐하다

04 화학조미료　패스트푸드

구수하고 감칠맛이 나는 성분을 화학적으로 합성하여 만든 것 : ☐☐☐☐☐

[05~08] 밑줄 친 곳에 들어갈 낱말을 〈보기〉에서 찾아 쓰세요.

〈 보기 〉
해롭다　유발　간편하다　오해

05 이 우산은 아주 작게 접을 수 있어 가지고 다니기가 _____.

06 나는 친구와 긴 대화를 통해 서로에게 쌓여 있던 _____을/를 풀었다.

07 아무리 몸에 좋은 음식이라도 필요량 이상으로 먹으면 건강에 _____.

08 잘못된 식습관은 각종 질병을 _____ 할 수 있다.

DAY 21

배경지식

패스트푸드의 반대, 슬로푸드!

'패스트푸드'에서 '패스트'는 '빠르다'는 뜻의 영어예요. 이 뜻과 반대되는 '슬로푸드 운동'에 대해 들어본 적이 있나요?

'느리다'는 뜻의 영어인 '슬로'가 붙은 슬로푸드 운동은 간편하고 빠른 것이 좋은 것이라는 생각에서 벗어나, '맛있고, 건강한, 바른 음식을 먹자.'는 운동이에요. 각 지역의 특색에 맞는 다양한 식문화를 추구하고, 각 나라의 전통 음식을 지키자는 뜻에서 시작되었어요.

수년간 보관해서 먹는 우리나라의 김치, 된장, 고추장과 이를 활용한 전통 음식들도 슬로푸드에 해당해요. 이렇게 각 지역의 자연에서 얻은 식재료로 정성껏 요리한 음식은 맛은 물론 몸에도 좋답니다.

DAY 22 [수학]

공부 후 붙임딱지
알맞은 붙임딱지를 붙여 주세요.

공부한 날 월 일

빠른 정답 3쪽

용준이는 독일에서 태어나 살고 있는 사촌 동생과 종종 이메일을 주고받아요. 어느 날 용준이는 동생에게 키를 물어보았는데, 답장에 '내 키는 1,2 m야.'라고 적혀 있었어요. 용준이는 '1 m와 2 m는 큰 차이인데, 왜 이렇게 답했을까?'라는 의문이 들었어요. 사촌 동생은 자신의 키를 왜 이렇게 애매하게 말했을까요?

0보다 크고 1보다 작은 수로, '0.1, 0.2, 0.3 ……,'과 같이 나타내는 수를 '소수'라고 합니다. 소수는 일의 자리보다 작은 자릿값을 나타낼 때 유용하게 쓰입니다. 예를 들어 소수를 이용해 손톱의 길이를 1.1 cm, 시험 평균 점수를 72.5점이라고 쓸 수 있습니다.

(   ) 소수는 나라마다 표기하는 방법이 다릅니다. 우리나라와 미국에서는 '.'을 사용합니다. 독일과 프랑스, 이탈리아에서는 ','을 사용합니다. 영국에서는 '·'을 사용합니다. 예를 들어 우리나라에서 '0.2'라고 쓰는 수를 독일과 프랑스, 이탈리아에서는 '0,2', 영국에서는 '0·2'라고 쓰는 것입니다.

보통 다른 수학 기호들은 대부분 모든 나라가 통일해서 쓰지만, 소수의 표기법은 이렇게 나라마다 조금씩 다르므로 헷갈리지 않게 기억해 두면 좋습니다. (가) 이제 독일에서 사는 용준이의 사촌 동생이 왜 자신의 키를 '1,2 m'라고 썼는지 알겠죠?

지문 확인

- 1단락 요약 : 용준이의 사촌 동생이 쓴 '1,2 m'는 무슨 의미일까요?
- 2단락 요약 : 1) [|]의 개념
- 3단락 요약 : 0.2라는 소수를 표기하는 2) [|]마다 다른 방법
- 4단락 요약 : 나라마다 다른 3) [|]의 표기법

낱말 따라 쓰기

- 아버지의 친형제의 아들딸 : 사촌
- 컴퓨터의 단말기 이용자끼리 통신 회선을 이용하여 주고받는 글 : 이메일
- 가끔, 때때로 : 종종
  예) 이모는 종종 우리 집에 오셔서 용돈을 주신다.
- 물음이나 편지 따위에 반응하다. : 답하다
- 이상하거나 수상하여 사실이나 진실을 알고 싶은 것 : 의문 [疑 - 의심할 의, 問 - 물을 문]
  예) 효진이는 친구의 이야기를 듣고 의문이 생겼다.
- 아리송하고 분명하지 못하다. : 애매하다
- 숫자의 자리를 말하며 일·십·백·천·만 등이 있다. : 자릿값
- 문자나 기호를 써서 말이나 생각을 적다. : 표기하다
  [表 - 겉 표, 記 - 기록할 기]
  예) 정수는 자신의 생각을 영어로 맞게 표기했는지 선생님께 확인을 받았다.
- 어떠한 뜻을 전달하기 위한 일정한 표시 : 기호
  [記 - 기록할 기, 號 - 이름 호]

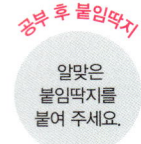

01

뜻을 정확히 모르는
낱말들을 적어 보세요!

각 단락에 대한 설명으로 알맞지 <u>않은</u> 것은 무엇인가요?　　　　　　(　　　)

① 1단락에서는 앞으로 이어질 글의 내용에 대한 궁금증을 유발하고 있다.

② 2단락에서는 중심 낱말의 개념에 대해 설명하고 있다.

③ 3단락에서는 2단락에서 말한 중심 낱말을 나라마다 어떻게 표기하는지 예를 들고 있다.

④ 4단락의 '이렇게'는 '수학 기호들은 대부분 모든 나라가 통일해서 쓴다.'를 가리킨다.

02

DAY
22

3단락의 빈칸에 들어갈 이어 주는 말로 가장 알맞은 것은 무엇인가요? (　　　)

① 따라서　　　　　　　② 이처럼

③ 그런데　　　　　　　④ 그러므로

⑤ 왜냐하면

낱말 따라 쓰기

● 갈라진 여럿을 모아 하나로 만들다. : 통 일 하다

[統-합칠 통, ㅡ-한 일]

㉠ 열띤 토의 끝에 의견을 하나로 통일할 수 있었다.

● 매우 궁금한 느낌 : 궁 금 증

㉠ 나는 이 일에 대한 궁금증이 가시지 않았다.

● 무엇을 제대로 하거나 알맞게 다루는 방법이나 형식 :

방 식 [方-방법 방, 式-법 식]

㉠ 나는 친구에게 쉬는 시간 동안 내가 몰랐던 문제를 푸는 방식을 물었다.

03

이 글의 내용으로 알맞지 <u>않은</u> 것은 무엇인가요? ( )

① 소수는 0보다 크고 1보다 작은 수이다.

② 이탈리아에서는 소수를 ' , '로 표기한다.

③ 용준이의 사촌 동생의 키는 120 cm이다.

④ 각 나라의 소수 표기법을 기억해 두면 좋다.

⑤ 수학 기호들은 대부분 나라마다 표기법이 다르다.

04

다음은 우리나라에서 '8.4'라고 쓰는 수를 여러 나라의 방식대로 표기한 것입니다. 각각 해당하는 나라에 연결해 보세요.

(1) 8·4 • • ㉠ 프랑스

(2) 8.4 • • ㉡ 영국

(3) 8,4 • • ㉢ 미국

05 서술형

4단락의 밑줄 친 (가)의 이유를 용준이의 사촌 동생이 살고 있는 나라와 관련해서 쓰세요.

낱말 쑥쑥 테스트

빠른 정답 3쪽

[01~06] 주어진 한자와 뜻풀이를 생각하여 빈칸에 들어가기에 알맞은 말을 쓰세요.

01 誘 꾈 ⬜ + 發 일어날 ⬜

= ⬜⬜ 하다

어떤 사건이나 현상을 일어나게 하다.

02 表 겉 ⬜ + 記 기록할 ⬜

= ⬜⬜ 하다

문자나 기호를 써서 말이나 생각을 적다.

03 統 합칠 ⬜ + 一 한 ⬜ = ⬜⬜ 하다

갈라진 여럿을 모아 하나로 만들다.

04 記 기록할 ⬜ + 號 이름 ⬜ = ⬜⬜

어떠한 뜻을 전달하기 위한 일정한 표시

05 疑 의심할 ⬜ + 問 물을 ⬜ = ⬜⬜

이상하거나 수상하여 사실이나 진실을 알고 싶은 것

06 方 방법 ⬜ + 式 법 ⬜ = ⬜⬜

무엇을 제대로 하거나 알맞게 다루는 방법이나 형식

[07~10] 주어진 자음자와 낱말의 뜻을 보고, 밑줄 친 곳에 알맞은 낱말을 쓰세요.

07 ⬜ㅈ ⬜ㅈ : 가끔, 때때로

㉠ 나는 _____ 개를 데리고 공원에 산책을 나간다.

08 ⬜ㄱ ⬜ㄱ ⬜ㅈ : 매우 궁금한 느낌

㉠ 나는 _____이/가 풀릴 때까지 꽃을 관찰하였다.

09 ⬜ㅇ ⬜ㅁ 하다 : 아리송하고 분명하지 못하다.

㉠ 그가 찬성하는 것인지 반대하는 것인지 _____.

10 ⬜ㅈ ⬜ㄹ ⬜ㄱ : 숫자의 자리

㉠ '23'이라는 수에서 '2'의 _____ 은/는 10이다.

배경지식

소수는 어떻게 처음 생겨났을까요?

400여 년 전, 네덜란드의 수학자이자 기술자인 시몬 스테빈은 이자를 계산하느라 늘 골머리를 앓았어요. 이자 계산을 분수로 해서 어렵고 아주 복잡했기 때문이에요. 그래서 더 쉽고 간단하게 이자를 계산하는 방법을 궁리했어요.

먼저 스테빈은 분수의 분모를 '10, 100, 1000 ……,'과 같은 식으로 고쳤어요. 이 방법으로 복잡한 나눗셈을 하지 않아도 누구나 간단하게 이자를 계산할 수 있게 되었답니다.

스테빈은 더 나아가 분모를 없애는 방법까지 고민한 끝에, 최초의 소수 표기법을 발명했어요. 예를 들어 $3+\dfrac{1}{10}+\dfrac{9}{100}$라는 수가 있다면, 스테빈은 '3⓪1①9②'로 고쳐 썼어요. 소수점을 ⓪으로, 소수 첫째 자리를 ①, 둘째 자리를 ②로 나타낸 것이지요. 이것이 소수가 처음 생겨났을 때의 모습이랍니다.

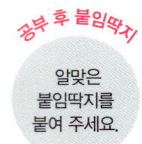
공부 후 붙임딱지
알맞은 붙임딱지를 붙여 주세요.

공부한 날 　　월　　일

빠른 정답 3쪽

지문 확인

어느 날 저녁, 주영이는 친구가 전화를 받지 않아서 걱정이 되었어요. 다음 날 학교에서 물어보니 친구는 전화기가 고장 났었다고 말해 주었어요. 주영이는 문득 옛날 사람들은 어떻게 친구와 연락을 주고받았을지 궁금해졌어요.

인류는 처음에 음성 언어, 즉 목소리만을 사용하여 의사소통을 했습니다. 음성 언어는 멀리 있는 사람의 말은 들리지 않는다는 점, 한 번 말하면 기록하지 못하고 사라진다는 점 등 공간적·시간적 제약이 있었습니다.

이를 극복하기 위해 문자 언어가 생겨났습니다. 처음에 그림으로 시작된 문자는 현재 중국의 한자나 영어의 알파벳, 그리고 우리나라의 한글과 같은 문자로 발전했습니다. 처음 인류는 갈대나 대나무에 문자를 썼습니다. 그리고 종이를 발명해 문자를 기록하면서, 멀리 있거나 시간이 한참 흐른 뒤의 사람에게도 말을 전할 수 있었습니다.

19세기에는 전화가 발명되어 멀리 있는 사람과 더 빠르게 의사소통이 가능해졌습니다. 그리고 선 없이 가지고 다닐 수 있는 휴대 전화가 생겨나면서, 사람들은 더욱 제약을 받지 않고 자유로운 의사소통을 하게 되었습니다.

현재는 인터넷과 통신 기술이 크게 발달하여, 멀리 있는 사람과 목소리나 문자뿐만이 아니라 영상을 통해서도 소통할 수 있어요. 점점 더 빠르게 발전하는 의사소통 수단은 지금도 눈부시게 변화하는 중입니다. 앞으로는 또 어떤 수단이 생겨날까요?

- **1단락 요약 :** 옛날 사람들은 어떻게 연락을 주고받았을지에 대한 궁금증

- **2단락 요약 :** 인류가 사용한 첫 번째 의사소통 수단.
  1) ☐☐ ☐☐

- **3단락 요약 :**
  2) ☐☐ ☐☐ 을/를 통한 의사소통

- **4단락 요약 :**
  3) ☐☐ 을/를 통한 의사소통

- **5단락 요약 :** 빠르게 발전하는
  4) ☐☐☐☐ 수단

낱말 따라 쓰기

- 사람을 다른 동물과 구별하여 이르는 말 : 인 류

- 어떤 방법이나 수단을 써서 서로 자기의 생각을 주고받는 것 :
  의 사 소 통 [意-뜻 의, 思-생각 사, 疏-소통할 소, 通-통할 통]

- 어떤 생각이나 사실에 대하여 적다. : 기 록 하다
  예 나는 실험 결과를 공책에 기록했다.

- 일정한 범위를 벗어나는 생활·생각·행위 등을 자유롭게 하지 못하도록 막는 것 : 제 약
  예 정전 때문에 일을 처리하는 데에 큰 제약이 있었다.

- 어렵고 힘든 일을 이겨 내다. : 극 복 하다
  [克-이길 극, 服-따를 복]
  예 우리 모두 힘을 모아 이 위기를 극복합시다.

빠른 정답 3쪽, 정답과 풀이 45~46쪽

✏️ 뜻을 정확히 모르는
낱말들을 적어 보세요!

01

각 단락에 대한 설명으로 알맞지 <u>않은</u> 것은 무엇인가요?　　　　(　　)

① 1단락에서는 주영이와 친구의 이야기를 통해 글의 소재에 대한 흥미를 불러일으키고 있다.

② 2단락에서는 인류가 처음에 사용한 의사소통 수단에 대해 설명하고 있다.

③ 3단락에서는 2단락의 중심 낱말을 보다 자세히 소개하고 있다.

④ 4단락에서는 앞선 단락들보다 최근의 일에 대해 이야기하고 있다.

02

다음 중 문자 언어에 대한 설명으로 알맞은 것은 무엇인가요?　　　　(　　)

① 처음부터 종이에 기록하였다.

② 현재는 사용되지 않는 의사소통 수단이다.

③ 전화의 여러 제약을 극복하기 위해 생겨났다.

④ 시간이 한참 흐른 뒤의 사람에게도 전할 수 있다.

⑤ 멀리 있는 사람과는 문자 언어로 의사소통할 수 없다.

DAY
23

낱말 따라 쓰기

● 지금까지 없던 새로운 기술·물건 등을 처음으로 생각해 내거나 만들어 내다. : 발 명 하다
　　㉋ 에디슨은 전구를 <u>발명</u>하였다.

● 우편·전신·전화·컴퓨터 등으로 정보나 의사를 전달하는 것 : 통 신 [通 – 통할 통, 信 – 믿을 신]

● 영화나 텔레비전의 화면, 모니터 따위에 비추어진 상 : 영 상

● 활약이나 업적이 뛰어나다. : 눈 부 시 다

● 무엇의 성질이나 모양이 달라지다. : 변 화 하다
　[變 – 변할 변, 化 – 될 화]
　㉋ 우리 사회는 점점 더 빠르게 <u>변화</u>하고 있다.

● 어떤 목적을 이루기 위한 방법 또는 그 도구 : 수 단
　[手 – 손 수, 段 – 방법 단]
　㉋ 나는 그 일을 해결할 <u>수단</u>을 찾기 위해 노력하였다.

● (지금을 기준으로 하여) 가장 나중에 지나간 때나 기간, 바로 얼마 전 : 최 근 [最 – 가장 최, 近 – 가까울 근]
　㉋ 그를 알게 된 건 <u>최근</u>의 일이다.

● 눈에 보이는 사물의 꼴 : 형 체
　[形 – 모양 형, 體 – 몸 체]
　㉋ 해가 나오자 눈사람이 <u>형체</u>도 없이 사라졌다.

03

이 글의 내용으로 알맞지 <u>않은</u> 것은 무엇인가요?　　　　　（　　　）

① 의사소통 수단은 앞으로도 변화할 것이다.

② 인류의 첫 번째 의사소통 수단은 음성 언어이다.

③ 음성 언어는 형체가 없기 때문에 공간적 제약이 없다.

④ 현재는 멀리 있는 사람과 영상을 통해서 소통할 수 있다.

⑤ 휴대 전화로 사람들은 전보다 더 자유롭게 의사소통을 할 수 있게 되었다.

04

다음 중 이 글에 대한 설명으로 알맞은 것은 무엇인가요?　　　　　（　　　）

① 나라별 의사소통 수단을 비교하고 있다.

② 미래에 생기게 될 의사소통 수단을 소개하고 있다.

③ 각 의사소통 수단마다 장점과 단점을 정리하고 있다.

④ 의사소통 수단의 변화를 시간 순서대로 설명하고 있다.

⑤ 각 의사소통 수단을 발명한 인물들에 대해 알려 주고 있다.

05 서술형

음성 언어의 시간적 제약이 무엇인지 이 글에서 찾아 쓰세요.

_____

_____

_____

낱말 쑥쑥 테스트

[01~04] 주어진 뜻풀이에 해당하는 낱말을 〈보기〉에서 찾아 쓰세요.

〈 보기 〉
형체   제약   통신   인류

01 우편·전신·전화·컴퓨터 등으로 정보나 의사를 전달하는 것 : _____

02 눈에 보이는 사물의 꼴 : _____

03 일정한 범위를 벗어나는 생활·생각·행위 등을 자유롭게 하지 못하도록 막는 것 :

_____

04 사람을 다른 동물과 구별하여 이르는 말 :

_____

[05~08] 주어진 자음자와 낱말의 뜻을 보고, 빈칸에 알맞은 낱말을 쓰세요.

05 우리가 희망을 잃지 않는다면 어떤 어려움도

ㄱ ㅂ 할 수 있다.

어렵고 힘든 일을 이겨 내는 것

06 세종 대왕의 가장 큰 업적 중 하나는 한글을

ㅂ ㅁ 한 것이다.

지금까지 없던 새로운 기술·물건 등을
처음으로 생각해 내거나 만들어 내는 것

07 나는 친구를 따라서 ㅊ ㄱ 에 피아노를

배우기 시작했다.

(지금을 기준으로 하여) 가장 나중에
지나간 때나 기간, 바로 얼마 전

08 우리는 언어가 달라도 표정과 몸짓을 통해

ㅇ ㅅ ㅅ ㅌ 할 수 있었다.

어떤 방법이나 수단을 써서 서로 자기의 생각을 주고받는 것

DAY
23

배경지식

부모님이 어렸을 때 사용한 통신 수단은 무엇일까요?

부모님이 어렸을 때는 어떤 통신 수단을 사용하셨을까요? '삐삐'라는 것을 들어본 적이 있나요?

삐삐는 무선 호출기의 다른 이름으로, 호출한 사람의 전화번호를 소리나 진동으로 알려 주는 통신 수단이에요. 호출이 오면 '삐삐' 하고 소리가 울렸지요. 휴대 전화처럼 직접 통화를 하거나 긴 문자 메시지를 주고받을 수는 없었어요. 하지만 간단한 숫자나 음성 메시지는 남길 수 있었지요. 이 때문에 삐삐 암호가 등장했다고 해요. 예를 들어 '8282'는 '빨리빨리', '7942'는 '친구 사이'라는 뜻이에요.

삐삐는 한때 큰 인기를 끌었지만, 휴대 전화가 생기면서 거의 사용하지 않게 되었어요. 우리가 지금 매일매일 사용하는 통신 수단도 미래에는 어쩌면 추억으로 잊힐 수도 있겠죠?

▲ 삐삐

[STEP 4]
독해력 완성 테스트

DAY 24

공부 후 붙임딱지

알맞은 붙임딱지를 붙여 주세요.

공부한 날   월   일

★★★ : 상 ★★✿ : 중 ★✿✿ : 하

[01~05] 다음 글을 읽고, 물음에 답하세요.

승욱이는 해 질 무렵, 마당에 핀 꽃의 색깔이 예뻐서 그림을 그리기로 했어요. 그런데 밑그림을 완성하고 보니 꽃의 색깔이 전과 달라져 있었어요. 속상해진 승욱이가 부모님께 말씀드리자, 부모님은 "승욱이가 인상주의 화가구나!"라고 하시며 달래 주셨어요.

인상주의 화가는 빛의 효과를 그림으로 표현합니다. 19세기 후반 프랑스를 중심으로 이러한 화가들이 많이 생겨났습니다. 그들은 빛에 따라 시시각각 변화하는 순간의 '인상'을 중요하게 생각했습니다. 그리고 색의 아주 작은 변화까지 고려한, 살아 있는 그림을 그린 것이 특징입니다. 대표적인 인상파 화가로는 모네, 르누아르, 고흐 등이 있습니다.

인상주의 작품에는 크게 세 가지 특징이 있습니다. 첫째로 대상의 고유한 색보다는 빛에 의해 변하는 색을 그리려고 했습니다. 예를 들어 사과를 빨간색으로만 보지 않고, 빛에 따라 달라지는 색으로 표현한 것입니다. 둘째로 물체의 윤곽을 뚜렷하지 않게 그렸습니다. 인상주의 화가들은 형태보다는 색채를 중시했기 때문입니다. 마지막으로 인상주의 작품은 역사, 종교 등이 아니라 일상적인 풍경을 그린 것이 많습니다.

인상주의 작품이 처음 등장했을 때는 낯선 형식이었기 때문에 많은 비판을 받았어요. 하지만 지금은 이전까지와 전혀 다른 새로운 길을 개척한 것으로 높은 평가를 받고 있답니다.

01 ★★✿

각 단락에 대한 설명으로 알맞지 <u>않은</u> 것은 무엇인가요?   (   )

① 1단락에서는 친근한 일화를 바탕으로 중심 낱말인 '인상주의'에 대한 관심을 끌고 있다.
② 2단락에서는 인상주의에 대한 일반적인 지식을 설명하고 있다.
③ 3단락에서는 인상주의 작품의 특징을 세 가지로 나누어 설명하고 있다.
④ 4단락에서는 인상주의가 지금까지 비판 받는 이유를 설명하며 마무리하고 있다.

02 ★★✿

다음 중 이 글의 내용으로 가장 알맞은 것은 무엇인가요?   (   )

① 인상주의는 빛의 영향을 적게 받는다.
② 18세기 후반 인상주의 화가들이 많이 생겨났다.
③ 모네, 르누아르, 고흐 등은 인상주의를 비판했다.
④ 인상주의는 우리나라와 중국을 중심으로 시작되었다.
⑤ 인상주의는 시시각각 변화하는 순간의 인상을 중요하게 생각했다.

03 ✱✱✱

다음 중 인상주의 작품에 대해 알맞지 <u>않은</u> 반응을 한 사람의 이름을 쓰세요.

> 지현: 주로 일상적인 모습들을 그리겠구나.
> 미라: 딸기를 노란색으로 표현할 수도 있겠구나.
> 종호: 사람의 윤곽을 흐릿하게 그릴 수 있겠구나.
> 진아: 낮에 그린 것과 밤에 그린 것이 큰 차이가 없겠구나.

(   )

04 ✱✱✽

인상주의 작품이 처음에 많은 비판을 받았던 이유는 무엇인가요? (   )

① 이미 있던 그림들을 따라 했기 때문에
② 작품성이 너무 뛰어나 질투를 받았기 때문에
③ 처음 등장했을 당시에는 낯선 형식이었기 때문에
④ 당시에는 그림을 흑백으로만 그려야 했기 때문에
⑤ 몇몇 인상주의 화가들에 대한 평이 좋지 않았기 때문에

05 ✱✱✽ 서술형

인상주의 작품은 현재 어떤 평가를 받고 있는지 이 글에서 찾아 쓰세요.

_____

_____

_____

낱말 따라 쓰기

● 일이 일어나거나 벌어지는 시간의 앞뒤의 때 : 무 렵
　예 나는 해가 뜰 <u>무렵</u>에 일어났다.

● 나중에 자세하게 그리기 위하여 대상을 대강 그린 그림 : 밑 그 림

● 소리나 영상 따위로 그 장면에 알맞은 분위기를 인위적으로 만들어 실감을 자아내는 일 : 효 과
　예 이 영화에서는 빛의 <u>효과</u>로 주제를 나타냈다.

● 전체를 앞뒤로 둘로 나눈 것의 뒤 : 후 반
　[後－뒤 후, 半－반 반]

● 빠르게 흐르는 각각의 시각, 또는 시각마다 : 시 시 각 각

● 무엇을 직접 보거나 듣거나 겪어서, 그것이 마음에 주는 느낌 : 인 상　예 그에게서 차가운 <u>인상</u>을 받았다.

● 관련된 여러 가지 사정을 자세히 따져서 생각하다. : 고 려 하다 [考－생각할 고, 慮－생각할 려]
　예 결정하기 전에 여러 가지 상황을 <u>고려</u>해야 한다.

● 오래된 집단이나 사물이 본래부터 지니고 있다. 어떤 것에만 있다. : 고 유 하다 [固－굳을 고, 有－있을 유]

● 어떤 배경과 구별되게 나타나는 사물의 테두리나 대강의 모습 : 윤 곽

● 눈에 띄는 분명한 빛깔 : 색 채
　[色－빛 색, 彩－채색 채]

● 날마다 볼 수 있는 것 : 일 상 적

● (보거나 듣거나 경험하지 않아) 익숙하지 않다. : 낯 설 다

● 행동·생각·사물을 자세히 따져서 그 옳고 그름, 좋고 나쁨에 대하여 자기의 생각을 밝히는 것, 주로 남의 잘못된 점을 지적하는 것 : 비 판
　[批－비평할 비, 判－판단할 판]
　예 잘못된 행동에 대한 <u>비판</u>은 받아들여야 한다.

● 새로운 길, 방법, 활동 분야 등을 찾다. : 개 척 하다

● 가치나 수준을 자세히 따져서 정하는 것 : 평 가
　[評－평할 평, 價－값어치 가]

● 무엇이 옳고 그름, 좋고 나쁨, 잘되고 못됨을 따져서 하는 짧은 말이나 글 : 평

DAY 24

✱ 주어진 뜻풀이와 자음자에 해당하는 낱말을 쓰고, 글자판에서 찾아 ○표를 하세요(가로, 세로).

(1) 책의 겉장 : | ㅍ | ㅈ |

(2) 눈에 띄는 분명한 색깔 : | ㅅ | ㅊ |

(3) 어떠한 뜻을 전달하기 위한 일정한 표시 : | ㄱ | ㅎ |

(4) (미치는 영향이) 좋지 않다. 이롭지 않다. : | ㅎ | ㄹ | ㄷ |

(5) 어떤 목적을 이루기 위한 방법 또는 그 도구 : | ㅅ | ㄷ |

(6) 이상하거나 수상하여 사실이나 진실을 알고 싶은 것 : | ㅇ | ㅁ |

(7) 어떤 방법이나 수단을 써서 서로 자기의 생각을 주고받는 것 : | ㅇ | ㅅ | ㅅ | ㅌ |

(8) (지금을 기준으로 하여) 가장 나중에 지나간 때나 기간, 바로 얼마 전 : | ㅊ | ㄱ |

(9) 자석으로 된 바늘이 움직이며 남과 북을 가리켜, 방위를 알 수 있게 하는 기구 :

| ㄴ | ㅊ | ㅂ |

낭	수	단	요	키	통	진	압	하	색
비	월	고	막	속	사	바	으	빙	채
더	속	나	침	반	조	혹	엄	수	리
키	이	요	수	색	어	독	의	문	당
일	율	절	효	최	간	다	압	리	평
러	상	합	의	근	동	의	차	대	풍
기	이	종	하	미	차	서	사	둘	깅
호	인	안	강	우	이	해	보	소	표
율	스	외	임	양	체	롭	너	하	지
긴	의	사	소	통	파	다	사	올	항

글의 구조를 이해하면 글의 내용을 구체적인 상황에 적용하거나 내용을 추측하는 문제도 쉽게 풀 수 있어요!

STEP 5

글의 구조 이해하기

★ 글의 구조 이해란?

단락 간의 관계를 바탕으로 글의 짜임을 살펴보는 것입니다.

● 글의 구조를 이해해야 하는 이유

글의 구조를 이해하면 글쓴이가 무엇을 이야기하기 위해서, 어떤 방식으로 글을 썼는지 알 수 있어요.

글의 구조를 이해하는 방법

① 먼저, 각 단락의 내용을 요약하여 단락 간의 관계를 살펴보세요.

② 단락 간의 관계를 바탕으로 글의 구조를 따져 보고, 이를 구조도로 정리하세요.

- 단락마다 다른 이야기가 이어진다면 각 단락을 기차 형태로 나란히 놓으세요.

- 앞 단락의 내용을 뒷 단락에서 자세히 설명하면 앞 단락과 뒷 단락을 나란히 놓으세요.

- 같은 종류의 내용을 다루는 단락 끼리는 묶을 수 있어요.

현지는 어린이날을 만든 방정환 선생님에 대한 전기문을 읽고, 훌륭한 사람이 되어야겠다고 다짐했어요. 전기문이 무엇이길래 현지의 마음을 움직였을까요?

전기문이란 어떤 인물의 생애와 업적, 성품 등을 기록한 글입니다. 보통 위인을 주인공으로 하는 전기문은 인물, 사건, 배경, 비평이라는 네 가지 요소로 구성됩니다.

먼저 전기문에는 인물의 일생과 성품, 사상 등이 드러나야 합니다. 예를 들어 방정환 선생님의 전기문에는 1899년에 태어났고, 어린이를 각별하게 생각했으며, 1931년 세상을 떠났다는 내용이 담겨 있습니다.

다음으로 활동과 업적을 보여 주는 일화, 즉 사건이 나타나야 합니다. 방정환 선생님이 1922년에 '어린이날'을 만든 것, 어린이를 위한 잡지와 동화를 만든 것 등이 그 예입니다.

이와 함께 당시의 사회적·개인적 환경인 배경이 드러나야 합니다. 어린이들이 존중받지 못하는 시대였다는 것, 집이 가난하여 학교를 그만두고 천도교에서 일을 했다는 것 등이 방정환 선생님의 배경입니다.

마지막으로 글쓴이의 생각, 느낌과 같은 비평이 기록되어야 합니다. 어려운 환경에서도 어린이를 위해 힘쓴 방정환 선생님을 높이 평가하는 말 등이 비평의 예입니다.

이렇게 전기문은 사실을 바탕으로 쓰여 감동과 교훈을 주기 때문에 사실적이고 교훈성이 강하다는 특징을 가져요. 현지처럼 마음에 울림을 줄 전기문을 읽어 볼까요?

지문 확인

- **1단락 중심 낱말 :** 전기문
- **2단락 중심 낱말 :**
  1) ☐☐☐
- **3단락 중심 낱말 :**
  2) ☐☐
- **4단락 중심 낱말 :**
  3) ☐☐
- **5단락 중심 낱말 :**
  4) ☐☐
- **6단락 중심 낱말 :**
  5) ☐☐
- **7단락 중심 낱말 :** 전기문

낱말 따라 쓰기

- 마음이나 뜻을 굳게 가다듬어 정하다. : 다 짐 하다
- 살아 있는 한평생의 기간 : 생 애
- 열심히 일하여 이룩해 놓은 결과 : 업 적
  [業-일 업, 績-성과 적] ⑩ 회사에서는 개인의 업적을 평가하여 인사에 반영한다.

- 성격의 됨됨이 : 성 품 [性-성품 성, 品-성질 품]
- 역사적으로 훌륭한 업적을 이룩한 사람 : 위 인
  [偉-클 위, 人-사람 인]
- 무엇의 옳고 그름, 좋고 나쁨, 잘되고 잘못된 것을 따져 그 가치를 매기는 것 : 비 평

STEP 5 글의 구조 이해하기

글의 구조 이해하기는 단락 간의 관계를 바탕으로 글의 짜임을 살펴보는 것입니다.

★ 글의 구조를 이해하는 방법

① 먼저, 각 단락의 내용을 요약하여 단락 간의 관계를 살펴보세요.

② 단락 간의 관계를 바탕으로 글의 구조를 따져 보고, 이를 구조도로 정리하세요.

· 단락마다 다른 이야기가 이어진다면 각 단락을 기차 형태로 나란히 놓으세요.

· 앞 단락의 내용을 뒷 단락에서 자세히 설명하면 앞 단락과 뒷 단락을 나란히 놓으세요.

· 같은 종류의 내용을 다루는 단락끼리는 묶을 수 있어요.

1단락

현지의 이야기를 통해 전기문에 대한 궁금증을 일으키고 있어요. 그러므로 1단락을 요약하면 '전기문이란 무엇일까요?'입니다.

2단락

전기문에 대한 일반적인 지식을 설명하고 있어요. 2단락을 요약하면 '¹⁾ ☐☐☐ 의 개념'입니다.

3단락

전기문의 구성 요소인 인물을 설명하므로, 3단락을 요약하면 '전기문의 구성 요소 – ²⁾ ☐☐'입니다.

4단락

전기문의 구성 요소인 사건을 설명하므로, 4단락을 요약하면 '전기문의 구성 요소 – ³⁾ ☐☐'입니다.

5단락

전기문의 구성 요소인 배경을 설명하므로, 5단락을 요약하면 '전기문의 구성 요소 – ⁴⁾ ☐☐'입니다.

6단락

전기문의 구성 요소인 비평을 설명하므로, 6단락을 요약하면 '전기문의 구성 요소 – ⁵⁾ ☐☐'입니다.

[단락 간의 관계] 2단락에서는 전기문의 개념을 간단하게, 3~6단락에서는 전기문의 구성 요소를 자세하게 설명하고 있어요.

7단락

전기문의 특징을 정리하고, 전기문 읽기를 권하고 있어요. 7단락을 요약하면 '전기문의 특징'입니다.

[단락 간의 관계] '이렇게'는 2~6단락들의 내용을 가리켜요.

[글의 구조]

· 1단락에서 이 글 전체의 중심 낱말인 '전기문'을 소개하고 있어요.

· 2단락에서는 전기문의 개념을 간단하게 알려 줘요.

· 3, 4, 5, 6단락에서 전기문의 네 가지 구성 요소를 예를 들어 설명하고 있어요.

★ 3~6단락을 전기문의 구성 요소라고 묶을 수 있어요.

· 7단락에서는 전기문의 특징을 말하며 글을 마무리하고 있어요.

★ 글의 구조도를 그리면 다음과 같습니다.

| **1** 단락: 전기문이란 무엇일까요? |
↓
| **2** 단락: 전기문의 개념 |
↓
| **3~6** 단락: 전기문의 구성 요소 '인물, 사건, 배경, 비평' |
↓
| **7** 단락: 전기문의 특징 |

01

㉮~㉰는 단락의 내용을 정리한 것입니다. 순서에 맞게 기호를 쓰세요.

> ㉮ 전기문의 특징　　　　　㉯ 전기문의 개념
>
> ㉯ 전기문이란 무엇일까요?　　㉰ 전기문의 네 가지 구성 요소

(　　　　　) → (　　　　　) → (　　　　　) → (　　　　　)

02

이 글의 내용으로 가장 알맞은 것은 무엇인가요?　　　　　(　　　)

① 전기문에는 인물의 생김새가 드러나야 한다.
② 전기문은 읽는 사람에게 감동과 교훈을 준다.
③ 전기문은 인물의 활동과 업적으로만 구성되는 글이다.
④ 전기문에 나타나는 배경은 글쓴이의 상상으로 꾸며진다.
⑤ 전기문에는 인물에 대한 글쓴이의 비판이 들어가야 한다.

03

전기문의 구성 요소와 그 예를 알맞게 묶지 않은 것은 무엇인가요?　(　　　)

① 인물 – 방정환은 1899년에 태어났다.
② 인물 – 방정환은 어린이를 각별하게 생각했다.
③ 사건 – 방정환은 1922년에 '어린이날'을 만들었다.
④ 배경 – 방정환은 어린이를 위한 잡지와 동화를 만들었다.
⑤ 비평 – 방정환은 어려운 환경에서도 어린이를 위해 힘쓴 훌륭한 분이다.

04

다음 〈보기〉는 전기문의 일부분입니다. 전기문의 네 가지 구성 요소 중 〈보기〉에서 빠진 것은 무엇인지 쓰세요.

> 〈 보기 〉
>
> 　유관순 열사는 1902년 충청남도에서 태어났다. 그녀가 살았던 때는 우리나라가 일제의 탄압을 받던 시기였다. 유관순 열사는 3월 1일, 대한 독립 만세를 외치는 운동에 앞장섰다. 이 일로 그녀는 일제에 모진 고문을 받았고, 결국 19세의 나이로 감옥에서 죽음을 맞이하였다.

(　　　　　　　　　)

빠른 정답 4쪽, 정답과 풀이 49쪽

✎ 뜻을 정확히 모르는 낱말들을 적어 보세요!

●
●
●

낱말 따라 쓰기

● 무엇을 이루는 데 반드시 있어야 할 중요한 물질이나 조건 : 요 소

● 살아 있는 동안의 모든 시간 : 일 생

● 사회나 정치에 대한 일정한 견해 : 사 상
　[思–생각 사, 想–생각 상]

● 아주 특별하다. : 각 별 하다
　㉾ 그는 학생들을 각별하게 생각한다.

● 아주 귀하게 여기다. : 존 중 하다

● 도움이 되거나 따를 만한 가르침 : 교 훈

● 어려움에 빠진 나라를 구하기 위해 목숨까지 바친 사람 : 열 사

● 무력이나 권력으로 많은 사람을 강제로 억누르는 것 : 탄 압

● 몹시 매섭고 독하다. : 모 질 다
　㉾ 그녀는 모진 고생을 많이 하였다.

문제 이해하고 풀기

빠른 정답 4쪽, 정답과 풀이 49쪽

01 글의 구조 이해하기

🌸 각 단락에서 어떤 이야기를 했는지 떠올려 봅시다.

1단락에서는 전기문이 무엇인지 궁금증을 불러일으키고 있어요.

2단락은 전기문의 개념을 간단하게 알려 주고 있어요.

3, 4, 5, 6단락에서는 전기문의 네 가지 구성 요소(인물, 사건, 배경, 비평)를 각각 차례대로 예를 들어 설명하고 있어요.

7단락은 전기문의 특징을 알려 주며 정리하고 있어요.

정답은 _____ → _____ → _____ → _____ 입니다.

02 내용 이해하기

🌸 선택지 내용을 순서대로 살펴볼게요.

① 전기문에는 ~~인물의 생김새~~가 드러나야 한다. (×)

* 근거 ③단락 ❶번째 문장: 먼저 전기문에는 인물의 일생과 성품, 사상 등이 드러나야 합니다.

② 전기문은 읽는 사람에게 감동과 교훈을 준다. (○)

* 근거 ⑦단락 ❶번째 문장: 이렇게 ~ 특징을 가져요.

③ 전기문은 인물의 ~~활동과 업적으로만 구성되는~~ 글이다. (×)

* 근거 ②단락 ❶, ❷번째 문장: 전기문이란 ~ 구성됩니다.

🌱 생애와 성품 등도 기록되어야 해요.

④ 전기문에 나타나는 배경은 ~~글쓴이의 상상~~으로 꾸며진다. (×)

* 근거 ⑤단락 ❶번째 문장: 이와 함께 ~ 드러나야 합니다.

* 근거 ⑦단락 ❶번째 문장: 이렇게 ~ 특징을 가져요.

🌱 전기문은 당시의 배경을 바탕으로 사실적으로 쓰여요.

⑤ 전기문에는 인물에 대한 ~~글쓴이의 비판~~이 들어가야 한다. (×)

* 근거 ⑥단락 ❶번째 문장: 마지막으로 ~ 합니다.

🌱 전기문에는 비평이 기록되어야 해요.

정답은 _____ 입니다.

03 내용 이해하기

🌸 각각의 선택지 내용을 순서대로 살펴볼게요.

① 인물 – 방정환은 1899년에 태어났다. (○)

* 근거 ③단락 ❷번째 문장: 예를 들어 ~ 담겨 있습니다.

② 인물 – 방정환은 어린이를 각별하게 생각했다. (○)

* 근거 ③단락 ❷번째 문장: 예를 들어 ~ 담겨 있습니다.

③ 사건 – 방정환은 1922년에 '어린이날'을 만들었다. (○)

* 근거 ④단락 ❷번째 문장: 방정환 선생님이 ~ 그 예입니다.

④ ~~배경~~ – 방정환은 어린이를 위한 잡지와 동화를 만들었다. (×)

* 근거 ④단락 ❷번째 문장: 방정환 선생님이 ~ 그 예입니다.

🌱 어린이를 위한 잡지와 동화를 만든 것은 배경이 아니라 사건에 해당해요.

⑤ 비평 – 방정환은 어려운 환경에서도 어린이를 위해 힘쓴 훌륭한 분이다. (○)

* 근거 ⑥단락 ❷번째 문장: 어려운 ~ 예입니다.

정답은 _____ 입니다.

04 내용 적용하기

〈보기〉의 각 문장이 무엇에 해당하는지 살펴보세요.

〈 보기 〉

유관순 열사는 1902년 충청남도에서 태어났다. [인물] 그녀가 살았던 때는 우리나라가 일제의 탄압을 받던 시기였다. [배경] 유관순 열사는 3월 1일, 대한 독립 만세를 외치는 운동에 앞장섰다. [사건] 이 일로 그녀는 일제에 모진 고문을 받았고, 결국 19세의 [사건] 나이로 감옥에서 죽음을 맞이하였다. [인물]

🌱 〈보기〉에 비평은 드러나 있지 않아요.

정답은 _____ 입니다.

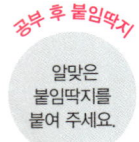
지문 확인

석진이는 친구 두 명과 막대 과자 한 개를 나눠 먹으려고 똑같이 세 조각으로 나누었어요. ㈎ <u>이때 원래 막대 과자가 한 개라면, 나누어진 조각 하나는 몇 개라고 읽고 쓸 수 있을까요?</u>

전체에 대한 부분을 나타내는 수를 '분수'라고 합니다. 분수는 '$\frac{\triangle}{\square}$' 꼴로 쓰는데, 전체를 똑같이 $\square$로 나눈 것 중의 $\triangle$를 '$\frac{\triangle}{\square}$'라고 쓰고, '$\square$분의 $\triangle$'라고 읽습니다. 이때 $\square$를 분모, $\triangle$를 분자라고 합니다. 위 막대 과자의 나누어진 조각 하나는 똑같이 3으로 나눈 것 중의 1이므로 $\frac{1}{3}$개라고 할 수 있습니다.

분수의 종류에는 진분수, 가분수, 대분수가 있습니다. 진분수는 $\frac{1}{3}$, $\frac{3}{5}$과 같이 분자가 분모보다 작은 분수입니다. 가분수는 $\frac{7}{7}$, $\frac{9}{8}$와 같이 분자가 분모와 같거나 분모보다 큰 분수입니다. 또 대분수는 자연수와 진분수의 합으로 나타낸 분수로 $1\frac{1}{2}$, $4\frac{2}{3}$와 같은 것이 있습니다. 만약 두 개의 막대 과자를 각각 세 조각으로 나눈다면, 그중 네 조각은 $\frac{4}{3}$라고 할 수 있습니다. $\frac{4}{3}$로 표현한 막대 과자 네 조각 중 세 조각을 합하면 막대 과자 한 개와 같고, 남은 한 조각은 $\frac{1}{3}$개입니다. 이것을 대분수로 나타내면 $1+\frac{1}{3}$, 즉 $1\frac{1}{3}$이 됩니다.

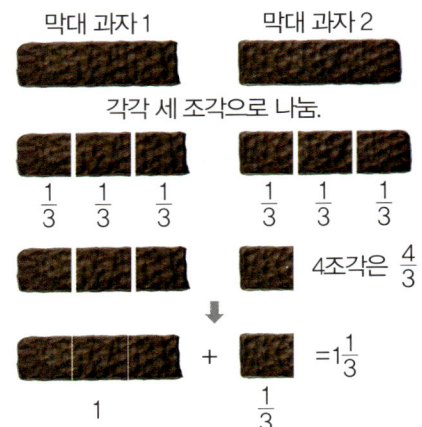

막대 과자 1   막대 과자 2
각각 세 조각으로 나눔.
$\frac{1}{3}$ $\frac{1}{3}$ $\frac{1}{3}$ $\frac{1}{3}$ $\frac{1}{3}$ $\frac{1}{3}$
4조각은 $\frac{4}{3}$
1    $+$ $\frac{1}{3}$ $=1\frac{1}{3}$

분수는 꼭 전체가 한 개일 때만 쓰이는 것은 아니에요. 막대 과자 열 개를 다섯 명이 똑같이 나눠 먹는다면, 10개의 $\frac{1}{5}$은 2개가 되겠지요? 분수를 잘 알아 두면 생활에서 유용하게 사용할 수 있어요.

• 1단락 중심 낱말 :
나누어진 조각 하나

• 2단락 중심 낱말 :
1) [ ][ ]

• 3단락 중심 낱말 :
2) [ ][ ][ ] ,
가분수, 대분수

• 4단락 중심 낱말 :
3) [ ][ ]

─── 낱말 따라 쓰기 🍬

● 한 물건에서 따로 떼 내거나 떨어져 나온 작은 부분 :
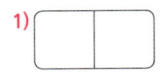 [조][각]
㉇ 그녀는 남은 천 조각을 잇대어 치마를 만들었다.
● 무엇의 모든 부분 : [전][체] [全-전부 전, 體-물체 체]

● 전체를 이루는 여러 작은 쪽이나 요소들의 하나 : [부][분]
[部-떼 부, 分-나눌 분]
● 겉으로 나타난 모양 : 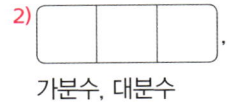 [꼴]
● 분수 또는 분수식에서, 가로줄 아래에 있는 수나 식 : [분][모]

01

다음은 이 글의 구조를 정리한 것입니다. 빈칸에 공통으로 들어가기에 알맞은 말을 쓰세요.

빠른 정답 4쪽, 정답과 풀이 50~51쪽

> **1** 단락: 한 개를 똑같이 세 개로 나눈 조각 하나는 몇 개라고 읽고 쓸 수 있을까요?
>
> ↓
>
> **2** 단락: (　　　)의 개념
>
> ↓
>
> **3** 단락: (　　　)의 종류 – 진분수, 가분수, 대분수
>
> ↓
>
> **4** 단락: 생활에서 유용하게 사용할 수 있는 (　　　)

(　　　　　　　　　　　)

정답 콕콕 특강

01 글의 구조 이해하기
각 단락의 중심 낱말을 떠올리고, 그 중심 낱말에 대해 어떤 이야기를 하고 있는지 살펴보세요.

02

이 글의 내용으로 가장 알맞은 것은 무엇인가요?　　　(　　　)

① 분수는 전체가 한 개일 때만 쓰인다.
② 분자가 분모와 같은 수는 진분수이다.
③ 분자가 분모보다 큰 분수는 가분수이다.
④ 분수는 부분에 대한 전체를 나타내는 수이다.
⑤ 대분수는 자연수와 가분수의 합으로 나타낸 수이다.

02 내용 이해하기
2, 3, 4단락에서 문제와 관련된 내용을 찾아보세요.

DAY 26

낱말 따라 쓰기

- 분수 또는 분수식에서, 가로줄 위에 있는 수나 식 : 　분　자
- 1부터 시작하여 하나씩 더하여 얻는 수를 통틀어 이르는 말로, '1, 2, 3' 등을 말함. : 　자　연　수
- 느낌이나 생각을 말, 글, 예술 작품 등으로 나타내다. : 　표　현　하다
  예 자신의 마음을 제대로 <u>표현하는</u> 일은 쉽지 않다.

- 둘 이상의 수나 식을 더하다. : 　합　하다 **[合-합할 합]**
  예 3과 2를 <u>합하면</u> 5이다.
- (어떤 데에) 쓸모가 있다. : 　유　용　하다
  [有-있을 유, 用-쓸 용]
  예 도서관의 책 번호는 책을 찾는 데에 <u>유용하다</u>.

03

이 글을 읽고 할 수 있는 생각으로 가장 알맞지 <u>않은</u> 것은 무엇인가요? (   )

① 분수를 읽을 때는 분모부터 읽는구나.

② 가분수를 진분수로 바꾸어 쓸 수는 없겠구나.

③ 가분수 $\frac{8}{5}$은 대분수 $1\frac{3}{5}$으로 바꾸어 쓸 수 있겠구나.

④ 전체를 똑같이 3으로 나눈 것 중의 2는 '2분의 3'이겠구나.

⑤ 가분수 중에는 자연수로 바꾸어 쓸 수 있는 것도 있겠구나.

03 내용 추측하기

2, 3단락에서 문제와 관련된 내용을 찾아보세요.

04

다음 분수를 알맞은 이름에 연결해 보세요.

(1) $\frac{13}{12}$ •

(2) $6\frac{2}{5}$ •

(3) $\frac{7}{10}$ •

• ㉠ 진분수

• ㉡ 대분수

• ㉢ 가분수

04 내용 적용하기

3단락에서 어떤 분수를 진분수, 가분수, 대분수라고 하는지 찾아보세요.

05 [서술형]

이 글을 읽고, 1단락의 밑줄 친 ㈎의 답을 쓰세요.

_____

_____

_____

05 내용 이해하기

2단락에서 분수의 개념을 이해한 후 ㈎의 답을 찾아보세요.

[01~04] 주어진 뜻풀이에 해당하는 낱말을 연결하세요.

01 어려움에 빠진 나라를 구하기 위해 목숨까지 바친 사람 ・

・㉠ 요소

02 둘 이상의 수나 식을 더하다. ・

・㉡ 열사

03 무엇을 이루는 데 반드시 있어야 할 중요한 물질이나 조건 ・

・㉢ 위인

04 역사적으로 훌륭한 업적을 이룩한 사람 ・

・㉣ 합하다

[05~08] 주어진 한자와 뜻풀이를 보고, 빈칸에 들어가기에 알맞은 말을 쓰세요.

05 業 일 ☐ + 績 성과 ☐ = ☐☐
열심히 일하여 이룩해 놓은 결과

06 思 생각 ☐ + 想 생각 ☐ = ☐☐
사회나 정치에 대한 일정한 견해

07 有 있을 ☐ + 用 쓸 ☐ = ☐☐하다
(어떤 데에) 쓸모가 있다.

08 全 전부 ☐ + 體 물체 ☐ = ☐☐
무엇의 모든 부분

[09~12] 주어진 뜻풀이에 해당하는 낱말을 〈보기〉에서 찾아 쓰세요.

〈 보기 〉
조각　비평　탄압　모질다

09 몹시 매섭고 독하다. : ＿＿＿＿＿

10 한 물건에서 따로 떼 내거나 떨어져 나온 작은 부분 : ＿＿＿＿＿

11 무엇의 옳고 그름, 좋고 나쁨, 잘되고 잘못된 것을 따져 그 가치를 매기는 것 :

＿＿＿＿＿

12 무력이나 권력으로 많은 사람을 강제로 억누르는 것 : ＿＿＿＿＿

[13~16] 주어진 자음자와 낱말의 뜻을 보고, 빈칸에 알맞은 낱말을 쓰세요.

13 부모님은 우리들을 ☐ㄱ☐ㅂ☐ 하게 여기신다.
아주 특별한 것

14 나는 이 책을 다 읽고 바르게 살아야겠다는 ☐ㄱ☐ㅎ☐을/를 얻었다.
도움이 되거나 따를 만한 가르침

살아 있는 동안의 모든 시간
15 ☐ㅇ☐ㅅ☐을/를 독립운동에 몸 바친 분들께 감사하는 마음을 가져야 한다.

16 그녀는 매우 훌륭한 ☐ㅅ☐ㅍ☐을/를 가지고 있다.
성격의 됨됨이

DAY
26

공부 후 붙임딱지

알맞은 붙임딱지를 붙여 주세요.

공부한 날   월   일

빠른 정답 4쪽

환경 오염이 심각해진다면 지구는 생물이 살기 어려운 곳이 될 거예요. 그래서 어떤 과학자들은 생물이 살 수 있는 다른 곳을 찾기 위해, 또 다른 지구를 만드는 실험을 했어요. 어떤 실험이었는지 함께 알아볼까요?

과학자들은 미국 사막에 외부와 완전히 차단된 커다란 유리 건물을 짓고, '바이오스피어 2'라고 이름 붙였습니다. '바이오'는 영어로 '생명', '스피어'는 '공 같은 물체'라는 뜻으로, 생명으로 가득 찬 행성인 지구를 뜻합니다. 즉 '바이오스피어 2'는 '두 번째 지구'라는 뜻입니다.

▲ 바이오스피어 2

과학자들은 '바이오스피어 2'를 사람이 생활하는 거주 구역, 농사를 짓는 농업 구역, 숲과 바다 같은 자연 구역으로 구분하였습니다. 그리고 다양한 동식물을 들여와 지구와 최대한 똑같이 만들려고 노력했습니다.

이 실험은 남녀 여덟 명이 외부의 도움 없이 농사를 짓고 가축을 기르는 등 여러 가지 시도를 하며 2년 동안 이어졌습니다. 하지만 안타깝게도 산소 부족 등 여러 가지 문제로 결국 실패했습니다.

실험은 실패로 끝났지만, 지구의 소중함을 다시 한번 깨닫는 계기가 되었어요. 지금도 세계 곳곳에서 제2의 지구를 만들기 위한 연구를 하고 있지만, 무엇보다 지금의 지구를 보존하는 것이 훨씬 중요한 일임을 기억해야 해요.

지문 확인

- 1단락의 중심 문장에 표시해 보세요.

- 2단락의 중심 문장에 표시해 보세요.

- 3단락의 중심 문장에 표시해 보세요.

- 4단락의 중심 문장에 표시해 보세요.

- 5단락의 중심 문장에 표시해 보세요.

낱말 따라 쓰기

● 사람이 자연환경을 더럽히는 것 : 환 경 오 염

● (정도가) 매우 심하다. : 심 각 하다

● 어떤 물체나 테두리의 바깥쪽 : 외 부
[外 – 바깥 외, 部 – 지역 부]
예 몸 안의 노폐물은 땀구멍을 통해 외부로 배출된다.

● 끊어지거나 막혀 서로 통하지 못하게 되다. : 차 단 되다

● 지구와 같이 태양의 둘레를 도는 별 : 행 성

● 사람이 일정한 구역에 머물러 사는 것 : 거 주
[居 – 살 거, 住 – 살 주]

● 한 지역을 어떤 기준이나 특성에 따라 여럿으로 나누어 놓은 것의 하나 : 구 역   예 이곳은 출입 금지 구역이다.

● 농작물을 심고 가꾸는 직업이나 산업 : 농 업
[農 – 농사 농, 業 – 일 업]

● 어떤 목적을 이룰 수 있는지 알아내려고 해 보는 것 : 시 도

● 모자라는 것 : 부 족

● 어떤 일을 일으키거나 결정하게 하는 동기나 기회 : 계 기

● 중요하거나 가치가 있는 것을 잘 보살펴서 그대로 남아 있게 하다. : 보 존 하다 [保 – 지킬 보, 存 – 있을 존]

STEP 5 글의 구조 이해하기

빠른 정답 4쪽

★ 글의 구조를 이해하는 방법

① 먼저, 각 단락의 내용을 요약하여 단락 간의 관계를 살펴 보세요.

② 단락 간의 관계를 바탕으로 글의 구조를 따져 보고, 이를 구조도로 정리하세요.

- 단락마다 다른 이야기가 이어진다면 각 단락을 기차 형 태로 나란히 놓으세요.
- 앞 단락의 내용을 뒷 단락에서 자세히 설명하면 앞 단락 과 뒷 단락을 나란히 놓으세요.
- 같은 종류의 내용을 다루는 단락끼리는 묶을 수 있어요.

1단락

또 다른 지구를 만드는 실험을 소개하고 궁금증을 불러일으키고 있으므로, 1단락을 요약하면 '또 다른 1) ☐☐ 을/를 만드는 실험에 대한 궁금증'입니다.

[단락 간의 관계]

'어떤 실험이었는지 함께 알아볼까요?'라는 마지막 문 장을 통해 관련된 내용이 이어질 것을 알 수 있어요.

2단락

두 번째 지구인 '바이오스피어 2'의 의미를 설명하 고 있으므로, 2단락을 요약하면 '2) ☐☐☐ 스피어 2의 의미'입니다.

3단락

바이오스피어 2가 어떻게 이루어져 있는지 설명하고 있으므로, 3단락을 요약하면 '바이오스피어 2의 구성 요소'입니다.

4단락

실험은 2년 동안 이어졌으나 결국 실패했다고 알려 주고 있어요. 4단락을 요약하면 '바이오스피어 2 실 험의 3) ☐☐'입니다.

5단락

무엇보다 중요한 것은 지금의 지구를 보존하는 일이 라고 알려 주고 있어요. 5단락을 요약하면 '지금의 지구를 4) ☐☐ 하는 것의 중요성'입니다.

[글의 구조]

- 1단락에서는 또 다른 지구를 만드는 실험을 소개하며 궁 금증을 일으키고 있어요.
- 2단락에서는 이 글 전체의 중심 낱말인 '바이오스피어 2' 의 의미를 설명하고 있어요.
- 3단락에서는 '바이오스피어 2'의 구성 요소를 설명하고 있어요.
- 4단락에서는 '바이오스피어 2' 실험이 결국 실패했다는 결과를 알려 주고 있어요.
- 5단락에서는 지금의 지구를 보존하는 것의 중요성에 대 해 말하고 있어요.

★ 글의 구조도를 그리면 다음과 같습니다.

1 단락: 또 다른 지구를 만드는 실험에 대한 궁금증
↓
2 단락: '바이오스피어 2'의 의미
↓
3 단락: '바이오스피어 2'의 구성 요소
↓
4 단락: '바이오스피어 2' 실험의 결과
↓
5 단락: 지금의 지구를 보존하는 것의 중요성

DAY
27

01

빠른 정답 4쪽, 정답과 풀이 52~53쪽

㉮~㉺는 각 단락을 정리한 것입니다. 단락의 순서에 맞게 기호를 쓰세요.

㉮ '바이오스피어 2'의 의미
㉯ '바이오스피어 2'의 구성 요소
㉰ '바이오스피어 2' 실험의 결과
㉱ 지금의 지구를 보존하는 것의 중요성
㉲ 또 다른 지구를 만드는 실험에 대한 궁금증

(   ) → (   ) → (   ) → (   ) → (   )

정답 콕콕 특강

01 글의 구조 이해하기
각 단락의 중심 낱말을 떠올리고, 그 중심 낱말에 대해 어떤 이야기를 하고 있는지 살펴보세요.

02

'바이오스피어 2'에 대한 설명으로 가장 알맞지 <u>않은</u> 것은 무엇인가요? (   )

① 미국의 사막에 지어졌다.
② '두 번째 지구'라는 뜻이다.
③ 2년 동안 이어졌으나 실패했다.
④ 사람을 제외한 동식물로만 실험이 이루어졌다.
⑤ 거주 구역, 농업 구역, 자연 구역으로 나누어져 있다.

02 내용 이해하기
2, 3, 4단락의 내용과 선택지를 비교해 보세요.

03

이 글에 대한 설명으로 가장 알맞은 것은 무엇인가요? (   )

① 실험 속의 과학적 원리에 대해 설명하고 있다.
② 환경과 관련이 없는 실험을 소재로 하고 있다.
③ 실험의 결과를 통해 기억해야 할 점을 말하고 있다.
④ 아직 실제로 행해지지 않은 실험에 대해 소개하고 있다.
⑤ 실제 지구와 실험 속 또 다른 지구를 비교하는 것이 주된 내용이다.

03 글쓰기 방식 이해하기
5단락에서 실험의 실패는 무엇을 깨닫는 계기가 되었는지 찾아보세요.

04

이 글을 읽은 학생들의 반응으로 알맞은 것은 ○표, 틀린 것은 ✕표를 하세요.

(1) 오염이 심각한 환경에서는 생물이 살기 어렵구나. (   )
(2) '바이오스피어 2'는 산소 부족만 해결되면 성공했을 거야. (   )
(3) 제2의 지구를 만드는 실험은 '바이오스피어 2'가 끝이었어. (   )

04 알맞은 반응 찾기
1, 4, 5단락에서 반응을 추측해 볼 수 있는 근거 문장을 살펴보세요.

낱말 따라 쓰기

● 기본이 되는 이치나 법칙 : 원 리   ● 글의 내용이 되는 재료 : 소 재

낱말 쑥쑥 테스트

빠른 정답 4쪽

[01~05] 빈칸에 알맞은 낱말을 골라 쓰세요.

01 | 결정되다 | 차단되다 |

끊어지거나 막혀 서로 통하지 못하게 되다. :
□□되다

02 | 행성 | 왕성 |

지구와 같이 태양의 둘레를 도는 별 : □□

03 | 원리 | 응용 |

기본이 되는 이치나 법칙 : □□

04 | 제작 | 소재 |

글의 내용이 되는 재료 : □□

05 | 만족 | 부족 |

모자라는 것 : □□

[06~10] 주어진 자음자와 낱말의 뜻을 보고, 빈칸에 알맞은 낱말을 쓰세요.

06 과거에는 대부분의 사람들이 ㄴㅇ 에 종사하였다.
농작물을 심고 가꾸는 직업이나 산업

07 사람이 일정한 구역에 머물러 사는 것
우리 가족은 현재 ㄱㅈ 중인 집을 팔고 다른 곳으로 이사를 갈 계획이다.

08 어떤 물체나 테두리의 바깥쪽
창문은 ㅇㅂ (으)로부터 먼지를 막아 주기도 한다.

09 미래 세대를 위해서라도 환경을 ㅂㅈ 해야 한다.
중요하거나 가치가 있는 것을 잘 보살펴서 그대로 남아 있게 하는 것

10 사람이 자연환경을 더럽히는 것
갈수록 ㅎㄱ ㅇㅇ 이/가 심해져 나무들이 말라 죽고 있다.

배경지식

지구가 뜨거워요!

지구의 평균 기온이 올라가면서 점점 따뜻해지는 현상을 '지구 온난화'라고 해요. 이산화탄소 같은 온실 기체가 하늘로 올라가 지구를 둘러싸는 바람에, 대기의 열이 우주 공간으로 나가지 못해서 생기는 현상이에요.

지구가 따뜻해지면 좋다고 생각할 수도 있을 거예요. 하지만 지구 온난화는 빙하를 녹게 해서 북극에 사는 동물들이 살 곳이 없어지고, 바다의 높이가 높아져서 어떤 지역은 물에 잠길 수도 있어요. 또 가뭄이나 홍수 같은 자연재해가 발생하기도 해요.

과다한 에어컨 사용이나 자동차의 배기가스, 이산화탄소를 흡수하는 숲을 없애는 것 등은 모두 지구 온난화의 원인이에요. 지구 온난화를 막기 위해 우리 모두가 함께 노력해야 하겠죠?

공부 후 붙임딱지

알맞은
붙임딱지를
붙여 주세요.

| 공부한 날 | 월 | 일 |

빠른 정답 4쪽

지문 확인

지희는 텔레비전에 나오는 얼음으로 덮인 땅을 보고 북극이라고 생각했어요. 그런데 알고 보니 남극에 관한 방송이었죠. 지희는 남극과 북극이 어떻게 다른지, 관련된 책을 읽어 봤어요.

남극은 남극해라는 광활한 바다로 둘러싸인 거대한 대륙입니다. 세계 얼음의 4분의 3이 모여 있으며, 2,000미터가 넘는 두꺼운 얼음으로 덮여 있습니다. 만약 남극의 얼음이 모두 녹는다면 뉴욕, 런던 등 대도시가 모두 물에 잠길 수 있습니다. 남극에는 펭귄, 물개, 해표 등의 동물들이 살지만, 너무 추워서 사람이 살기에는 적당하지 않습니다. 다만 각 나라에서 남극을 연구하러 온 대원들이 잠시 머물다 가기도 합니다. 우리나라도 남극을 연구하기 위해 세종 과학 기지를 세우기도 했습니다.

북극은 남극처럼 어느 한 대륙이 아니라, 지구의 북쪽 끝 지역을 말합니다. 유라시아 대륙과 북아메리카 대륙에 둘러싸여 있으며 바다가 대부분입니다. 북극곰이 살고 있는 북극 역시 일 년 내내 얼음과 눈으로 덮여 있는 추운 곳이지만, 남극보다는 따뜻합니다. ___(가)___ 북극에 는 '이누이트' 또는 '에스키모'라고 불리는 원주민이 살고 있습니다. 또한 북극에도 우리나라가 연구를 위해 세운 다산 과학 기지가 있습니다.

▲ 남극 펭귄

▲ 북극곰

지구의 신비를 느낄 수 있는 남극과 북극은 이렇게 닮은 듯 달라요. 지희처럼 두 곳이 헷갈렸다면 이제 그 차이를 알겠지요?

- 1단락의 중심 문장에 표시해 보세요.

- 2단락의 중심 문장에 표시해 보세요.

- 3단락의 중심 문장에 표시해 보세요.

- 4단락의 중심 문장에 표시해 보세요.

낱말 따라 쓰기

- 막힌 데가 없이 트이고 넓다. : 광 활 하다
  ㉮ 그들은 <u>광활한</u> 사막 한가운데서 길을 잃었다.

- 바다 위에 드러나 있는 넓고 커다란 땅덩어리 : 대 륙
  [大-클 대, 陸-뭍 륙]

- 지역이 넓고 인구가 많으며, 정치적·경제적·문화적 활동의 중심이 되는 큰 도시 : 대 도 시
  [大-클 대, 都-도시 도, 市-시가 시]
  ㉮ 서울은 <u>대도시</u>에 속한다.

01

✏️ 뜻을 정확히 모르는
낱말들을 적어 보세요!

다음은 이 글의 구조를 정리한 구조도입니다. ㉠, ㉡에 들어가기에 알맞은 말을 쓰세요.

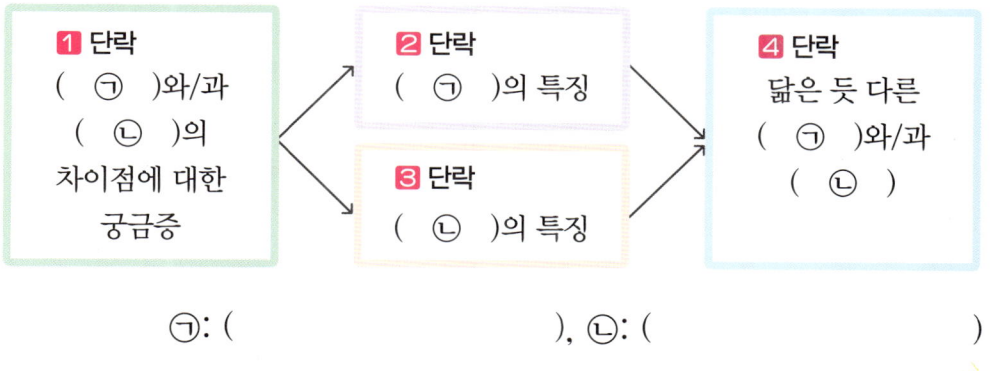

1 단락
(㉠)와/과
(㉡)의
차이점에 대한
궁금증

2 단락
(㉠)의 특징

3 단락
(㉡)의 특징

4 단락
닮은 듯 다른
(㉠)와/과
(㉡)

㉠: (   ), ㉡: (   )

02

이 글의 내용으로 가장 알맞지 <u>않은</u> 것은 무엇인가요?   (   )

① 남극은 거대한 대륙이다.
② 북극은 남극보다 따뜻하다.
③ 과학 기지는 남극에만 있다.
④ 남극에는 펭귄, 물개, 해표가 산다.
⑤ 남극은 사람이 살기에는 너무 춥다.

DAY
28

낱말 따라 쓰기

- (물속에) 들어가 가라앉다. : 잠 기 다

- 새끼에게 젖을 먹여 키우는 물범과의 동물로, 잿빛 바탕에 작고 검은 점이 있다. : 해 표

- (어떤 일에) 잘 어울리고 알맞다. : 적 당 하다

- 부대나 집단을 이루고 있는 사람 : 대 원
  [隊 – 무리 대, 員 – 인원 원]

- '머무르다(어떤 곳에서 자거나 생활하다.)'의 준말 :
  머 물 다 예 사흘 동안 이곳에서 <u>머물다</u> 갈 것이다.

- 어떤 특별한 활동을 벌이기 위한 근거로 삼은 장소 :
  기 지 [基 – 터 기, 地 – 곳 지]

- 절반이 훨씬 넘어 전체에 가까운 수효나 분량 :
  대 부 분

- 어떤 지역에 본래부터 살던 사람 : 원 주 민
  예 인디언은 아메리카 대륙의 <u>원주민</u>이다.

- 일이나 현상 따위가 사람의 힘이나 지혜 또는 보통의 이론이나 상식으로는 도저히 이해할 수 없을 만큼 신기하고 묘한 일이나 비밀 : 신 비
  예 우주의 <u>신비</u> 중 대부분은 아직 밝혀지지 않았다.

- 구조를 간단히 선이나 도형으로 나타낸 그림 : 구 조 도
  예 글의 내용 <u>구조도</u>를 작성해 보면, 내용을 더 잘 이해할 수 있다.

03

3단락의 밑줄 친 (가)에 들어갈 이어 주는 말로 가장 알맞은 것은 무엇인가요?

(   )

① 하지만   ② 그래서

③ 그러나   ④ 반면에

⑤ 왜냐하면

04

이 글을 바탕으로 했을 때, 다음 중 나머지와 다른 지역에 대해 설명하는 사람은 누구인지 이름을 쓰세요.

> 정민: 이곳에는 에스키모가 살고 있어.
> 미현: 이곳에는 우리나라의 다산 과학 기지가 있어.
> 서현: 이곳에는 세계 얼음의 절반 이상이 모여 있어.
> 근영: 이곳은 유라시아 대륙과 북아메리카 대륙에 둘러싸여 있어.

(   )

05 서술형

남극에 사람이 지낼 때는 어떤 경우인지 이 글에서 찾아 쓰세요.

_____

_____

_____

낱말 쑥쑥 테스트

빠른 정답 4쪽

[01~02] 다음 문장에서 밑줄 친 낱말의 뜻을 찾아 ○표 하세요.

01

> 그들은 과학 연구를 하기 위해 이곳에 <u>기지</u>를 만들었다.

① 어떤 특별한 활동을 벌이기 위한 근거로 삼은 장소 (　　)

② 경우에 따라 재치 있게 대응하는 지혜 (　　)

02

> 나는 시험을 준비하기 위해 서울에서 한 달 동안 <u>머물렀다</u>.

① 눈에 고인 눈물을 흘리지 않고 지니다. (　　)

② (어떤 곳에서) 자거나 생활하다. (　　)

[03~07] 주어진 뜻풀이에 해당하는 낱말을 연결하세요.

03 절반이 훨씬 넘어 전체에 가까운 수효나 분량 ・

・㉠ 대륙

04 바다 위에 드러나 있는 넓고 커다란 땅덩어리 ・

・㉡ 광활하다

05 부대나 집단을 이루고 있는 사람 ・

・㉢ 대부분

06 막힌 데가 없이 트이고 넓다. ・

・㉣ 대도시

07 지역이 넓고 인구가 많으며, 다양한 활동의 중심이 되는 큰 도시 ・

・㉤ 대원

배경지식

남극과 북극에도 여름이 있을까요?

　남극과 북극은 일 년 내내 겨울만 계속될까요? 눈으로 덮여 있고 찬 바람이 부는 남극과 북극은 왠지 항상 겨울일 것만 같아요. 하지만 두 곳 모두 다른 때보다 기온이 좀 더 올라가는 시기가 있어요. 이때가 바로 여름이에요.

　남극 해안 지방의 여름 평균 기온은 우리나라의 겨울과 비슷해요. 여름에 남극에서는 이끼가 자라기도 한답니다.

　또 북극 주변의 섬에는 여름이 되면 아름다운 색깔의 꽃이 피고, 곤충과 새를 볼 수 있어요. 2~3주 정도의 짧은 기간이지만, 여우나 순록 등 다양한 동물들이 짝짓기를 하기도 해요.

▲ 북극의 여름 모습

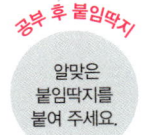
공부한 날	월	일

빠른 정답 4쪽

지문 확인

민서는 올림픽 대회에서 치러진 경기를 보고 태권도에 푹 빠졌어요. 흰 도복을 입고 절도 있게 발차기를 하는 모습이 특히 멋졌지요. 민서는 이렇게 세계적인 대회가 열리는 태권도의 가치가 궁금해졌어요.

태권도는 2,000여 년의 긴 역사를 가진, 우리 민족의 고유한 전통 무예입니다. 그 모습을 고구려 벽화에서도 찾아볼 수 있습니다. 전통적으로 손 기술의 기본이 되는 무예를 '수박', 발 기술의 기본이 되는 무예를 '태껸'이라고 했습니다. 태권도는 수박과 태껸이 고려와 조선 시대를 거치면서 발달한 것입니다. 현재의 이름은 1954년에 발을 뜻하는 '태', 손을 뜻하는 '권', 인간다운 길을 뜻하는 '도'를 합쳐 지어졌습니다.

태권도는 몸뿐만이 아니라 마음의 건강에도 중점을 두는 무예입니다. 예를 중요시하는 태권도는 인사로 시작하여 인사로 끝을 맺습니다. 또 무조건적인 공격이 아닌, 상대방을 배려하는 마음을 가지고 겨루어야 합니다. 손으로 얼굴을, 또는 넘어진 상대를 공격하는 행위 등은 엄격하게 금지됩니다.

태권도는 이렇게 긴 역사와 심신을 모두 수련한다는 전통적 가치를 지니고 있어요. ____(가)____ 이제는 세계인의 무예로 발돋움하고 있어요. 1986년부터는 아시안 게임, 2000년부터는 올림픽 대회의 정식 종목이 되면서 전 세계로 뻗어 나가는 자랑스러운 무예랍니다.

- **1단락 요약**: 태권도의 가치에 대한 궁금증

- **2단락 요약**:
  긴 역사를 가진 우리 민족의 고유한 전통 무예,
  1) ☐☐☐

- **3단락 요약**:
  몸뿐만이 아니라
  2) ☐☐의 건강에도 중점을 두는 무예, 태권도

- **4단락 요약**:
  전통적 가치를 지니고 세계로 뻗어 나가는
  3) ☐☐☐

낱말 따라 쓰기

- (무슨 일을) 겪어 내다. : 치르다
  예 우리는 매달에 두 번씩 시험을 <u>치르며</u> 최종 시험을 대비했다.

- 유도나 태권도 따위를 할 때 입는 운동복 : 도복

- 행동이 규칙적이고 질서가 있는 것 : 절도
  예 군인들의 동작에는 <u>절도</u>가 있었다.

- 귀중하게 여길 만한 성질이나 중요한 것 : 가치
  예 아름다운 자연은 자랑할 만한 <u>가치</u>가 있다.

- (오래된 집단이나 사물 등이) 본래부터 지니고 있다. :
  고유하다 [固 – 굳을 고, 有 – 있을 유]

- 칼·활·몸 등을 써서 싸우는 기술에 관한 재주 : 무예

- 벽에 장식으로 그린 큰 그림 : 벽화

- 예로부터 이어져 내려오는 것 : 전통적

- 학문, 기술, 문명, 사회 따위의 현상이 보다 높은 수준에 이르다. : 발달하다

01

다음은 이 글의 구조를 정리한 구조도입니다. 빈칸에 공통으로 들어가기에 알맞은 말을 쓰세요.

빠른 정답 4쪽, 정답과 풀이 56~57쪽

✏️ 뜻을 정확히 모르는 낱말들을 적어 보세요!

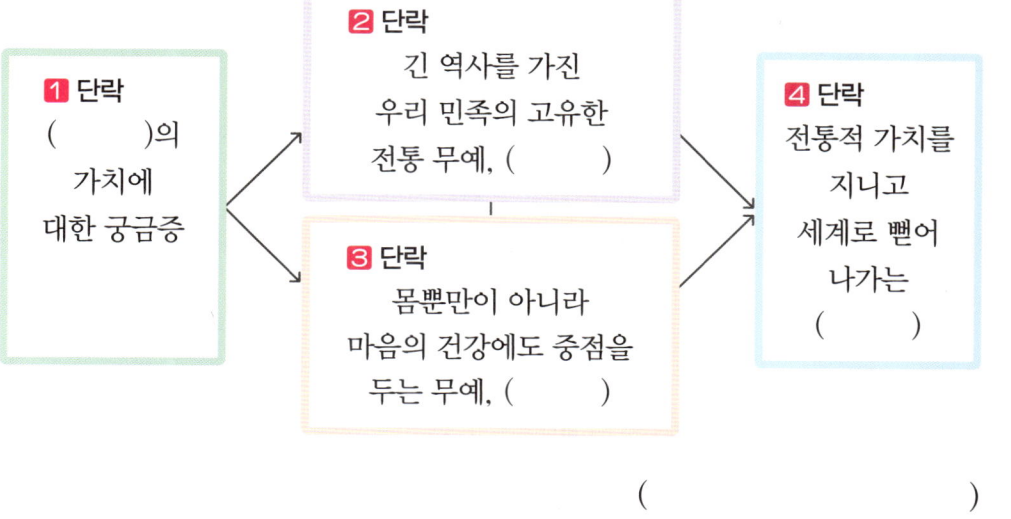

1 단락
(　　　)의 가치에 대한 궁금증

2 단락
긴 역사를 가진 우리 민족의 고유한 전통 무예, (　　　)

3 단락
몸뿐만이 아니라 마음의 건강에도 중점을 두는 무예, (　　　)

4 단락
전통적 가치를 지니고 세계로 뻗어 나가는 (　　　)

(　　　　　　　　　)

02

이 글의 내용으로 가장 알맞지 <u>않은</u> 것은 무엇인가요?　(　　　)

① 태권도는 손과 발을 이용한 무예이다.
② 태권도는 올림픽 대회의 정식 종목이다.
③ 태권도라는 이름은 고구려 시대에 지어졌다.
④ 태권도는 수박과 태껸에서 유래했다고 볼 수 있다.
⑤ 태권도는 고려 시대와 조선 시대를 지나면서 발달했다.

DAY
29

―――― 낱말 따라 쓰기

● 가장 중요하게 생각하는 점 : [중][점]
　[重 – 무거울 중, 點 – 점 점]

● 중요하게 여기다. : [중][요][시]하다

● (어떤 일을 하는 데) 아무런 조건이나 거리낌이 없는 것 :
　[무][조][건][적]

● 관심을 가지고 보살펴 주다. : [배][려]하다

● 서로 버티어 승부를 다투다. : [겨][루][다]

● 정해진 규칙을 그대로 따르는 것이 매우 분명하다. :
　[엄][격]하다

● 마음과 몸, 정신과 육체 : [심][신]
　[心 – 마음 심, 身 – 몸 신]

● 정신·학문·기술 등을 열심히 연습하여 익히다. : [수][련]
　하다 [修 – 닦을 수, 鍊 – 단련할 련]

● 어떤 지향하는 상태나 위치 따위로 나아가다. :
　[발][돋][움]하다

● 사물이나 일이 생겨나다. : [유][래]하다
　[由 – 말미암을 유, 來 – 올 래]

● 어떤 대상에서 빼 놓거나 셈에서 빼다. : [제][외]하다

03

4단락의 밑줄 친 ㈎에 들어갈 이어 주는 말로 가장 알맞은 것은 무엇인가요?

(   )

① 그리고
② 그러나
③ 하지만
④ 반면에
⑤ 왜냐하면

04

이 글을 바탕으로 했을 때, 다음 중 규칙을 바르게 이해하고 태권도를 한 사람을 두 명 찾아 이름을 쓰세요.

세희: 겨루기의 시작과 끝에 인사를 했어.
영수: 상대방을 배려하는 마음을 가지고 겨루었어.
희정: 상대방이 넘어졌을 때는 얼굴을 제외한 곳만 공격했어.
형관: 손으로 상대방의 얼굴을 민 다음 발차기로 옆구리를 공격했어.

(,   )

05 서술형

태권도는 어떤 가치를 지니고 있는지 이 글에서 찾아 쓰세요.

_____

_____

_____

뜻을 정확히 모르는 낱말들을 적어 보세요!

[01~04] 빈칸에 알맞은 낱말을 골라 쓰세요.

01 무예   공예

칼·활·몸 등을 써서 싸우는 기술에 관한 재주 : ☐☐

02 미달하다   발달하다

학문, 기술, 문명, 사회 따위의 현상이 보다 높은 수준에 이르다. : ☐☐하다

03 수련하다   대련하다

정신·학문·기술 등을 열심히 연습하여 익히다. : ☐☐하다

04 전통적   현대적

예로부터 이어져 내려오는 것 : ☐☐☐

[05~08] 밑줄 친 곳에 들어갈 낱말을 〈보기〉에서 찾아 쓰세요.

〈 보기 〉
엄격하다   중점   제외   발돋움

05 친구의 조언을 듣고 이번 역사 시험에서는 사건의 흐름에 _____을/를 두고 공부하였다.

06 저번에 선물을 받은 사람은 당첨 대상에서 _____되었음을 알립니다.

07 우리 학교 기숙사는 규칙이 _____.

08 우리나라는 국민들의 노력 덕분에 민주주의 사회로 _____할 수 있었다.

배경지식

가장 오래된 올림픽 경기 종목은 무엇일까요?

올림픽 대회에서 가장 오래된 경기 종목은 무엇일까요?
고대 올림픽은 기원전 776년 그리스의 올림피아에서 시작되어, 393년까지 4년마다 열렸어요. 제13회까지는 경기장의 끝에서 끝까지 직선을 달리는 단거리 육상 경기만 있었다고 해요. 따라서 올림픽에서 가장 오래된 경기는 육상이랍니다.
지금과 같은 형태의 올림픽 대회가 다시 열리게 된 것은 1896년부터예요. 고대 올림픽의 정신을 이어받아 그리스 아테네에서 열렸지요. 이 대회에서는 육상, 수영, 테니스, 체조, 레슬링, 사이클, 펜싱, 사격 모두 8개의 종목을 겨루었답니다.

DAY 30

[STEP 5]
독해력 완성 테스트

공부 후 붙임딱지
알맞은 붙임딱지를 붙여 주세요.

공부한 날   월   일

★★★ : 상   ★★❀ : 중   ★❀❀ : 하

[01~05] 다음 글을 읽고, 물음에 답하세요.

흐르는 물은 손에 잡히지 않지만, 딱딱한 얼음이 되면 잡을 수 있어요. 또 물을 끓이면 수증기가 되어 사라지기도 하지요. 이것을 모두 같은 상태라고 할 수 있을까요?

물질은 고체, 액체, 기체의 세 가지 상태로 존재합니다. 먼저 고체는 일정한 모양이 있어서 볼 수 있고 손으로 잡을 수 있는 것입니다. 책, 수저, 돌멩이 등 주변의 많은 것들이 고체입니다. 돌멩이를 어느 그릇에 담든 변하지 않는 것처럼, 고체는 항상 모양과 부피가 일정합니다.

액체는 눈에 보이지만 모양이 일정하지 않아서 손에 잡히지 않는 물질입니다. 엎지른 주스를 다시 담을 수 없는 것은 ㉮ 그 이유 때문입니다. 또 긴 컵에 담긴 주스를 넓은 컵에 옮기면 컵에 따라 모양이 변합니다. 하지만 다시 원래 있던 컵으로 주스를 옮기면 알 수 있듯이, 액체는 모양은 달라져도 부피는 변하지 않습니다.

기체는 눈에 보이지 않고, 손에도 잡히지 않는 물질입니다. 주사기의 피스톤을 당기면 안에는 아무것도 보이지 않습니다. 하지만 주사기를 손 가까이에 대고 피스톤을 누르면 바람이 느껴집니다. 보이지도, 잡히지도 않지만 그 안에 공기가 있다는 것을 알 수 있습니다.

그렇다면 물질은 항상 한 가지 상태로 존재할까요? 물과 얼음, 수증기를 보면 알 수 있듯이, 물질은 온도나 압력에 따라 그 상태가 변한답니다. 자유자재로 변신하는 물질의 세계가 참 신기하죠?

01 ★★❀

다음은 이 글의 구조를 정리한 것입니다. 빈칸에 공통으로 들어가기에 알맞은 말을 쓰세요.

1단락에서는 물이 흐를 때와 얼렸을 때, 끓일 때의 특징에 대해 말하며 세 가지 경우가 같은 (   )인지에 대한 궁금증을 드러내고 있다. 2단락에서는 물질이 세 가지 (   )(으)로 존재한다는 것과, 그중 고체의 특징을 설명하고 있다. 이어서 3단락에서는 액체, 4단락에서는 기체에 대해 설명하고 있다. 5단락에서는 물질이 온도나 압력에 따라 그 (   )이/가 변한다는 것을 말하며 글을 마무리하고 있다.

(   )

02 ★★❀

이 글의 내용으로 가장 알맞은 것은 무엇인가요?

(   )

① 책, 수저, 돌멩이는 기체이다.
② 고체는 항상 모양이 일정하다.
③ 물질은 항상 한 가지 상태로만 존재한다.
④ 액체는 담는 그릇에 따라 부피가 변한다.
⑤ 주사기의 피스톤을 당기면 안에는 아무 것도 없다.

빠른 정답 4쪽, 정답과 풀이 58~59쪽

03 ✽❀❀

다음 물질을 알맞은 물질의 상태와 연결해 보세요.

(1) 수증기 •   • ㉠ 액체

(2) 물 •   • ㉡ 고체

(3) 얼음 •   • ㉢ 기체

04 ✽✽✽

다음 중 액체에 대한 설명으로 알맞은 것의 기호를 모두 고른 것은 무엇인가요?   (   )

㉠ 눈에 보이지 않는다.
㉡ 손에 잡히지 않는다.
㉢ 손으로 잡을 수 있다.
㉣ 담는 그릇에 따라 모양이 변한다.
㉤ 담는 그릇에 따라 부피가 변한다.
㉥ 담는 그릇이 바뀌어도 부피가 일정하다.

① ㉠, ㉡, ㉤   ② ㉠, ㉢, ㉤
③ ㉠, ㉢, ㉥   ④ ㉡, ㉣, ㉤
⑤ ㉡, ㉣, ㉥

05 ✽✽✽❀ 서술형

3단락의 밑줄 친 (가)에 해당하는 문장을 이 글에서 찾아 쓰세요.

_____

_____

_____

낱말 따라 쓰기

● 액체 따위가 낮은 곳으로 내려가거나 넘쳐서 떨어지다. :
ㅎ ㅡ ㄹ 다

● 물이 증발하여 기체로 된 것 : 수 증 기
[水 – 물 수, 蒸 – 찔 증, 氣 – 기운 기]
㉠ 목욕탕은 온통 수증기가 서려 거울이 잘 보이지 않는다.

● 어떤 때에 사물이 보여 주는 모양이나 놓여 있는 형편 :
상 태 [狀 – 모양 상, 態 – 모습 태]
㉠ 나는 눈을 감은 상태로 음식의 냄새를 맡아 보았다.

● 실제로 있다. : 존 재 하다
[存 – 있을 존, 在 – 있을 재]
㉠ 나는 귀신의 존재를 믿지 않는다.

● 어떤 대상의 둘레 부근 : 주 변
[周 – 두루 주, 邊 – 가 변]
㉠ 이 신발은 주변에서 많이 볼 수 있다.

● 입체가 차지하는 공간의 크기 : 부 피
㉠ 택배는 부피에 따라 요금이 다르다.

● 한 가지로 정해져서 한결같이 똑같다. : 일 정 하다.
[一 – 하나 일, 定 – 정할 정]
㉠ 도미노는 블록을 일정한 간격으로 놓아야 한다.

● (그릇에 담긴 액체 등을) 밖으로 쏟아지게 하다. :
엎 지 르 다
㉠ 실수로 우유를 바닥에 엎질렀다.

● 주사기 따위의 물건 안에서 왕복 운동을 하는, 원통이나 원판 모양으로 된 부품 : 피 스 톤

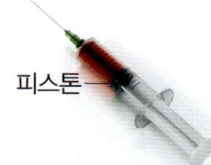
피스톤

● 누르거나 미는 힘 : 압 력
[壓 – 누를 압, 力 – 힘 력]
㉠ 바다의 깊은 곳은 물의 압력이 매우 높다.

● 자기가 원하는 대로 자유롭고 막힘이 없는 것 :
자 유 자 재 [自 – 스스로 자, 由 – 말미암을 유, 自 – 스스로 자, 在 – 있을 재]
㉠ 그는 축구공을 자유자재로 다루었다.

● 몸·모습, 또는 마음을 전과 다르게 바꾸다. : 변 신 하다
[變 – 변할 변, 身 – 몸 신]
㉠ 마법이 풀린 개구리는 왕자로 변신하였다.

DAY 30

빠른 정답 4쪽, 정답과 풀이 72쪽

＊ 주어진 뜻풀이와 자음자에 해당하는 낱말을 쓰고, 글자판에서 찾아 ○표를 하세요(가로, 세로).

(1) 열심히 일하여 이룩해 놓은 결과 : | ㅇ | ㅈ |

(2) 아주 특별하다. : | ㄱ | ㅂ | ㅎ | ㄷ |

(3) 한 물건에서 따로 떼 내거나 떨어져 나온 작은 부분 : | ㅈ | ㄱ |

(4) 사람이 일정한 구역에 머물러 사는 것 : | ㄱ | ㅈ |

(5) 지역이 넓고 인구가 많으며, 정치적·경제적·문화적 활동의 중심이 되는 큰 도시 : | ㄷ | ㄷ | ㅅ |

(6) 행동이 규칙적이고 질서가 있는 것 : | ㅈ | ㄷ |

(7) 정해진 규칙을 그대로 따르는 것이 매우 분명하다. : | ㅇ | ㄱ | ㅎ | ㄷ |

(8) 자기가 원하는 대로 자유롭고 막힘이 없는 것 : | ㅈ | ㅇ | ㅈ | ㅈ |

(9) 누르거나 미는 힘 : | ㅇ | ㄹ |

업	적	막	속	사	십	으	각	리	편
드	성	지	반	신	통	입	별	양	보
속	진	다	면	존	정	없	하	체	리
이	요	싸	색	어	조	재	다	화	당
준	머	수	억	있	각	충	추	아	네
대	도	시	양	거	주	압	리	간	평
여	다	하	도	차	롭	자	둘	존	기
인	안	의	우	이	지	유	소	발	립
절	외	오	양	채	준	자	하	통	발
도	적	엄	격	하	다	재	올	압	력

글의 주제를 알면
글쓴이의 의도를 이해하는
문제를 쉽게 풀 수
있어요!

STEP 6

주제 알아보기

★ **주제란?**

글쓴이가 한 편의 글을 통해 전달하고자
하는 중심 내용입니다

● **주제를 알아야 하는 이유**

주제를 아는 것은 곧 글의 핵심 내용을
이해하는 것이에요. 따라서 주제를 알아
내면 글을 완벽히 독해할 수 있습니다.

주제를 알아보는 방법

① 각 단락을 요약하여 글의 구조를 알아
보세요.

② 글의 구조를 바탕으로 글 전체에서 주
로 이야기하는 내용이 무엇인지 살펴보
세요.

③ 살펴본 내용을 글 전체의 중심 낱말을
포함한 간단한 말로 정리하면 글의 주
제가 돼요.

공부 후 붙임딱지
알맞은 붙임딱지를 붙여 주세요.

공부한 날	월	일

빠른 정답 4쪽

지문 확인

어느 여름날, 의겸이네 반 아이들은 에어컨이 고장 나서 땀을 뻘뻘 흘렸어요. 그나마 선풍기가 있어서 다행이었지요. 의겸이는 에어컨도, 선풍기도 없던 옛날에는 여름을 어떻게 보냈을지 궁금해졌어요.

우리 조상들은 부채를 부치고 마루에서 쉬면서 더위를 피했습니다. 또 세시 풍속을 즐기며 여름을 나기도 했습니다. 세시 풍속이란 명절에 하는 일과 놀이, 먹는 음식과 같이 해마다 일정한 시기에 행해 온 고유의 풍속을 말합니다.

여름철의 가장 더운 시기를 초복, 중복, 말복으로 나누고 이 세 날을 삼복이라고 불렀으며, 이 삼복에 행하는 세시 풍속이 있었습니다. 가장 대표적인 것은 삼계탕을 먹는 것입니다. 삼계탕은 닭고기에 인삼, 찹쌀, 밤, 대추, 마늘 등을 넣어 끓인 음식으로 영양가가 무척 높습니다. 더운 여름에는 입맛이 떨어지고 땀을 많이 흘려 기운을 잃기 쉬운데, 이때 삼계탕이 큰 도움이 되었습니다. 이 관습은 지금까지 이어져 오늘날에도 복날에 삼계탕을 자주 먹습니다.

▲ 삼계탕

또한 복날에는 술과 음식을 마련하여 계곡에 나가 물에 발을 담그고 노는 풍습도 있었습니다. 그리고 궁중에서는 복날이 되면 높은 벼슬아치들에게 표를 주었습니다. 이 표로 장빙고에서 얼음을 받아 가게 했습니다.

이렇게 우리 조상들은 맛있고 영양가 높은 음식과 시원한 놀이 등을 즐기며 더위를 슬기롭게 이겨 냈답니다.

• 1단락 중심 낱말 : 여름

• 2단락 중심 낱말 :
1) [ ][ ] [ ][ ]

• 3단락 중심 낱말 :
삼복, 2) [ ][ ][ ]

• 4단락 중심 낱말 : 복날

• 5단락 중심 낱말 : 더위

낱말 따라 쓰기

● 좋지 않거나 모자라기는 하지만 그것이나마 : [그][나][마]
　㉠ 밥은 없지만 그나마 빵이 있어서 다행이다.

● 일이 뜻밖에 잘되어 운이 좋음. : [다][행]
　㉠ 잃어버린 지갑을 찾아서 다행이다.

● 어떤 일을 실제로 해 나가다. : [행][하][다]

● 한 사회에 오래전부터 지켜 내려오는 관습 : [풍][속]
　[風－습속 풍, 俗－관습 속]
　㉠ 지역마다 고유한 풍속이 전해져 내려온다.

● 식품이 가지고 있는 영양 가치 : [영][양][가]
　㉠ 제철 과일을 먹는 것이 맛도 좋고 영양가도 많다.

● 음식을 먹을 때 입에서 느끼는 맛 : [입][맛]

● 어떤 사회에서 오랫동안 지켜 내려와 그 사회 구성원들이 널리 인정하는 질서나 풍습 : [관][습]
　[慣－익숙할 관, 習－익힐 습] ㉠ 어떤 지역에는 모든 동네 사람들이 함께 생일을 축하하는 관습이 있다.

● 오래전부터 지켜 내려오는 사회적 풍속이나 관습 : [풍][습]

STEP 6 주제 알아보기

빠른 정답 4쪽

주제란 글쓴이가 한 편의 글을 통해 전달하고자 하는 중심 내용입니다.

★ **주제를 알아보는 방법**

① 각 단락을 요약하여 글의 구조를 알아보세요.

② 글의 구조를 바탕으로 글 전체에서 주로 이야기하는 내용이 무엇인지 살펴보세요.

③ 살펴본 내용을 글 전체의 중심 낱말을 포함한 간단한 말로 정리하면 글의 주제가 돼요.

1단락

옛날에 여름을 어떻게 보냈을지 궁금해하고 있으므로 1단락을 요약하면 '옛날에는 ¹⁾[   ]을/를 어떻게 보냈을지에 대한 궁금증'입니다.

2단락

우리 조상들은 세시 풍속을 즐기며 여름을 났어요. 2단락을 요약하면 '²⁾[   ] [   ]을/를 즐기며 여름을 난 우리 조상'입니다.

3단락

삼복에 삼계탕을 먹는 세시 풍속을 설명하고 있으므로, 3단락을 요약하면 '삼복에 행하던 세시 풍속 – ³⁾[   ] 먹기'입니다.

4단락

복날에 행하던 다른 세시 풍속에 대해 설명하므로, 4단락을 요약하면 '삼복에 행하던 세시 풍속 – 계곡에서 놀기, ⁴⁾[   ] 받기'입니다.

5단락

조상들은 더위를 슬기롭게 이겨 냈다고 정리하고 있으므로 5단락을 요약하면 '더위를 슬기롭게 이겨 낸 우리 조상'입니다.

[글의 구조]

• 1단락에서 옛날에는 더운 여름을 어떻게 보냈을지 궁금하다며 글의 소재를 소개하고 있어요.

• 2단락에서는 우리 조상들이 세시 풍속을 즐기며 여름을 났다고 이야기하고 있어요.

• 3단락에서는 그중 삼계탕을 먹던 풍습, 4단락에서는 계곡에서 놀고 얼음을 받던 풍습에 대해 설명하고 있어요.

★ 3단락과 4단락은 모두 삼복에 행하던 세시 풍속에 대한 설명이므로 묶을 수 있어요.

• 5단락에서는 우리 조상들이 더위를 슬기롭게 이겨 냈다고 말하며 글을 마무리하고 있어요.

★ 글의 구조도를 그리면 다음과 같습니다.

> **1단락**: 옛날에는 여름을 어떻게 보냈을지에 대한 궁금증
>
> ↓
>
> **2단락**: 세시 풍속을 즐기며 여름을 난 우리 조상
>
> ↓
>
> **3단락**
> 삼복에 행하던 세시 풍속 – 삼계탕 먹기
>
> **4단락**
> 삼복에 행하던 세시 풍속 – 계곡에서 놀기, 얼음 받기
>
> ↓
>
> **5단락**: 더위를 슬기롭게 이겨 낸 우리 조상

[주제]

★ 이 글에서 가장 중심이 되는 말이 세시 풍속, 삼복이므로, 이 글 전체의 중심 낱말은 '세시 풍속', '삼복'입니다.

★ 이 글은 옛날 우리 조상들이 삼복에 세시 풍속을 즐기며 여름을 난 방법에 대해 설명하고 있어요.

이 내용을 중심 낱말을 포함하는 말로 정리하면 됩니다. 그러므로 이 글의 주제는 '우리 조상들이 ⁵⁾[   ]에 세시 풍속을 즐기며 여름 더위를 이겨 낸 방법'입니다.

01

다음은 이 글의 주제를 이해하는 과정입니다. ㉠, ㉡에 들어가기에 알맞은 말을 쓰세요.

빠른 정답 4쪽, 정답과 풀이 60쪽

✏️ 뜻을 정확히 모르는 낱말들을 적어 보세요!

> 이 글은 옛날 우리 조상들이 삼복에 세시 풍속을 즐기며 여름철의 더위를 슬기롭게 이겨 낸 방법에 대해 설명하고 있다. 따라서 이 글 전체의 중심 낱말은 '세시 풍속', '삼복'이고, 주제는 '우리 조상들이 (㉠)에 (㉡)을/를 즐기며 여름 더위를 이겨 낸 방법'이다.

㉠: (   ), ㉡: (   )

02

삼복의 세시 풍속으로 알맞지 <u>않은</u> 것을 두 가지 고르세요. (,   )

① 삼계탕 먹기
② 부채 부치기
③ 마루에서 쉬기
④ 장빙고에서 얼음 받기
⑤ 술과 음식을 마련하여 계곡에 나가 물에 발 담그고 놀기

03

이 글에 대한 내용으로 가장 알맞은 것은 무엇인가요? (   )

① 삼복은 초복, 중복, 고복으로 나누어져 있다.
② 복날에 궁중에서는 장빙고를 모든 백성에게 개방했다.
③ 복날에 계곡에 나가 놀 때는 안전 문제로 술이 금지되었다.
④ 부채를 부치고 마루에서 쉰 것도 조상들이 여름을 난 방법이다.
⑤ 세시 풍속이란 해마다 다른 시기에 행해 온 고유의 풍속을 말한다.

04

이 글을 읽고, 삼계탕에 대해 <u>잘못</u> 추측한 사람의 이름을 쓰세요.

> 예리: 기운이 없을 때 삼계탕을 먹으면 도움이 되겠구나.
> 도훈: 닭고기, 인삼, 찹쌀, 밤, 대추, 마늘은 영양가가 높은 음식이겠구나.
> 혜수: 오늘날에는 영양가 있는 음식이 많으니 복날에 삼계탕을 잘 먹지 않겠구나.

(   )

낱말 따라 쓰기

● 관청에 나가서 나랏일을 맡아보는 사람 :

벼	슬	아	치

● 얼음을 넣어 두는 창고 :

장	빙	고

● 사리를 바르게 판단하고 일을 잘 처리해 내는 재능이 있다. :

슬	기	롭	다

예 우리 조상은 온돌로 <u>슬기롭게</u> 추운 겨울을 났다.

● 문이나 어떠한 공간 따위를 열어 자유롭게 드나들고 이용하게 하다. :

개	방
하다 [開-열 개, 放-놓을 방]

예 학생들에게 도서관을 <u>개방했다</u>.

● 법이나 규칙, 명령 따위로 어떤 행위가 이루어지지 못하게 되다. :

금	지
되다

문제 이해하고 풀기

01 주제 알아보기

🌸 **이 글의 전체적인 내용을 떠올려 볼까요?**

1단락에서 옛날에는 여름을 어떻게 보냈을지 물음을 던지자, 2단락에서 우리 조상들이 세시 풍속을 즐기며 여름을 났다고 말하고 있어요.

3단락은 삼계탕을 먹던 풍습, 4단락은 계곡에 나가서 놀고, 얼음을 받던 풍습에 대해 설명하고 있어요.

5단락에서는 우리 조상들이 여름 더위를 슬기롭게 이겨 냈다고 말하며 마무리하고 있어요.

따라서 ㉠, ㉡에 들어갈 말은 '삼복', '세시 풍속'이에요.

정답은 ㉠: _____,

㉡: _____ 입니다.

02 내용 이해하기

선택지가 삼복의 세시 풍속에 해당되는지 찾아보세요.

🌸 **선택지 내용을 순서대로 살펴볼게요.**

① 삼계탕 먹기 (○)

✳ **근거** ③단락 ❷번째 문장: 가장 대표적인 ~ 먹는 것입니다.

② 부채 부치기, ③ 마루에서 쉬기 (×)

✳ **근거** ②단락 ❶번째 문장: 우리 조상들은 ~ 더위를 피했습니다.

🍃 '부채를 부치고 마루에서 쉬면서 더위를 피했'는데 뒤에 세시 풍속을 즐기기도 했다는 말이 나왔기 때문에 이 두 가지는 삼복의 세시 풍속에 해당되지 않아요.

④ 장빙고에서 얼음 받기 (○)

✳ **근거** ④단락 ❸번째 문장: 이 표로 ~ 가게 했습니다.

⑤ 술과 음식을 마련하여 계곡에 나가 물에 발 담그고 놀기 (○)

✳ **근거** ④단락 ❶번째 문장: 또한 복날에는 ~ 풍습도 있었습니다.

정답은 _____, _____ 입니다.

03 내용 이해하기

🌸 **선택지 내용을 순서대로 살펴볼게요.**

① 삼복은 초복, 중복, ~~고복으로~~ 나누어져 있다. (×)

✳ **근거** ③단락 ❶번째 문장: 여름철의 ~ 있었습니다.

② 복날에 궁중에서는 장빙고를 ~~모든 백성에게~~ 개방했다. (×)

✳ **근거** ④단락 ❷, ❸번째 문장: 그리고 ~ 했습니다.

③ 복날에 계곡에 나가 놀 때는 안전 문제로 ~~술이 금자되었다.~~ (×)

✳ **근거** ④단락 ❶번째 문장: 또한 ~ 있었습니다.

④ 부채를 부치고 마루에서 쉰 것도 조상들이 여름을 난 방법이다. (○)

✳ **근거** ②단락 ❶번째 문장: 우리 조상들은 ~ 피했습니다.

⑤ 세시 풍속이란 ~~해마다 다른 시기에~~ 행해 온 고유의 풍속을 말한다. (×)

✳ **근거** ②단락 ❸번째 문장: 세시 풍속이란 ~ 말합니다.

정답은 _____ 입니다.

04 내용 추측하기

🌸 **3단락에서 '삼계탕'에 대해 설명하고 있어요.**

예리: 기운이 없을 때 삼계탕을 먹으면 도움이 되겠구나. (○)

✳ **근거** ③단락 ❹번째 문장: 더운 여름에는 ~ 되었습니다.

도훈: 닭고기, 인삼, 찹쌀, 밤, 대추, 마늘은 영양가가 높은 음식이겠구나. (○)

✳ **근거** ③단락 ❸번째 문장: 삼계탕은 ~ 높습니다.

혜수: 오늘날에는 영양가 있는 음식이 많으니 복날에 삼계탕을 ~~잘 먹지 않겠구나.~~ (×)

✳ **근거** ③단락 ❺번째 문장: 이 관습은 ~ 자주 먹습니다.

정답은 _____ 입니다.

세훈이는 부모님과 즐거운 여행을 다녀 왔어요. 부모님은 여행이 끝나 아쉬워하는 세훈이에게 기행문을 써 볼 것을 권하셨어요. 기행문은 어떤 글일까요?

기행문은 여행하면서 보고, 듣고, 느끼고, 겪은 것을 자유로운 형식으로 쓴 글입니다. 글쓴이의 경험이 사실적으로 드러나 있고, 글쓴이의 솔직한 감상과 느낌이 들어간다는 특징이 있습니다. 그래서 기행문을 쓸 때는 사실적인 내용과 글쓴이의 느낌을 구분해서 써야 합니다.

기행문에는 여정, 견문, 감상의 세 가지가 들어가야 합니다. 여정이란 지나온 여행의 과정을 뜻합니다. 여정이 담김으로써 기행문은 생생한 여행의 기록이 됩니다. 견문은 여행을 하면서 보고, 듣고, 경험한 객관적인 사실입니다. 견문이 잘 드러나야 재미있는 기행문이 될 수 있습니다. 감상은 글쓴이의 주관적인 생각과 느낌을 말합니다. 똑같은 일을 경험해도 사람마다 생각과 느낌이 다르기 때문에, 감상을 통해 개성 있는 글이 완성됩니다.

기행문은 처음, 중간, 끝으로 짜여 있습니다. 보통 처음에는 여행 동기, 출발 등이 나타납니다. 중간에는 여행 과정에서 경험한 것과 그에 대한 감상이 주로 나타납니다. 끝에는 여행에서 돌아오는 과정과 여행 전체에 대한 감상이 드러납니다.

기행문은 글쓴이에게는 여행의 기념이 되고, 읽는 이에게는 여행의 안내서가 될 수 있어요. 재미있는 기행문을 써 볼까요?

지문 확인

· 1단락의 중심 문장에 표시해 보세요.

· 2단락의 중심 문장에 표시해 보세요.

· 3단락의 중심 문장에 표시해 보세요.

· 4단락의 중심 문장에 표시해 보세요.

· 5단락의 중심 문장에 표시해 보세요.

낱말 따라 쓰기

● (좋은 뜻을 가지고 어떤 일을) 하라고 동의를 구하며 청하다. :
　권　하　다　　예 의사는 나에게 걷기 운동을 권했다.

● (사물이나 현상을) 실제로 있는 그대로 그려 내는 것 :
　사　실　적

● 눈에 보이는 듯 또렷하다. : 생　생 하다
　예 선생님께서 해 주셨던 말씀이 아직도 귓가에 생생하다.

● 자기 혼자만의 생각이나 감정에서 벗어나, 있는 그대로인 것 :
　객　관　적
　예 신문은 객관적 사실만을 전달하기 위해 노력해야 한다.

● 자기의 생각이나 의견, 관점을 기초로 하는 것 :
　주　관　적　예 그는 본인이 어떤 일에 알맞은 소질이나 성격 등을 가졌는지 따져 본 후 주관적 판단에 따라 직업을 결정했다.

01

다음은 이 글의 주제를 이해하는 과정입니다. 빈칸에 공통으로 들어가기에 알맞은 말을 쓰세요.

> 이 글은 (　　　)(이)란 어떤 글인지 개념을 설명하고, (　　　)에 들어가야 하는 요소, (　　　)의 짜임에 대해 알려 주고 있다. 따라서 이 글 전체의 중심 낱말은 '(　　　)'이고, 주제는 '(　　　)의 개념과 구성 요소 및 짜임'이다.

(　　　　　　　　　　　　　)

02

이 글에 대한 내용으로 가장 알맞은 것은 무엇인가요?　　　(　)

① 중간 부분에는 보통 여행의 동기가 나타난다.
② 끝 부분에는 보통 여행에서 돌아오는 과정이 나타난다.
③ 처음 부분에는 보통 여행 전체에 대한 감상이 드러난다.
④ 기행문을 쓸 때는 꼭 한 가지로 정해진 형식을 따라야 한다.
⑤ 글쓴이의 솔직한 감상이 중요하므로 사실적인 내용과 구분하지 않아도 된다.

01 주제 알아보기
이 글의 중심 내용을 떠올려 보세요. 그것을 중심 낱말을 포함한 간단한 말로 정리하면 주제가 됩니다.

02 내용 이해하기
2, 4단락에서 각 선택지와 관련된 내용을 찾아보세요.

DAY 32

낱말 따라 쓰기

- 사람마다 가지고 있는, 남과 다른 특성 : 개 성
  [個-낱 개, 性-성품 성]
  예 우리 모두 각자의 개성을 잃지 말아야 한다.

- 어떤 특별한 일을 하게 된 심리적인 이유나 원인 : 동 기
  [動-움직일 동, 機-계기 기]
  예 나는 그녀가 그런 결정을 내린 동기가 궁금했다.

- 중요하거나 특별한 일을 기억에 간직하여 잊히지 않게 하는 것 : 기 념 [紀-적을 기, 念-생각 념]
  예 우리는 졸업을 기념하기 위하여 분장을 하고 사진을 찍었다.

- 어떤 일·장소·행사 등을 소개하여 알려 주는 책 :
  안 내 서 [案-생각 안, 內-안 내, 書-글 서]
  예 나는 새로운 기계를 사용하기 전에 안내서를 꼼꼼하게 읽어 본다.

- 잘 알 수 있을 만큼 실례가 있고 자세한 것 : 구 체 적
  예 그녀는 자신이 무엇을 잘못했는지 구체적으로 듣지 못해 답답했다.

- 여럿 중에 하나를 꼭 집어 가리키다. : 짚 다
  예 어머니께서는 내가 잊어버릴 뻔한 사항들을 하나씩 다시 짚어 주셨다.

03

이 글에 대한 설명으로 가장 알맞지 <u>않은</u> 것은 무엇인가요?　　　　(　)

① 기행문의 구체적인 예를 들고 있다.

② 기행문의 개념에 대해 설명하고 있다.

③ 기행문을 쓸 때 주의할 점을 짚어 주고 있다.

④ 기행문이 어떻게 짜여 있는지 알려 주고 있다.

⑤ 물음 형식을 사용하여 기행문에 대한 궁금증을 불러일으키고 있다.

03 글쓰기 방식 이해하기

각 선택지의 내용이 글에 나와 있는지 찾아보세요.

04

이 글을 바탕으로 했을 때, 다음 ㉠~㉢에 들어갈 기행문의 구성 요소를 쓰세요.

- (　㉠　)이/가 담김으로써 개성 있는 기행문이 완성된다.
- (　㉡　)을/를 통해 기행문은 생생한 여행의 기록이 된다.
- (　㉢　)은/는 여행을 하면서 보고, 듣고, 경험한 객관적인 사실이다.

㉠: (　　　　　), ㉡: (　　　　　), ㉢: (　　　　　)

04 내용 적용하기

3단락에서 기행문의 세 가지 구성 요소에 대한 설명을 찾아 문제와 비교해 보세요.

05 　서술형

기행문은 글쓴이와 읽는 이에게 각각 어떤 가치가 있는지 이 글에서 찾아 쓰세요.

(1) 글쓴이: ＿＿＿＿＿＿＿＿＿＿＿＿＿＿＿＿＿＿＿＿＿＿＿

＿＿＿＿＿＿＿＿＿＿＿＿＿＿＿＿＿＿＿＿＿＿＿＿＿＿

(2) 읽는 이: ＿＿＿＿＿＿＿＿＿＿＿＿＿＿＿＿＿＿＿＿＿＿

＿＿＿＿＿＿＿＿＿＿＿＿＿＿＿＿＿＿＿＿＿＿＿＿＿＿

05 내용 이해하기

5단락에서 문제와 관련된 내용을 찾아보세요.

낱말 쑥쑥 테스트   DAY 31 + DAY 32 낱말

빠른 정답 4쪽

[01~04] 주어진 뜻풀이에 해당하는 낱말을 연결하세요.

01 여럿 중에 하나를 꼭 집어 가리키다. • • ㉠ 안내서

02 식품이 가지고 있는 영양 가치 • • ㉡ 행하다

03 어떤 일·장소·행사 등을 소개하여 알려 주는 책 • • ㉢ 짚다

04 어떤 일을 실제로 해 나가다. • • ㉣ 영양가

[05~08] 주어진 한자와 뜻풀이를 보고, 빈칸에 들어가기에 알맞은 말을 쓰세요.

05 風 습속 ☐ + 俗 관습 ☐ = ☐☐
한 사회에 오래전부터 지켜 내려오는 관습

06 開 열 ☐ + 放 놓을 ☐ = ☐☐하다
문이나 어떠한 공간 따위를 열어 자유롭게 드나들고 이용하게 하다.

07 動 움직일 ☐ + 機 계기 ☐ = ☐☐
어떤 특별한 일을 하게 된 심리적인 이유나 원인

08 慣 익숙할 ☐ + 習 익힐 ☐ = ☐☐
어떤 사회에서 오랫동안 지켜 내려와 그 사회의 구성원들이 널리 인정하는 질서나 풍습

[09~12] 주어진 뜻풀이에 해당하는 낱말을 〈보기〉에서 찾아 쓰세요.

〈 보기 〉
권하다   개성   구체적   생생하다

09 사람마다 가지고 있는, 남과 다른 특성 :
_____

10 눈에 보이는 듯 또렷하다. : _____

11 (좋은 뜻을 가지고 어떤 일을) 하라고 동의를 구하며 청하다. : _____

12 잘 알 수 있을 만큼 실례가 있고 자세한 것 :
_____

[13~16] 주어진 자음자와 낱말의 뜻을 보고, 빈칸에 알맞은 낱말을 쓰세요.

13 이것은 여행을 ☐ㄱ☐ㄴ☐ 하기 위해 산 인형이다.
중요하거나 특별한 일을 기억에 간직하여 잊히지 않게 하는 것

14 소나기가 올 때 우산은 없었지만, 모자가 있어서 ☐ㄱ☐ㄴ☐ㅁ☐ 다행이었다.
좋지 않거나 모자라기는 하지만 그것이나마

15 나는 그녀를 ☐ㄱ☐ㄱ☐ㅈ☐(으)로 보기 위해 한동안 거리를 두었다.
자기 혼자만의 생각이나 감정에서 벗어나, 있는 그대로인 것

16 감상문에는 자신의 ☐ㅈ☐ㄱ☐ㅈ☐인 생각과 느낌을 써야 한다.
자기의 생각이나 의견, 관점을 기초로 하는 것

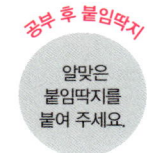
공부 후 붙임딱지

알맞은
붙임딱지를
붙여 주세요.

| 공부한 날 | 월 | 일 |

빠른 정답 4쪽

지문 확인

희진이는 텔레비전을 통해 남극 바다에서 물고기를 잡아먹는 펭귄들을 보았어요. 그리고 '펭귄은 차가운 바닷물에 뛰어들면 춥지 않을까?' 하는 궁금증이 들었어요.

펭귄은 물고기처럼 비늘이 있지 않고 깃털이 있는 동물입니다. 이러한 펭귄이 차가운 바다를 헤엄칠 수 있는 이유가 궁금해진 과학자들은 펭귄 깃털을 연구하기 시작했습니다.

과학자들이 발견한 펭귄 깃털의 특징에는 두 가지가 있는데, 첫 번째는 물에 잘 젖지 않고 따뜻하다는 것입니다. 펭귄의 몸에는 기름기가 있는 깃털이 촘촘하게 박혀 있습니다. 깃털들은 서로 맞물려 차가운 바닷물이 펭귄의 몸에 닿지 않게 합니다. 그뿐 아니라 촘촘한 깃털로 인해 공기층이 생겨, 옷을 여러 겹 입은 것처럼 몸을 따뜻하게 해 줍니다.

두 번째 특징은 물방울이 굴러 떨어진다는 것입니다. 펭귄 깃털에는 공기를 품고 있는 아주 작은 구멍이 있는데, 이것이 물이 달라붙지 못하도록 일종의 방수 역할을 합니다. 이 때문에 펭귄이 바닷물에 들어갔다 나오면 깃털에 묻은 물방울은 얼기 전에 굴러 떨어집니다.

과학자들은 펭귄 깃털의 첫 번째 특징을 활용해서 물에 젖지 않는 잠수복을 만드는 연구를 하기도 했어요. 또 두 번째 특징을 활용해서 비행기 날개가 어는 것을 막는 방법도 연구하고 있답니다. 자연과 동물의 세계는 참으로 신비하지요?

- 1단락의 중심 문장에 표시해 보세요.
- 2단락의 중심 문장에 표시해 보세요.
- 3단락의 중심 문장에 표시해 보세요.
- 4단락의 중심 문장에 표시해 보세요.
- 5단락의 중심 문장에 표시해 보세요.

─── **낱말 따라 쓰기**

● 날쌔게 움직여 갑자기 들어가거나 들어오다. :
　　　| 뛰 | 어 | 들 | 다 |

● 물고기나 뱀과 같은 동물의 거죽을 덮고 있는, 얇고 단단하며 반들반들한 작은 조각 : | 비 | 늘 |

● 새의 깃에 붙어 있는 털, 새의 털 : | 깃 | 털 |

● (한데 모여 있는 여러 물건의 틈이) 매우 좁거나 작다, **빽빽**하다. : | 촘 | 촘 | 하 | 다 |
　例 산에 나무들이 <u>촘촘하게</u> 들어차 있었다.

● (무엇과) 서로 마주 대어지거나 끊기지 않고 연결되다. :
　　　| 맞 | 물 | 리 | 다 |　例 톱니바퀴들이 <u>맞물려</u> 돌아간다.

● (흔히 '일종의' 꼴로 쓰여) 어떤 : | 일 | 종 |
　[一 ─한 일, 種 ─종류 종]
　例 나는 그 그림을 보면서 <u>일종의</u> 감동을 느꼈다.

● 물이 스며들거나 새는 것을 막는 것 : | 방 | 수 |
　[防 ─막을 방, 水 ─물 수]
　例 이 옷은 <u>방수</u> 처리가 되어 있어 비 오는 날 입기에 좋다.

STEP 6 주제 알아보기

★ **주제를 알아보는 방법**

① 각 단락을 요약하여 글의 구조를 알아보세요.

② 글의 구조를 바탕으로 글 전체에서 주로 이야기하는 내용이 무엇인지 살펴보세요.

③ 살펴본 내용을 글 전체의 중심 낱말을 포함한 간단한 말로 정리하면 글의 주제가 돼요.

1단락

'펭귄은 차가운 바닷물에 뛰어들면 춥지 않을까?'라며 글의 소재를 소개하고 있어요. 그러므로 1단락을 요약하면 '펭귄은 차가운 바닷물에 뛰어들면 춥지 않을까?' 하는 궁금증입니다.

2단락

과학자들이 펭귄 깃털을 연구하기 시작했다고 이야기하고 있어요. 그러므로 2단락을 요약하면 '과학자들의 1) ☐☐ ☐☐ 연구'입니다.

3단락

펭귄 깃털의 특징 중 물에 잘 젖지 않고 따뜻하다는 점을 설명하고 있어요. 그러므로 3단락을 요약하면 '펭귄 깃털의 특징 ① – 잘 젖지 않고 따뜻함.'입니다.

4단락

펭귄 깃털의 특징 중 물방울이 굴러 떨어진다는 점을 설명하고 있어요. 그러므로 4단락을 요약하면 '펭귄 깃털의 특징 ② – 물방울이 굴러 떨어짐.'입니다.

5단락

과학자들은 펭귄 깃털의 특징을 활용해서 잠수복, 2) ☐☐☐ 날개를 연구했어요. 그러므로 5단락을 요약하면 '펭귄 깃털의 3) ☐☐을/를 활용한 과학자들의 연구'입니다.

[글의 구조]

• 1단락에서 펭귄은 차가운 바닷물에 뛰어들면 춥지 않을지에 대한 궁금증을 불러일으키고 있어요.

• 2단락에서는 이러한 궁금증을 가진 과학자들이 펭귄 깃털을 연구했다고 알려 주고 있어요.

• 3단락에서는 펭귄 깃털의 첫 번째 특징, 4단락에서는 두 번째 특징에 대해 설명하고 있어요.

★ 3단락과 4단락은 펭귄 깃털의 특징에 대해 설명하고 있으므로 묶을 수 있어요.

• 5단락에서는 과학자들이 펭귄 깃털의 특징들을 활용한 연구를 하고 있다고 말하며 글을 마무리하고 있어요.

★ 글의 구조도를 그리면 다음과 같습니다.

1 단락: '펭귄은 차가운 바닷물에 뛰어들면 춥지 않을까?' 하는 궁금증

↓

2 단락: 과학자들의 펭귄 깃털 연구

↓

3 단락
펭귄 깃털의 특징 ①
– 잘 젖지 않고 따뜻함.

4 단락
펭귄 깃털의 특징 ②
– 물방울이 굴러 떨어짐.

↓

5 단락: 펭귄 깃털의 특징을 활용한 과학자들의 연구

[주제]

★ 이 글에서 가장 중심이 되는 낱말이 펭귄 깃털이므로, 이 글 전체의 중심 낱말은 '펭귄 깃털'입니다.

★ 이 글에서는 펭귄이 차가운 바닷물에 뛰어들 수 있도록 해 주는 펭귄 깃털의 특징에 대해 설명하고 있어요. 이 내용을 중심 낱말을 포함하는 말로 정리한 이 글의 주제는 '4) ☐☐ ☐☐의 특징'입니다.

01

다음 빈칸에 공통으로 들어가기에 알맞은 말을 쓰세요.

> 이 글은 펭귄이 차가운 바다를 헤엄칠 수 있도록 해 주는 (　　　)의 특징에 대해 설명하고 있다. 따라서 이 글 전체의 중심 낱말은 '(　　　)' 이고, 주제는 '(　　　)의 특징'이다.

(　　　　　　　　　　　)

빠른 정답 4쪽, 정답과 풀이 63~64쪽

정답 콕콕 특강

01 주제 알아보기
이 글의 중심 낱말이 무엇인지, 그것에 대해 어떤 이야기를 하고 있는지 떠올려 보세요.

02

다음 중 펭귄이 차가운 바다를 헤엄칠 수 있는 이유는 무엇인가요?　(　　)

① 펭귄 깃털의 공기층이 펭귄을 뜨게 하기 때문에
② 펭귄은 참을성이 많아 추위를 잘 참고 견디기 때문에
③ 펭귄 깃털이 차가운 물방울을 모두 흡수해 버리기 때문에
④ 펭귄이 잘 젖는 깃털을 미리 한번 젖게 하고 바다로 들어가기 때문에
⑤ 펭귄 몸에 기름기가 있는 깃털이 촘촘하게 박혀서 차가운 바닷물이 몸에 닿지 않기 때문에

02 내용 이해하기
각 선택지의 내용이 이 글에 나와 있는지 찾아보세요.

03

펭귄 깃털에 대한 묘사와 관련된 펭귄 깃털의 특징을 연결해 보세요.

(1) 공기를 품고 있는 아주 작은 구멍이 있다.　•

•ㄱ 따뜻하다.

(2) 몸에 촘촘하게 박혀 공기층을 만든다.　•

•ㄴ 물방울이 굴러 떨어진다.

03 내용 적용하기
3, 4단락에서 문제와 관련된 내용을 찾아보세요.

04　서술형

펭귄 깃털의 첫 번째 특징을 활용한 과학자들의 연구를 이 글에서 찾아 쓰세요.

_____

_____

04 내용 이해하기
3, 5단락에서 문제와 관련된 내용을 찾아보세요.

--- 낱말 따라 쓰기

● 잘 참고 견디는 성질 : 참 을 성

● (밖에 있는 것을) 안으로 빨아들이다. : 흡 수 하다

● 어떤 대상이나 현상을 보이는 대로 말하거나 그리는 일 :
묘 사　예 영화는 주인공의 성격 묘사가 뛰어났다.

낱말 쑥쑥 테스트

빠른 정답 4쪽

[01~04] 빈칸에 알맞은 낱말을 골라 쓰세요.

01 소화하다   흡수하다

(밖에 있는 것을) 안으로 빨아들이다. :

□□하다

02 묘사   비유

어떤 대상이나 현상을 보이는 대로 말하거나
그리는 일 : □□

03 방풍   방수

물이 스며들거나 새는 것을 막는 것 :

□□

04 성실성   참을성

잘 참고 견디는 성질 : □□□

[05~08] 밑줄 친 곳에 들어갈 낱말을 〈보기〉에서 찾아 쓰세요.

〈 보기 〉

뛰어들었다   일종   비늘   촘촘하게

05 낚시가 취미인 아버지는 갓 잡은 물고기의
_____을/를 벗겨 내고 맛있는 요
리를 해 주셨다.

06 어제 제주도에 도착한 나는 준비 운동을 한
후 곧바로 바다에 _____.

07 나는 점을 _____ 찍어서 점묘화
를 그렸다.

08 그녀는 아침 일찍 일어나 밝아지는 햇살을
보며 _____의 행복을 느꼈다.

─── 배경지식 ───

갓 태어난 새끼 펭귄은 어떻게 추위를 이겨 낼까요?

펭귄 깃털이 차가운 바닷물로부터 펭귄을 보호해 준다고 해도, 기온이 아주 낮은 남극
에서 갓 태어난 새끼 펭귄은 춥지 않을까요?

남극 대륙에 무리를 지어 생활하는 황제펭귄은 눈보라가 몰아치면 수백 마리가 서로 몸
을 맞대고 추위를 이겨 내요. 또 선 자세에서 발 위에 낳은 알을 올려놓고 아랫배로 알을
품어요. 암컷은 수컷에게 알을 맡긴 뒤 바다로 가서 몇 개월 동안 새끼에게 줄 먹이를 몸
속에 저장해요. 수컷은 알을 품는 동안 움직이지도, 먹지도 않는다고 해요. 새끼가 알을
깨고 나올 시기가 되면 암컷이 돌아와 수컷과 교대하지요.

이렇게 태어난 새끼 황제펭귄은 태어날 때부터 몸을 둘러싸고 있는 두꺼운 지방층으로
추위를 견뎌요. 또한 엄마와 아빠가 번갈아 가며 토해 주는 먹이를 먹고 자라난답니다.

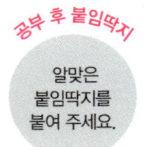

공부 후 붙임딱지

알맞은 붙임딱지를 붙여 주세요.

공부한 날 | 월 | 일

빠른 정답 4쪽

지문 확인

어느 마을에서 화살 멀리 쏘기 대회가 열려 세 명의 사람이 참가했어요. 첫 번째 사람은 화살을 하늘 높이 쏘았고, 두 번째 사람은 반대로 낮게 쏘았어요. 세 번째 사람은 그 중간 정도로 쏘았어요. 과연 셋 중 누가 우승을 차지했을까요?

화살을 멀리 쏘는 데에는 화살을 쏘는 각도가 중요합니다. '각도'란 한 점에서 그은 두 변이 벌어진 정도를 뜻합니다. 평평한 땅 위에 사람이 서 있을 때 지면과 사람 사이의 각도가 90도입니다. 사람의 몸이 반듯한 채로 점점 기운다면 각도는 점점 줄어들다가, 사람이 땅에 완전히 엎드리면 0도가 됩니다.

그렇다면 첫 번째 사람처럼 화살을 하늘 높이 쏘면 어떻게 될까요? 화살은 머리 위쪽으로 올라갔다가 땅으로 뚝 떨어져 버립니다. 화살과 지면이 이루는 각도가 45도 보다 클 때, 화살은 앞이 아닌 위로 올라갔다가 떨어지므로 멀리 날아가지 못합니다.

반대로 두 번째 사람처럼 낮게 쏘면, 화살은 땅에 너무 빨리 떨어져 버립니다. 화살과 지면이 이루는 각도가 45도 보다 작을 때, 땅으로 잡아당기는 힘인 중력의 영향을 더 많이 받기 때문입니다.

따라서 세 번째 사람처럼 45도 각도로 쏘았을 때 화살은 가장 멀리 날아갈 수 있습니다. 너무 수직으로 올라갔다가 뚝 떨어지지도 않고, 중력의 힘을 너무 많이 받지도 않기 때문입니다. 이 대회의 우승자는 (   )이라고 짐작할 수 있겠지요?

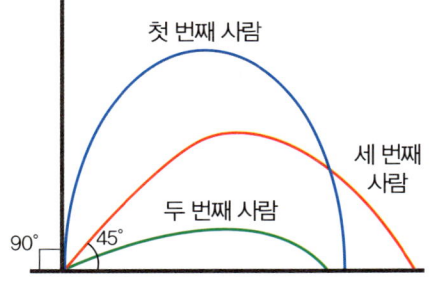

첫 번째 사람
세 번째 사람
두 번째 사람
90° 45°

• **1단락 요약** : 화살 멀리 쏘기 대회에서 누가 우승을 차지했을까요?

• **2단락 요약** :
1) ☐☐ 의 의미

• **3단락 요약** : 화살과 지면이 이루는 2) ☐☐ 이/가 45도 보다 클 때의 결과

• **4단락 요약** : 화살과 지면이 이루는 3) ☐☐ 이/가 45도 보다 작을 때의 결과

• **5단락 요약** : 화살이 가장 4) ☐☐ 날아갈 수 있는 45도 각도

낱말 따라 쓰기

● 어떤 단체에 들거나 일에 끼다. : 참 가 하다

● 무엇의 분량이나 수준 : 정 도

● 사물이나 공간, 지위 따위를 자기 몫으로 가지다. : 차 지 하다

● 도형을 이루는 한 직선 : 변

● 바닥이 고르고 판판하다. : 평 평 하다

● 땅의 표면 : 지 면 [地 – 땅 지, 面 – 겉 면]
예 그 섬은 지면이 울퉁불퉁하여 집을 짓기가 어려웠다.

01

다음은 이 글의 주제를 이해하는 과정입니다. 빈칸에 공통으로 들어가기에 알맞은 말을 쓰세요.

> 이 글은 화살 멀리 쏘기 대회에 참가한 세 사람을 통해, 화살을 가장 멀리 쏠 수 있는 (   )에 대해 설명하고 있다. 화살과 지면이 이루는 (   )이/가 45도 보다 크면, 높이 올라갔다가 뚝 떨어지므로 멀리 날아가지 못한다. 또 화살과 지면이 이루는 (   )이/가 45도 보다 작으면, 중력의 영향을 많이 받아 땅에 너무 빨리 떨어지므로 멀리 날아가지 못한다. 따라서 화살을 45도 각도로 쏘았을 때 가장 멀리 날아갈 수 있다.
>
> 그러므로 이 글 전체의 중심 낱말은 '화살을 쏘는 (   )'이고, 주제는 '화살이 가장 멀리 날아가는 45도 (   )'이다.

(   )

02

5단락의 빈칸에 들어갈 말로 가장 알맞은 것의 기호를 쓰세요.

> ㉠ 첫 번째 사람　　　㉡ 두 번째 사람　　　㉢ 세 번째 사람

(   )

낱말 따라 쓰기

- 찌그러지거나 비뚤어지지 않고 바르다. : 반 듯 하다
- 비스듬하게 한쪽이 낮아지거나 비뚤어지다. : 기 울 다
- 지구 위의 모든 물체에 작용하는, 지구의 중심으로 잡아당기는 힘 : 중 력 [重-무거울 중, 力-힘 력]
  예) 사과가 떨어지는 것은 중력 때문이다.
- 무엇에 원인이 되거나 힘을 미치어 반응이나 변화가 생기게 하는 것 : 영 향
  예) 독서는 우리 삶에 큰 영향을 끼친다.

- 직선과 직선, 직선과 평면, 평면과 평면 따위가 서로 만나 직각(90도)을 이루는 상태 : 수 직
- 사정이나 형편 등을 대강 알아차리다. : 짐 작 하다
  예) 경찰은 그를 범인으로 짐작하고 대비를 해 두었다.
- 예를 들어 보이는 것 : 예 시
  예) 적절한 예시는 어려운 설명을 이해하는 데 도움이 된다.
- 어떤 일정한 곳 : 지 점 [地-곳 지, 點-점 점]

03

이 글에 대한 내용으로 가장 알맞은 것은 무엇인가요?　　　　　（　　　）

① 각도란 두 점에서 그은 각각의 변이 벌어진 정도를 뜻한다.

② 화살과 지면이 이루는 각도가 45도 보다 크면, 화살은 뒤로 날아간다.

③ 평평한 땅 위에 사람이 서 있을 때 지면과 사람 사이의 각도는 0도이다.

④ 화살과 지면이 이루는 각도가 45도일 때 중력의 힘을 가장 많이 받는다.

⑤ 화살과 지면이 이루는 각도가 45도 보다 작을 때, 화살이 땅에 너무 빨리 떨어진다.

04

이 글에 대한 반응으로 가장 알맞지 <u>않은</u> 것은 무엇인가요?　　　　（　　　）

① 45도는 0도와 90도의 중간 지점이겠구나.

② 화살을 멀리 쏘려면 수직으로 쏘면 안 되겠구나.

③ 땅에 가까울수록 중력의 영향을 더 많이 받겠구나.

④ 한 점에서 그은 두 변이 벌어진 정도가 클수록 각도가 커지겠구나.

⑤ 화살과 지면이 이루는 각도가 0에 가까울수록 화살은 더 위쪽으로 날아가겠구나.

05 　서술형

화살을 45도 각도로 쏘았을 때 가장 멀리 날아갈 수 있는 이유를 이 글에서 찾아 쓰세요.

_____

_____

_____

[01~04] 빈칸에 알맞은 낱말을 골라 쓰세요.

01 수직 수평

직선과 직선, 직선과 평면, 평면과 평면 따위가 서로 만나 직각(90도)을 이루는 상태 :

☐☐

02 지붕 지면

땅의 표면 : ☐☐

03 변 각

도형을 이루는 한 직선 : ☐

04 강압하다 차지하다

사물이나 공간, 지위 따위를 자기 몫으로 가지다. : ☐☐하다

[05~08] 밑줄 친 곳에 들어갈 낱말을 〈보기〉에서 찾아 쓰세요. 필요하면 문장에 맞게 바꾸어 쓰세요.

〈 보기 〉
기울었다   중력   평평하다   영향

05 물건이 위에서 아래로 떨어지는 것은 지구 위의 모든 물체에 _____이/가 작용하기 때문이다.

06 그저께 못 하나가 빠지는 바람에 벽에 걸린 초상화가 _____.

07 나는 어렸을 때부터 그림을 좋아하시는 아버지의 _____을/를 많이 받았다.

08 옛날 사람들은 지구가 _____고 생각했었다.

배경지식

각도 도형이라고 할 수 있을까요?

한 점에서 그은 두 개의 직선으로 이루어진 것을 '각'이라고 해요. 그리고 점·선·면 따위가 모여서 이루어진 것을 도형이라고 해요. 그렇다면 한쪽이 뚫린 모양인 각도 삼각형, 사각형, 원처럼 도형일까요?

정답은 '그렇다.'예요. 사각형이 네 개의 선분과 네 개의 꼭짓점으로 이루어진 도형이듯이, 두 개의 선분과 한 개의 꼭짓점으로 이루어진 각도 도형이에요.

그렇다면 각의 넓이도 구할 수 있을까요?

이 질문의 정답은 '아니다.'예요. 삼각형, 사각형, 원은 꼭 닫혀 있어서 안과 밖이 구분되기 때문에 넓이를 구할 수 있어요. 하지만 한쪽이 뚫린 모양인 각은 열려 있어서 안과 밖을 구분할 수 없기 때문에, 넓이를 구할 수 없답니다.

각=도형

공부한 날	월	일

빠른 정답 4쪽

지문 확인

인구 문제에 대해 들어본 적 있나요? 인구가 너무 많거나 너무 적으면 문제가 되기 때문에, 정부에서는 필요에 따라 출산을 억제하거나 장려하는 정책을 펼쳐요. 그동안의 공익 광고 표어를 통해 우리나라의 인구 문제가 어떻게 달라졌는지 살펴볼까요?

1970년대에 쓰인 표어에는 '딸, 아들 구별 말고 둘만 낳아 잘 기르자.'가 있습니다. 남자아이를 선호하는 남아 선호 사상이 있던 당시에는, 아들을 낳기 위해 아이를 계속해서 많이 낳기도 했습니다. 이 때문에 인구가 너무 많아지자 등장한 표어입니다.

둘만 낳자던 1970년대에서 1980년대로 넘어오면서 '한 가정 사랑 가득, 한 아이 건강 가득'이라는 표어가 생겼습니다. 한 가정당 한 명의 아이만 낳도록 장려하는 정책을 홍보하였습니다. 출생률 감소를 위한 정책들의 효과로, 1960년대에 3%였던 인구 증가율이 1980년대에는 1%로 떨어졌습니다.

_____(가)_____ 1990년대 이후부터는 출생률이 너무 낮아서 문제가 되었습니다. 결혼 시기가 점점 늦어지고, 자녀에 대한 가치관 변화 및 육아를 위한 비용과 시간의 부담이 커졌기 때문입니다. 이에 2000년대부터는 본격적인 출산 장려 정책이 시행되었습니다. 이때의 표어에는 '아빠! 혼자는 싫어요. 엄마! 저도 동생을 갖고 싶어요.'가 있습니다.

이렇게 인구 문제는 시대에 따라 달라져 왔어요. 언젠가는 더 이상 표어가 필요 없도록 인구 문제가 해결되는 날이 오면 좋겠죠?

· 1단락 요약 :
표어를 통해 우리나라의 인구 문제 변화 살펴보기

· 2단락 요약 :
1970년대에 쓰인
1) ☐☐ 와/과 인구 문제

· 3단락 요약 :
1980년대에 쓰인
2) ☐☐ 와/과 인구 문제

· 4단락 요약 :
1990년대 이후의
3) ☐☐ ☐☐ 와/과 2000년대에 쓰인 표어

· 5단락 요약 :
4) ☐☐ 에 따라 달라져 온 인구 문제

낱말 따라 쓰기

● 아이를 낳는 것 : [출][산] [出-날 출, 産-낳을 산]

● 정도나 한도를 넘어서 나아가려는 것을 억눌러 그치게 하다. :
[억][제]하다 [抑-누를 억, 制-절제할 제]
⑩ 불필요한 소비를 억제해야 한다.

● 좋은 일에 힘쓰도록 북돋아 주다. : [장][려]하다
⑩ 부모님께서는 내가 글 쓰는 것을 장려하셨다.

● 사회적인 문제를 해결하거나 정치적 목적을 실현하기 위한 방법 : [정][책]

● 기업이나 단체가 공공의 이익을 목적으로 하는 광고 :
[공][익][광][고]

● 주장이나 의견을 알리기 위해 그 내용을 쉽고 간결하게 나타낸 짧은 문구 : [표][어] [標-나타낼 표, 語-말씀 어]

빠른 정답 4쪽, 정답과 풀이 67~68쪽

✏️ 뜻을 정확히 모르는
낱말들을 적어 보세요!

01

다음은 이 글의 주제를 이해하는 과정입니다. 빈칸에 공통으로 들어가기에 알맞은 말을 쓰세요.

> 이 글은 1970년대, 1980년대, 2000년대의 표어를 소개하면서, 이를 통해 각 시대의 (   )에 대해 설명하고 있다. 따라서 이 글 전체의 중심 낱말은 '표어', '우리나라의 (   )'이고, 주제는 '시대에 따라 달라져 온 우리나라의 (   )와/과 표어'이다.

(   )

02

다음 표어가 등장한 순서대로 기호를 쓰세요.

> ㉠ 한 가정 사랑 가득, 한 아이 건강 가득
> ㉡ 딸, 아들 구별 말고 둘만 낳아 잘 기르자.
> ㉢ 아빠! 혼자는 싫어요. 엄마! 저도 동생을 갖고 싶어요.

(   ) → (   ) → (   )

낱말 따라 쓰기 🍬

● 여러 가지 중에서 특별히 좋아하다. : 선 호 하다
 [選-가릴 선, 好-좋을 호]

● 어떤 사건이나 분야에서 새로운 제품이나 현상, 인물 등이 세상에 처음 나오다. : 등 장 하다

● 순서, 시기 따위가 현재 쪽으로 가까이 옮아오다. :
 넘 어 오 다

● 널리 알리다. : 홍 보 하다 [弘-넓을 홍, 報-알릴 보]

● 일정한 기간에 태어난 사람의 수가 전체 인구에 대하여 차지하는 비율 : 출 생 률

● 수량이 줄어드는 것 : 감 소

● 무엇의 가치를 매길 때, 그 매기는 사람의 일정한 생각이나 기준 : 가 치 관

● 어린아이를 기름. : 육 아 [育-기를 육, 兒-아이 아]
 예 육아는 매우 힘들지만 그만큼 행복을 가져다준다.

● 어떤 일을 하는 데 드는 돈 : 비 용
 예 이사하는 데 든 비용이 생각보다 많이 나왔다.

● 어떤 일을 할 때 마음에 느끼는 어려움, 곤란함 : 부 담
 예 해외여행은 돈이 많이 들어 부담이 되지만, 그만한 가치가 있다.

● 어떤 일의 진행 상태가 본래의 목적에 따라 매우 활발한 것 :
 본 격 적
 예 8월이 되자 본격적으로 더위가 시작되었다.

● 실제로 행해지다. : 시 행 되다
 예 그 법은 다음 달 1일부터 시행된다.

DAY 35

03

이 글의 내용으로 가장 알맞지 <u>않은</u> 것은 무엇인가요?　　　　（　　　）

① 인구는 너무 많아도, 너무 적어도 문제가 된다.
② 2000년대부터 본격적인 출산 장려 정책이 시행되었다.
③ 1960년대에 3%였던 인구 증가율이 1980년대에 1%로 떨어졌다.
④ 1970년대에는 여자아이보다 남자아이를 선호하는 현상이 있었다.
⑤ 1980년대에는 출생률 감소로 한 가정당 아이를 적어도 한 명씩은 낳도록 장려했다.

04

4단락의 밑줄 친 (가)에 들어갈 이어 주는 말로 가장 알맞은 것은 무엇인가요?

（　　　）

① 따라서　　　　　　② 이처럼
③ 그런데　　　　　　④ 왜냐하면
⑤ 그러므로

05 　서술형

1990년대 이후부터 출생률이 너무 낮아진 이유를 이 글에서 찾아 쓰세요.

_____

_____

_____

뜻을 정확히 모르는
낱말들을 적어 보세요!

낱말 쑥쑥 테스트

빠른 정답 4쪽

[01~04] 주어진 뜻풀이에 해당하는 낱말을 연결하세요.

01 여러 가지 중에서 특별히 좋아하다. · · ㉠ 비용

02 정도나 한도를 넘어서 나아가려는 것을 억눌러 그치게 하다. · · ㉡ 표어

03 어떤 일을 하는 데 드는 돈 · · ㉢ 억제하다

04 주장이나 의견을 알리기 위해 그 내용을 쉽고 간결하게 나타낸 짧은 문구 · · ㉣ 선호하다

[05~08] 주어진 자음자와 낱말의 뜻을 보고, 빈칸에 알맞은 낱말을 쓰세요.

05 내가 오랫동안 계획했던 일을 | ㅅ | ㅎ | 할 때가 되었다.
실제로 행하는 것

좋은 일에 힘쓰도록 북돋아 주는 것
06 학교에서는 학생들의 독서를 | ㅈ | ㄹ | 하기 위해 도서관을 넓히고 많은 책을 준비했다.

무엇의 가치를 매길 때, 그 매기는 사람의 일정한 생각이나 기준
07 어린 학생들은 | ㄱ | ㅊ | ㄱ | 을/를 형성할 때 주위 사람들의 영향을 많이 받는다.

08 부모님께서 하루도 빠뜨리지 않고 쓰셨던 | ㅇ | ㅇ | 일기를 보니 매우 감동적이었다.
어린아이를 기름.

배경지식

출생률이 왜 이렇게 감소했을까요?

출생률이 감소한 이유로 여성의 경제 활동이 증가했기 때문이라고 하는 경우가 있어요. 하지만 실제로 프랑스, 미국, 영국 등의 국가는 여성들의 경제 활동 참가율과 출생률이 모두 높은 편에 속해요. 오히려 상대적으로 우리나라는 여성의 경제 활동 참가율과 출생률이 모두 낮은 편이에요.

우리나라의 저출산 문제는 출산을 꺼리는 가치관을 가진 사람은 많아진 반면, 적절한 보육 환경은 부족하기 때문이에요. 즉, 저출산 문제를 해결하기 위해서는 출산에 대한 가치관을 변화시키려는 노력을 해야 해요. 더불어 영유아 보육 시설 확충 및 지원, 자녀의 교육비 지원 등 출산 장려를 위한 다양한 정책과 제도를 충분히 마련해야 할 거예요.

DAY 36

[STEP 6]
독해력 완성 테스트

공부 후 붙임딱지
알맞은 붙임딱지를 붙여 주세요.

| 공부한 날 | 월 | 일 |

★★★ :상　★★✿ :중　★✿✿ :하

[01~05] 다음 글을 읽고, 물음에 답하세요.

악기 자체를 두드리거나 서로 부딪쳐서 소리 내는 악기를 타악기라고 해요. 보통 타악기는 음정이 없다고 생각하기 쉽지요. 그런데 사실 타악기에는 음정이 없는 것과 있는 것 두 가지 종류가 있어요.

음정이 없는 타악기에는 북, 트라이앵글, 탬버린 등이 있습니다. 북은 원통형으로 된 몸 양쪽에 가죽 막을 씌운 것입니다. 손으로 치기도 하지만 북채를 사용하기도 합니다. 트라이앵글은 영어로 '삼각형'이라는 뜻이기도 한데, 삼각형 모양의 쇠막대를 강철로 만든 봉으로 쳐서 소리 내는 악기입니다. 탬버린은 크기가 작은 북과 비슷한 모양으로, 테두리에 딸랑이나 작은 종이 달린 악기입니다. 북면의 가운데를 치거나 테를 잡고 흔들어서 연주합니다.

음정이 있는 타악기에는 실로폰, 팀파니 등이 있습니다. 실로폰은 길이나 두께를 다르게 한 막대 여러 개를 마치 건반처럼 나란히 놓은 악기입니다. 막대로 쳐서 소리를 내며, 음판이 길수록 낮은 소리가 납니다. 팀파니는 구리와 놋쇠를 혼합하여 만든 가마솥 모양의 틀에 가죽 막을 씌운 북 종류의 악기입니다. 막의 가장자리에 있는 나사를 이용하여 음높이를 조절할 수 있습니다. 팀파니는 주로 오케스트라에서 점점 커지는 분위기 등을 표현할 때 쓰입니다.

타악기의 소리는 다 비슷하다고 생각했던 친구들도 많을 거예요. 하지만 이렇게 생각보다 더 다양한 종류의 타악기가 있답니다.

01 ★✿✿

다음은 이 글의 주제를 이해하는 과정입니다. 빈칸에 공통으로 들어가기에 알맞은 말을 쓰세요.

> 이 글은 음정이 없는 (　　　)와/과 음정이 있는 (　　　)에 대해 설명하고 있다. 음정이 없는 (　　　)에는 북, 트라이앵글, 탬버린 등이 있고, 음정이 있는 (　　　)에는 실로폰, 팀파니 등이 있다. 그러므로 이 글 전체의 중심 낱말은 '(　　　)'이고, 주제는 '음정이 없는 (　　　)와/과 음정이 있는 (　　　)'이다.

(　　　　　　　)

02 ★★★

이 글의 내용으로 가장 알맞은 것은 무엇인가요?

(　　　)

① 모든 타악기에는 음정이 없다.
② 타악기는 줄을 튕기거나 쳐서 소리 내는 악기이다.
③ 트라이앵글은 영어로 '사각형'이라는 뜻이기도 하다.
④ 탬버린의 테두리에는 딸랑이나 작은 종이 달려 있다.
⑤ 모든 북은 가장자리에 있는 나사를 이용하여 음높이를 조절할 수 있다.

03 ✳✳✲

다음 악기를 알맞은 타악기 종류에 연결해 보세요.

(1)

▲ 실로폰

(2)
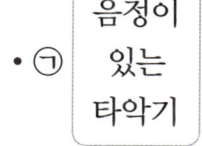
▲ 트라이앵글

• ㉠ 음정이 있는 타악기

(3)
▲ 팀파니

(4)
▲ 탬버린

• ㉡ 음정이 없는 타악기

04 ✳✳✳

다음 중 실로폰에 대한 설명으로 알맞은 것을 모두 고른 것은 무엇인가요? (   )

> ㉠ 음정이 있는 타악기이다.
> ㉡ 음판의 두께는 일정하다.
> ㉢ 손으로 두드려서 연주한다.
> ㉣ 막대 여러 개로 이루어져 있다.
> ㉤ 음판이 길수록 높은 소리가 난다.

① ㉠, ㉡   ② ㉠, ㉢
③ ㉠, ㉣   ④ ㉠, ㉢, ㉣
⑤ ㉡, ㉣, ㉤

05 ✳✳✲ 서술형

팀파니는 주로 어떤 표현을 할 때 쓰이는지 쓰세요.

_____

_____

_____

낱말 따라 쓰기

● (무엇을 어디에) 세게 마주 닿게 하거나 마주 대다. :
  부 딧 치 다
● (음악에서) 높이가 다른 두 음 사이의 간격 : 음 정
  [音-소리 음, 程-음률 정] 예 나는 노래할 때 정확한 음정을 맞추기가 힘들다.
● 둥근 통 모양 : 원 통 형
● 물건의 표면을 덮고 있는 얇은 물질 : 막
● 열과 압력을 가해 단단하게 만든 쇠로, '스틸'이라고 함. : 강 철

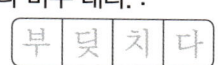
▲ 원통형인 북

● 둘레가 둥근 대 : 봉
● 둘레의 가장자리 : 테 두 리
● '테두리'의 준말 : 테
● 악기를 다루어 곡을 표현하거나 들려주다. : 연 주 하다
● 피아노, 오르간 따위에서 손가락으로 치도록 된 부분을 늘어놓은 면 : 건 반 예 피아노를 칠 때는 건반을 얼마나 세게 치느냐에 따라 소리의 크기가 달라진다.
● 떨어서 소리를 내는 쇠붙이나 나무들의 조각 : 음 판
  [音-소리 음, 板-널빤지 판]
● 뒤섞어서 한데 합하다. : 혼 합 하다
  [混-섞을 혼, 合-합할 합]
● 어떤 사정이나 조건에 알맞게 만들다 : 조 절 하다
● 관악기·현악기·타악기 중 두 가지 이상의 악기로 동시에 연주하는 단체 : 오 케 스 트 라

DAY
36

* '○○○자로 끝나는 말은?' 놀이를 하려고 합니다. 다음 뜻풀이에 해당하는 낱말을 빈칸에 쓰세요.

1 지 지 '지'자로 끝나는 말은?

(1) 법이나 규칙, 명령 따위로 어떤 행위가 이루어지지 못하게 되는 것 : ☐ 지

(2) 사물이나 공간, 지위 따위를 자기 몫으로 가지는 것 : ☐ 지

2 성 성 '성'자로 끝나는 말은?

(1) 사람마다 가지고 있는, 남과 다른 특성 : ☐ 성

(2) 잘 참고 견디는 성질 : ☐ ☐ 성

3 적 적 '적'자로 끝나는 말은?

(1) 자기 혼자만의 생각이나 감정에서 벗어나, 있는 그대로인 것 : ☐ ☐ 적

(2) 자기의 생각이나 의견, 관점을 기초로 하는 것 : ☐ ☐ 적

(3) 어떤 일의 진행 상태가 본래의 목적에 따라 매우 활발한 것 : ☐ ☐ 적

4 가 가 '가'자로 끝나는 말은?

(1) 식품이 가지고 있는 영양 가치 : ☐ ☐ 가

(2) 어떤 단체에 들거나 일에 끼는 것 : ☐ 가

5 수 수 '수'자로 끝나는 말은?

(1) 물이 스며들거나 새는 것을 막는 것 : ☐ 수

(2) (밖에 있는 것을) 안으로 빨아들이는 것 : ☐ 수

붙임딱지 활용법

★ 문제를 풀고 채점한 후에 알맞은 붙임딱지를 붙여 보세요.

다 맞았을 때

100점! 100점! 100점! 100점! 100점! 100점! 100점! 100점!
100점! 100점! 100점! 100점! 100점! 100점! 100점! 100점!
100점! 100점! 100점! 100점! 100점! 100점! 100점! 100점!

1문제 틀렸을 때

아깝다! 아깝다! 아깝다! 아깝다! 아깝다! 아깝다! 아깝다! 아깝다!
아깝다! 아깝다! 아깝다! 아깝다! 아깝다! 아깝다! 아깝다! 아깝다!
아깝다! 아깝다! 아깝다! 아깝다! 아깝다! 아깝다! 아깝다! 아깝다!

2문제 틀렸을 때

더 열심히! 더 열심히! 더 열심히! 더 열심히! 더 열심히! 더 열심히! 더 열심히! 더 열심히!
더 열심히! 더 열심히! 더 열심히! 더 열심히! 더 열심히! 더 열심히! 더 열심히! 더 열심히!

3문제 이상 틀렸을 때

어려워요! 어려워요! 어려워요! 어려워요! 어려워요! 어려워요! 어려워요! 어려워요!
어려워요! 어려워요! 어려워요! 어려워요! 어려워요! 어려워요! 어려워요! 어려워요!

◉ (주)수경출판사의 모든 교재에는 **마인드 트리**가 있습니다.

◉ 교재의 **마인드 트리** 5개를 모아서 보내 주시는 모든 분께 선물을 드립니다.

◉ 각각 다른 교재의 **마인드 트리**를 보내 주셔야 합니다.

≫ 다빈치 융합 학습 만화 도서 중 1권을 드립니다.

*오려서 보내 주세요.

자이스토리

Mind Tree

5개를 모아 보내 주세요!

(각각 다른 교재로)

풀이나 스카치 테이프를 이용해 붙여 주세요.

우 편 봉 함 엽 서

보내는 사람

*주소 _____

*이름 _____ *학년 (_____)

☐ ☐ ☐ ☐ ☐

우표

받는 사람

서울시 영등포구 양평로 21길 26(양평동 5가)
IS비즈타워 807호
(주)수경출판사 교재 기획실

[0] [7] [2] [0] [7]

자이스토리 초등 국어 **독해력 쑥쑥 + 낱말 쑥쑥 3**학년

1. 이 책을 구입하게 된 동기는 무엇입니까? [교재명 :   ]

① 서점에서 다른 책들과 비교해 보고 ② 광고를 보고/듣고 ③ 학교/학원 보충 교재 [학교명(학원명):   ]
④ 선생님의 추천   ⑤ 친구/선배의 권유 ⑥ 기타 [   ]

2. 교재를 선택할 때 가장 큰 기준이 되는 것은?(복수 응답 가능)

① 유명 출판사   ② 교재 내용   ③ 디자인   ④ 난이도
⑤ 교재 분량   ⑥ 정답과 풀이   ⑦ 동영상 강의   ⑧ 기타 [   ]

3. 이 책의 전반적인 부분에 대한 질문입니다.

◆ 표지 디자인: 좋다 ☐   보통이다 ☐   좋지 않다 ☐   ◆ 본문 디자인: 좋다 ☐   보통이다 ☐   좋지 않다 ☐
◆ 문제 난이도: 어렵다 ☐   알맞다 ☐   쉽다 ☐   ◆ 교재의 분량: 많다 ☐   알맞다 ☐   적다 ☐

4. 이 책의 구성 요소를 평가한다면?

• 교과 연계 지문 (   )   • 지문 술술 이해 (   )   • 정답 콕콕 특강 (   )
• 낱말 따라 쓰기 (   )   • 낱말 쑥쑥 테스트 (   )   • 배경지식 (   )
• 독해력 완성 테스트 (   )   • 낱말 쑥쑥 총정리 (   )

① 매우 만족   ② 만족   ③ 보통   ④ 불만   ⑤ 매우 불만

자이스토리 초등 국어
독해력 쑥쑥+낱말 쑥쑥 3학년

5. 이 책에서 추가되어야 할 점이 있다면 무엇입니까?

_____
_____
_____

6. 최근 본인이 크게 도움을 받은 책이 있다면?(또는 가장 인기 있는 교재는?)

교재명 : _____   과목 : _____
_____
_____

7. 내가 원하는 교재가 있다면?

_____
_____
_____
_____

이름 : _____   연락처 : _____   이메일 : _____
                        학 교 : _____   학 년 : _____

Fighting!

국어를 공부하는 즐거움을
찾는 건 멋진 일이랍니다.

❄ **마인드 트리**를 붙이고 원하는 교재를 체크하세요.

mind tree 1	mind tree 2	mind tree 3	mind tree 4	mind tree 5

※ 원하는 교재를 1권 체크

다빈치 융합 학습 만화

☐ 국어 3학년	☐ 국어 4학년	☐ 국어 5학년	☐ 국어 6학년
☐ 수학 3학년	☐ 수학 4학년	☐ 수학 5학년	☐ 수학 6학년
☐ 사회 3학년	☐ 사회 4학년	☐ 사회 5학년	☐ 사회 6학년
☐ 과학 3학년	☐ 과학 4학년	☐ 과학 5학년	☐ 과학 6학년

자이스토리

초등 국어 독해력 쑥쑥

+ 낱말 쑥쑥

정답과 풀이

3 학년

수경출판사

이 책의 차례

이 책의 정답과 풀이

★ 글의 내용을 완벽히 이해시키는 **입체 첨삭 해설**

각 단락의 중심 내용을 **단락 요약**
요약하여 알려 줍니다.

전체 중심 낱말
전체 중심 낱말을 확인할 수 있습니다.
◯ 표시

전체 중심 문장
글 전체에서 가장 중요한 중심 문장을 알려 줍니다. ▢ 표시

각 단락 중심 문장
각 단락의 중심 문장을 알아볼 수 있습니다.
[ ] 표시

각 단락 중심 낱말
각 단락의 중심 낱말을 확인할 수 있습니다.
◯ 표시

왜 정답?
정답인 이유를 근거와 함께 알기 쉽고 자세하게 풀이했습니다.

왜 오답?
왜 틀렸는지 확실히 이해할 수 있도록 근거와 함께 자세하게 설명했습니다.

문제 유형
다양한 문제의 유형을 알려 줍니다.

문제 분석
어려운 유형의 문제를 쉽게 이해시켜 문제를 어떻게 풀어가야 하는지 알려 줍니다.

글의 구조도
글 전체의 내용과 구조를 한눈에 파악할 수 있습니다.

지문 이해
지문 내용, 단락 간의 관계, 주제를 스스로 익힐 수 있게 정리했습니다.

배경지식
지문과 관련된 다양한 자료로 학습과 생각의 깊이를 더할 수 있습니다.

[국어] 청소기로 윙윙 ~ 집안을 깨끗하게

◯ 각 단락 중심 낱말 ◯ 전체 중심 낱말 [ ] 각 단락 중심 문장 ▢ 전체 중심 문장

① 민수는 엄마와 함께 벼룩시장에 청소기를 팔기로 했어요. 그런데 사는 사람이 사용법을 잘 모를 것 같아 설명하는 글을 적어 함께 주기로 했죠. [이런 글은 어떻게 써야 할까요?]

② 어떤 지식이나 정보를 읽는 이에게 알려 주기 위해 쉽게 풀어서 쓴 글을 설명문이라고 합니다. 설명문은 사실만을 전달해야 하므로, '이 청소기는 예쁘고 튼튼한 것 같다.'와 같이 글쓴이의 주관적인 생각이 들어가면 안 됩니다.

③ 또한 설명문은 읽는 이가 쉽게 이해할 수 있도록, '처음-중간-끝'의 세 단계로 짜임새 있게 구성되어야 합니다. 처음 부분에서는 설명 대상을 밝히고, 읽는 이가 흥미를 갖도록 이끌어야 합니다. 중간 부분에서는 설명하려는 내용에 대해 자세히 설명합니다. 그리고 끝부분에서는 설명한 내용을 간단하게 요약하고 마무리합니다.

④ 한편 설명문은 이해하기 쉬운 낱말과 문장으로 풀어 써야 합니다. (가) 유익한 내용도 어렵게 쓰면 뜻이 잘 전달되지 않기 때문입니다. 민수가 '공기의 압력차로 먼지를 처치한다.'라고 쓴다면 이해하기 어려울 것입니다.

⑤ 설명문을 다 쓴 민수는 글이 알맞은 구성으로 객관적이고 쉽게 쓰였는지 확인했어요. 다른 설명문을 읽을 때도 '처음-중간-끝'에 따라 내용을 정리하고, 정확한 정보인지 살펴보겠다고 생각했죠. 민수처럼 올바른 방법으로 설명문을 읽고 쓰도록 합시다.

단락 요약
① 설명하는 글은 어떻게 써야 할까요?
② 설명문의 개념
③ 설명문을 쓸 때 주의할 점 ① - 짜임새 있게 구성하기
④ 설명문을 쓸 때 주의할 점 ② - 이해하기 쉬운 낱말과 문장으로 풀어 쓰기
⑤ 설명문을 다 쓰고 확인할 때와 읽을 때의 올바른 방법

지문 이해

• 이 글은 설명문의 개념과 설명문을 쓸 때 주의할 점에 대해 알려 주는 설명문입니다. 설명문은 어떤 지식이나 정보를 읽는 이에게 알려 주기 위해 쉽게 풀어서 쓴 글이에요. 설명문을 쓸 때는 사실만을 전달하고, '처음-중간-끝'의 세 단계로 짜임새 있게 구성해야 하며, 이해하기 쉬운 낱말과 문장으로 풀어 써야 해요. 다 쓴 후에는 알맞은 구성으로 객관적이고 쉽게 쓰였는지 확인하면 좋아요. 다른 설명문을 읽을 때도 설명문을 쓸 때 주의했던 점을 살피면서 읽는 것이 좋습니다.

• 단락 간의 관계
①단락에서는 설명하는 글을 어떻게 써야 하는지, 글의 소재를 소개하고 있어요.
②단락에서는 설명문의 개념을 설명하고 있어요.
③단락에서는 설명문을 쓸 때 짜임새 있게 써야 한다고, ④단락에서는 이해하기 쉬운 낱말과 문장으로 풀어 써야 한다고, 설명문을 쓸 때 주의할 점을 알려 주고 있어요.
③, ④단락은 설명문을 쓸 때 주의할 점을 설명하고 있으므로 하나로 묶을 수 있어요.
⑤단락에서는 설명문을 다 쓰고 확인할 때와 읽을 때의 올바른 방법에 대해 말하며 글을 마무리하고 있어요.

• 글의 구조도
① 단락: 설명하는 글은 어떻게 써야 할까요?
↓
② 단락: 설명문의 개념
↓
③ 단락   ④ 단락
설명문을 쓸 때 주의할 점 ①   설명문을 쓸 때 주의할 점 ②
- 짜임새 있게 구성하기   - 이해하기 쉬운 낱말과 문장으로 풀어 쓰기
↓
⑤ 단락: 설명문을 다 쓰고 확인할 때와 읽을 때의 올바른 방법

• 주제: 설명문의 개념과 설명문을 쓸 때 주의할 점

---

01 정답 ②   내용 이해하기

왜 정답?
② 근거: ②단락 ❷번째 문장
'설명문은 사실만을 전달해야 하므로, '이 청소기는 예쁘고 튼튼한 것 같다.'와 같이 글쓴이의 주관적인 생각이 들어가면 안 됩니다.'라고 했으므로 설명문을 쓸 때 글쓴이의 생각을 덧붙여 쓰는 것은 알맞지 않아요.

왜 오답?
① 근거: ④단락 ❶번째 문장
'한편 설명문은 이해하기 쉬운 낱말과 문장으로 풀어 써야 합니다.'라고 했으므로 맞는 설명이에요.
③ 근거: ③단락 ❻번째 문장
'그리고 끝부분에서는 설명한 내용을 간단하게 요약하고 마무리합니다.'라고 했으므로 맞는 설명이에요.

02 정답 ④   내용 적용하기

다음은 민수가 쓴 청소기 사용법에 대한 설명문의 일부입니다. 이 글에 따르면 지워야 할 문장은 무엇인가요?

• 이 글에 따르면 지워야 할: 이 글에서 설명하고 있는 설명문의 개념과 설명문을 쓸 때 주의할 점에 어긋나는 문장을 찾으라는 것이에요.

• 설명문의 예시 글을 보고, 이 글에서 설명하는 설명문의 개념과 설명문을 쓸 때 주의할 점에 어긋나는 문장을 찾는 문제예요.

배경지식 '감자'가 무엇일까요?

우리나라에 고구마가 처음 들어온 것은 1763년이에요. 통신사로 일본에 갔던 조엄이 대마도(쓰시마 섬)에서 고구마를 가져와 부산에 심었지요.
처음에는 고구마를 '달 감(甘)'에 '마 제(藷)', 즉 '단맛이 나는 마'라는 뜻으로 '감저'라고 불렀대요.
이후 1824년 감자가 중국에서 우리나라에 전래되었을 때, 감자를 '북쪽에서 온 감저'라는 뜻으로 '북감저'라고 불렀어요. 후에 '감저'는 일본에서 고구마를 칭하던 '고코이모'를 따라 '고귀이마'를 거쳐 고구마로 변하였어요. 하지만 원래 이름이 남아 있는 제주도의 몇몇 곳에서는 아직도 고구마를 '감저', 감자를 '지실(地實)'이라 부른대요.

▲ 감자(왼쪽)와 고구마(오른쪽)

빠른 정답

*문제에 대한 정확하고 자세한 풀이는 Day별 정답과 풀이에서 확인할 수 있습니다.

DAY 01
지문 쏙쏙 이해 1) 음식 2) 자연환경 3) 강원도 4) 전라도 5) 경상도
6) 지역
[문제 정답] + 정답 콕콕 특강
01 음식 02 (1) 남북 (2) 평야, 산지 03 (1) ⓒ (2) ⓛ (3) ⓙ 04 ①

DAY 02
지문 확인 1) 설명문 2) 설명문 3) 설명문
[문제 정답] 01 설명문 02 ⑤ 03 ② 04 ④ 05 예 설명문은 이해하기
쉬운 낱말과 문장으로 풀어 써야 한다.
━━━━━━━━ 낱말 쑥쑥 테스트
01 ⓛ 02 ⓔ 03 ⓙ 04 ⓒ 05 벼룩시장 06 칼칼하다 07 특산물
08 짜임새 09 독특하다 10 유익 11 강수량 12 객관적 13 유명하다
14 기온 15 풍부하다 16 요약

DAY 03
지문 쏙쏙 이해 1) 문화유산 2) 문화유산 3) 자긍심 4) 문화유산
[문제 정답] 01 문화유산 02 (1) ⓛ (2) ⓒ (3) ⓙ 03 ③ 04 ①
━━━━━━━━ 낱말 쑥쑥 테스트
01 ⓒ 02 ⓜ 03 ⓔ 04 ⓛ 05 ⓙ 06 슬기 07 보존 08 자긍심
09 형식

DAY 04
[문제 정답] 01 ⓙ 판화, ⓛ 숫자 02 ③ 03 ⓒ 04 ④ 05 예 오리지널
판화는 화가가 직접 참여하여 찍고, 이것을 화가가 인정한 판화이기 때
문이다.
━━━━━━━━ 낱말 쑥쑥 테스트
01 가치 02 복제 03 원본 04 기호 05 인정 06 미완성 07 참여
08 전시회

DAY 05
[문제 정답] 01 ⓙ 감자, ⓛ 고구마 02 ③ 03 고구마 04 ① 05 예 감
자는 땅속으로 뻗은 줄기의 일부가 커지면서 생기는 것이고, 고구마는
뿌리 중 일부가 커지면서 덩이가 생기는 것이다.
━━━━━━━━ 낱말 쑥쑥 테스트
01 탄수화물 02 독성 03 식량 04 소재 05 덩이 06 보관 07 서늘
하다 08 경험 09 부족 10 통풍

DAY 06
[문제 정답] 01 대취타 02 ⑤ 03 ⓒ, ⓔ, ⓙ, ⓛ 04 ④ 05 예 대취타
는 부는 악기인 취악기와 때리는 악기인 타악기로 연주하는 음악이라는
뜻에서 이름이 붙여졌다.

잠깐! 쉬어가기 ━━━━━━━━ ▶ 본문 32쪽
(1) 대표하다 (2) 강수량 (3) 객관적 (4) 천체 (5) 슬기 (6) 암호
(7) 서늘하다 (8) 일상 (9) 조화

DAY 07
지문 확인 1) 다의어 2) 다의어 3) 다의어
지문 쏙쏙 이해 1) 다의어 2) 중심 3) 주변 4) 언어생활
[문제 정답] + 정답 콕콕 특강
01 ④ 02 ② 03 (1) ⓛ (2) ⓙ, ⓒ 04 ⓛ

DAY 08
지문 확인 1) 고인돌 2) 고인돌 3) 고창 고인돌 유적지
[문제 정답] 01 ① 02 (1) × (2) × (3) ○ 03 ④ 04 ④ 05 예 고인돌
은 만드는 데에 많은 사람의 힘이 필요한 크기이기 때문이다.
━━━━━━━━ 낱말 쑥쑥 테스트
01 지위 02 명예 03 추측되다 04 무덤 05 ⓛ 06 ⓔ 07 ⓙ 08 ⓒ
09 도리 10 짐작 11 흔하다 12 체험 13 활용하여 14 풍부하다
15 고되다 16 유적지

DAY 09
지문 확인 1) 물질 2) 야구 방망이 3) 야구공 4) 야구용품
지문 쏙쏙 이해 1) 야구용품 2) 나무 3) 알루미늄 4) 물질 5) 물질
6) 용도
[문제 정답] 01 ① 02 ⑤ 03 ⓙ 실, ⓛ 고무 04 ⑤
━━━━━━━━ 낱말 쑥쑥 테스트
01 ⓒ 02 ⓔ 03 ⓛ 04 ⓙ 05 물질 06 단면 07 용도 08 충격

DAY 10
지문 확인 1) 나눗셈 2) 나눗셈, 결과 3) 나눗셈, 결과
[문제 정답] 01 ① 02 ② 03 ④ 04 6 05 예 나누는 수가 1보다 크면
그 결과는 원래 수보다 작아지고, 나누는 수가 1보다 작으면 그 결과는
원래 수보다 커진다.
━━━━━━━━ 낱말 쑥쑥 테스트
01 ② ○ 02 ② ○ 03 사용 04 유용하다 05 쪼개어 06 원래

DAY 11
지문 확인 1) 잠 2) 잠 3) 잠 4) 잠
[문제 정답] 01 ③ 02 ⓒ 03 ③ 04 ⑤ 05 예 잠자는 시간은 우리 몸
이 재정비를 하는 중요한 시간이기 때문이다.
━━━━━━━━ 낱말 쑥쑥 테스트
01 ⓛ 02 ⓔ 03 ⓙ 04 ⓒ 05 피로 06 회복 07 제대로

DAY 12
[문제 정답] 01 ① 02 ③ 03 ② 04 ⓒ, ⓔ 05 예 자연 재료를 이용하
여 만든 한옥은 건강에 도움이 되기 때문이다.

잠깐! 쉬어가기 ━━━━━━━━ ▶ 본문 56쪽
1 (1) 범 (2) 지 2 (1) 백 (2) 특 (3) 구 3 (1) 청동 (2) 성장 (3) 인
4 (1) 프 (2) 피 5 (1) 체 (2) 단

DAY 13

지문 확인
- 1단락 중심 문장: 2번째 문장
- 2단락 중심 문장: 1, 3번째 문장
- 3단락 중심 문장: 1번째 문장
- 4단락 중심 문장: 1, 3번째 문장
- 5단락 중심 문장: 1번째 문장

지문 쏙쏙 이해 1) 지진 2) 바깥 3) 승강기 4) 전철 5) 행동 요령

문제 정답 +정답 콕콕 특강 01 ④ 02 ④ 03 ㉠ 04 ③

DAY 14

지문 확인
- 1단락 중심 문장: 3번째 문장
- 2단락 중심 문장: 2번째 문장
- 3단락 중심 문장: 1번째 문장
- 4단락 중심 문장: 1번째 문장
- 5단락 중심 문장: 2번째 문장
- 6단락 중심 문장: 1번째 문장

문제 정답 01 ㉠ 그린란드, ㉡ 교통수단 02 ③ 03 ⑤ 04 ⑤
05 예 지역의 자연환경은 그 지역에서 이용되는 교통수단에 영향을 주기 때문이다.

낱말 쑥쑥 테스트

01 보호 02 영향 03 지진 04 요령 05 대피 06 교통수단 07 행동
08 ㉢ 09 ㉠ 10 ㉣ 11 ㉡ 12 매섭다 13 뒤덮였다 14 승강기
15 건조하다

DAY 15

지문 확인
- 1단락 중심 문장: 3번째 문장
- 2단락 중심 문장: 1, 4번째 문장
- 3단락 중심 문장: 1번째 문장
- 4단락 중심 문장: 1번째 문장
- 5단락 중심 문장: 1번째 문장

지문 쏙쏙 이해 1) 올챙이 2) 개구리 3) 생김새 4) 먹이 5) 차이점

문제 정답 01 ㉠ 올챙이, ㉡ 개구리 02 ㉣, ㉠, ㉢, ㉡ 03 ①
04 (1) ㉠ (2) ㉡ (3) ㉡ (4) ㉠

낱말 쑥쑥 테스트

01 속담 02 부화하다 03 물갈퀴 04 허파 05 신비 06 투명
07 아가미 08 생김새

DAY 16

지문 확인
- 1단락 중심 문장: 4번째 문장
- 2단락 중심 문장: 1번째 문장
- 3단락 중심 문장: 1번째 문장
- 4단락 중심 문장: 1번째 문장
- 5단락 중심 문장: 2번째 문장

문제 정답 01 계이름 02 ① 03 ② 04 정훈 05 예 '우트'가 '도'로 바뀌고, '시'라는 음이 새로 생겨났다.

낱말 쑥쑥 테스트

01 ② ○ 02 ① ○ 03 ㉡ 04 ㉤ 05 ㉢ 06 ㉠ 07 ㉣

DAY 17

지문 확인
- 1단락 중심 문장: 4번째 문장
- 2단락 중심 문장: 1번째 문장
- 3단락 중심 문장: 1번째 문장
- 4단락 중심 문장: 2번째 문장

문제 정답 01 ㉠ 사물 인터넷, ㉡ 기술 02 ⑤ 03 (1) ㉣ (2) ㉠ (3) ㉢
(4) ㉡ 04 ② 05 예 사물 인터넷은 인터넷에 연결된 기기가 사람의 개입 없이 실시간으로 서로 정보를 주고받아 처리하는 시스템이다.

낱말 쑥쑥 테스트

01 시동 02 방지 03 개입 04 보안 05 유출 06 외출 07 처리
08 적용

DAY 18

문제 정답 01 ㉠ 눈썹, ㉡ 누구 02 ③ 03 ② 04 ① 05 예 당시에는 여인들이 눈썹을 미는 게 유행이었기 때문이다.

잠깐! 쉬어가기 ————————————→ 본문 80쪽

가로 열쇠 1 방지하다 2 자리잡다 3 정확하다 4 실시간 5 부인
6 성가대 7 초상화 8 투명하다 9 매섭다 10 자연환경
세로 열쇠 1 지방 2 지휘자 3 확보하다 4 시동 5 찬송가
6 부화하다 7 대피하다 8 유명하다 9 배경

DAY 19

지문 확인 1) 자석 2) 철 3) 극 4) 방향

지문 쏙쏙 이해 1) 자석 2) 생활용품 3) 먼저

문제 정답 +정답 콕콕 특강 01 ③ 02 ② 03 ② 04 (1) ㉡ (2) ㉢ (3) ㉠

DAY 20

지문 확인 1) 독서 2) 감상문 3) 독서 감상문

문제 정답 01 ③ 02 ④ 03 ③ 04 ㉠, ㉢ 05 예 독서 감상문을 쓰면 책의 내용과 감상이 잘 정리되고, 보다 오래 기억할 수 있다.

낱말 쑥쑥 테스트

01 방충망 02 못살다 03 줄거리 04 나침반 05 성, 질, 성질
06 표, 지, 표지 07 개, 념, 개념 08 ㉣ 09 ㉡ 10 ㉠ 11 ㉢ 12 감명
13 배경 14 인상적 15 용서

DAY 21

지문 확인 1) 패스트 2) 건강 3) 정크 푸드

지문 쏙쏙 이해 1) 이유 2) 패스트푸드 3) 하지만 4) 이렇게

문제 정답 01 ③ 02 ④ 03 ④ 04 ①, ⑤

낱말 쑥쑥 테스트

01 유래 02 열량 03 불균형 04 화학조미료 05 간편하다 06 오해
07 해롭다 08 유발

DAY 22

지문 확인 1) 소수 2) 나라 3) 소수

문제 정답 01 ④ 02 ③ 03 ⑤ 04 (1) ㉡ (2) ㉢ (3) ㉠ 05 예 독일에서는 소수를 ' , '로 표기하기 때문이다.

낱말 쑥쑥 테스트

01 유, 발, 유발 02 표, 기, 표기 03 통, 일, 통일 04 기, 호, 기호 05 의, 문, 의문 06 방, 식, 방식 07 종종 08 궁금증 09 애매하다 10 자릿값

DAY 23

지문 확인 1) 음성 언어 2) 문자 언어 3) 전화 4) 의사소통

문제 정답 01 ③ 02 ④ 03 ③ 04 ④ 05 예 음성 언어는 한 번 말하면 기록하지 못하고 사라진다.

낱말 쑥쑥 테스트

01 통신 02 형체 03 제약 04 인류 05 극복 06 발명 07 최근
08 의사소통

DAY 24

문제 정답 01 ④ 02 ⑤ 03 진아 04 ③ 05 예 인상주의 작품은 이전까지와 전혀 다른 새로운 길을 개척한 것으로 높은 평가를 받고 있다.

잠깐! 쉬어가기 ————————————→ 본문 104쪽

(1) 표지 (2) 색채 (3) 기호 (4) 해롭다 (5) 수단 (6) 의문 (7) 의사소통
(8) 최근 (9) 나침반

지문 확인 1) 전기문 2) 인물 3) 사건 4) 배경 5) 비평

지문 쏙쏙 이해 1) 전기문 2) 인물 3) 사건 4) 배경 5) 비평

문제 정답 + 정답 쏙쏙 특강 01 ㉡, ㉯, ㉭, ㉮ 02 ② 03 ④ 04 비평

DAY 26

지문 확인 1) 분수 2) 진분수 3) 분수

문제 정답 01 분수 02 ③ 03 ④ 04 (1) ㉢ (2) ㉠ (3) ㉡ 05 ⑳ 막대 과자의 나누어진 조각 하나는 똑같이 3으로 나눈 것 중의 1이므로 3분의 1개라고 읽고, $\frac{1}{3}$ 개라고 쓸 수 있다.

낱말 쑥쑥 테스트

01 ㉡ 02 ㉣ 03 ㉠ 04 ㉢ 05 업, 적, 업적 06 사, 상, 사상 07 유, 용, 유용 08 전, 체, 전체 09 모질다 10 조각 11 비평 12 탄압 13 각별 14 교훈 15 일생 16 성품

DAY 27

지문 확인
• 1단락 중심 문장: 2, 3번째 문장 • 2단락 중심 문장: 3번째 문장
• 3단락 중심 문장: 1번째 문장 • 4단락 중심 문장: 2번째 문장
• 5단락 중심 문장: 2번째 문장

지문 쏙쏙 이해 1) 지구 2) 바이오 3) 결과 4) 보존

문제 정답 01 ㉱, ㉮, ㉯, ㉭, ㉣ 02 ④ 03 ③ 04 (1) ○ (2) × (3) ×

낱말 쑥쑥 테스트

01 차단 02 행성 03 원리 04 소재 05 부족 06 농업 07 거주 08 외부 09 보존 10 환경 오염

DAY 28

지문 확인
• 1단락 중심 문장: 3번째 문장 • 2단락 중심 문장: 1번째 문장
• 3단락 중심 문장: 1번째 문장 • 4단락 중심 문장: 1번째 문장

문제 정답 01 ㉠ 남극, ㉡ 북극 02 ③ 03 ② 04 서현 05 ⑳ 각 나라에서 남극을 연구하러 온 대원들이 잠시 머물다 가기도 한다.

낱말 쑥쑥 테스트

01 ① ○ 02 ② ○ 03 ㉢ 04 ㉠ 05 ㉲ 06 ㉡ 07 ㉣

DAY 29

지문 확인 1) 태권도 2) 마음 3) 태권도

문제 정답 01 태권도 02 ③ 03 ① 04 세희, 영수 05 ⑳ 태권도는 긴 역사와 심신을 모두 수련한다는 전통적 가치를 지니고 있다.

낱말 쑥쑥 테스트

01 무예 02 발달 03 수련 04 전통적 05 중점 06 제외 07 엄격하다 08 발돋움

DAY 30

문제 정답 01 상태 02 ② 03 (1) ㉢ (2) ㉠ (3) ㉡ 04 ⑤ 05 ⑳ 액체는 눈에 보이지만 모양이 일정하지 않아서 손에 잡히지 않는 물질이다.

잠깐! 쉬어가기 ➤ 본문 128쪽
(1) 업적 (2) 각별하다 (3) 조각 (4) 거주 (5) 대도시 (6) 절도 (7) 엄격하다 (8) 자유자재 (9) 압력

DAY 31

지문 확인 1) 세시 풍속 2) 삼계탕

지문 쏙쏙 이해 1) 여름 2) 세시 풍속 3) 삼계탕 4) 얼음 5) 삼복

문제 정답 + 정답 쏙쏙 특강 01 ㉠ 삼복, ㉡ 세시 풍속 02 ②, ③ 03 ④ 04 혜수

DAY 32

지문 확인
• 1단락 중심 문장: 3번째 문장 • 2단락 중심 문장: 1번째 문장
• 3단락 중심 문장: 1번째 문장 • 4단락 중심 문장: 1번째 문장
• 5단락 중심 문장: 1번째 문장

문제 정답 01 기행문 02 ② 03 ① 04 ㉠ 감상, ㉡ 여정, ㉢ 견문 05 (1) ⑳ 기행문은 글쓴이에게 여행의 기념이 된다. (2) ⑳ 기행문은 읽는 이에게 여행의 안내서가 될 수 있다.

낱말 쑥쑥 테스트

01 ㉢ 02 ㉣ 03 ㉠ 04 ㉡ 05 풍, 속, 풍속 06 개, 방, 개방 07 동, 기, 동기 08 관, 습, 관습 09 개성 10 생생하다 11 권하다 12 구체적 13 기념 14 그나마 15 객관적 16 주관적

DAY 33

지문 확인
• 1단락 중심 문장: 2번째 문장 • 2단락 중심 문장: 2번째 문장
• 3단락 중심 문장: 1번째 문장 • 4단락 중심 문장: 1번째 문장
• 5단락 중심 문장: 1, 2번째 문장

지문 쏙쏙 이해 1) 펭귄 깃털 2) 비행기 3) 특징 4) 펭귄 깃털

문제 정답 01 펭귄 깃털 02 ⑤ 03 (1) ㉡ (2) ㉠ 04 ⑳ 과학자들은 펭귄 깃털이 물에 잘 젖지 않고 따뜻하다는 특징을 활용해서 잠수복을 만드는 연구를 하였다.

낱말 쑥쑥 테스트

01 흡수 02 묘사 03 방수 04 참을성 05 비늘 06 뛰어들었다 07 촘촘하게 08 일종

DAY 34

지문 확인 1) 각도 2) 각도 3) 각도 4) 멀리

문제 정답 01 각도 02 ㉢ 03 ⑤ 04 ⑤ 05 ⑳ 화살이 너무 수직으로 올라갔다가 뚝 떨어지지도 않고, 중력의 힘을 너무 많이 받지도 않기 때문이다.

낱말 쑥쑥 테스트

01 수직 02 지면 03 변 04 차지 05 중력 06 기울었다 07 영향 08 평평하다

DAY 35

지문 확인 1) 표어 2) 표어 3) 인구 문제 4) 시대

문제 정답 01 인구 문제 02 ㉡, ㉠, ㉢ 03 ⑤ 04 ③ 05 ⑳ 결혼 시기가 점점 늦어지고, 자녀에 대한 가치관 변화 및 육아를 위한 비용과 시간의 부담이 커졌기 때문이다.

낱말 쑥쑥 테스트

01 ㉣ 02 ㉢ 03 ㉠ 04 ㉡ 05 시행 06 장려 07 가치관 08 육아

DAY 36

문제 정답 01 타악기 02 ④ 03 (1) ㉠ (2) ㉡ (3) ㉠ (4) ㉡ 04 ③ 05 ⑳ 팀파니는 주로 오케스트라에서 점점 커지는 분위기 등을 표현할 때 쓰인다.

잠깐! 쉬어가기 ➤ 본문 152쪽
1 (1) 금 (2) 차 2 (1) 개 (2) 참을 3 (1) 객관 (2) 주관 (3) 본격
4 (1) 영양 (2) 참 5 (1) 방 (2) 흡

[사회]

지역별 대표 음식을 소개합니다.

◯ 각 단락 중심 낱말　◯ 전체 중심 낱말　[ ] 각 단락 중심 문장　▭ 전체 중심 문장

① 가족들과 강원도로 여행 온 지수는 피자를 먹고 싶었지만, 부모님께서는 강원도의 유명한 막국수를 먹어 보자고 하셨어요. ❷[지수는 지역을 대표하는 음식이 있다는 것이 신기했고 더 알고 싶어져 책을 찾아보기로 했어요.]

*1단락 요약: 지역을 대표하는 음식에 대해 알게 된 지수의 이야기

② 우리나라는 남북 간에 기온과 강수량의 차이가 큽니다. ❷ 또한 북쪽에는 산지가, 남쪽에는 평야가 많은 것처럼 지역에 따라 자연환경이 다릅니다. ❸ 이에 따라 지역마다 생산되는 특산물이 다르고, 독특한 음식 문화가 발달하였습니다.

*2단락 요약: 지역의 자연환경에 따라 발달한 음식 문화

③ 산이 많은 강원도 지역은 주로 밭농사를 지어 감자, 옥수수, 메밀 등이 많이 납니다. ❷[따라서 메밀전병이나 막국수 등 지역에서 많이 나는 재료로 만든 음식이 유명합니다.]

*3단락 요약: 강원도의 대표 음식

④ 바다에 접해 있고, 산이 많은 전라도는 해산물과 산나물이 고루 많아 음식의 재료가 다양합니다. ❷ 또 따뜻한 날씨에 음식이 잘 상하지 않도록 양념을 많이 넣어 음식이 맵고 짠 편입니다. ❸[그래서 김치와 젓갈, 장류, 장아찌류가 발달하였습니다.]

*4단락 요약: 전라도의 대표 음식

⑤ 경상도는 남해와 동해가 있어 해산물이 풍부하며, 땅이 기름져 농산물도 많이 생산됩니다. ❷ 경상도 음식도 간이 센 편으로, 칼칼하고 감칠맛이 있습니다. ❸[특히 동래파전, 아귀찜 등이 유명합니다.]

*5단락 요약: 경상도의 대표 음식

⑥[지수는 이외에도 서울과 경기도는 설렁탕, 충청도는 칼국수, 제주도는 옥돔 미역국 등 지역별로 유명한 음식이 다르다는 것을 알게 됐어요.]❷ 그녀는 지역의 특별한 음식을 먹을 수 있는 다음 여행을 기대하고 있답니다.

*6단락 요약: 이외 지역들의 유명한 음식

01 [정답] 음식

이 글은 지역별 음식 문화와 대표 음식에 대해 알려 주고 있으므로 빈칸에 공통으로 들어가기에 알맞은 말은 '음식'이에요.

02 [정답] (1) 남북
(2) 평야, 산지

(1) ②단락에서 '우리나라는 남북 간에 기온과 강수량의 차이가 큽니다.'라고 했어요.
(2) ②단락에서 '북쪽에는 산지가, 남쪽에는 평야가 많'다고 했어요.

03 [정답] (1) ⓒ (2) ⓛ
(3) ㉠

(1) ⑥단락에서 '경기도는 설렁탕'이 유명하다고 했어요.
(2) ④단락에서 전라도는 '장아찌류가 발달'했다고 했어요.
(3) ⑤단락에서 경상도는 '동래파전, 아귀찜 등이 유명'하다고 했어요.

04 [정답] ①

⑥단락에서 '서울과 경기도는 설렁탕'이 유명하다고 했어요.

✱ 지문 이해

● 이 글은 우리나라의 지역별 음식 문화와 대표 음식에 대해 알려 주는 설명문입니다. 우리나라는 남북 간에 자연환경의 차이가 커서, 지역마다 독특한 음식 문화가 발달했어요. 이에 따라 강원도는 메밀전병과 막국수가, 전라도는 김치와 젓갈, 장류, 장아찌류가, 경상도는 동래파전, 아귀찜 등 지역을 대표하는 음식들이 있어요. 지수는 이외에도 지역별로 유명한 음식이 다르다는 것을 알게 됐답니다.

● 단락 간의 관계

①단락에서 지수의 이야기를 통해 지역별 대표 음식에 대한 궁금증을 일으키고 있어요.
②단락에서는 지역마다 음식 문화가 다른 이유(자연환경)에 대해 설명하고 있어요.
③단락에서는 강원도의 대표 음식에 대해, ④단락에서는 전라도의 대표 음식에 대해, ⑤단락에서는 경상도의 대표 음식에 대해 설명하고 있어요.
③~⑤단락을 나란히 놓고 강원도, 전라도, 경상도의 음식 문화와 대표적인 음식을 설명하는 방식으로 지역별 음식 문화와 대표 음식이 어떻게 다른지 드러내고 있어요.
⑥단락에서는 이외 지역들의 유명한 음식에 대해 말하며 글을 마무리하고 있어요.

● 글의 구조도

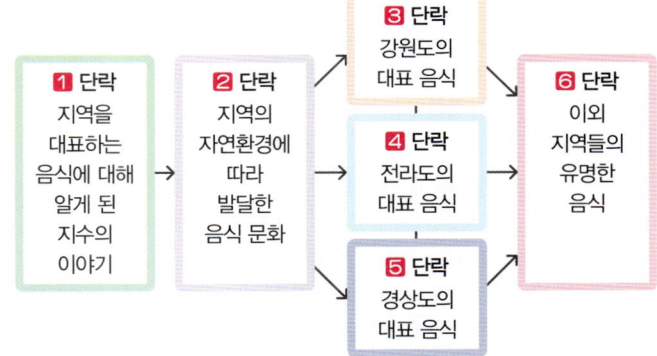

● 주제: 우리나라의 지역별 음식 문화와 대표 음식

청소기로 윙윙 ~ 집안을 깨끗하게

◯ 각 단락 중심 낱말　◎ 전체 중심 낱말　[ ] 각 단락 중심 문장　▨ 전체 중심 문장

① ❶민수는 엄마와 함께 벼룩시장에 청소기를 팔기로 했어요. ❷그런데 사는 사람이 사용법을 잘 모를 것 같아 설명하는 글을 적어 함께 주기로 했죠. ❸[이런 글은 어떻게 써야 할까요?]

1 단락 요약
설명하는 글은 어떻게 써야 할까요?

② ❶어떤 지식이나 정보를 읽는 이에게 알려 주기 위해 쉽게 풀어서 쓴 글을 설명문이라고 합니다. ❷설명문은 사실만을 전달해야 하므로, '이 청소기는 예쁘고 튼튼한 것 같다.'와 같이 글쓴이의 주관적인 생각이 들어가면 안 됩니다.

2 단락 요약
설명문의 개념

③ ❶[또한 설명문은 읽는 이가 쉽게 이해할 수 있도록, '처음-중간-끝'의 세 단계로 짜임새 있게 구성되어야 합니다.] ❷처음 부분에서는 설명할 대상을 밝히고, 읽는 이가 흥미를 갖도록 이끌어야 합니다. ❸중간 부분에서는 설명하려는 내용에 대해 자세히 설명합니다. ❹그리고 끝부분에서는 설명한 내용을 간단하게 요약하고 마무리합니다.

3 단락 요약
설명문을 쓸 때 주의할 점 ①
– 짜임새 있게 구성하기

④ ❶[한편 설명문은 이해하기 쉬운 낱말과 문장으로 풀어 써야 합니다.] ❷(가) 유익한 내용도 어렵게 쓰면 뜻이 잘 전달되지 않기 때문입니다. ❸민수가 '공기의 압력차로 먼지를 처치한다.'라고 쓴다면 이해하기 어려울 것입니다.

4 단락 요약
설명문을 쓸 때 주의할 점 ②
– 이해하기 쉬운 낱말과 문장으로 풀어 쓰기

⑤ ❶[설명문을 다 쓴 민수는 글이 알맞은 구성으로 객관적이고 쉽게 쓰였는지 확인했어요. ❷다른 설명문을 읽을 때도 '처음-중간-끝'에 따라 내용을 정리하고, 정확한 정보인지 살펴야겠다고 생각했죠.] ❸민수처럼 올바른 방법으로 설명문을 읽고 쓰도록 합시다.

5 단락 요약
설명문을 다 쓰고 확인할 때와 읽을 때의 올바른 방법

✱ **지문 이해**

● 이 글은 설명문의 개념과 설명문을 쓸 때 주의할 점에 대해 알려 주는 설명문입니다. 설명문은 어떤 지식이나 정보를 읽는 이에게 알려 주기 위해 쉽게 풀어서 쓴 글이에요. 설명문을 쓸 때는 사실만을 전달하고, '처음-중간-끝'의 세 단계로 짜임새 있게 구성해야 하며, 이해하기 쉬운 낱말과 문장으로 풀어 써야 해요. 다 쓴 후에는 알맞은 구성으로 객관적이고 쉽게 쓰였는지 확인하면 좋아요. 다른 설명문을 읽을 때도 설명문을 쓸 때 주의했던 점을 살피면서 읽는 것이 좋답니다.

● **단락 간의 관계**
① 단락에서는 설명하는 글을 어떻게 써야 하는지, 글의 소재를 소개하고 있어요.
② 단락에서는 설명문의 개념을 설명하고 있어요.
③ 단락에서는 설명문을 쓸 때 짜임새 있게 써야 한다고, ④ 단락에서는 이해하기 쉬운 낱말과 문장으로 풀어 써야 한다고, 설명문을 쓸 때 주의할 점을 알려 주고 있어요.
③, ④ 단락은 설명문을 쓸 때 주의할 점을 설명하고 있으므로 하나로 묶을 수 있어요.
⑤ 단락에서는 설명문을 다 쓰고 확인할 때와 읽을 때의 올바른 방법에 대해 말하며 글을 마무리하고 있어요.

● **글의 구조도**

> **1 단락**: 설명하는 글은 어떻게 써야 할까요?
> ↓
> **2 단락**: 설명문의 개념
> ↓
> **3 단락**
> 설명문을 쓸 때 주의할 점 ①
> – 짜임새 있게 구성하기
>
> **4 단락**
> 설명문을 쓸 때 주의할 점 ②
> – 이해하기 쉬운 낱말과 문장으로 풀어 쓰기
> ↓
> **5 단락**: 설명문을 다 쓰고 확인할 때와 읽을 때의 올바른 방법

● **주제**: 설명문의 개념과 설명문을 쓸 때 주의할 점

01 [정답] 설명문 ···················· 중심 낱말 찾기

> **왜 정답?**

이 글은 설명문의 개념과 설명문을 쓸 때 주의할 점에 대해 알려 주고 있어요.
따라서 빈칸에 공통으로 들어가기에 알맞은 말은 '설명문'이에요.

02 [정답] ⑤ ···················· 내용 이해하기

> **왜 정답?**

⑤ 이 글에서 안내문에 대한 내용은 찾아볼 수 없어요.

> **왜 오답?**

① 근거: ②단락 ❶번째 문장
'어떤 지식이나 정보를 읽는 이에게 알려 주기 위해 쉽게 풀어서 쓴 글을 설명문이라고 합니다.'라는 문장을 통해 설명문의 개념에 대해 말하고 있어요.

② 근거: ③단락 ❶번째 문장
'또한 설명문은 읽는 이가 쉽게 이해할 수 있도록, '처음-중간-끝'의 세 단계로 짜임새 있게 구성되어야 합니다.'라는 문장을 통해 설명문의 구성에 대해 알 수 있어요.

③ 근거: ⑤단락 ❷번째 문장
'다른 설명문을 읽을 때도 '처음-중간-끝'에 따라 내용을 정리하고, 정확한 정보인지 살펴야겠다고 생각했죠.'라는 문장을 통해 설명문의 읽는 방법에 대해 찾아볼 수 있어요.

④ 근거: ②단락 ❷번째 문장, ③단락, ④단락
②단락의 '설명문은 사실만을 전달해야 하므로, '이 청소기는 예쁘고 튼튼한 것 같다.'와 같이 글쓴이의 주관적인 생각이 들어가면 안 됩니다.'라는 문장과 ③, ④단락을 통해 설명문을 쓸 때 주의할 점을 알 수 있어요.

03 [정답] ② ···················· 내용 이해하기

> **왜 정답?**

② 근거: ②단락 ❷번째 문장
'설명문은 사실만을 전달해야 하므로, '이 청소기는 예쁘고 튼튼한 것 같다.'와 같이 글쓴이의 주관적인 생각이 들어가면 안 됩니다.'라고 했어요. 따라서 설명문을 쓸 때 글쓴이의 생각을 덧붙여 쓰는 것은 알맞지 않아요.

> **왜 오답?**

① 근거: ④단락 ❶번째 문장
'한편 설명문은 이해하기 쉬운 낱말과 문장으로 풀어 써야 합니다.'라고 했으므로 맞는 설명이에요.

③ 근거: ③단락 ❹번째 문장
'그리고 끝부분에서는 설명한 내용을 간단하게 요약하고 마무리합니다.'라고 했으므로 맞는 설명이에요.

④ 근거: ②단락 ❶번째 문장
'어떤 지식이나 정보를 읽는 이에게 알려 주기 위해 쉽게 풀어서 쓴 글을 설명문이라고 합니다.'라고 했으므로 지식이나 정보를 전달하는 것이 목적이라고 할 수 있어요.

⑤ 근거: ③단락 ❷번째 문장
'처음 부분에서는 설명할 대상을 밝히고, 읽는 이가 흥미를 갖도록 이끌어야 합니다.'라고 했으므로 맞는 설명이에요.

04 [정답] ④ ···················· 내용 적용하기

다음은 민수가 쓴 청소기 사용법에 대한 설명문의 일부분입니다. 이 글에 따르면 지워야 할 문장은 무엇인가요?

• **이 글에 따르면 지워야 할**: 이 글에서 설명하고 있는 설명문의 개념과 설명문을 쓸 때 주의할 점에 맞지 않는 문장을 찾으라는 것이에요.

> [즉] 민수가 쓴 설명문의 예시 글을 보고, 이 글에서 설명하는 설명문의 개념과 설명문을 쓸 때 주의할 점에 어긋나는 문장을 찾는 문제예요.

> **왜 정답?**

④ 근거: ②단락 ❷번째 문장
'설명문은 사실만을 전달해야 하므로, '이 청소기는 예쁘고 튼튼한 것 같다.'와 같이 글쓴이의 주관적인 생각이 들어가면 안 됩니다.'라고 말하고 있어요.
전원 버튼을 찾는 것이 어렵지 않을 것 같다는 글쓴이의 생각은 설명문에 들어가기에 적절하지 않은 문장이에요.

> **왜 오답?**

①, ②, ③, ⑤ 근거: ②단락 ❶, ❷번째 문장
'어떤 지식이나 정보를 읽는 이에게 알려 주기 위해 쉽게 풀어서 쓴 글을 설명문이라고 합니다.'라는 설명문의 개념에 맞게, 모두 청소기 사용 방법에 대한 객관적인 사실을 쉽게 풀어 쓴 문장이에요.

05 [정답] 예 설명문은 이해하기 쉬운 낱말과 문장으로 풀어 써야 한다.

[서술형] 채점 기준 – 근거: ④단락 ❶, ❷번째 문장

④단락의 밑줄 친 (가)와 그 앞 문장의 내용은 다음과 같아요. '한편 설명문은 이해하기 쉬운 낱말과 문장으로 풀어 써야 합니다. (가) 유익한 내용도 어렵게 쓰면 뜻이 잘 전달되지 않기 때문입니다.' (가)의 앞 문장은 '써야 합니다.'라고 주장하고 있어요. 그리고 (가)는 '때문입니다.'로 문장이 끝나는데, 이러한 문장은 앞 문장에 대한 이유가 돼요. 따라서 '설명문은 이해하기 쉬운 낱말과 문장으로 풀어 써야 한다.'라는 내용이 들어가면 정답이에요.

[사회]

돈에 담긴 문화유산

◯ 각 단락 중심 낱말   ◯ 전체 중심 낱말   [ ] 각 단락 중심 문장   ▨ 전체 중심 문장

1 ❶ 지현이는 동생에게 돈에 대해 가르쳐 주었어요. ❷ 그런데 동생이 만 원짜리 지폐에 그려진 그림이 무엇인지 물어봤을 때는 대답할 수 없었죠. ❸ [지현이는 돈에 그려진 그림에 대해 알아보기로 했어요.]

1 단락 요약
돈에 그려진 그림에 대해 알아보기로 한 지현이

2 ❶ 우리나라 돈에는 위인과 함께 다양한 그림이 그려져 있는데, 바로 문화유산입니다. ❷ ▨문화유산이란 우리 조상 대대로 전해 내려온 문화 중에서 다음 세대에 물려줄 만한 가치가 있는 것을 말합니다.▨

2 단락 요약
문화유산의 의미

3 ❶ 천 원에 그려진 문화유산부터 살펴볼까요? ❷ [천 원에 그려진 퇴계 이황 뒤에는 명륜당이 보입니다.] ❸ 명륜당은 성균관 내의 건물로, 이황이 오래 머무른 것으로 알려져 있습니다. ❹ [또 오천 원의 율곡 이이 뒤에는 이이가 태어난 방인 강릉 오죽헌 몽룡실이 그려져 있습니다. ❺ 세종 대왕이 그려진 만 원의 뒷면에서는 혼천의를 볼 수 있습니다.] ❻ 혼천의는 세종 대왕 때 만들어진, 천체의 움직임과 위치를 관측하던 천문 관측기입니다. ❼ [한편 십 원짜리 동전에는 아름다운 탑으로 유명한 경주 불국사 다보탑이 그려져 있습니다.]

3 단락 요약
돈에 그려진 문화유산

4 ❶ [우리는 문화유산을 통해 조상들의 생활 모습 및 멋과 슬기를 알 수 있습니다. ❷ 또한 우리나라에 대한 자긍심도 가지게 됩니다. ❸ 이는 우리가 문화유산을 지키고 다음 세대에 물려줘야 하는 이유입니다.] ❹ 돈에 문화유산이 그려진 이유는 소중한 문화유산을 기억하고 보존하려는 노력 중 하나가 아닐까요?

4 단락 요약
문화유산을 지키고 다음 세대에 물려줘야 하는 이유(문화유산의 의의)

✱ 지문 이해

● 이 글은 돈에 그려진 문화유산을 예로 들어 문화유산의 의미와 의의에 대해 알려 주는 설명문입니다. 문화유산이란 우리 조상 대대로 전해 내려온 문화 중에서 다음 세대에 물려줄 만한 가치가 있는 것을 말해요. 돈을 살펴보면 여러 가지 문화유산이 그려져 있어요. 우리는 문화유산을 통해 조상들의 생활 모습 및 멋과 슬기를 알 수 있고, 우리나라에 대한 자긍심도 가지게 돼요. 이는 우리가 문화유산을 보존해서 다음 세대에 물려줘야 하는 이유랍니다.

● 단락 간의 관계
1단락에서는 지현이의 이야기를 통해 돈에 그려진 그림이 무엇일지 호기심을 갖게 하고 있어요.
2단락에서는 문화유산의 의미에 대해 설명하고 있어요.
3단락에서는 여러 가지 돈에 그려진 문화유산에 대해 알려 주고 있어요.
4단락에서는 문화유산을 지키고 다음 세대에 물려줘야 하는 이유를 말하며 글을 마무리하고 있어요.

● 글의 구조도

1 단락 : 돈에 그려진 그림에 대해 알아보기로 한 지현이
↓
2 단락 : 문화유산의 의미
↓
3 단락 : 돈에 그려진 문화유산
↓
4 단락 : 문화유산을 지키고 다음 세대에 물려줘야 하는 이유

● 주제 : 문화유산의 의미와 의의

01 [정답] 문화유산 ·········· 중심 낱말 찾기

>왜 정답?

이 글은 돈에 그려진 문화유산을 예로 들어 문화유산의 의미와 의의에 대해 알려 주고 있어요.
따라서 가장 중심이 되는 낱말은 '문화유산'이에요.

02 [정답] (1) ㉡ (2) ㉢ (3) ㉠ ·········· 내용 이해하기

>왜 정답?

(1) **근거:** ③단락 ❻번째 문장
'혼천의는 세종 대왕 때 만들어진, 천체의 움직임과 위치를 관측하던 천문 관측기입니다.'라고 했어요.
(2) **근거:** ③단락 ❸번째 문장
'명륜당은 성균관 내의 건물로, 이황이 오래 머무른 것으로 알려져 있습니다.'라고 했어요.
(3) **근거:** ③단락 ❼번째 문장
'한편 십 원짜리 동전에는 아름다운 탑으로 유명한 경주 불국사다보탑이 그려져 있습니다.'라고 했어요.

03 [정답] ③ ·········· 글쓰기 방식 이해하기

>왜 정답?

③ 이 글에서 비교를 통해 문화유산을 구분하는 방법을 설명하는 부분은 찾아볼 수 없어요.

>왜 오답?

① **근거:** ③단락 ❶번째 문장
'천 원에 그려진 문화유산부터 살펴볼까요?'와 같이 물음 형식을 사용해 읽는 사람이 관심을 가지게 하고 있어요.
② **근거:** ④단락 ❹번째 문장
'돈에 문화유산이 그려진 이유는 소중한 문화유산을 기억하고 보존하려는 노력 중 하나가 아닐까요?'라며 돈에 문화유산이 그려진 이유로 글을 마무리하고 있어요.
④ **근거:** ③단락 전체
3단락에서는 천 원에 그려진 명륜당, 만 원에 그려진 혼천의 등 구체적인 예를 들면서 돈에 그려진 문화유산을 설명하고 있어요.
⑤ **근거:** ①단락 전체
동생에게 돈에 대해 가르쳐 주는 지현이의 이야기를 통해 돈에 그려진 그림, 즉 문화유산에 대한 흥미를 불러일으키고 있어요.

04 [정답] ① ·········· 내용 이해하기

>왜 정답?

① 이 글에서 문화유산의 값어치를 매겨야 한다는 내용은 찾아볼 수 없어요.

>왜 오답?

② **근거:** ④단락 ❸번째 문장
'이는 우리가 문화유산을 지키고 다음 세대에 물려줘야 하는 이유입니다.'라고 했어요.
③ **근거:** ④단락 ❶번째 문장
'우리는 문화유산을 통해 조상들의 생활 모습 및 멋과 슬기를 알 수 있습니다.'라고 했어요.
④ **근거:** ④단락 ❹번째 문장
'돈에 문화유산이 그려진 이유는 소중한 문화유산을 기억하고 보존하려는 노력 중 하나가 아닐까요?'라고 했어요.
⑤ **근거:** ④단락 ❷번째 문장
'또한 우리나라에 대한 자긍심도 가지게 됩니다.'라고 했어요.

판화에 담긴 숫자의 비밀

○ 각 단락 중심 낱말   ◯ 전체 중심 낱말   [ ] 각 단락 중심 문장   ▢ 전체 중심 문장

1 ❶ 민석이는 주말에 가족들과 미술 전시회에 갔어요. ❷ 그런데 판화를 감상하던 중 눈에 띄는 것이 있었어요. ❸ [한쪽에 화가의 서명과 함께 연필로 '7/10'이라는 숫자가 쓰여 있었어요. ❹ 마치 암호 같은 이 숫자의 의미는 무엇일까요?]

2 ❶ [판화는 나무, 금속, 돌 등의 면에 형상을 그려 판을 만든 다음, 잉크나 물감 등을 칠하여 종이나 천 등에 찍어 내는 그림입니다. ❷ 판화에는 크게 오리지널 판화와 복제 판화가 있습니다.] ❸ 오리지널 판화는 화가가 직접 만든 판화이고, 복제 판화는 원본의 사진을 이용해서 복사하거나 화가가 죽고 난 뒤 원판을 가지고 더 찍어 낸 판화입니다.

3 ❶ [민석이가 봤던 숫자는 두 종류의 판화 중 오리지널 판화에서 찾을 수 있습니다. ❷ 이 숫자는 화가가 몇 장의 판화를 찍었고, 그중 몇 번째 그림인지를 나타냅니다.] ❸ 예를 들어 '7/10'이라는 숫자가 있으면 '모두 열 장을 찍었는데, 이 판화는 그중에서 일곱 번째 찍은 판화입니다.'라는 뜻입니다.

4 ❶ 오리지널 판화는 화가가 직접 참여하여 찍고, 이것을 화가가 인정한 판화이기 때문에 복제 판화보다 더 가치가 높습니다. ❷ 같은 그림이 많을수록 그 값어치가 떨어지니까 화가가 직접 참여한 처음 그림들이 더 비싸지겠지요? ❸ 즉, 판화의 숫자는 그림의 가치를 보여 주는 일종의 기호라고 볼 수 있습니다.

1 단락 요약
판화에 쓰여 있는 숫자의 의미는 무엇일까요?

2 단락 요약
판화의 뜻과 종류

3 단락 요약
오리지널 판화에 쓰여 있는 숫자의 의미

4 단락 요약
그림의 가치를 보여 주는 판화의 숫자

★ 지문 이해

● 이 글은 판화에 쓰여 있는 숫자의 의미에 대해 알려 주는 설명문입니다. 판화는 형상을 그린 판을 종이나 천 등에 찍어 내는 그림이에요. 판화에는 화가가 직접 만든 오리지널 판화와 원본을 복사하거나 화가가 죽은 후 더 찍어 낸 복제 판화가 있어요. 그중 오리지널 판화에는 화가가 몇 장의 판화를 찍었고, 그중 몇 번째 그림인지 나타내는 숫자가 쓰여 있어요. 오리지널 판화는 복제 판화보다 더 가치가 높기 때문에, 판화의 숫자는 그림의 가치를 보여 주는 일종의 기호와 같답니다.

● **단락 간의 관계**
1 단락에서는 판화에 쓰여 있는 숫자의 의미가 무엇일지, 읽는 이의 흥미를 이끌어 내고 있어요.
2 단락에서는 판화의 뜻과 종류에 대해 설명하고 있어요.
3 단락에서는 판화에 있는 숫자의 의미에 대해 알려 주고 있어요.
4 단락에서는 판화의 숫자가 그림의 가치를 보여 주는 기호와 같다고 말하며 글을 마무리하고 있어요.

● **글의 구조도**

1 단락: 판화에 쓰여 있는 숫자의 의미는 무엇일까요?
↓
2 단락: 판화의 뜻과 종류
↓
3 단락: 오리지널 판화에 쓰여 있는 숫자의 의미
↓
4 단락: 그림의 가치를 보여 주는 판화의 숫자

● **주제**: 판화에 쓰여 있는 숫자의 의미

01 정답 ㉠: 판화, ㉡: 숫자 ·········· 중심 낱말 찾기

왜 정답?

이 글은 판화에 쓰여 있는 숫자의 의미에 대해 설명하고 있어요. 판화에는 오리지널 판화와 복제 판화 두 종류가 있어요. 판화의 숫자는 오리지널 판화에서만 볼 수 있는데, 화가가 몇 장의 판화를 찍었고, 그중 몇 번째 그림인지 나타내요.
따라서 ㉠에 들어갈 말은 '판화', ㉡에 들어갈 말은 '숫자'예요.

02 정답 ③ ·········· 내용 이해하기

왜 정답?

③ 근거: ③단락 ❶번째 문장, ④단락 ❶번째 문장
   숫자가 있는 판화는 오리지널 판화이고, 오리지널 판화는 복제 판화보다 더 가치가 높다고 했어요.
   따라서 숫자가 없는 판화는 숫자가 있는 판화보다 가치가 낮아요.

왜 오답?

① 근거: ②단락 ❷번째 문장
   '판화에는 크게 오리지널 판화와 복제 판화가 있습니다.'라는 문장을 통해 판화는 크게 두 종류로 나뉜다는 것을 알 수 있어요.

② 근거: ②단락 ❸번째 문장
   '복제 판화는 원본의 사진을 이용해서 복사하거나 화가가 죽고 난 뒤 원판을 가지고 더 찍어 낸 판화입니다.'라는 문장을 통해 화가가 죽은 후에 판화를 찍을 수도 있다는 것을 알 수 있어요.

④ 근거: ②단락 ❶번째 문장
   '판화는 나무, 금속, 돌 등의 면에 형상을 그려 판을 만든 다음, 잉크나 물감 등을 칠하여 종이나 천 등에 찍어 내는 그림입니다.'라고 했으므로 맞는 설명이에요.

⑤ 근거: ③단락 ❶번째 문장
   '민석이가 봤던 숫자는 두 종류의 판화 중 오리지널 판화에서 찾을 수 있습니다.'라고 했으므로 맞는 설명이에요.

03 정답 ㉢ ·········· 내용 적용하기

왜 정답?

㉢ 근거: ③단락 ❸번째 문장
   '예를 들어 '7/10'이라는 숫자가 있으면 '모두 열 장을 찍었는데, 이 판화는 그중에서 일곱 번째 찍은 판화입니다.'라는 뜻입니다.'라고 말하고 있어요.
   즉 '(숫자)/(숫자)'에서 뒤의 숫자는 화가가 찍은 판화의 총 장수를, 앞의 숫자는 그중 몇 번째 판화인지를 나타내요.
   따라서 '3/4'는 '판화를 모두 네 장 찍었는데, 이 판화는 그중에서 세 번째로 찍은 판화입니다.'라는 뜻이에요.

04 정답 ④ ·········· 알맞은 반응 찾기

왜 정답?

④ 근거: ④단락 ❷번째 문장
   '같은 그림이 많을수록 그 값어치가 떨어지니까 화가가 직접 참여한 처음 그림들이 더 비싸지겠지요?'라고 했어요.
   즉, 판화를 더 많이 찍으면 같은 그림이 많아지므로 가치는 더 떨어질 것이라고 짐작할 수 있어요.

왜 오답?

① 근거: ③단락 ❶번째 문장
   '민석이가 봤던 숫자는 두 종류의 판화 중 오리지널 판화에서 찾을 수 있습니다.'라고 했어요.

② 근거: ③단락 ❶번째 문장, ②단락 ❸번째 문장
   '민석이가 봤던 숫자는 두 종류의 판화 중 오리지널 판화에서 찾을 수 있습니다.'라고 했으므로 민석이가 본 판화는 오리지널 판화예요.
   그리고 '오리지널 판화는 화가가 직접 만든 판화'이므로 화가가 살아있을 때 찍었을 것이라고 짐작할 수 있어요.

③ 근거: ③단락 ❶번째 문장, ④단락 ❶번째 문장
   '민석이가 봤던 숫자는 두 종류의 판화 중 오리지널 판화에서 찾을 수 있습니다.'라고 했으므로 민석이가 본 판화는 오리지널 판화예요.
   그리고 '오리지널 판화는 화가가 직접 참여하여 찍'은 판화라고 했어요.

⑤ 근거: ③단락 ❶번째 문장, ④단락 ❶, ❸번째 문장
   '민석이가 봤던 숫자는 두 종류의 판화 중 오리지널 판화에서 찾을 수 있습니다.', '오리지널 판화는 화가가 직접 참여하여 찍고, 이것을 화가가 인정한 판화이기 때문에 복제 판화보다 더 가치가 높습니다.'라고 했어요.
   즉 숫자가 있는 판화는 오리지널 판화이므로 복제 판화보다 더 가치가 높아요.
   따라서 판화에 숫자가 있는지 없는지에 따라 오리지널 판화인지 복제 판화인지 알 수 있으므로, 그 값도 달라질 거예요. 이는 '즉, 판화의 숫자는 그림의 가치를 보여 주는 일종의 기호라고 볼 수 있습니다.'라는 문장을 통해서도 알 수 있어요.

05 정답 예) 오리지널 판화는 화가가 직접 참여하여 찍고, 이것을 화가가 인정한 판화이기 때문이다.

서술형 채점 기준 – 근거: ④단락 ❶번째 문장
'오리지널 판화는 화가가 직접 참여하여 찍고, 이것을 화가가 인정한 판화이기 때문에 복제 판화보다 더 가치가 높습니다.'라고 했어요. 이러한 내용이 들어가면 정답이에요.

[과학]

감자와 고구마는 무엇이 다를까요?

◯ 각 단락 중심 낱말 ◎ 전체 중심 낱말 [ ] 각 단락 중심 문장 ▨ 전체 중심 문장

1 짭짤한 감자와 달콤한 고구마는 지원이에게 최고의 간식이에요. 그런데 어릴 때 지원이는 두 음식이 헷갈리기도 했어요. [감자와 고구마는 어떤 점이 다를까요?]

2 [감자와 고구마는 모두 비옥하지 않은 땅에서도 잘 자라기 때문에, 식량이 부족할 때 큰 도움이 되었습니다.] 감자는 탄수화물이 많아서 먹을 것이 모자랄 때 밥 대신 먹기도 했습니다. 고구마 또한 잎과 줄기까지 모두 먹을 수 있어 버릴 것이 없는 식품으로 불립니다.

3 둘 다 땅속에서 자라서 같은 종류의 식물처럼 보일 수 있지만, 사실 이 둘은 종류가 전혀 다릅니다. [가장 큰 차이점은 감자는 줄기 식물이고 고구마는 뿌리 식물이라는 점입니다.] 감자는 땅속으로 뻗은 줄기의 일부가 커지면서 생기는 것이고, 고구마는 뿌리 중 일부가 커지면서 덩이가 생기는 것입니다.

4 [또한 두 음식은 보관 방법도 다릅니다.] 감자는 10℃ 이하에 보관하는 게 좋습니다. 햇빛을 받으면 독성 물질이 생기기 때문에 서늘한 그늘에 보관해야 합니다. 반면 고구마는 추위에 약해서 주의해야 합니다. 10℃ 이상의 온도에서 통풍이 잘 되게 보관하는 것이 좋습니다.

5 이처럼 감자와 고구마는 닮은 듯 달라요. 어릴 때의 지원이처럼 헷갈려하는 친구가 있다면 차이점에 대해 알려 주면 어떨까요?

1 단락 요약
감자와 고구마는 어떤 점이 다를까요?

2 단락 요약
감자와 고구마의 공통점

3 단락 요약
감자와 고구마의 차이점 ①
– 줄기 식물과 뿌리 식물

4 단락 요약
감자와 고구마의 차이점 ②
– 보관 방법

5 단락 요약
닮은 듯 다른 감자와 고구마

✱ 지문 이해

● 이 글은 감자와 고구마의 차이점에 대해 알려 주는 설명문입니다. 감자와 고구마는 모두 비옥하지 않은 땅에서도 잘 자라서 식량이 부족할 때 큰 도움이 되었다는 공통점이 있어요. 하지만 감자는 줄기 식물이고 고구마는 뿌리 식물이라는 차이점이 있어요. 또 감자는 10℃ 이하의 온도에, 고구마는 10℃ 이상의 온도에 보관하는 것이 좋아요. 이렇게 감자와 고구마는 닮은 듯 다르답니다.

● 단락 간의 관계
1 단락에서는 감자와 고구마의 차이점이라는 소재를 소개하고 있어요.
2 단락에서는 감자와 고구마의 공통점에 대해 말하고 있어요.
3 단락에서는 감자와 고구마의 차이점 중 각각 속하는 식물 종류에 대해,
4 단락에서는 알맞은 보관 방법에 대해 설명하고 있어요.
3, 4 단락은 감자와 고구마의 차이점을 각각 설명하고 있으므로 하나로 묶을 수 있어요.
5 단락에서는 앞에서 살펴본 것처럼 감자와 고구마가 닮은 듯 다르다고 말하며 글을 마무리하고 있어요.

● 글의 구조도

┌─────────────────────────────────────┐
│ **1 단락**: 감자와 고구마는 어떤 점이 다를까요? │
└─────────────────────────────────────┘
↓
┌─────────────────────────────────────┐
│ **2 단락**: 감자와 고구마의 공통점 │
└─────────────────────────────────────┘
↙   ↘
┌──────────────────────┐   ┌──────────────────────┐
│ **3 단락**   │ ─ │ **4 단락**   │
│ 감자와 고구마의 차이점 ① │   │ 감자와 고구마의 차이점 ② │
│ – 줄기 식물과 뿌리 식물 │   │ – 보관 방법   │
└──────────────────────┘   └──────────────────────┘
↘   ↙
┌─────────────────────────────────────┐
│ **5 단락**: 닮은 듯 다른 감자와 고구마 │
└─────────────────────────────────────┘

● 주제: 감자와 고구마의 차이점

01 [정답] ㉠: 감자, ㉡: 고구마 ········· 중심 낱말 찾기

> **왜 정답?**

이 글은 감자와 고구마가 어떻게 다른지 설명하고 있어요.
감자와 고구마는 모두 비옥하지 않은 땅에서도 잘 자라고, 땅속에서 자라는 등 비슷한 점이 있어요.
하지만 감자는 줄기 식물이고 고구마는 뿌리 식물로, 둘은 다른 종류의 식물이에요.
또한 감자는 10℃ 이하 온도의 그늘에서, 고구마는 10℃ 이상 온도의 통풍이 잘 되는 곳에 보관하는 것이 좋아요.
따라서 ㉠에 들어갈 말은 '감자', ㉡에 들어갈 말은 '고구마'예요.

02 [정답] ③ ········· 글쓰기 방식 이해하기

> **왜 정답?**

③ 이 글은 감자와 고구마 중 어느 하나에 더 큰 비중을 두고 설명하고 있지 않아요.

> **왜 오답?**

① 근거: ②~④단락
이 글의 ②단락에서는 감자와 고구마의 공통점을, ③, ④단락에서는 감자와 고구마의 차이점을 설명하며 두 가지 대상을 비교하고 있어요.
② 근거: ①단락 ❸번째 문장
'감자와 고구마는 어떤 점이 다를까요?'라는 물음 형식을 사용한 문장을 통해 읽는 사람의 흥미를 끌고 있어요.
④ 근거: ②~④단락
②단락에서 감자와 고구마의 공통점을 먼저 이야기한 후, ③, ④단락에서 감자와 고구마의 차이점을 설명하고 있어요.
⑤ 근거: ①단락
감자와 고구마를 좋아하지만 어릴 때 두 음식이 헷갈리기도 했던 지원이의 일상적인 경험을 통해, 글의 소재인 감자와 고구마에 대한 흥미를 불러일으키고 있어요.

03 [정답] 고구마 ········· 내용 이해하기

> **왜 정답?**

＊ 근거: ③단락 ❷번째 문장, ②단락 ❸번째 문장, ④단락 ❹번째 문장
'고구마는 뿌리 식물이라는 점입니다.', '고구마 또한 잎과 줄기까지 모두 먹을 수 있어 버릴 것이 없는 식품으로 불립니다.', '반면 고구마는 추위에 약해서 주의해야 합니다.'라는 문장을 통해 '나'는 고구마임을 알 수 있어요.

04 [정답] ① ········· 내용 이해하기

> **왜 정답?**

① 이 글은 감자와 고구마가 어떤 점이 다른지, 즉 차이점에 대해 설명하고 있으므로, '감자와 고구마는 무엇이 다를까요?'가 가장 알맞은 제목이에요.

> **왜 오답?**

② ④단락 ❸번째 문장에서 감자가 햇빛을 받으면 어떻게 되는지 설명하고 있기는 하지만, 글의 주된 내용이 아니므로 제목으로는 알맞지 않아요.
③ ③단락 ❶번째 문장에서 감자와 고구마가 땅속에서 자란다는 내용이 나오기는 하지만, 글의 주된 내용이 아니므로 제목으로는 알맞지 않아요.
④ 이 글에서 고구마가 추위에 약한 이유는 찾아볼 수 없어요.
⑤ ④단락에서 감자와 고구마의 보관 방법에 대해 말하고 있기는 하지만, 이는 감자와 고구마의 차이점 중 하나를 설명하는 것으로 제목으로 알맞지 않아요.

05 [정답] 예 감자는 땅속으로 뻗은 줄기의 일부가 커지면서 생기는 것이고, 고구마는 뿌리 중 일부가 커지면서 덩이가 생기는 것이다.

서술형 채점 기준 – 근거: ③단락 ❸번째 문장

'감자는 땅속으로 뻗은 줄기의 일부가 커지면서 생기는 것이고, 고구마는 뿌리 중 일부가 커지면서 덩이가 생기는 것입니다.'라고 설명하고 있으므로, 이 내용이 들어가면 정답이에요.

────── 배경지식

'감저'가 무엇일까요?

우리나라에 고구마가 처음 들어온 것은 1763년이에요. 통신사로 일본에 갔던 조엄이 대마도(쓰시마 섬)에서 고구마를 가져와 부산에 심었지요.

▲ 감자 (왼쪽)와 고구마 (오른쪽)

처음에는 고구마를 '달 감(甘)'에 '마 저(藷)', 즉 '단맛이 나는 마'라는 뜻으로 '감저'라고 불렀다고 해요.

이후 1824년 감자가 중국에서 우리나라에 전래되었을 때, 감자를 '북쪽에서 온 감저'라는 뜻으로 '북감저'라고 불렀다고 해요. 후에 '감저'는 일본에서 고구마를 칭하던 '고코이모'를 따라 '고귀이마'를 거쳐 고구마로 변하였어요.

하지만 원래 이름이 남아 있는 제주도의 몇몇 곳에서는 아직도 고구마를 '감저', 감자를 '지실(地實)'이라 부른답니다.

임금님, 행차하신다.

○ 각 단락 중심 낱말   ◎ 전체 중심 낱말   [ ] 각 단락 중심 문장   ▨ 전체 중심 문장

① 민정이는 텔레비전에서 외국 군대가 행진하는 것을 보고, 웅장한 음악이 아주 멋있다고 생각했어요. ② 이러한 생각을 부모님께 말씀드렸더니, 부모님은 우리나라에도 그런 멋진 음악이 있다며, '대취타'라는 것을 알려 주셨어요. ③[대취타가 무엇일까요?]

1 단락 요약
대취타가 무엇일까요?

② ①대취타는 임금이 행차할 때나 군대가 행진할 때 등 국가의 중요한 행사에 사용하던 음악입니다. ②'부는 악기인 취(吹-불 취)악기와 때리는 악기인 타(打-때릴 타)악기로 연주하는 음악'이라는 뜻에서 '대취타(大吹打)'라는 이름이 붙여졌습니다.

2 단락 요약
대취타의 의미

③ ①[대취타는 태평소, 나각 등의 취악기와 징, 자바라, 장구 등의 타악기로 연주됩니다. ②그리고 연주자 외에 음악의 시작과 끝을 알리는 집사가 있습니다.] ③집사에게는 지휘봉이라고 할 수 있는 '등채'가 있는데, 이것을 머리 위로 높이 들어 '명금일하대취타'라고 외치면 징을 치고 연주가 시작됩니다. ④음악은 7개의 장으로 이루어져 몇 번이고 반복할 수 있습니다.

3 단락 요약
대취타의 구성 요소

④ ①대취타의 규칙적인 타악기와 위엄 있는 취악기의 조화는 기운찬 느낌을 줍니다. ②[우리 조상들의 기상을 느끼게 하는 대취타는, 국가 무형 문화재 제46호로 지정되어 있으며 우리나라의 소중한 음악입니다.]

4 단락 요약
국가 무형 문화재인 대취타

⑤ ①[부모님과 함께 대취타 연주 행사를 직접 본 민정이는 그 크기와 웅장함, 힘찬 기운에 놀랐어요.] ②마치 임금님이 된 듯, 위엄을 가진 기분이 들었지요. ③힘찬 기운을 느끼고 싶을 때 대취타를 들어 보면 어떨까요?

5 단락 요약
크기와 웅장함으로 힘찬 기운을 주는 대취타

✴ 지문 이해

● 이 글은 대취타에 대해 알려 주는 설명문입니다. 대취타는 임금이 행차할 때나 군대가 행진할 때 등 국가의 중요한 행사에 사용하던 음악이에요. 태평소, 나각 등의 취악기와 징, 자바라, 장구 등의 타악기로 연주되며 연주자 외에 음악의 시작과 끝을 알리는 집사가 있어요. 우리 조상들의 기상을 느끼게 하는 대취타는 국가 무형 문화재 제46호로 지정되어 있는, 우리나라의 소중한 음악이랍니다.

● 단락 간의 관계
① 단락에서는 민정이의 이야기를 통해 대취타에 대한 흥미를 이끌어 내고 있어요.
② 단락에서는 대취타의 의미에 대해 설명하고 있어요.
③ 단락에서는 대취타의 구성 요소에 대해 설명하고 있어요.
④ 단락에서는 대취타가 국가 무형 문화재로 지정되어 있는, 소중한 음악이라는 것을 알려 주고 있어요.
⑤ 단락에서는 다시 민정이의 이야기를 통해, 크기와 웅장함으로 힘찬 기운을 주는 대취타를 들어볼 것을 권하며 글을 마무리하고 있어요.

● 글의 구조도

┌─────────────────────────────┐
│ **1 단락** : 대취타가 무엇일까요? │
└─────────────────────────────┘
              ↓
┌─────────────────────────────┐
│ **2 단락** : 대취타의 의미 │
└─────────────────────────────┘
              ↓
┌─────────────────────────────┐
│ **3 단락** : 대취타의 구성 요소 │
└─────────────────────────────┘
              ↓
┌─────────────────────────────┐
│ **4 단락** : 국가 무형 문화재인 대취타 │
└─────────────────────────────┘
              ↓
┌─────────────────────────────┐
│ **5 단락** : 크기와 웅장함으로 힘찬 기운을 주는 대취타 │
└─────────────────────────────┘

● **주제**: 국가 무형 문화재인 대취타의 의미와 구성 요소

01 [정답] 대취타 ·········· 중심 낱말 찾기

>왜 정답?

이 글은 대취타에 대해 설명하고 있어요. 대취타는 임금의 행차 등 국가의 중요한 행사에 사용되던 음악이에요. 취악기와 타악기로 연주하고, 집사의 외침으로 시작되지요. 우리 조상들의 기상을 느끼게 하는 대취타는 국가 무형 문화재로 지정되었어요.
따라서 빈칸에 공통으로 들어갈 말은 중심 낱말인 '대취타'예요.

02 [정답] ⑤ ·········· 내용 이해하기

>왜 정답?

⑤ 근거: ③단락 ❷번째 문장
'그리고 연주자 외에 음악의 시작과 끝을 알리는 집사가 있습니다.'라고 했어요.
즉 집사는 음악의 끝도 알리기 때문에, '음악의 시작을 알리고 나면 역할이 끝난다.'는 것은 틀린 설명이에요.

>왜 오답?

① 근거: ③단락 ❹번째 문장
'음악은 7개의 장으로 이루어져 몇 번이고 반복할 수 있습니다.'라고 했으므로 맞는 설명이에요.

② 근거: ③단락 ❸번째 문장
'집사에게는 지휘봉이라고 할 수 있는 '등채'가 있는데,'라고 했으므로 맞는 설명이에요.

③ 근거: ②단락 ❶번째 문장
'대취타는 임금이 행차할 때나 군대가 행진할 때 등 국가의 중요한 행사에 사용하던 음악입니다.'라고 했으므로 맞는 설명이에요.

④ 근거: ③단락 ❶번째 문장
'대취타는 태평소, 나각 등의 취악기와 징, 자바라, 장구 등의 타악기로 연주됩니다.'라고 했으므로 맞는 설명이에요.

03 [정답] ㉢, ㉣, ㉠, ㉡ ·········· 내용 이해하기

>왜 정답?

* 근거: ③단락 ❶, ❸번째 문장
우선 '대취타는 태평소, 나각 등의 취악기와 징, 자바라, 장구 등의 타악기로 연주'하는 음악이에요.
또 이 글에서 '집사에게는 지휘봉이라고 할 수 있는 '등채'가 있는데, 이것을 머리 위로 높이 들어 '명금일하대취타'라고 외치면 징을 치고 연주가 시작'된다고 말하고 있어요.
즉 ㉢ 집사가 등채를 머리 위로 높이 들고, ㉣ 집사가 '명금일하대취타'라고 외치면, ㉠ 징을 친 후 ㉡ 취악기와 타악기로 연주가 시작돼요.
그러므로 정답은 ㉢, ㉣, ㉠, ㉡이에요.

04 [정답] ④ ·········· 내용 추론하기

>왜 정답?

④ 대취타에서 한과 슬픔의 정서를 느낄 수 있다는 내용은 이 글에서 찾아볼 수 없어요.

>왜 오답?

① 근거: ⑤단락 ❶번째 문장
'대취타 연주 행사를 직접 본 민정이는 그 크기와 웅장함, 힘찬 기운에 놀랐어요.'라고 했으므로 민정이의 일기에 들어가기에 알맞은 내용이에요.

② 근거: ③단락 ❸번째 문장, ⑤단락 ❶번째 문장
'집사에게는 지휘봉이라고 할 수 있는 '등채'가 있는데, 이것을 머리 위로 높이 들어 '명금일하대취타'라고 외치면 징을 치고 연주가 시작됩니다.', '대취타 연주 행사를 직접 본 민정이는 그 크기와 웅장함, 힘찬 기운에 놀랐어요.'라고 했으므로 민정이의 일기에 들어가기에 알맞은 내용이에요.

③ 근거: ③단락 ❶번째 문장, ⑤단락 ❷번째 문장
'대취타는 태평소, 나각 등의 취악기와 징, 자바라, 장구 등의 타악기', 즉 여러 가지 악기들로 연주되는 음악이에요.
그리고 '마치 임금님이 된 듯, 위엄을 가진 기분이 들었지요.'라고 했으므로 민정이의 일기에 들어가기에 알맞은 내용이에요.

⑤ 근거: ④단락 ❷번째 문장
'우리 조상들의 기상을 느끼게 하는 대취타는, 국가 무형 문화재 제46호로 지정되어 있으며 우리나라의 소중한 음악입니다.'라고 했으므로 민정이의 일기에 들어가기에 알맞은 내용이에요.

05 [정답] 예 대취타는 부는 악기인 취악기와 때리는 악기인 타악기로 연주하는 음악이라는 뜻에서 이름이 붙여졌다.

[서술형] 채점 기준 – 근거: ②단락 ❷번째 문장

"부는 악기인 취악기와 때리는 악기인 타악기로 연주하는 음악'이라는 뜻에서 '대취타(大吹打)'라는 이름이 붙여졌습니다.'라고 설명하고 있으므로, 이 내용이 들어가면 정답이에요.

배경지식

또 다른 우리나라의 전통 음악, 풍물놀이

대취타가 국가의 중요한 행사에 사용하던 전통 음악이라면, 일반 백성들이 즐기던 전통 음악으로는 '풍물놀이'가 있어요. 풍물놀이는 우리나라 고유의 음악으로 꽹과리, 장구, 북, 징, 태평소, 소고 등을 치거나 불면서 춤추는 놀이예요.

풍물놀이는 농사일을 즐겁게 하고, 마음과 힘을 하나로 모으려는 데에서 비롯되었어요. 농사를 시작할 때나 추수할 때, 또 추석이나 설 같은 명절, 좋은 일이 있을 때 풍물놀이를 했어요. 옛사람들은 풍물놀이가 시작되면 깃발, 의상, 악기 등을 갖추고 마을을 돌면서 마을의 안녕을 기원했답니다.

[국어]

DAY 07

얼굴을 세운다고요?

⬭ 각 단락 중심 낱말   ◯ 전체 중심 낱말   [ ] 각 단락 중심 문장   ▨ 전체 중심 문장

① ❶ 수현이네 반은 학교 독서왕 대회에서 1등을 했어요. ❷ 담임 선생님께서는 아이들을 칭찬하시며, "너희들이 내 얼굴을 세워 줬구나!"라고 하셨죠. ❸ [수현이는 선생님이 넘어지신 것도 아닌데 어떻게 얼굴을 세워 줬다는 것인지 이해가 가지 않았어요.]

＊1단락 요약: 선생님의 말씀을 이해하지 못한 수현이

② ❶ 수현이는 왜 선생님의 말씀을 이해하지 못했을까요? ❷ 그 이유는 선생님이 '얼굴'을 다른 뜻으로 사용했기 때문입니다. ❸ 수현이가 이해한 '얼굴'은 '눈, 코, 입이 있는 머리의 앞면'이고, 선생님이 말씀하신 '얼굴'은 '명예나 체면'을 뜻합니다. ❹ 이처럼 두 가지 이상의 뜻을 가진 낱말을 '다의어'라고 합니다.

＊2단락 요약: 다의어의 뜻

③ ❶ [다의어는 중심 의미에서 주변 의미로 낱말 뜻의 범위가 커지면서 생깁니다.] ❷ 위에서 수현이가 생각한 '얼굴'의 뜻이 중심 의미라고 할 수 있습니다. ❸ 이것이 '부끄러워서 얼굴을 못 든다'라고 할 때처럼, '떳떳한 도리'의 뜻으로 넓어져 '명예나 체면'이라는 의미가 만들어진 것입니다. ❹ 다른 예로, '맵다'의 경우 기본적인 뜻은 '고추와 같이 맛이 알알하다'이고, 뜻의 범위가 커지면서 '힘들고 고되다'의 의미가 생겨났습니다.

＊3단락 요약: 다의어의 주변 의미가 생겨나는 과정과 예

④ ❶ 이외에도 '나이를 먹다', '생각을 고치다' 등 일상생활에서 다의어는 쉽게 찾아볼 수 있어요. ❷ [낱말이 가진 여러 가지 뜻을 활용하면 우리의 언어생활이 보다 풍부해질 거예요.] ❸ 또 다른 다의어에는 어떤 것이 있는지 생각해 봅시다.

＊4단락 요약: 우리의 언어생활을 보다 풍부하게 하는 다의어

---

01 정답 ④

② 단락에서는 '얼굴'을 예로 다의어의 뜻을 설명하고 있어요. ② 단락의 중심 문장은 '이처럼 두 가지 이상의 뜻을 가진 낱말을 '다의어'라고 합니다.'예요.

02 정답 ②

④ 단락 ❶번째 문장에서 '이외에도 ~ 일상생활에서 다의어는 쉽게 찾아볼 수 있어요.'라고 했으므로 '흔하게 볼 수 없는 낱말이다.'는 틀린 말이에요.

03 정답 (1) ⓒ (2) ㉠, ⓒ

'손'의 가장 기본적인 의미는 ⓒ이고, 나머지는 이 뜻이 확대되어 생긴 것이에요.

04 정답 ⓒ

주어진 문장에서 '고치다'는 '잘못된 생각을 바로잡다'의 의미를 가진다고 미루어 생각할 수 있어요.

.... ✱ 지문 이해

● 이 글은 다의어의 뜻과 다의어의 다른 의미가 생겨나는 과정에 대해 알려 주는 설명문입니다. 두 가지 이상의 뜻을 가진 낱말을 '다의어'라고 하는데, 다의어는 중심 의미에서 주변 의미로 뜻의 범위가 커지면서 생겨요. 일상생활에서 쉽게 찾아볼 수 있는 다의어를 잘 활용하면 우리의 언어생활이 보다 풍부해진답니다.

● **단락 간의 관계**

① 단락에서는 수현이의 이야기를 통해 다의어에 대한 읽는 이의 흥미를 이끌어 내고 있어요.

② 단락에서는 다의어의 뜻에 대해 설명하고 있어요.

③ 단락에서는 다의어의 주변 의미가 생겨나는 과정과 예에 대해 설명하고 있어요.

④ 단락에서는 다의어를 활용하면 우리의 언어생활이 보다 풍부해질 것이라고 말하며 글을 마무리하고 있어요.

● **글의 구조도**

1 단락: 선생님의 말씀을 이해하지 못한 수현이
↓
2 단락: 다의어의 뜻
↓
3 단락: 다의어의 주변 의미가 생겨나는 과정과 예
↓
4 단락: 우리의 언어생활을 보다 풍부하게 하는 다의어

● **주제:** 다의어의 뜻과 다의어의 주변 의미가 생겨나는 과정

우리 고장의 문화유산, 고인돌

◯ 각 단락 중심 낱말　◯ 전체 중심 낱말　[ ] 각 단락 중심 문장　🟨 전체 중심 문장

1 ① 고창에 사는 창석이는 책에서 본 고인돌이 신기해서 부모님께 보여 드렸어요. ②[그런데 부모님께서 세계에서 가장 큰 고인돌이 고창에 있다고 알려 주셔서 깜짝 놀랐지요.] ③ 창석이는 주말에 부모님과 직접 고인돌을 보러 갔어요.

2 ①[고인돌은 서너 개의 받침돌 위에 한 개의 넓고 커다란 덮개돌을 얹어 놓은 청동기 시대의 무덤 형태입니다.] 만드는 데에 많은 사람의 힘이 필요한 크기이기 때문에 지위가 높은 사람의 무덤으로 추측됩니다. ③[고인돌을 통해 청동기 시대 사회를 짐작할 수 있고,

그물추와 돌검 등 함께 발견되는 유물들을 통해 당시의 기술도 알 수 있습니다.] ④세계 고인돌의 반 이상이 우리나라에 있는데, 고창·강화·화순의 고인돌은 유네스코 세계 문화유산으로 지정되어 있습니다.

3 ① 그중 🟨고창 고인돌 유적지는 우리나라에서 가장 많은 고인돌이 모여 있는 곳입니다. ②440여 가지의 다양한 고인돌을 가까운 거리에서 볼 수 있습니다. ③ 전시관에서는 고창 고인돌의 특징과 만드는 방법에 대해 알아볼 수 있습니다. ④ 또한 실제 크기의 덮개돌을 끌어 보거나, 청동기 시대의 생활을 엿볼 수 있게 꾸며 놓은 마을을 구경할 수도 있습니다.

4 ① 유적지에 다녀온 창석이는 고창에 대한 자긍심이 더욱 커졌어요. ② 그리고 자신처럼 고인돌을 몰랐던 친구들에게도 소개해 주었어요. ③[창석이처럼 고장의 문화유산에 대해 알아보고 소개해 보면 어떨까요?]

1 단락 요약
세계에서 가장 큰 고인돌이 있는 고창

2 단락 요약
고인돌의 뜻과 고인돌을 통해 알 수 있는 것

3 단락 요약
고창 고인돌 유적지 소개

4 단락 요약
고장의 문화유산에 대해 알아보고 소개해 보기

✱ **지문 이해**

● 이 글은 고인돌의 뜻과 고창 고인돌 유적지에 대해 소개하는 설명문입니다. 고인돌은 서너 개의 받침돌 위에 한 개의 넓고 커다란 덮개돌을 얹어 놓은 청동기 시대의 무덤 형태예요. 세계 고인돌의 반 이상이 우리나라에 있는데, 그중 고창 고인돌 유적지는 우리나라에서 가장 많은 고인돌이 모여 있는 곳이랍니다.

● **단락 간의 관계**
1단락에서는 세계에서 가장 큰 고인돌이 고창에 있다고 말하면서 소재를 소개하고 있어요.
2단락에서는 고인돌의 뜻과 고인돌을 통해 알 수 있는 것을 설명하고 있어요.
3단락에서는 고창 고인돌 유적지에 대해 소개하고 있어요.
4단락에서는 창석이처럼 고장의 문화유산에 대해 알아보고, 친구들에게 소개해 주자고 권하면서 글을 마무리하고 있어요.

● **글의 구조도**

1 단락: 세계에서 가장 큰 고인돌이 있는 고창

↓

2 단락: 고인돌의 뜻과 고인돌을 통해 알 수 있는 것

↓

3 단락: 고창 고인돌 유적지 소개

↓

4 단락: 고장의 문화유산에 대해 알아보고 소개해 보기

● **주제:** 고인돌의 뜻과 고창 고인돌 유적지 소개

01 [정답] ① ·· 중심 문장 찾기

>왜 정답?

③단락에서는 고창 고인돌 유적지에 대해 소개하고 있어요.
이중 고창 고인돌 유적지가 우리나라에서 가장 많은 고인돌이 모여 있는 곳이라는 것이 가장 중심이 되는 내용이고, 나머지는 고창 고인돌 유적지에서 보거나 할 수 있는 것들을 설명하는 내용이에요.
따라서 중심 문장은 '그중 고창 고인돌 유적지는 우리나라에서 가장 많은 고인돌이 모여 있는 곳입니다.'예요.

02 [정답] (1) × (2) × (3) ○ ·············· 내용 이해하기

>왜 정답?

(1) **근거**: ②단락 ❶번째 문장
　　'고인돌은 서너 개의 받침돌 위에 한 개의 넓고 커다란 덮개돌을 얹어 놓은 청동기 시대의 무덤 형태입니다.'라고 했으므로, 덮개돌 위에 받침돌을 얹은 무덤 형태라는 것은 틀린 설명이에요.
(2) **근거**: ②단락 ❸번째 문장
　　'고인돌을 통해 청동기 시대 사회를 짐작할 수 있고, 그물추와 돌검 등 함께 발견되는 유물들을 통해 당시의 기술도 알 수 있습니다.'라고 했으므로, 고인돌을 통해 신석기 시대의 사회 모습을 알 수 있다는 것은 틀린 설명이에요.
(3) **근거**: ②단락 ❹번째 문장
　　'세계 고인돌의 반 이상이 우리나라에 있'다고 했으므로 맞는 설명이에요.

03 [정답] ④ ·· 내용 추론하기

>왜 정답?

④ **근거**: ②단락 ❷번째 문장
　　'만드는 데에 많은 사람의 힘이 필요한 크기이기 때문에 지위가 높은 사람의 무덤으로 추측됩니다.'라고 말하고 있어요.
　　마을 지도자는 지위가 높은 사람이므로 마을 지도자의 무덤은 고인돌의 형태일 것이라고 짐작할 수 있어요.

>왜 오답?

① **근거**: ②단락 ❷번째 문장
　　'만드는 데에 많은 사람의 힘이 필요한 크기'라고 했으므로, 고인돌을 주로 한 사람이 만들었을 것이라는 생각은 알맞지 않아요.
② **근거**: ②단락 ❹번째 문장
　　'세계 고인돌의 반 이상이 우리나라에 있'다고 했으므로 우리나라에 없는 나머지 고인돌들은 다른 나라에 있을 것이라고 생각할 수 있어요.

③ **근거**: ②단락 ❸번째 문장
　　'고인돌을 통해 청동기 시대 사회를 짐작할 수 있고, 그물추와 돌검 등 함께 발견되는 유물들을 통해 당시의 기술도 알 수 있습니다.'라고 했으므로 그물추와 돌검은 청동기 시대의 유물임을 알 수 있어요.
⑤ **근거**: ③단락 ❶, ❷번째 문장
　　'그중 고창 고인돌 유적지는 우리나라에서 가장 많은 고인돌이 모여 있는 곳입니다. 440여 가지의 다양한 고인돌을 가까운 거리에서 볼 수 있습니다.'라고 했으므로, 강화와 화순에는 각각 440여 개보다 적은 개수의 고인돌이 있을 것이라고 짐작할 수 있어요.

04 [정답] ④ ·· 내용 이해하기

>왜 정답?

④ **근거**: ③단락 ❷번째 문장
　　'440여 가지의 다양한 고인돌을 가까운 거리에서 볼 수 있습니다.'라고 했으므로, '멀리 떨어져서 봐야' 한다는 것은 고창 고인돌 유적지를 소개하는 글에 넣을 내용으로 알맞지 않아요.

>왜 오답?

① **근거**: ③단락 ❶번째 문장
　　'그중 고창 고인돌 유적지는 우리나라에서 가장 많은 고인돌이 모여 있는 곳입니다.'라고 했으므로 고창 고인돌 유적지를 소개하는 글에 넣을 수 있어요.
② **근거**: ③단락 ❸번째 문장
　　'전시관에서는 고창 고인돌의 특징과 만드는 방법에 대해 알아볼 수 있습니다.'라고 했으므로 고창 고인돌 유적지를 소개하는 글에 넣을 수 있어요.
③ **근거**: ③단락 ❸, ❹번째 문장
　　'전시관에서는 고창 고인돌의 특징과 만드는 방법에 대해 알아볼 수 있습니다.'라고 말하고 있고, '또한 실제 크기의 덮개돌을 끌어' 볼 수도 있다고 했으므로 고창 고인돌 유적지를 소개하는 글에 넣을 수 있어요.
⑤ **근거**: ③단락 ❹번째 문장
　　'청동기 시대의 생활을 엿볼 수 있게 꾸며 놓은 마을을 구경할 수도 있습니다.'라고 했으므로 고창 고인돌 유적지를 소개하는 글에 넣을 수 있어요.

05 [정답] 예 고인돌은 만드는 데에 많은 사람의 힘이 필요한 크기이기 때문이다.

서술형 **채점 기준** – **근거**: ②단락 ❷번째 문장

'만드는 데에 많은 사람의 힘이 필요한 크기이기 때문에 지위가 높은 사람의 무덤으로 추측됩니다.'라고 했으므로, '고인돌은 만드는 데에 많은 사람의 힘이 필요한 크기이기 때문이다.'라는 내용이 들어가면 정답이에요.

[과학]

야구용품에 숨겨진 과학

◯ 각 단락 중심 낱말 ◯ 전체 중심 낱말 [ ] 각 단락 중심 문장 ▨ 전체 중심 문장

1 ❶부모님과 야구용품을 구경하던 희민이는 방망이 재료의 종류가 다양해 그 차이점이 궁금했어요. ❷또 야구공 속에는 무엇이 있는지도 궁금했죠. ❸[야구용품은 어떤 물질로 이루어져 있을까요?]

2 ❶[야구 방망이는 주로 나무나 알루미늄으로 만듭니다.] ❷나무 방망이는 가볍고 단단한 물푸레나무나 단풍나무로 만듭니다. ❸주로 프로 선수들이 나무 방망이를 사용합니다. ❹알루미늄 방망이는 금속으로 되어 있어 잘 부러지지 않습니다. ❺또한 속이 비어 있어 나무 방망이보다 가볍습니다. ❻알루미늄 방망이로 야구공을 치면 나무 방망이보다 잘 튕겨 내어 공이 멀리, 빠르게 날아갑니다.

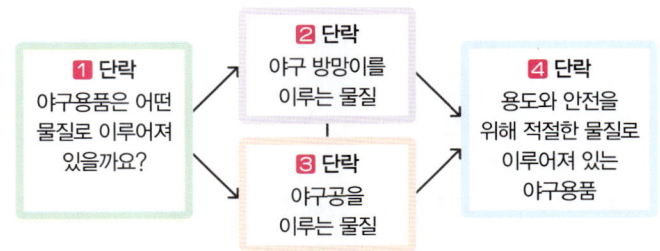

3 ❶[야구공은 코르크, 고무, 실, 가죽 등 다양한 물질로 이루어져 있습니다.] ❷가장 안쪽의 코르크와 그것을 감싸는 고무는 원래 모양으로 잘 돌아오는 성질이 있습니다. (가) 이 때문에 공이 방망이에 부딪히는 순간 찌그러져도 다시 원래 모양으로 되돌아옵니다. ❹코르크를 감싼 고무는 실로 먼저 감아 주는데, 이 실은 공이 갑자기 터지는 것을 막아 줍니다. ❺마지막으로 겉 부분을 가죽으로 감싸고 빨간색 실로 꿰맵니다. ❻가죽과 실은 매우 질겨 강한 충격에도 공이 잘 찢어지지 않도록 합니다.

4 ❶간단해 보이는 방망이와 공도 여러 물질로 만들어졌다는 것을 알았죠? ❷이처럼 야구용품은 용도와 안전을 위해 적절한 물질로 이루어져 있답니다.

1 단락 요약
야구용품은 어떤 물질로 이루어져 있을까요?

2 단락 요약
야구 방망이를 이루는 물질

3 단락 요약
야구공을 이루는 물질

4 단락 요약
용도와 안전을 위해 적절한 물질로 이루어져 있는 야구용품

✖ **지문 이해**

● 이 글은 야구용품이 어떤 물질로 이루어져 있는지 알려 주는 설명문입니다. 야구 방망이는 주로 나무나 알루미늄으로 만들어져요. 야구공은 코르크, 고무, 실, 가죽 등 다양한 물질로 이루어져 있어요. 간단해 보이는 방망이와 공도 용도와 안전을 위해 적절한 물질로 이루어져 있답니다.

● **단락 간의 관계**
  1단락에서는 야구용품은 어떤 물질로 이루어져 있을지 물음을 던지며 읽는 이의 흥미를 이끌어 내고 있어요.
  2단락에서는 야구 방망이를 이루는 물질에 대해, 3단락에서는 야구공을 이루는 물질에 대해 설명하고 있어요.
  2, 3단락은 야구용품을 야구 방망이와 야구공으로 나누어 이루는 물질을 각각 설명하고 있으므로 야구용품을 이루는 물질로 묶을 수 있어요.
  4단락에서는 야구용품이 용도와 안전을 위해 적절한 물질로 이루어져 있다고 말하며 글을 마무리하고 있어요.

● **글의 구조도**

```
┌──────────────┐        ┌──────────────┐
│  1 단락       │        │  2 단락       │
│ 야구용품은 어떤│ ────→ │ 야구 방망이를  │ ──┐
│ 물질로 이루어져│        │ 이루는 물질    │   │
│ 있을까요?     │        └──────────────┘   │    ┌──────────────┐
│              │              │            ├─→ │  4 단락       │
│              │        ┌──────────────┐   │    │ 용도와 안전을  │
│              │ ────→ │  3 단락       │ ──┘    │ 위해 적절한 물질로│
└──────────────┘        │ 야구공을      │        │ 이루어져 있는  │
                        │ 이루는 물질    │        │ 야구용품       │
                        └──────────────┘        └──────────────┘
```

● **주제:** 야구용품을 이루고 있는 물질

01 정답 ① ⋯⋯⋯⋯⋯⋯⋯⋯⋯⋯ 중심 문장 찾기

왜 정답?

③단락에서는 야구공을 이루는 여러 가지 물질에 대해 설명하고 있어요.
따라서 ③단락의 중심 문장은 야구공을 이루는 물질을 모두 말하고 있는 '야구공은 코르크, 고무, 실, 가죽 등 다양한 물질로 이루어져 있습니다.'예요.

02 정답 ⑤ ⋯⋯⋯⋯⋯⋯⋯⋯⋯⋯ 내용 이해하기

왜 정답?

⑤ 근거: ②단락 ❻번째 문장
'알루미늄 방망이로 야구공을 치면 나무 방망이보다 잘 튕겨' 낸다고 했으므로 맞는 설명이에요.

왜 오답?

① 근거: ②단락 ❺번째 문장
'또한 속이 비어 있어 나무 방망이보다 가볍습니다.'라고 했으므로 틀린 설명이에요.

② 근거: ②단락 ❷번째 문장
'나무 방망이는 가볍고 단단한 물푸레나무나 단풍나무로 만듭니다.'라고 했어요.
선택지에는 '무겁고'라고 했으므로 틀린 설명이에요.

③ 근거: ②단락 ❹번째 문장
'알루미늄 방망이는 금속으로 되어 있어 잘 부러지지 않습니다.'라고 했으므로 틀린 설명이에요.

④ 근거: ②단락 ❸번째 문장
'주로 프로 선수들이 나무 방망이를 사용합니다.'라고 했으므로 틀린 설명이에요.

03 정답 ㉠: 실, ㉡: 고무 ⋯⋯⋯⋯⋯⋯⋯ 내용 적용하기

왜 정답?

* 근거: ③단락 ❷, ❹번째 문장
'가장 안쪽의 코르크와 그것을 감싸는 고무는 원래 모양으로 잘 돌아오는 성질이 있습니다.'라고 했으므로 코르크를 감싸고 있는 ㉡은 고무예요.
'코르크를 감싼 고무는 실로 먼저 감아 주는데, 이 실은 공이 갑자기 터지는 것을 막아 줍니다.'라고 했으므로 고무(㉡)를 감싸고 있는 ㉠은 실이에요.
즉 야구공은 가장 안쪽에 코르크가 있고, 코르크를 고무가, 고무를 실이, 실을 가죽이 감싸고 있어요.
따라서 ㉠은 '실', ㉡은 '고무'예요.

04 정답 ⑤ ⋯⋯⋯⋯⋯⋯⋯⋯⋯⋯ 내용 이해하기

왜 정답?

⑤ 근거: ③단락 ❷번째 문장
㈎의 바로 앞 문장은 '가장 안쪽의 코르크와 그것을 감싸는 고무는 원래 모양으로 잘 돌아오는 성질이 있습니다.'라고 했어요.
그리고 '㈎ 이 때문에 공이 방망이에 부딪히는 순간 찌그러져도 다시 원래 모양으로 되돌아옵니다.'로 이어져요.
여기서 '이 때문에'의 '이'는 바로 앞 문장을 가리키는 말이에요.
따라서 '코르크와 고무는 원래 모양으로 잘 돌아오는 성질이 있기 때문에'가 정답이에요.

왜 오답?

① 이 글에서 '공이 방망이에 부딪히는 순간 찌그러져도 다시 원래 모양으로 되돌아오는 것'에 단단한 나무 방망이가 도움을 준다는 내용은 찾아볼 수 없어요.

② 근거: ③단락 ❹번째 문장
'이 실은 공이 갑자기 터지는 것을 막아 줍니다.'라고 말하는 문장은 ㈎의 뒤에 있어요. 앞에서 설명했듯이 ㈎의 이유는 그 앞 문장에 나와 있어요. 뒤에 이어지는 문장은 ㈎의 이유와는 관련이 없어요.

③ 근거: ③단락 ❻번째 문장
'가죽과 실은 매우 질겨 강한 충격에도 공이 잘 찢어지지 않도록 합니다.'라는 문장 역시 ㈎의 뒤에 오는 문장으로, ㈎의 이유와는 관련이 없어요.

④ 이 글에서 알루미늄 방망이에는 공이 잘 찌그러지지 않는다는 내용은 찾아볼 수 없어요.

배경지식

야구공에 침을 바르면 반칙이라고요?

야구는 모든 스포츠 경기 중에서 가장 규칙이 까다로운 경기 중 하나예요. 야구 규칙 중에는 야구공에 침을 바르면 반칙이라는 것도 있는데, 왜 이런 규칙이 있을까요?

야구에서 날아가는 공의 진행 방향이 변화하는 공을 '변화구'라고 해요. 옛날에는 투수가 '스핏볼'이라는 변화구를 곧잘 던지고는 했어요. 스핏볼은 공에 침이나 땀을 발라서 던지는 것인데, 씹던 껌이나 나무에서 나오는 끈적끈적한 액체를 바르기도 했다고 해요. 이러한 공을 던지면 타자 바로 앞에서 갑자기 공이 뚝 떨어지기 때문에, 타자들이 방망이를 잘못 휘둘러서 공을 맞히지 못했지요.

1921년부터 스핏볼은 바른 운동 정신에 어긋난다고 하여 금지되었어요. 요즘에는 공에 침을 바르는 것은 물론, 투수가 공을 향해 입김만 불어도 반칙이랍니다.

DAY 10

나눴는데 원래 수보다 커진다고?

◯ 각 단락 중심 낱말　◯ 전체 중심 낱말　[　] 각 단락 중심 문장　▨ 전체 중심 문장

① ❶ '나누다'라는 것은 무엇인가를 쪼개는 것이므로 원래의 것보다 작아진다고 생각할 수 있습니다. ❷[하지만 수학에서 배우는 나눗셈에서는 꼭 그렇지만은 않습니다.]

② ❶[나눗셈이란 어떤 수를 다른 수로 나누는 계산입니다.] ❷무엇인가를 똑같이 나눠야 할 때 나눗셈이 유용하게 사용됩니다. ❸예를 들어 사과 6개를 2명에게 똑같이 나눠 주려고 한다면 6 나누기 2를 하면 됩니다. ❹이때 6을 나누어지는 수, 2를 나누는 수라고 합니다. ❺처음 나눗셈을 할 때는 나누는 수가 나누어지는 수에 몇 번 들어가는지를 생각해 보면 쉽습니다. ❻2+2+2=6, 즉 2는 6에 3번 들어가기 때문에 6 나누기 2는 3이 됩니다.

③ ❶[그렇다면 나눗셈의 결과는 항상 원래 수보다 작아질까요?] ❷그렇지 않습니다. ❸이번에는 6을 $\frac{1}{2}$로 나누어 볼까요? ❹아래 그림처럼 6에 $\frac{1}{2}$이 몇 번 들어가는지 생각해 봅시다. ❺먼저 $\frac{1}{2}+\frac{1}{2}=1$이므로, $(\frac{1}{2}+\frac{1}{2})+(\frac{1}{2}+\frac{1}{2})+(\frac{1}{2}+\frac{1}{2})+(\frac{1}{2}+\frac{1}{2})+(\frac{1}{2}+\frac{1}{2})+(\frac{1}{2}+\frac{1}{2})=6$, 즉 $\frac{1}{2}$은 6에 12번 들어가기 때문에 6 나누기 $\frac{1}{2}$은 12입니다. ❻원래 수인 6보다 커졌지요?

④ ❶이렇게 나눗셈의 결과는 원래 수보다 작아질 수도 있고, 커질 수도 있습니다. ❷나누는 수가 1보다 크면 그 결과는 원래 수보다 작아지고, 나누는 수가 1보다 작으면 그 결과는 원래 수보다 커지는 것입니다.

단락 요약

1 단락 요약
꼭 원래의 것보다 작아지는 것이 아닌 수학에서의 나눗셈

2 단락 요약
나눗셈의 개념과 나눗셈을 쉽게 하는 방법

3 단락 요약
나눗셈의 결과가 원래 수보다 커지는 경우

4 단락 요약
나누는 수가 1보다 큰지 작은지에 따라 달라지는 나눗셈의 결과

✱ 지문 이해

● 이 글은 나누는 수에 따라 나눗셈의 결과가 어떻게 달라지는지 알려 주는 설명문입니다. 나눗셈이란 어떤 수를 다른 수로 나누는 계산이에요. 나눗셈의 결과는 원래 수보다 작아질 것이라고 생각하기 쉽지만, 1보다 작은 수로 나누면 나눗셈의 결과는 원래 수보다 커져요. 즉 나누는 수가 1보다 크면 그 결과는 원래 수보다 작아지고, 나누는 수가 1보다 작으면 그 결과는 원래 수보다 커진답니다.

● **단락 간의 관계**
① 단락에서는 수학에서 배우는 나눗셈에서는 그 결과가 항상 원래의 것보다 작아지는 것은 아니라고 말하면서 소재를 소개하고 있어요.
② 단락에서는 나눗셈의 개념과 나눗셈을 쉽게 하는 방법을 설명하고 있어요.
③ 단락에서는 나눗셈의 결과가 원래 수보다 커지는 경우를 설명하고 있어요.
④ 단락에서는 나눗셈의 결과가 나누는 수가 1보다 큰지 작은지에 따라 달라진다고 정리하며 글을 마무리하고 있어요.

● **글의 구조도**

1 단락	**2** 단락	**3** 단락	**4** 단락
꼭 원래의 것보다 작아지는 것이 아닌 수학에서의 나눗셈	나눗셈의 개념과 나눗셈을 쉽게 하는 방법	나눗셈의 결과가 원래 수보다 커지는 경우	나누는 수가 1보다 큰지 작은지에 따라 달라지는 나눗셈의 결과

● **주제:** 나누는 수가 1보다 큰지 작은지에 따라 달라지는 나눗셈의 결과

01 [정답] ① ·· 중심 문장 찾기

✎왜 정답?

②단락에서는 나눗셈의 개념과 나눗셈을 쉽게 하는 방법을 예를 들어 설명하고 있어요.
따라서 ②단락의 중심 문장은 나눗셈의 개념을 담고 있는 '나눗셈이란 어떤 수를 다른 수로 나누는 계산입니다.'예요.

02 [정답] ② ·· 내용 이해하기

✎왜 정답?

② 근거: ④단락 ❶번째 문장
'이렇게 나눗셈의 결과는 원래 수보다 작아질 수도 있고, 커질 수도 있습니다.'라고 했으므로 '나눗셈의 결과는 항상 원래 수보다 커진다.'는 틀린 설명이에요.

✎왜 오답?

① 근거: ②단락 ❻번째 문장
'2+2+2=6, 즉 2는 6에 3번 들어가기 때문에 6 나누기 2는 3이 됩니다.'라고 했으므로 맞는 설명이에요.

③ 근거: ③단락, ④단락 ❷번째 문장
③단락에서 1보다 작은 $\frac{1}{2}$로 나눗셈을 하면 결과가 원래 수보다 커지는 것을 설명하고 있어요.
그리고 '나누는 수가 1보다 크면 그 결과는 원래 수보다 작아지고, 나누는 수가 1보다 작으면 그 결과는 원래 수보다 커지는 것입니다.'라고 했어요.
따라서 나눗셈을 할 때 1보다 작은 수로 나누는 것도 가능해요.

④ 근거: ②단락 ❷번째 문장
'무엇인가를 똑같이 나눠야 할 때 나눗셈이 유용하게 사용됩니다.'라고 했으므로 맞는 설명이에요.

⑤ 근거: ②단락 ❺번째 문장
'처음 나눗셈을 할 때는 나누는 수가 나누어지는 수에 몇 번 들어가는지를 생각해 보면 쉽습니다.'라고 했으므로 맞는 설명이에요.

03 [정답] ④ ·· 내용 이해하기

✎왜 정답?

＊ 근거: ③단락 ❺번째 문장
'즉 $\frac{1}{2}$은 6에 12번 들어가기 때문에 6 나누기 $\frac{1}{2}$은 12입니다.'라고 말하고 있어요.
따라서 ㉠은 $\frac{1}{2}$, ㉡은 6, ㉢은 12예요.

04 [정답] 6 ·· 내용 적용하기

✎왜 정답?

＊ 근거: ③단락 ❸ ～ ❺번째 문장
이 글에서 6 나누기 $\frac{1}{2}$을 계산할 때, 6에 $\frac{1}{2}$이 몇 번 들어가는지 계산했어요. $\frac{1}{2}+\frac{1}{2}=1$이므로, 6에는 ($\frac{1}{2}+\frac{1}{2}$)이 6번, 즉 $\frac{1}{2}$이 12번 들어가요.
따라서 6 나누기 $\frac{1}{2}$은 12예요.

이 계산법에 따라 2 나누기 $\frac{1}{3}$을 해 봅시다.
$\frac{1}{3}+\frac{1}{3}+\frac{1}{3}=1$이므로, 2에는 ($\frac{1}{3}+\frac{1}{3}+\frac{1}{3}$)이 2번, 즉 $\frac{1}{3}$이 6번 들어가요.
따라서 2 나누기 $\frac{1}{3}$의 결과는 6이에요.

05 [정답] 예 나누는 수가 1보다 크면 그 결과는 원래 수보다 작아지고, 나누는 수가 1보다 작으면 그 결과는 원래 수보다 커진다.

서술형 채점 기준 – 근거: ④단락 ❷번째 문장
'나누는 수가 1보다 크면 그 결과는 원래 수보다 작아지고, 나누는 수가 1보다 작으면 그 결과는 원래 수보다 커지는 것입니다.'라고 했으므로 이 내용이 들어가면 정답이에요.

[예체능]

DAY 11

잠이 보약

◯ 각 단락 중심 낱말 ◯ 전체 중심 낱말 [ ] 각 단락 중심 문장 ▨ 전체 중심 문장

1 ❶방학 생활 계획표를 세운 영지는 하고 싶은 일이 너무 많아서 잠을 줄여야겠다고 생각했어요. ❷[(가) 그런데 부모님은 '잠이 보약'이라면서 말리셨어요. ❸이게 무슨 뜻일까요?]

2 ❶사람은 하루에 여덟 시간 정도를 잡니다. ❷누군가는 잠자는 시간을 아까워하거나 그 시간을 무리하게 줄여 다른 일을 하기도 합니다. ❸[하지만 잠은 하루의 삼분의 일을 써야 할 만큼 우리에게 가장 중요한 것 중 하나입니다.]

3 ❶[잠을 자는 동안 우리의 몸은 부족한 면역 물질을 만들어 내고 몸 안에 쌓인 피로 물질을 분해하며 깨어나서 쓸 영양분을 준비합니다.] ❷잘 자지 못했을 때 쉽게 아프고 피곤한 것은 이런 이유에서입니다.

4 ❶[또한 성장 호르몬은 잠을 잘 때 많이 분비됩니다.] ❷(   ) 성장기의 학생들은 잠을 충분히 자는 것이 더욱 중요합니다. ❸늦은 시간에 잠들거나 자는 시간이 부족하면 성장 호르몬이 충분히 분비되지 못해 키가 많이 자라지 못할 수 있습니다.

5 ❶[잠은 뇌의 활동을 회복시켜 주기도 합니다.] ❷잠자는 동안 우리 뇌는 깨어 있는 동안 배우고 체험한 것에 대한 정보들을 차곡차곡 정리하여 기억 저장소에 보관합니다. ❸덕분에 우리는 하루 동안 익힌 것을 잘 저장하고, 다시 새로운 것을 익힐 수 있는 상태가 됩니다.

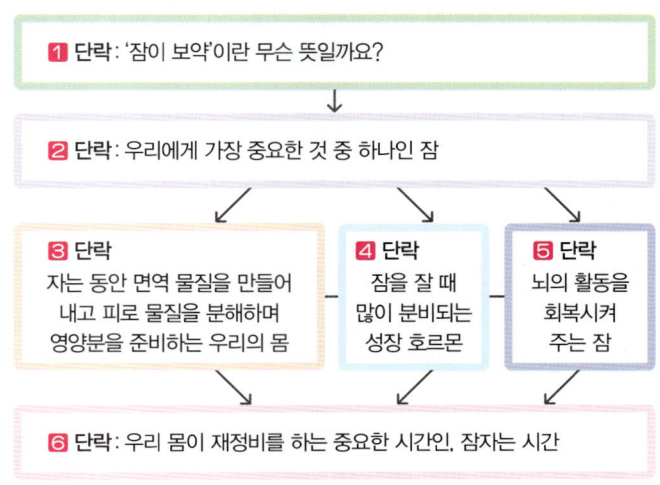

6 ❶이처럼 잠자는 시간은 우리 몸이 재정비를 하는 중요한 시간이랍니다. ❷이제 영지 부모님께서 하신 말씀이 이해가 가지요?

■ 단락 요약

1 단락 요약
'잠이 보약'이란 무슨 뜻일까요?

2 단락 요약
우리에게 가장 중요한 것 중 하나인 잠

3 단락 요약
자는 동안 면역 물질을 만들어 내고 피로 물질을 분해하며 영양분을 준비하는 우리의 몸

4 단락 요약
잠을 잘 때 많이 분비되는 성장 호르몬

5 단락 요약
뇌의 활동을 회복시켜 주는 잠

6 단락 요약
우리 몸이 재정비를 하는 중요한 시간인, 잠자는 시간

✱ 지문 이해

● 이 글은 우리 몸에 중요한 역할을 하는 잠에 대해 알려 주는 설명문입니다. 자는 동안 우리의 몸은 면역 물질을 만들고, 피로 물질을 분해하며 영양분을 준비해요. 또 잠을 잘 때는 성장 호르몬이 많이 분비되고, 뇌의 활동이 회복되기도 해요. 이렇게 잠자는 시간은 우리 몸이 재정비를 하는 중요한 시간이랍니다.

● **단락 간의 관계**
1단락에서는 '잠이 보약'이라는 말이 무슨 뜻일지 물음을 던지면서, 읽는 이에게 소재에 대한 궁금증을 이끌어 내고 있어요.
2단락에서는 잠이 우리에게 가장 중요한 것 중 하나라고 말하고 있어요.
3단락에서는 자는 동안 우리의 몸이 면역 물질을 만들어 내고, 피로 물질을 분해하며 영양분을 준비하는 것을, 4단락에서는 잠을 잘 때 성장 호르몬이 많이 분비된다는 것을, 5단락에서는 잠이 뇌의 활동을 회복시켜 준다는 것을 설명하고 있어요.
3~5단락은 잠이 중요한 이유를 각각 설명하고 있으므로 하나로 묶을 수 있어요.
6단락에서는 이렇게 잠자는 시간은 우리 몸이 재정비를 하는, 중요한 시간이라고 말하며 글을 마무리하고 있어요.

● **글의 구조도**

┌─────────────────────────────┐
1 단락: '잠이 보약'이란 무슨 뜻일까요?
└─────────────────────────────┘
                ↓
┌─────────────────────────────┐
2 단락: 우리에게 가장 중요한 것 중 하나인 잠
└─────────────────────────────┘
      ↓   ↓   ↓

3 단락
자는 동안 면역 물질을 만들어 내고 피로 물질을 분해하며 영양분을 준비하는 우리의 몸

4 단락
잠을 잘 때 많이 분비되는 성장 호르몬

5 단락
뇌의 활동을 회복시켜 주는 잠

      ↓   ↓   ↓
┌─────────────────────────────┐
6 단락: 우리 몸이 재정비를 하는 중요한 시간인, 잠자는 시간
└─────────────────────────────┘

● **주제:** 우리 몸에 중요한 역할을 하는 잠자는 시간

01 정답 ③ .... 중심 문장 찾기

>왜 정답?

②단락에서는 잠의 중요성에 대해 말하고 있어요. 잠자는 시간을 아까워하거나 그 시간을 무리하게 줄이는 사람도 있지만, 잠은 우리에게 가장 중요한 것 중 하나예요.

따라서 ②단락의 중심 문장은 '하지만 잠은 하루의 삼분의 일을 써야 할 만큼 우리에게 가장 중요한 것 중 하나입니다.'예요.

02 정답 ⓒ .... 내용 이해하기

>왜 정답?

ⓒ 근거: ⑤단락 ❷번째 문장

'잠자는 동안 우리 뇌는 깨어 있는 동안 배우고 체험한 것에 대한 정보들을 차곡차곡 정리하여 기억 저장소에 보관합니다.'라고 했어요.

따라서 '깨어 있는 동안 얻은 정보들을 지운다.'는 것은 틀린 설명이에요.

>왜 오답?

㉠, ㉡, ㉣ 근거: ③단락 ❶번째 문장

'잠을 자는 동안 우리의 몸은 부족한 면역 물질을 만들어 내고 몸 안에 쌓인 피로 물질을 분해하며 깨어나서 쓸 영양분을 준비합니다.'라고 했으므로 맞는 설명이에요.

03 정답 ③ .... 올바른 접속어 찾기

>왜 정답?

③ ④단락의 괄호에 들어갈 말은 ❶번째 문장과 ❷번째 문장을 이어 주는 말이에요.

❶번째 문장에서는 '성장 호르몬은 잠을 잘 때 많이 분비'된다고 말하고 있고, ❷번째 문장에서는 '성장기의 학생들이 잠을 충분히 자는 것이 더욱 중요'하다고 말하고 있어요.

'성장 호르몬은 잘 때 많이 분비'된다는 것은 '성장기의 학생들은 잠을 충분히 자는 것이 더욱 중요'하다는 이유가 돼요.

그러므로 두 문장을 이어 주는 말로는 '따라서'가 가장 알맞아요.

>왜 오답?

① '또'는 앞 문장과 뒤 문장을 나란히 연결할 때 쓰는 이어 주는 말이에요.

② '그런데'는 앞 문장에서 쓴 내용을 다른 방향으로 이끌 때 쓰는 이어 주는 말이에요.

④ '그러나'는 앞 문장의 내용과 반대되거나 다른 방향의 내용이 나올 때 쓰는 이어 주는 말이에요.

⑤ '왜냐하면'은 앞 문장이 결과이고, 뒤 문장이 원인이나 이유일 때 쓰는 이어 주는 말이에요.

04 정답 ⑤ .... 내용 추론하기

이 글을 바탕으로 했을 때, 1단락의 밑줄 친 ㈎의 이유로 볼 수 없는 것은 무엇인가요?

• 밑줄 친 ㈎: 영지의 부모님이 잠을 줄이겠다는 영지를 말리셨다는 내용이에요.

즉 잠을 줄이면 안 되는 이유로 알맞지 않은 것을 찾는 문제예요.

>왜 정답?

⑤ 이 글에서 성장기의 학생들은 잠을 충분히 자는 것이 '더욱' 중요하다는 내용은 있지만(④단락 ❷번째 문장), 성장기가 끝나면 잠을 줄여도 된다는 내용은 찾아볼 수 없어요.

또한 ③단락과 ⑤단락에서 말하는 잠의 중요성은 성장기와는 관련이 없어요.

>왜 오답?

① 근거: ③단락 ❷번째 문장

'잘 자지 못했을 때 쉽게 아프고 피곤'하다고 말하고 있으므로 ㈎의 이유로 볼 수 있어요.

② 근거: ③단락 ❷번째 문장

'잘 자지 못했을 때 쉽게 아프고 피곤'하다고 말하고 있으므로 ㈎의 이유로 볼 수 있어요.

③ 근거: ④단락 ❸번째 문장

'늦은 시간에 잠들거나 자는 시간이 부족하면 성장 호르몬이 충분히 분비되지 못해 키가 많이 자라지 못할 수 있습니다.'라고 했으므로 ㈎의 이유로 볼 수 있어요.

④ 근거: ⑤단락 ❷, ❸번째 문장

'잠자는 동안 우리 뇌는 깨어 있는 동안 배우고 체험한 것에 대한 정보들을 차곡차곡 정리하여 기억 저장소에 보관합니다. 덕분에 우리는 하루 동안 익힌 것을 잘 저장하고, 다시 새로운 것을 익힐 수 있는 상태가 됩니다.'라고 했으므로 ㈎의 이유로 볼 수 있어요.

05 정답 ⑩ 잠자는 시간은 우리 몸이 재정비를 하는 중요한 시간이기 때문이다.

서술형 채점 기준 – 근거: ⑥단락 ❶번째 문장

이 글의 ③~⑤단락에서 잠이 중요한 이유를 구체적으로 설명하고 있고, 이것을 ⑥단락 ❶번째 문장에서 정리하여 말하고 있어요.

따라서 '이처럼 잠자는 시간은 우리 몸이 재정비를 하는 중요한 시간이랍니다.'라는 내용이 들어가면 정답이에요.

우리 조상들은 어떤 집에서 살았을까요?

◯ 각 단락 중심 낱말　◯ 전체 중심 낱말　[ ] 각 단락 중심 문장　▨ 전체 중심 문장

❶ 우리 조상들은 어떤 집에서 살았을까요? ❷ 조상들이 살았던 한옥은 주변에서 쉽게 구할 수 있는 나무와 흙을 사용하여 지었는데, 그 종류가 여러 가지입니다. ❸ 그중 가장 대표적인 초가집과 기와집에 대해 알아볼까요?

❷ ❶ [초가집은 흙으로 벽을 세우고 짚이나 갈대를 엮어서 지붕을 얹은 집입니다.] ❷ 농사를 짓는 평범한 백성들이 초가집에서 살았습니다. ❸ 짚이나 갈대는 잘 썩기 때문에 1년마다 지붕을 새로 얹어 주어야 하는데, 한 해 농사가 끝나면 볏짚을 새로 엮어 지붕을 덮었습니다. ❹ 초가집에는 방, 마루, 부엌, 화장실, 헛간 등이 있어 용도에 맞게 나누어 사용하였습니다. ❺ 마당에서는 닭 같은 동물을 기르거나 농사와 관련된 여러 가지 일을 했습니다.

❸ ❶ [기와집은 흙을 구워 만든 기와로 지붕을 덮은 집입니다.] ❷ 기와집에는 주로 양반들이 살았습니다. ❸ 기와는 튼튼하고 불에 탈 걱정이 없으며, 썩지 않아 초가집과 달리 지붕을 바꾸지 않고 오래 살 수 있었습니다. ❹ 기와집은 안쪽의 안채와 바깥쪽의 사랑채로 구성되어 있습니다. ❺ 안채에서는 주로 여자들이 생활하였고, 사랑채에서는 남자들이 글공부를 하거나 찾아온 손님을 맞이했습니다.

❹ ❶ 오늘날에는 한옥을 흔하게 볼 수 없지만, 지금도 한옥에서 사는 사람들이 있습니다. ❷ [자연 재료를 이용하여 만든 한옥은 건강에 도움이 되기 때문에 다시 인기를 얻고 있다고 합니다.]

① 단락 요약
나무와 흙을 사용하여 지은, 여러 가지 종류의 한옥

② 단락 요약
짚이나 갈대를 엮어 지붕을 얹은, 초가집

③ 단락 요약
기와로 지붕을 덮은, 기와집

④ 단락 요약
건강에 도움이 되어 오늘날 다시 인기를 얻고 있는 한옥

✶ **지문 이해**

● 이 글은 우리 조상들이 살았던 한옥에 대해 알려 주는 설명문입니다. 한옥에는 대표적으로 초가집과 기와집이 있어요. 초가집은 흙으로 벽을 세우고 짚이나 갈대를 엮어서 지붕을 얹은 집으로, 평범한 백성들이 살았던 집이에요. 기와집은 흙을 구워 만든 기와로 지붕을 덮은 집으로, 주로 양반들이 살았어요. 흔하지는 않지만, 지금도 한옥에 사는 사람들이 있어요. 자연 재료를 이용하여 만든 한옥은 건강에 도움이 되기 때문에 오늘날 다시 인기를 얻고 있답니다.

● **단락 간의 관계**
　① 단락에서는 조상들이 살았던 한옥에 여러 가지 종류가 있다고 말하면서, 그중 가장 대표적인 초가집과 기와집에 대해 알아보자고 이야기하고 있어요.
　② 단락에서는 초가집에 대해, ③ 단락에서는 기와집에 대해 설명하고 있어요.
　② , ③ 단락은 조상들이 살았던 한옥을 초가집과 기와집으로 나누어 설명하고 있으므로 하나로 묶을 수 있어요.
　④ 단락에서는 자연 재료를 이용하여 만든 한옥이 오늘날 다시 인기를 얻고 있다고 말하며 글을 마무리하고 있어요.

● **글의 구조도**

```
① 단락: 나무와 흙을 사용하여 지은, 여러 가지 종류의 한옥
        ↓                              ↓
② 단락                          ③ 단락
짚이나 갈대를 엮어 지붕을   ─   기와로 지붕을 덮은,
얹은, 초가집                     기와집
        ↓                              ↓
④ 단락: 건강에 도움이 되어 오늘날 다시 인기를 얻고 있는 한옥
```

● **주제:** 우리 조상들이 살았던 한옥

01 [정답] ① ······················· 중심 문장 찾기

>왜 정답?

②단락에서는 우리 조상들이 살았던 한옥 중 초가집에 대해 말하고 있어요.
따라서 중심 문장은 초가집이 어떤 집인지 한 문장으로 설명한 '초가집은 흙으로 벽을 세우고 짚이나 갈대를 엮어서 지붕을 얹은 집입니다.'예요.

02 [정답] ③ ······················· 내용 이해하기

>왜 정답?

③ 근거: ③단락 ❸번째 문장
　'기와는 튼튼하고 불에 탈 걱정이 없'다고 했으므로 맞는 설명이에요.

>왜 오답?

① 근거: ③단락 ❶번째 문장
　'기와집은 흙을 구워 만든 기와로 지붕을 덮은 집입니다.'라고 했어요. 기와는 돌을 깎아 만든 것이라는 내용은 틀린 설명이에요.

② 근거: ②단락 ❷번째 문장
　'농사를 짓는 평범한 백성들이 초가집에서 살았습니다.'라고 했어요. 초가집에 주로 양반들이 살았다는 내용은 틀린 설명이에요.

④ 근거: ②단락 ❶번째 문장
　'초가집은 흙으로 벽을 세우고 짚이나 갈대를 엮어서 지붕을 얹은 집입니다.'라고 했어요. 짚이나 갈대는 지붕에 사용되는 것이고, 이것으로 벽을 세웠다는 내용은 찾아볼 수 없어요.

⑤ 근거: ③단락 ❸번째 문장
　'기와는 튼튼하고 불에 탈 걱정이 없으며, 썩지 않아 초가집과 달리 지붕을 바꾸지 않고 오래 살 수 있었습니다.'라고 했으므로, 기와집은 1년마다 지붕을 새로 얹어야 했다는 내용은 틀린 설명이에요.

03 [정답] ② ······················· 내용 이해하기

>왜 정답?

② 이 글에서 기와집의 크기와 관련된 내용은 찾아볼 수 없어요.

>왜 오답?

① 근거: ③단락 ❸번째 문장
　'기와는 튼튼하고 불에 탈 걱정이 없으며, 썩지 않아 초가집과 달리 지붕을 바꾸지 않고 오래 살 수 있었습니다.'를 통해 기와의 특성을 알 수 있어요.

③ 근거: ③단락 ❹번째 문장
　'기와집은 안쪽의 안채와 바깥쪽의 사랑채로 구성되어 있습니다.'를 통해 기와집의 구성을 알 수 있어요.

④ 근거: ②단락 ❶번째 문장
　'초가집은 흙으로 벽을 세우고 짚이나 갈대를 엮어서 지붕을 얹은 집입니다.'라고 했으므로, 초가집의 재료로 흙, 짚이나 갈대가 필요하다는 것을 알 수 있어요.

⑤ 근거: ②단락 ❹번째 문장
　'초가집에는 방, 마루, 부엌, 화장실, 헛간 등이 있어 용도에 맞게 나누어 사용하였습니다.'를 통해 초가집의 구성을 알 수 있어요.

04 [정답] ㉢, ㉣ ······················· 내용 추론하기

>왜 정답?

㉢ 근거: ②단락 ❸번째 문장
　'한 해 농사가 끝나면 볏짚을 새로 엮어 지붕을 덮었습니다.'라고 했으므로 초가집에서 사는 사람이 했을 법한 말이에요.

㉣ 근거: ②단락 ❺번째 문장
　'마당에서는 닭 같은 동물을 기르거나 농사와 관련된 여러 가지 일을 했습니다.'라고 했으므로 초가집에서 사는 사람이 했을 법한 말이에요.

>왜 오답?

㉠ 근거: ③단락 ❸번째 문장
　'기와는 튼튼하고 불에 탈 걱정이 없'다고 했어요.
　즉 ㉠은 기와집에 사는 사람이 했을 법한 말이에요.
　또 이 글에서 초가집 지붕이 불에 탈 걱정이 없다는 내용은 찾아볼 수 없어요.

㉡ 근거: ②단락 ❹번째 문장, ③단락 ❹, ❺번째 문장
　'초가집에는 방, 마루, 부엌, 화장실, 헛간 등이 있어 용도에 맞게 나누어 사용하였습니다.'라고 했어요. 이에 따르면 초가집에는 사랑채가 없어요.
　또한 '기와집은 안쪽의 안채와 바깥쪽의 사랑채로 구성되어 있습니다. 안채에서는 주로 여자들이 생활하였고, 사랑채에서는 남자들이 글공부를 하거나 찾아온 손님을 맞이했습니다.'를 통해 사랑채는 기와집에 있음을 알 수 있고, 남자들이 손님을 맞이했던 공간이므로 ㉡은 초가집, 기와집 모두에 해당하지 않는 말이에요.

05 [정답] [예] 자연 재료를 이용하여 만든 한옥은 건강에 도움이 되기 때문이다.

[서술형] 채점 기준 － 근거: ④단락 ❷번째 문장
'자연 재료를 이용하여 만든 한옥은 건강에 도움이 되기 때문에 다시 인기를 얻고 있다고 합니다.'라고 했으므로 이 내용이 들어가면 정답이에요.

[국어]

지진이 나면 어떻게 해야 할까요?

◯ 각 단락 중심 낱말 ◯ 전체 중심 낱말 [ ] 각 단락 중심 문장 ▨ 전체 중심 문장

① ❶ 서울에 사는 승현이는 경주에서 ◯지진◯이 일어났다는 뉴스를 봤어요. ❷ [큰 건물까지 흔들리는 모습을 보고, 어떻게 행동해야 할지 미리 알아 둬야겠다고 생각했지요.] ❸ 승현이와 함께 관련 누리집을 살펴볼까요?

*1단락 요약: 지진이 일어났을 때의 행동 요령을 알아 둘 필요성

② ❶ [◯지진◯이 일어났을 때, 집 안에 있다면 탁자 아래로 들어가 몸을 보호합니다.] ❷ 할 수 있으면 전기와 가스를 차단하고, 문을 열어 출구를 확보한 뒤에 밖으로 나갑니다. ❸ [학교 안에서도 책상 아래로 들어가고, 할 수 있으면 질서를 지키며 바깥 운동장으로 대피합니다.]

*2단락 요약: 지진이 일어났을 때 실내에서의 행동 요령

③ ❶ [바깥이라면 물건이 떨어질 것에 대비해 가방이나 손으로 머리를 보호하면서, 건물과 떨어져 공원같이 넓은 공간으로 대피합니다.] ❷ 산이나 바다에 있다면 산사태가 나거나 절벽이 무너질 수 있으니 안전한 곳으로 대피합니다. ❸ 해안에 있다면 ◯지진◯ 때문에 해일이 일어날 것을 대비해 높은 곳으로 이동합니다.

*3단락 요약: 지진이 일어났을 때 바깥에서의 행동 요령

④ ❶ [한편 ◯지진◯이 났을 때 승강기를 타고 있다면 매우 위험합니다.] ❷ 따라서 승강기의 모든 숫자 단추를 눌러 가장 먼저 열리는 층에서 내린 뒤에 계단을 이용합니다. ❸ [또 전철을 타고 있다면 기둥을 잡아 넘어지지 않도록 하고, 안내에 따라 행동해야 합니다.]

*4단락 요약: 지진이 일어났을 때 승강기와 전철에서의 행동 요령

⑤ ❶ ▨지진은 언제 발생할지 정확히 예측하기 어렵기 때문에, ◯지진 발생 시 행동 요령◯을 평소에 잘 알아 두는 것이 중요해요.▨ ❷ 위의 내용을 기억하여 만일의 상황에 안전하게 대비하도록 합시다.

*5단락 요약: 지진 발생 시 행동 요령을 평소에 알아 두는 것의 중요성

01 정답 ④

③단락에서는 산과 바다, 해안을 포함한 바깥 공간에서 지진이 일어났을 때의 행동 요령을 설명하고 있어요.

02 정답 ④

이 글은 지진이 발생했을 때 실내(집 안과 학교 안), 실외(바깥, 산, 해안) 그리고 이동 수단(승강기와 전철)에서 어떻게 행동해야 하는지 알려 주고 있어요.

03 정답 ㉠

③단락 ❸번째 문장에서 '해안에 있다면 ~ 높은 곳으로 이동합니다.'라고 설명하고 있어요.

04 정답 ③

④단락 ❶, ❷번째 문장에서 지진이 났을 때 승강기를 타는 것은 매우 위험하므로 계단을 이용하라고 말하고 있어요.

✱ 지문 이해

● 이 글은 지진이 일어났을 때 각 장소에서의 행동 요령에 대해 알려 주는 설명문입니다. 지진이 일어났을 때 실내에 있다면 탁자 아래로 들어가 몸을 보호하고, 할 수 있으면 바깥으로 대피해요. 바깥이라면 손으로 머리를 보호하면서, 건물이나 절벽 등에서 떨어져야 해요. 만약 해안이라면 높은 곳으로 이동해요. 또 승강기에 있다면 내려서 계단을 이용하고, 전철을 타고 있다면 넘어지지 않도록 기둥을 잡고 안내에 따라 행동해요. 지진은 언제 발생할지 모르기 때문에 지진 발생 시 행동 요령을 평소에 잘 알아 둬야 한답니다.

● 단락 간의 관계
1단락에서는 승현이의 이야기를 통해 지진이 일어났을 때의 행동 요령을 아는 것의 필요성에 대한 흥미를 이끌어 내고 있어요.
2단락에서는 지진이 일어났을 때 실내에서의 행동 요령을, 3단락에서는 바깥에서의 행동 요령을, 4단락에서는 승강기와 전철에서의 행동 요령을 설명하고 있어요.
2~4단락에서는 지진이 일어났을 때 각 장소에서의 행동 요령을 설명하고 있으므로 하나로 묶을 수 있어요.
5단락에서는 지진 발생 시 행동 요령을 평소에 잘 알아 두는 것의 중요성에 대해 이야기하며 글을 마무리하고 있어요.

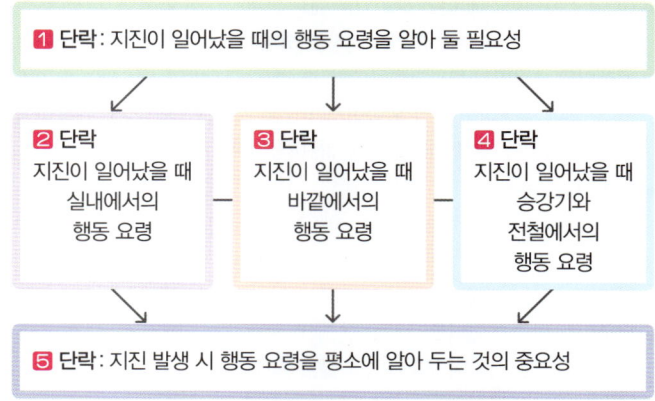

● 글의 구조도

1 단락: 지진이 일어났을 때의 행동 요령을 알아 둘 필요성

↓　　　　↓　　　　↓

2 단락
지진이 일어났을 때 실내에서의 행동 요령

3 단락
지진이 일어났을 때 바깥에서의 행동 요령

4 단락
지진이 일어났을 때 승강기와 전철에서의 행동 요령

↓　　　　↓　　　　↓

5 단락: 지진 발생 시 행동 요령을 평소에 알아 두는 것의 중요성

● 주제: 지진이 일어났을 때 실내, 실외, 이동 수단에서의 행동 요령

[사회]

자연환경에 따라 달라지는 교통수단

◯ 각 단락 중심 낱말 ◯ 전체 중심 낱말 [ ] 각 단락 중심 문장 ▨ 전체 중심 문장

1 ❶ 성탄절을 손꼽아 기다리던 하영이는 산타 할아버지가 왜 자동차가 아닌 순록이 끄는 썰매를 타는지 궁금해졌어요. ❷ 부모님께서는 순록 썰매가 추운 지역의 교통수단이라고 말씀해 주셨지요. ❸ [하영이는 다른 지역에서는 또 어떤 교통수단을 이용하는지 알아보기로 했어요.]

1 단락 요약
다른 지역의 교통수단을 알아보기로 한 하영이

2 ❶ 지역의 자연환경은 그 지역에서 이용되는 교통수단에 영향을 줍니다. ❷ 그래서 예로부터 세계 여러 지역에서는 자연환경에 따라 특별한 교통수단을 이용했습니다.

2 단락 요약
자연환경에 따른 특별한 교통수단

3 ❶ [(   ) 뜨겁고 건조한 사막 지역에서는 낙타를 중요한 교통수단으로 이용했습니다.] 낙타는 등에 지방이 저장된 혹이 있어서 오랫동안 물이 없어도 견딜 수 있고, 발바닥이 넓어 모래땅을 다니기에 알맞기 때문입니다.

3 단락 요약
사막의 교통수단

4 ❶ [나라의 85%가 얼음으로 덮여 있어 '눈과 얼음의 나라'라고 불리는 그린란드에서는 개 썰매를 중요한 교통수단으로 이용했습니다.] ❷ 그린란드 지역의 개는 매서운 추위와 얼음으로 뒤덮인 환경에서도 잘 견딜 수 있기 때문입니다.

4 단락 요약
그린란드의 교통수단

5 ❶ 한편 그린란드가 속한 북극이나 남극과 같은 극지방은 몹시 춥기 때문에 바다도 얼어버립니다. ❷ [그래서 이 지역의 바다에서는 얼음을 부수고 앞으로 나아갈 수 있게 해 주는 배인 쇄빙선을 이용하고 있습니다.]

5 단락 요약
극지방의 교통수단

6 ❶ [순록 또한 추위를 잘 견디기 때문에 추운 지역에서 썰매를 끌어 왔어요.] ❷ 이제 산타 할아버지가 왜 순록 썰매를 타고 오시는지 알겠죠?

6 단락 요약
추운 지역의 교통수단인 순록 썰매

- ★ 지문 이해

● 이 글은 자연환경에 따라 달라지는 교통수단에 대해 알려 주는 설명문입니다. 예로부터 세계 여러 지역에서는 자연환경에 따라 특별한 교통수단을 이용했어요. 사막의 낙타, 그린란드의 개 썰매, 극지방의 쇄빙선이 그 예이지요. 겨울에 활동하는 산타 할아버지가 순록 썰매를 타는 것도 순록이 추운 지역의 교통수단으로 이용되었기 때문이랍니다.

● **단락 간의 관계**
1단락에서는 다른 지역의 교통수단을 알아보기로 한 하영이의 이야기를 소개하고 있어요.
2단락에서는 세계 여러 지역에서 자연환경에 따라 특별한 교통수단을 이용했다고 말하고 있어요.
3단락에서는 사막의 교통수단을 설명하고 있어요.
4단락에서는 그린란드의 교통수단을 알려 주고 있어요.
5단락에서는 극지방의 교통수단을 알려 주고 있어요.
3 ~ 5단락에서 자연환경에 따른 특별한 교통수단을 각각 설명하고 있으므로 하나로 묶을 수 있어요.
6단락에서는 순록 썰매가 추운 지역의 교통수단이기 때문에 산타 할아버지가 타는 것이라고 말하며 글을 마무리하고 있어요.

● **글의 구조도**

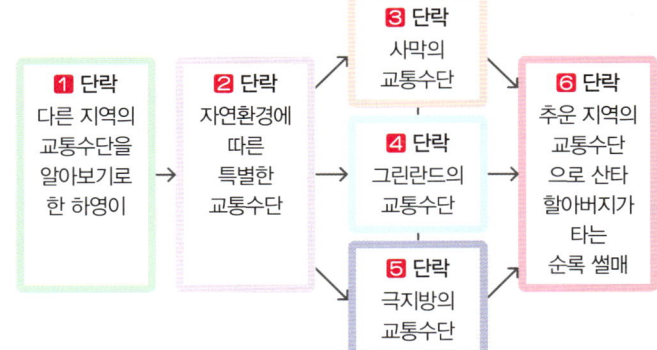

● **주제:** 자연환경에 따른 특별한 교통수단

01 정답 ⊙: 그린란드, ⓒ: 교통수단 ………… 단락 요약하기

>왜 정답?

④단락에서는 추운 그린란드에서 이용되는 교통수단인 개 썰매에 대해서 설명하고 있어요.
따라서 ⊙에 알맞은 말은 '그린란드', ⓒ에 알맞은 말은 '교통수단'이에요.

02 정답 ③ ………… 내용 이해하기

>왜 정답?

③ 근거: ③단락 ❷번째 문장
'낙타는 등에 지방이 저장된 혹이 있다'고 했으므로 맞는 설명이에요.

>왜 오답?

① 근거: ⑤단락 ❷번째 문장
극지방의 '바다에서는 얼음을 부수고 앞으로 나아갈 수 있게 해 주는 배인 쇄빙선을 이용'한다고 했으므로 틀린 설명이에요.

② 근거: ④단락 ❶번째 문장
그린란드는 '나라의 85%가 얼음으로 덮여 있어 '눈과 얼음의 나라'라고 불린다고 했으므로 틀린 설명이에요.

④ 근거: ③단락 ❶번째 문장
'사막 지역에서는 낙타를 중요한 교통수단으로 이용했'다고 했으므로 틀린 설명이에요.

⑤ 근거: ⑥단락 ❶번째 문장
순록은 '추위를 잘 견디기 때문에 추운 지역에서 썰매를 끌어 왔'다고 했으므로 틀린 설명이에요.

03 정답 ⑤ ………… 올바른 접속어 찾기

>왜 정답?

⑤ 괄호 앞에서는 '예로부터 세계 여러 지역에서는 자연환경에 따라 특별한 교통수단을 이용했습니다.'라고 했어요. 그리고 괄호 뒤에서는 사막 지역의 교통수단을 설명하고 있어요. 사막은 '세계 여러 지역' 중 하나로 괄호 뒤의 내용은 앞 문장의 예가 되므로, 괄호 안에 들어가기에 알맞은 이어 주는 말은 '예를 들어'예요.

>왜 오답?

① '또는'은 '그렇지 않으면, 그것이 아니라면'의 뜻을 가진 이어 주는 말이에요.

② '그런데'는 앞말을 이으면서 말의 내용을 다른 쪽으로 이끌어 가거나 앞말과 반대되는 내용을 말할 때 사용하는 이어 주는 말이에요.

③ '그러나'는 앞의 내용과 다르거나 반대되는 내용을 말할 때 사용하는 이어 주는 말이에요.

④ '왜냐하면'은 앞말의 이유를 댈 때 사용하는 이어 주는 말이에요.

04 정답 ⑤ ………… 내용 추론하기

>왜 정답?

⑤ 근거: ④단락 ❷번째 문장
이 글에서는 '그린란드 지역의 개'가 매서운 추위와 얼음으로 덮인 환경에서 잘 견딘다고 말하고 있어요.
따라서 우리나라의 토종 개들도 그러한 환경에서 잘 견딜 것이라고 반응하는 것은 알맞지 않아요.

>왜 오답?

① 근거: ⑤단락 ❶번째 문장
'그린란드가 속한 북극이나 남극과 같은 극지방'이라고 말하고 있으므로 그린란드가 극지방에 속하는 것을 알 수 있어요.

② 근거: ⑤단락 ❶번째 문장
'극지방은 몹시 춥기 때문에 바다도 얼어 버립니다.'라고 했으므로 알맞은 반응이에요.

③ 근거: ③단락 ❷번째 문장
'낙타는 등에 지방이 저장된 혹이 있어서 오랫동안 물이 없어도 견딜 수 있'다고 했으므로 지방이 물 없이 견디는 데 도움이 된다는 것을 알 수 있어요.

④ 근거: ③단락 ❷번째 문장
'발바닥이 넓어 모래땅을 다니기에 알맞'다고 했으므로 발바닥이 좁으면 모래땅을 다니기에 힘들 것이라고 미루어 짐작할 수 있어요.

05 정답 예 지역의 자연환경은 그 지역에서 이용되는 교통수단에 영향을 주기 때문이다.

서술형 채점 기준 – 근거: ②단락 ❶, ❷번째 문장
'지역의 자연환경은 그 지역에서 이용되는 교통수단에 영향을 줍니다. 그래서 예로부터 세계 여러 지역에서는 자연환경에 따라 특별한 교통수단을 이용했습니다.'라고 말하고 있어요. 즉 세계 여러 지역에서 특별한 교통수단을 이용한 것은 지역의 자연환경이 그 지역에서 이용되는 교통수단에 영향을 주기 때문이에요.
따라서 '지역의 자연환경은 그 지역에서 이용되는 교통수단에 영향을 준다.'라는 내용이 들어가면 정답이에요.

배경지식

갯벌용 배가 있다고요?

'널배'는 꼬막을 채취하기 위해 갯벌을 이동할 때 사용하는 배를 말해요. 약 2m 길이의 넓다란 판자로 만드는 널배는, 우리가 흔히 생각하는 물위를 떠다니는 배는 아니에요.
한쪽 다리는 나무판 위에 올리고 나머지 한쪽 다리로 갯벌을 밀면서 이동하는, 일종의 갯벌용 스키예요. 발이 잘 빠지는 갯벌에서 널배를 이용하면 보다 쉽게 이동할 수 있답니다.

알에서 올챙이, 개구리로 변신

◯ 각 단락 중심 낱말　◯ 전체 중심 낱말　[ ] 각 단락 중심 문장　🟨 전체 중심 문장

1 '개구리 올챙이 적 생각을 못 한다.'라는 속담을 들어본 적이 있나요? 지난 일을 생각하지 못하고 처음부터 잘난 것처럼 뽐낸다는 뜻이에요. [올챙이와 개구리가 얼마나 다르길래 이런 속담이 생긴 걸까요?]

1 단락 요약
올챙이와 개구리는 얼마나 다를까요?

2 [올챙이는 투명하고 말랑말랑한 알에서 태어납니다.] 부화한 직후의 올챙이는 동그란 몸통에 꼬리가 달린 형태입니다. 부화 후 15일이 지나면 뒷다리가 먼저 나오기 시작하고, 25일이 지나면 앞다리가 나오고 꼬리가 짧아집니다. [그리고 55일이 지나면 우리가 아는 개구리의 형태가 됩니다.]

2 단락 요약
올챙이가 개구리가 되는 과정

3 [이렇게 여러 단계를 거쳐 성장하는 개구리는 올챙이와 생김새가 많이 다릅니다.] 개구리는 짧은 앞다리와 그보다 긴 뒷다리가 있습니다. 뒷다리는 길고 튼튼하며 발가락에 물갈퀴가 있어 헤엄을 잘 치게 해 줍니다. 또 눈은 머리 위로 볼록 튀어나와 있으며, 매우 크고 끈적거리는 긴 혀를 가지고 있습니다.

3 단락 요약
올챙이와 개구리의 차이점 ①
– 생김새

4 [올챙이와 개구리는 생김새만 다른 것이 아닙니다.] 올챙이는 아가미로 물속에서 호흡하며 삽니다. 먹이로는 물속 플랑크톤이나 죽은 동물의 사체를 먹습니다. 반면 개구리는 물과 땅 위에서 살고, 허파와 피부로 호흡합니다. 개구리는 긴 혀를 이용해 작은 벌레를 잡아먹으며, 소리를 내지 못하는 올챙이와 달리 '개굴개굴' 울기도 합니다.

4 단락 요약
올챙이와 개구리의 차이점 ②
– 사는 곳, 호흡 기관, 먹이 등

5 단락 요약
자라면서 달라지는 신비한 동물인 개구리

5 🟨같은 생물인데 자라면서 이렇게 달라지다니, 개구리는 참 신비한 동물이죠?🟨

✷ **지문 이해**

● 이 글은 올챙이가 개구리가 되는 과정과 둘의 차이점에 대해 알려 주는 설명문입니다. 올챙이는 알에서 태어나 그 모습이 점점 변해 가며 개구리가 돼요. 먼저, 올챙이와 개구리는 생김새에서 차이점을 보여요. 또 올챙이와 개구리는 사는 곳, 호흡 기관, 먹이 등에서도 차이점이 있어요. 같은 생물인데 자라면서 이렇게 달라지는 개구리는 참 신비한 동물이랍니다.

● **단락 간의 관계**
　1단락에서는 속담을 이용하여 올챙이와 개구리의 차이점에 대한 궁금증을 이끌어 내고 있어요.
　2단락에서는 올챙이가 알에서 부화하여 개구리가 되기까지의 과정을 설명하고 있어요.
　3단락에서는 올챙이와 개구리의 생김새가 구체적으로 어떻게 다른지, 4단락에서는 올챙이와 개구리가 사는 곳, 호흡 기관, 먹이 등에서 어떤 차이가 있는지 설명하고 있어요.
　3, 4단락은 올챙이와 개구리의 차이점을 설명하고 있으므로 하나로 묶을 수 있어요.
　5단락에서는 자라면서 달라지는 개구리가 신비한 동물이라고 말하며 글을 마무리하고 있어요.

● **글의 구조도**

> **1 단락** : 올챙이와 개구리는 얼마나 다를까요?
>
> ↓
>
> **2 단락** : 올챙이가 개구리가 되는 과정
>
> ↓
>
> **3 단락**　　　　　　　**4 단락**
> 올챙이와 개구리의 차이점 ①　—　올챙이와 개구리의 차이점 ②
> – 생김새　　　　　　　　　　　– 사는 곳, 호흡 기관, 먹이 등
>
> ↓
>
> **5 단락** : 자라면서 달라지는 신비한 동물인 개구리

● **주제:** 올챙이와 개구리의 차이점

01 정답 ㉠: 올챙이, ㉡: 개구리 ·········· 단락 요약하기

왜 정답?

②단락에서는 올챙이가 개구리가 되는 과정을 설명하고 있어요.
③단락에서는 올챙이와 여러 단계를 거쳐 성장한 개구리의 차이점을 생김새 측면에서 설명하고 있어요.
따라서 ②단락을 요약하면 '올챙이가 개구리가 되는 과정', ③단락을 요약하면 '올챙이와 개구리의 차이점 ① – 생김새'예요.
그러므로 ㉠에는 '올챙이', ㉡에는 '개구리'가 알맞은 말이에요.

02 정답 ㄹ, ㄱ, ㄷ, ㄴ ·········· 내용 이해하기

왜 정답?

＊ 근거: ②단락 전체
'부화한 직후의 올챙이는 동그란 몸통에 꼬리가 달린 형태'예요.
이후 '뒷다리가 먼저 나오기 시작하고', '앞다리가 나오고 꼬리가 짧아'져요.
더 시간이 지나면 '개구리의 형태가' 돼요.
따라서 알맞은 순서는 ㄹ, ㄱ, ㄷ, ㄴ이에요.

03 정답 ① ·········· 내용 이해하기

왜 정답?

① 근거: ③단락 ❹번째 문장
'매우 크고 끈적거리는 긴 혀를 가지고 있습니다.'라고 했으므로 맞는 설명이에요.

왜 오답?

② 근거: ③단락 ❷번째 문장
'개구리는 짧은 앞다리와 그보다 긴 뒷다리가 있습니다.'라고 했으므로 틀린 설명이에요.

③ 근거: ⑤단락 ❶번째 문장
'같은 생물'이라고 했으므로 틀린 설명이에요.

④ 근거: ③단락 ❹번째 문장
'눈은 머리 위로 볼록 튀어나와 있'다고 했는데, ③단락은 개구리의 생김새를 설명하고 있으므로 틀린 설명이에요.

⑤ 근거: ③단락 ❸번째 문장
'발가락에 물갈퀴가 있'다고 했는데, ③단락은 개구리와 생김새를 설명하고 있으므로 틀린 설명이에요.

04 정답 (1) ㉠ (2) ㉡ (3) ㉡ (4) ㉠ ·········· 내용 적용하기

왜 정답?

(1) 근거: ④단락 ❷번째 문장
'올챙이는 아가미로 물속에서 호흡하며 삽니다.'라고 했으므로 올챙이의 특성이에요.

(2) 근거: ④단락 ❹번째 문장
'개구리는 물과 땅 위에서' 산다고 했으므로 개구리의 특성이에요.

(3) 근거: ④단락 ❺번째 문장
'개구리는 긴 혀를 이용해 작은 벌레를 잡아먹'는다고 했으므로 개구리의 특성이에요.

(4) 근거: ④단락 ❸번째 문장
올챙이는 '먹이로는 물속 플랑크톤이나 죽은 동물의 사체를 먹'는다고 했으므로 올챙이의 특성이에요.

배경지식

우물 안 개구리

개구리와 관련된 다른 속담 중에 '우물 안 개구리'라는 말이 있어요. 무슨 뜻일까요?
옛날에 물을 얻기 위해 땅을 파서 지하수가 고이게 한 곳을 '우물'이라고 해요. 깊은 우물 안에서 태어나고 자란 개구리는 우물 안이 세상의 전부라고 믿고 살았을 거예요. 세상에는 우물 안의 돌과 이끼, 물밖에 없고 하늘은 우물 구멍으로 보이는 것처럼 동그랗고 작다고 생각하겠죠.
넓은 세상을 알지 못하고 자신만 잘난 줄 아는 사람을 두고 '우물 안 개구리'라고 해요. 우물 안 개구리처럼 되지 않으려면 열심히 보고 듣고 배워서 많은 경험을 쌓는 것이 중요해요. 또 세상에는 내가 모르는 것이 많다는 것을 알고 겸손한 태도를 가져야 한답니다.

[예체능]

'도레미파솔라시'라는 계이름은 누가 만들었을까요?

⬭ 각 단락 중심 낱말　◯ 전체 중심 낱말　[ ] 각 단락 중심 문장　▧ 전체 중심 문장

1 ❶ 예원이는 한국어를 잘 못하는 미국인 친구에게 우리나라의 노래를 알려 주기로 했어요. ❷ 그런데 친구가 '도레미파솔라시'로 먼저 알려 달라고 해서 깜짝 놀랐어요. ❸ 예원이는 계이름이 한국어인 줄 알았는데, 친구는 영어인 줄 알았다고 해요. ❹ ['도레미파솔라시'라는 계이름은 누가, 어디에서 처음 만들었을까요?]

2 ❶ 도레미파솔라시'라는 계이름은 1025년 무렵 이탈리아에서 구이도 다레초가 처음 만들었습니다. ❷ 다레초는 교회 성가대 지휘자였는데, 성가 대원들이 음정을 잡지 못하고 엉뚱한 음을 내어서 고민에 빠졌다고 합니다.

3 ❶ [다레초는 음정을 잡아 주는 기호를 만들면 성가 대원들이 음을 좀 더 쉽게 배울 수 있겠다고 생각했습니다.] ❷ 그래서 〈성 요한의 찬가〉라는 찬송가에서 6개 마디의 첫 음을, 바로 그 음에 해당하는 가사로 이름 붙였습니다. ❸ 이것이 '우트, 레, 미, 파, 솔, 라'였습니다.

4 ❶ [계이름은 음을 정확하게 잡아 주고, 노래를 쉽게 배울 수 있다는 장점이 있어서 금방 전 세계로 퍼져 나갔습니다.] ❷ 그 과정에서 발음하기 힘든 '우트'가 '도'로 바뀌고, '시'라는 음이 새로 생겨났습니다. ❸ 이렇게 해서 '도레미파솔라시'가 만들어진 것입니다.

5 ❶ 이탈리아의 성가대 지휘자 다레초에 의해 만들어진 계이름은 이탈리아어라고 볼 수 있어요. ❷ [___(가)___ 오래전부터 수많은 나라에 자리 잡았기 때문에, 전 세계인의 공통어라고 할 수 있을 정도랍니다.]

1 단락 요약	'도라미파솔라시'라는 계이름은 누가, 어디에서 처음 만들었을까요?
2 단락 요약	이탈리아에서 구이도 다레초에 의해 처음 만들어진 '도레미파솔라'라는 계이름
3 단락 요약	계이름이 만들어진 배경
4 단락 요약	계이름이 전 세계로 퍼진 까닭과 과정
5 단락 요약	오래전부터 수많은 나라에 자리 잡은 계이름

✱ 지문 이해

● 이 글은 계이름을 만든 사람, 만들어진 배경과 과정에 대해 알려 주는 설명문입니다. '도레미파솔라'라는 계이름은 이탈리아에서 구이도 다레초가 처음 만들었어요. 교회 성가대 지휘자였던 다레초가 성가 대원들이 음을 쉽게 배울 수 있도록 돕기 위해 만든 것이지요. 계이름은 음을 정확하게 잡아 주고, 노래를 쉽게 배울 수 있다는 점 때문에 금방 전 세계로 퍼져 나갔어요. 그 과정에서 '우트'가 '도'로 바뀌고, '시'가 생겼죠. 오래전부터 수많은 나라에 자리 잡은 계이름은 전 세계인의 공통어라고 할 수 있을 정도랍니다.

● 단락 간의 관계

1단락에서는 예원이의 이야기를 통해 계이름을 누가, 어디에서 처음 만들었을지에 대한 읽는 이의 궁금증을 이끌어 내고 있어요.
2단락에서는 계이름이 누구에 의해, 언제, 어디에서 만들어졌는지 설명하고 있어요.
3단락에서는 계이름이 만들어진 배경에 대해 설명하고 있어요.
4단락에서는 처음 계이름이 전 세계로 퍼진 까닭과 오늘날의 계이름으로 바뀐 과정에 대해 설명하고 있어요.
5단락에서는 오래전부터 수많은 나라에 자리 잡은 계이름이 전 세계인의 공통어라고 말하며 글을 마무리하고 있어요.

● 글의 구조도

1 단락 : '도레미파솔라시'라는 계이름은 누가, 어디에서 처음 만들었을까요?

↓

2 단락 : 이탈리아에서 구이도 다레초에 의해 처음 만들어진 '도레미파솔라'라는 계이름

↓

3 단락 : 계이름이 만들어진 배경

↓

4 단락 : 계이름이 전 세계로 퍼진 까닭과 과정

↓

5 단락 : 오래전부터 수많은 나라에 자리 잡은 계이름

● **주제:** '도레미파솔라시'라는 계이름의 탄생

01 [정답] 계이름 ·· 단락 요약하기

>왜 정답?

②단락에서는 이탈리아의 구이도 다레초가 처음 '도레미파솔라'라는 계이름을 만들었다고 설명하고 있어요.
이후 ③단락에서는 계이름이 만들어진 배경, ④단락에서는 계이름이 전 세계로 퍼진 까닭과 과정에 대해 설명하고 있어요.
따라서 빈칸에 공통으로 들어가기에 알맞은 말은 '계이름'이에요.

02 [정답] ① ·· 내용 이해하기

>왜 정답?

① 근거: ④단락 ❶번째 문장
'계이름은 음을 정확하게 잡아 주고, 노래를 쉽게 배울 수 있다는 장점이 있어서 금방 전 세계로 퍼져 나갔습니다.'라고 했으므로 맞는 설명이에요.

>왜 오답?

② 근거: ③단락 ❷, ❸번째 문장
'그래서 〈성 요한의 찬가〉라는 찬송가에서 6개 마디의 첫 음을, 바로 그 음에 해당하는 가사로 이름 붙였습니다. 이것이 '우트, 레, 미, 파, 솔, 라'였습니다.'라고 했으므로 틀린 설명이에요.

③ 근거: ②단락 ❶번째 문장
"'도레미파솔라'라는 계이름은 1025년 무렵 이탈리아에서 구이도 다레초가 처음 만들었습니다.'라고 했으므로 틀린 설명이에요.

④ 근거: ②단락 ❶, ❷번째 문장
"'도레미파솔라'라는 계이름은 1025년 무렵 이탈리아에서 구이도 다레초가 처음 만들었습니다. 다레초는 교회 성가대 지휘자였는데,'라고 했으므로 틀린 설명이에요.

⑤ 근거: ②단락 ❶번째 문장
"'도레미파솔라'라는 계이름은 1025년 무렵 이탈리아에서 구이도 다레초가 처음 만들었습니다.'라고 했으므로 틀린 설명이에요.

03 [정답] ② ·· 올바른 접속어 찾기

>왜 정답?

② 근거: ⑤단락 ❶, ❷번째 문장
(가) 뒤의 ❷번째 문장에서는 '오래전부터 수많은 나라에 자리 잡았기 때문에, 전 세계인의 공통어라고 할 수 있을 정도랍니다.'라고 말하고 있고, (가) 앞의 ❶번째 문장에서는 '이탈리아의 성가대 지휘자 다레초에 의해 만들어진 계이름은 이탈리아어라고 볼 수 있어요.'라고 말하고 있어요.
(가)를 기준으로 앞뒤의 문장이 서로 반대되는 내용을 말하고 있네요. 따라서 (가)에 들어가기에 가장 알맞은 이어 주는 말은 '하지만'이에요.

>왜 오답?

① '따라서'는 앞에서 말한 일이 뒤에서 말한 일의 원인, 이유, 근거가 될 때 사용하는 이어 주는 말이에요.
③ '그리하여'는 앞의 내용이 뒤의 내용의 원인이거나 앞의 내용이 발전하여 뒤의 내용이 전개될 때 사용하는 이어 주는 말이에요.
④ '왜냐하면'은 뒤의 내용이 앞의 내용의 원인이 될 때 사용하는 이어 주는 말이에요.
⑤ '그러므로'는 앞의 내용이 뒤의 내용의 이유나 원인, 근거가 될 때 사용하는 이어 주는 말이에요.

04 [정답] 정훈 ·· 알맞은 반응 찾기

>왜 정답?

정훈 근거: ③단락 ❷, ❸번째 문장, ④단락 ❷번째 문장
이탈리아의 다레초가 처음 계이름을 만들었을 때 '〈성 요한의 찬가〉라는 찬송가에서 6개 마디의 첫 음을, 바로 그 음에 해당하는 가사로 이름 붙였'어요. 이것이 '우트, 레, 미, 파, 솔, 라'였죠.
그런데 전 세계로 퍼지는 '과정에서 발음하기 힘든 '우트'가 '도'로 바뀌고, '시'라는 음이 새로 생겨'났어요.
이러한 글의 내용을 봤을 때 이탈리아 사람들이 '우트'를 발음하기 힘들었겠다고 반응하는 것은 알맞지 않아요.

>왜 오답?

혜원 근거: ④단락 ❶번째 문장
'계이름은 음을 정확하게 잡아 주고, 노래를 쉽게 배울 수 있다는 장점이 있'다고 했으므로 알맞은 반응이에요.

미연 근거: ②단락 ❷번째 문장, ③단락 ❶번째 문장, ④단락 ❶번째 문장
'다레초는 교회 성가대 지휘자였는데, 성가 대원들이 음정을 잡지 못하고 엉뚱한 음을 내어서 고민에 빠졌다고 합니다. 다레초는 음정을 잡아 주는 기호를 만들면 성가 대원들이 음을 좀 더 쉽게 배울 수 있겠다고 생각했습니다.', '계이름은 음을 정확하게 잡아 주고, 노래를 쉽게 배울 수 있다는 장점이 있'다고 설명하고 있으므로 알맞은 반응이에요.

수찬 근거: ③단락 ❷, ❸번째 문장
'〈성 요한의 찬가〉라는 찬송가에서 6개 마디의 첫 음을, 바로 그 음에 해당하는 가사로 이름 붙였습니다. 이것이 '우트, 레, 미, 파, 솔, 라'였습니다.'라고 했으므로 알맞은 반응이에요.

05 [정답] 예 '우트'가 '도'로 바뀌고, '시'라는 음이 새로 생겨났다.

[서술형] 채점 기준 - 근거: ④단락 ❷번째 문장
계이름은 전 세계로 퍼져 나가는 과정에서 발음하기 힘든 '우트'가 '도'로 바뀌고, '시'라는 음이 새로 생겨났습니다.'라고 말하고 있으므로 이 내용이 들어가면 정답이에요.

사물끼리 인터넷을 한다고?

◯ 각 단락 중심 낱말　◯ 전체 중심 낱말　[ ] 각 단락 중심 문장　▨ 전체 중심 문장

1 진수는 주말에 어머니와 외출하기로 했어요. 그런데 어머니께서 차에 열쇠를 꽂지 않은 채 문을 열고 시동을 거셔서, 진수는 차가 고장 난 줄 알고 깜짝 놀랐어요. 어머니께서는 "사물 인터넷 덕분에 열쇠가 가까이에만 있으면 된단다."라고 설명해 주셨지요. [사물 인터넷이 무엇일까요?]

| **1 단락 요약** |
| 사물 인터넷이 무엇일까요? |

2 [사물 인터넷이란, 인터넷에 연결된 기기가 사람의 개입 없이 실시간으로 서로 정보를 주고받아 처리하는 시스템입니다.] 위 이야기처럼 열쇠를 꽂지 않아도 문을 열고 시동을 걸 수 있는 '스마트키'가 그 예입니다. 이외에도 칫솔질 횟수와 시간이 스마트폰에 기록되는 칫솔, 빈 공간을 탐지해 사야 할 먹거리를 알려 주는 냉장고 등이 있습니다.

| **2 단락 요약** |
| 사물 인터넷의 개념과 그 예 |

3 [사물 인터넷 환경이 만들어지기 위해서는 네 가지 기술이 필요합니다.] 사물과 주변 환경으로부터 정보를 얻는 '센싱 기술', 사물과 인터넷을 연결하는 '네트워크 기술', 서비스와 정보를 처리하는 '서비스 인터페이스 기술', 해킹이나 정보 유출을 방지하는 '보안 기술'입니다. 이 기술들을 통해서 사물들끼리 정보를 나눌 수 있게 됩니다.

| **3 단락 요약** |
| 사물 인터넷 환경이 만들어지기 위해 필요한 네 가지 기술 |

4 컴퓨터끼리 정보를 주고받는 기술을 다른 물건들에도 적용한 덕분에, 이제는 사물들끼리 정보를 주고받을 수 있게 되었어요. [사물 인터넷의 범위는 점점 더 넓어지고 있어서, 우리의 생활은 상상 이상으로 편리해져 가고 있답니다.]

| **4 단락 요약** |
| 사물 인터넷 덕분에 편리해지는 생활 |

- ✸ 지문 이해

● 이 글은 사물 인터넷의 개념과 사물 인터넷 환경을 만드는 데 필요한 기술에 대해 알려 주는 설명문입니다. 사물 인터넷이란 인터넷에 연결된 기기가 사람의 개입 없이 실시간으로 서로 정보를 주고받아 처리하는 시스템이에요. 사물 인터넷 환경이 만들어지기 위해서는 센싱 기술, 네트워크 기술, 서비스 인터페이스 기술, 보안 기술이라는 네 가지 기술이 필요해요. 사물들끼리 정보를 주고받을 수 있게 된 덕분에 우리의 생활이 편리해져 가고 있답니다.

● **단락 간의 관계**
　1단락에서는 진수의 이야기를 통해 사물 인터넷에 대한 읽는 이의 흥미를 이끌어 내고 있어요.
　2단락에서는 사물 인터넷의 개념과 그 예에 대해 설명하고 있어요.
　3단락에서는 사물 인터넷 환경이 만들어지기 위해 필요한 네 가지 기술에 대해 설명하고 있어요.
　4단락에서는 사물들끼리 정보를 주고받을 수 있게 된 덕분에 우리의 생활이 편리해져 가고 있다고 말하며 글을 마무리하고 있어요.

● **글의 구조도**

| **1 단락**: 사물 인터넷이 무엇일까요? |
↓
| **2 단락**: 사물 인터넷의 개념과 그 예 |
↓
| **3 단락**: 사물 인터넷 환경이 만들어지기 위해 필요한 네 가지 기술 |
↓
| **4 단락**: 사물 인터넷 덕분에 편리해지는 생활 |

● **주제**: 사물 인터넷의 개념과 사물 인터넷 환경을 만드는 데 필요한 기술

01 [정답] ㉠: 사물 인터넷, ㉡: 기술 ········ 단락 요약하기

>왜 정답?

②단락에서는 사물 인터넷의 개념과 그 예를 설명하고 있어요.
③단락에서는 사물 인터넷 환경이 만들어지기 위해 필요한 네 가지 기술(센싱 기술, 네트워크 기술, 서비스 인터페이스 기술, 보안 기술)에 대해 설명하고 있어요.
따라서 ②단락을 요약하면 '사물 인터넷의 개념과 예', ③단락을 요약하면 '사물 인터넷 환경이 만들어지기 위해 필요한 네 가지 기술'이에요.
그러므로 ㉠에 알맞은 말은 '사물 인터넷', ㉡에 알맞은 말은 '기술'이에요.

02 [정답] ⑤ ········ 내용 이해하기

>왜 정답?

⑤ 근거: ①단락 ❸번째 문장, ②단락 ❶번째 문장
　진수 '어머니께서는 "사물 인터넷 덕분에 열쇠가 가까이에만 있으면 된단다."라고' 했어요.
　'사물 인터넷이란, 인터넷에 연결된 기기가 사람의 개입 없이 실시간으로 서로 정보를 주고받아 처리하는 시스템'이에요.
　따라서 맞는 설명이에요.

>왜 오답?

①, ②, ③ 근거: ①단락 ❸번째 문장
　진수 '어머니께서는 "사물 인터넷 덕분에 열쇠가 가까이에만 있으면 된단다."라고' 했어요.
　따라서 차가 고장 났거나, 열쇠에 자석 기능이 있거나, 차 문을 잠그지 않았다는 것은 틀린 설명이에요.
④ 근거: ②단락 ❶번째 문장
　'사물 인터넷이란, 인터넷에 연결된 기기가 사람의 개입 없이 실시간으로 서로 정보를 주고받아 처리하는 시스템'이에요.
　따라서 '어머니의 개입'이 있었다는 것은 틀린 설명이에요.

03 [정답] (1) ㉣ (2) ㉠ (3) ㉢ (4) ㉡ ······· 내용 이해하기

>왜 정답?

＊ 근거: ③단락 ❷번째 문장
　⑴ 해킹이나 정보 유출을 방지하는 기술은 ㉣ '보안 기술'
　⑵ 사물과 주변 환경으로부터 정보를 얻는 기술은 ㉠ '센싱 기술'
　⑶ 서비스와 정보를 처리하는 기술은 ㉢ '서비스 인터페이스 기술'
　⑷ 사물과 인터넷을 연결하는 기술은 ㉡ '네트워크 기술'이에요.

04 [정답] ② ········ 내용 추론하기

>왜 정답?

② 근거: ②단락 ❶번째 문장
　'사물 인터넷이란, 인터넷에 연결된 기기가 사람의 개입 없이 실시간으로 서로 정보를 주고받아 처리하는 시스템'이에요.
　스마트폰에 꽂으면 소리가 들리는 이어폰은 사람의 개입이 들어가기도 하고, 기기가 인터넷에 연결되는 것과 관련이 없으므로 사물 인터넷의 예로 볼 수 없어요.

>왜 오답?

①, ③, ④, ⑤ 근거: ②단락 ❶번째 문장
　이 예시들은 모두 '인터넷에 연결된 기기가 사람의 개입 없이 실시간으로 서로 정보를 주고받아 처리하는 시스템'이므로 사물 인터넷의 예로 볼 수 있어요.

05 [정답] 예 사물 인터넷은 인터넷에 연결된 기기가 사람의 개입 없이 실시간으로 서로 정보를 주고받아 처리하는 시스템이다.

서술형 채점 기준 – 근거: ②단락 ❶번째 문장
'사물 인터넷이란, 인터넷에 연결된 기기가 사람의 개입 없이 실시간으로 서로 정보를 주고받아 처리하는 시스템입니다.'라고 말하고 있으므로, 이 내용이 들어가면 정답이에요.

배경지식

전 세계를 연결하는 인터넷

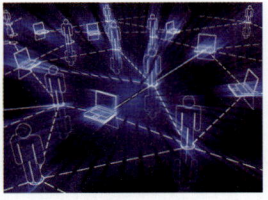

　오늘날 세상은 인터넷 덕분에 하나로 묶일 수 있게 되었어요. 인터넷은 서로 연결되어 정보를 주고받을 수 있도록 전 세계의 컴퓨터가 연결된 통신망을 말해요. 개인이나 단체가 만든 웹 페이지를 인터넷으로 연결하면 서로 정보를 공유할 수 있어요.
　첫 네트워크는 4개의 컴퓨터를 연결하는 실험에서 탄생했어요. 1973년에는 미국과 노르웨이가 첫 국가 간 네트워크 연결에 성공했고, 이후 본격적으로 널리 알려지기 시작했지요.
　1990년대에는 전 세계 사람들이 인터넷을 편리하게 이용할 수 있는 기능인 'www'가 등장하면서 인터넷 정보 검색과 사진, 동영상 등의 서비스 이용이 가능해졌어요. 인터넷의 사용 범위는 점점 넓어지고 있답니다.

수수께끼 같은 그림, 〈모나리자〉

◯ 각 단락 중심 낱말   ◯ 전체 중심 낱말   [ ] 각 단락 중심 문장   ▨ 전체 중심 문장

1 ❶세계에서 가장 유명한 그림 중 하나인 모나리자를 알고 있나요? ❷'모나리자'는 '리자 부인'이라는 뜻으로, 이탈리아를 대표하는 화가 레오나르도 다 빈치가 그린 여인의 초상 화예요. ❸미소를 짓고 있는 여인이 담긴 이 그림은 유명한 만큼 많은 수수께끼를 안고 있어요.

2 ❶[모나리자'의 특징 중 하나는 그림 속 여인에게 눈썹이 없다는 것입니다.] ❷눈썹이 없는 이유에 대해서는 여러 가지 설이 있습니다. ❸(가) 그중 가장 믿을 만한 것은 원래 모델의 눈썹이 없었다는 것입니다. ❹당시에는 여인들이 눈썹을 미는 것이 유행이었기 때문입니다. ❺한편 세월이 흘러 눈썹 부분이 지워졌다는 설도 있고, 다 빈치가 미소를 더 신비스럽게 보이게 하려고 일부러 눈썹을 그리지 않았다는 설도 있습니다.

3 ❶[모나리자'의 모델이 누구인지에 대해서도 여러 의견이 있습니다.] ❷피렌체의 부유한 상인 조콘다 백작의 부인 '리자'라는 설이 가장 유력합니다. ❸(   ) 남자라는 이야기도 있고, 다 빈치 자신의 초상화라는 설도 있습니다.

4 ❶[이외에도 '모나리자'는 여러 가지 수수께끼를 안고 있는 그림이에요.] ❷뛰어난 작품성과 함께 이러한 수수께끼가 사람들의 관심을 끈답니다. ❸지금까지도 많은 사람들이 그 비밀을 밝히기 위해 노력하고 있어요. ❹'모나리자' 속 미소가 한층 더 신비롭게 느껴지지 않나요?

---

1 단락 요약
많은 수수께끼를 안고 있는 그림, '모나리자'에 대한 소개

2 단락 요약
'모나리자' 그림 속 여인의 눈썹과 관련된 수수께끼

3 단락 요약
'모나리자'의 모델이 누구인지와 관련된 수수께끼

4 단락 요약
여러 가지 수수께끼와 뛰어난 작품성으로 사람들의 관심을 끄는 '모나리자'

✶ **지문 이해**

● 이 글은 '모나리자'라는 그림에 담긴 수수께끼에 대해 알려 주는 설명문입니다. '모나리자'는 유명한 만큼 많은 수수께끼를 안고 있어요. 그림 속 여인에게 눈썹이 없는 이유와 관련된 여러 가지 설이 있고, 그림의 모델이 누구인지에 대해서도 여러 의견이 있지요. '모나리자'는 뛰어난 작품성과 여러 가지 수수께끼로 사람들에게 많은 관심을 받고 있답니다.

● **단락 간의 관계**
1 단락에서는 많은 수수께끼를 안고 있는 그림, '모나리자'에 대해 소개하고 있어요.
2 단락에서는 '모나리자' 그림 속 여인의 눈썹과 관련된 수수께끼에 대해,
3 단락에서는 '모나리자'의 모델이 누구인지와 관련된 수수께끼에 대해 설명하고 있어요.
2, 3 단락은 '모나리자'와 관련된 수수께끼를 설명하고 있으므로 하나로 묶을 수 있어요.
4 단락에서는 '모나리자'가 뛰어난 작품성과 함께 여러 가지 수수께끼로 사람들의 관심을 끈다고 말하며 글을 마무리하고 있어요.

● **글의 구조도**

> 1 단락 : 많은 수수께끼를 안고 있는 그림, '모나리자'에 대한 소개

> 2 단락
> '모나리자' 그림 속 여인의 눈썹과 관련된 수수께끼

> 3 단락
> '모나리자'의 모델이 누구인지와 관련된 수수께끼

> 4 단락 : 여러 가지 수수께끼와 뛰어난 작품성으로 사람들의 관심을 끄는 '모나리자'

● **주제** : 많은 수수께끼를 안고 있는 그림, '모나리자'

01 [정답] ㉠: 눈썹, ㉡: 누구 ⋯⋯⋯⋯⋯⋯ 단락 요약하기

⟩왜 정답 ?

②단락에서는 '모나리자' 그림 속 여인의 눈썹과 관련된 수수께끼를 설명하고 있어요.

③단락에서는 '모나리자'의 모델이 누구인지와 관련된 수수께끼를 설명하고 있어요.

따라서 ㉠, ㉡에 알맞은 말은 각각 '눈썹', '누구'예요.

02 [정답] ③ ⋯⋯⋯⋯⋯⋯⋯⋯⋯⋯⋯⋯ 내용 이해하기

⟩왜 정답 ?

③ 근거: ②단락 전체

'모나리자' 속 여인이 '눈썹이 없는 이유에 대해서는 여러 가지 설이 있'어요. 그중 '원래 모델의 눈썹이 없었다는' 설이 가장 믿을 만하긴 하지만, 이외에도 다른 설이 있으므로 확실하다고 말할 수는 없어요.

⟩왜 오답 ?

① 근거: ②단락 ❶번째 문장

"모나리자'의 특징 중 하나는 그림 속 여인에게 눈썹이 없다는 것입니다.'라고 했으므로 맞는 설명이에요.

② 근거: ④단락 ❷번째 문장

'뛰어난 작품성과 함께 이러한 수수께끼가 사람들의 관심을 끈답니다.'라고 했으므로 맞는 설명이에요.

④ 근거: ④단락 ❶, ❸번째 문장

'이외에도 '모나리자'는 여러 가지 수수께끼를 안고 있는 그림이에요.', '지금까지도 많은 사람들이 그 비밀을 밝히기 위해 노력하고 있어요.'라고 했으므로 맞는 설명이에요.

⑤ 근거: ②단락 ❺번째 문장

'한편 세월이 흘러 눈썹 부분이 지워졌다는 설도 있'다고 했으므로 맞는 설명이에요.

03 [정답] ② ⋯⋯⋯⋯⋯⋯⋯⋯⋯⋯⋯⋯ 올바른 접속어 찾기

⟩왜 정답 ?

② 근거: ③단락 ❷, ❸번째 문장

괄호가 있는 ③단락 ❸번째 문장에서는 '남자라는 이야기도 있고, 다 빈치 자신의 초상화라는 설도 있습니다.'라고 했어요.

괄호 바로 앞 문장인 ③단락 ❷번째 문장에서는 '피렌체의 부유한 상인 조콘다 백작의 부인 '리자'라는 설이 가장 유력합니다.'라고 했어요.

괄호의 앞뒤 문장이 서로 다른 내용을 말하고 있으므로, 괄호에 들어가기에 가장 알맞은 이어 주는 말은 '하지만'이에요.

⟩왜 오답 ?

① '따라서'는 앞에서 말한 일이 뒤에서 말한 일의 원인, 이유, 근거가 될 때 사용하는 이어 주는 말이에요.

③ '그래서'는 앞의 내용이 뒤의 내용의 원인이나 근거, 조건 따위가 될 때 사용하는 이어 주는 말이에요.

④ '왜냐하면'은 뒤의 내용이 앞의 내용의 원인이 될 때 사용하는 이어 주는 말이에요.

⑤ '그러므로'는 앞의 내용이 뒤의 내용의 이유나 원인, 근거가 될 때 사용하는 이어 주는 말이에요.

04 [정답] ① ⋯⋯⋯⋯⋯⋯⋯⋯⋯⋯⋯⋯ 내용 추론하기

⟩왜 정답 ?

① 근거: ②단락 ❸번째 문장, ③단락 ❷번째 문장

'모나리자'의 눈썹과 관련된 설에서 '가장 믿을 만한 것은 원래 모델의 눈썹이 없었다는 것'이에요.

또 '모나리자'의 모델이 누구인지와 관련된 설에서는 '피렌체의 부유한 상인 조콘다 백작의 부인 '리자'라는 설이 가장 유력'해요.

따라서 민서가 가장 유력한 추측만을 말했다고 할 수 있어요.

⟩왜 오답 ?

②, ③, ④ 근거: ③단락 ❷, ❸번째 문장

'모나리자'의 모델이 누구인지에 대한 가장 유력한 추측은 '조콘다 백작의 부인 '리자'라는 설'이에요.

다른 추측에는 '남자'라는 설과 '다 빈치 자신의 초상화라는 설'이 있지만 가장 유력한 것은 아니에요.

따라서 ②, ③, ④는 틀린 설명이에요.

③, ④, ⑤ 근거: ②단락 ❸, ❺번째 문장

'모나리자'의 눈썹과 관련된 가장 유력한 추측은 '원래 모델의 눈썹이 없었다는 것'이에요.

'세월이 흘러 눈썹 부분이 지워졌다는 설'과 '다 빈치가 일부러 눈썹을 그리지 않았다는 설'도 있지만 가장 유력한 것은 아니에요.

따라서 ③, ④, ⑤는 틀린 설명이에요.

05 [정답] 예 당시에는 여인들이 눈썹을 미는 게 유행이었기 때문이다.

서술형 채점 기준 - 근거: ②단락 ❹번째 문장

㈎ 뒤에 이어지는 문장에서 '당시에는 여인들이 눈썹을 미는 것이 유행이었기 때문입니다.'라고 설명하고 있으므로 이 내용이 들어가면 정답이에요.

DAY 19

자석을 이용한 생활용품에는 어떤 것이 있을까요?

◯ 각 단락 중심 낱말   ◎ 전체 중심 낱말   [ ] 각 단락 중심 문장   ▨ 전체 중심 문장

1 ❶학교에서 자석에 대해 배운 수진이는 집에서 자석의 성질을 더 실험해 보고 싶었어요. ❷하지만 집에는 학교에서 사용한 막대자석이 없었죠. ❸[그런데 부모님께서 집에 있는 물건들에서 얼마든지 자석을 찾을 수 있다고 하셨어요. ❹어떤 물건에 자석이 있을까요?]

*1단락 요약: 집에 있는 물건들에서 찾을 수 있는 자석

2 ❶자석은 여러 가지 생활용품에 이용되고 있습니다. ❷이러한 용품들은 자석의 어떤 성질을 이용했는지에 따라 세 가지 종류로 나눌 수 있습니다.

*2단락 요약: 여러 가지 생활용품에 이용되는 자석

3 ❶[먼저 자석이 철로 된 물체를 끌어당기는 성질을 이용한 경우입니다.] ❷대표적인 것은 냉장고나 칠판에 붙이는 자석입니다. ❸손쉽게 붙였다 뗄 수 있어 종이나 사진 등을 붙일 때 유용하게 쓰입니다. ❹또 자석을 이용하여 필통 뚜껑이 잘 닫히게 하기도 합니다.

*3단락 요약: 철로 된 물체를 끌어당기는 자석의 성질을 이용한 생활용품

4 ❶[두 번째는 자석이 다른 극끼리 서로 당기는 성질을 이용한 것입니다.] ❷자석 방충망은 입구의 띠 부분에 있는 자석이 방충망을 쉽게 열고 닫을 수 있게 합니다. ❸같은 성질을 이용해 신발 끈을 쉽게 맬 수 있도록 도와주는 신발 끈 매듭기라는 용품도 있습니다.

*4단락 요약: 다른 극끼리 서로 당기는 자석의 성질을 이용한 생활용품

5 ❶[마지막은 자석이 일정한 방향을 가리키는 성질을 이용한 것으로, 나침반이 있습니다.] ❷나침반은 자석으로 바늘을 만들기 때문에, 이 바늘의 양 끝은 항상 북쪽과 남쪽을 가리킵니다. ❸이를 통해 우리는 방향을 가늠할 수 있게 됩니다.

*5단락 요약: 일정한 방향을 가리키는 자석의 성질을 이용한 생활용품

6 ❶[이처럼 자석은 여러 가지 생활용품에 이용되어 우리를 편리하게 해 주고 있어요.] ❷자석을 이용한 용품들에는 또 무엇이 있는지 생각해 볼까요?

*6단락 요약: 생활용품에 이용되어 우리를 편리하게 해 주는 자석

---

01 [정답] ③

5단락에서는 ③, ④단락에 이어 자석의 세 번째 성질을 이용한 생활용품에 대해서 이야기하고 있어요.

02 [정답] ②

자석의 성질을 이용한 세 가지 종류의 생활용품에 대해 ③, ④, ⑤단락에서 각각 소개하고 있어요.

03 [정답] ②

자석 방충망은 자석이 다른 극끼리 서로 당기는 성질을 이용해서 방충망을 쉽게 열고 닫을 수 있게 하는 것이에요.

04 [정답] (1) ⓒ (2) ⓒ (3) ㉠

(1) 자석이 철로 된 물체를 끌어당기는 성질을 이용한 필통 뚜껑
(2) 자석이 다른 극끼리 서로 당기는 성질을 이용한 신발 끈 매듭기
(3) 자석이 일정한 방향을 가리키는 성질을 이용한 나침반

✱ 지문 이해

● 이 글은 자석의 성질을 이용한 생활용품에 대해 알려 주는 설명문입니다. 철로 된 물체를 끌어당기는 성질, 다른 극끼리 서로 당기는 성질, 마지막으로 일정한 방향을 가리키는 성질을 이용한 생활용품 등 자석은 여러 가지 생활용품에 이용되어 우리를 편리하게 해 준답니다.

● 단락 간의 관계

1단락에서는 집에서 사용하는 어떤 물건에 자석이 있을지 물음을 던지며 읽는 이에게 궁금증을 일으키고 있어요.
2단락에서는 여러 가지 생활용품에 자석이 이용되고 있다고 이야기하고 있어요.
3단락에서는 철로 된 물체를 끌어당기는 자석의 성질을 이용한 생활용품,
4단락에서는 다른 극끼리 서로 당기는 자석의 성질을 이용한 생활용품,
5단락에서는 일정한 방향을 가리키는 자석의 성질을 이용한 생활용품에 대해 설명하고 있어요.
3～5단락은 자석의 세 가지 성질을 이용한 생활용품으로 묶을 수 있어요.
6단락에서는 자석이 생활용품에 이용되어 우리를 편리하게 해 준다고 이야기하며 글을 마무리하고 있어요.

● 글의 구조도

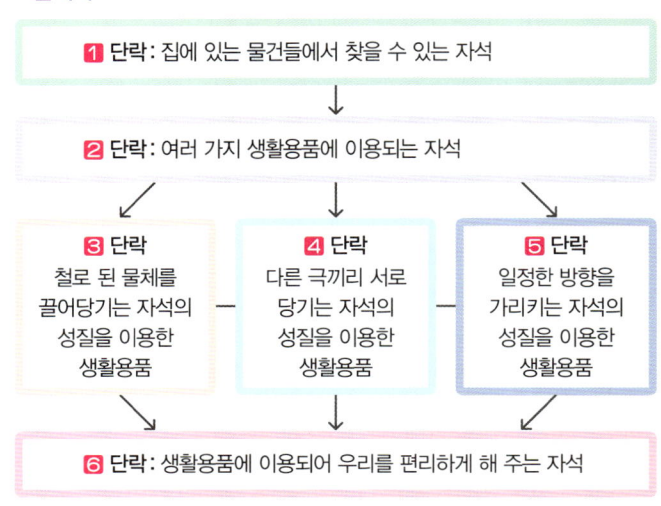

1 단락: 집에 있는 물건들에서 찾을 수 있는 자석
↓
2 단락: 여러 가지 생활용품에 이용되는 자석
↓
3 단락	4 단락	5 단락
철로 된 물체를 끌어당기는 자석의 성질을 이용한 생활용품	다른 극끼리 서로 당기는 자석의 성질을 이용한 생활용품	일정한 방향을 가리키는 자석의 성질을 이용한 생활용품
↓
6 단락: 생활용품에 이용되어 우리를 편리하게 해 주는 자석

● 주제: 여러 가지 생활용품에 이용되어 우리를 편리하게 해 주는 자석

[국어]

나만의 독서 감상문

⟨◯⟩ 각 단락 중심 낱말   ⟨◯◯⟩ 전체 중심 낱말   [ ] 각 단락 중심 문장   ▨ 전체 중심 문장

1 ❶민서는 도서관 책장에서 《흥부와 놀부》를 발견했어요. ❷책 표지에는 금은보화가 담긴 박이 그려져 있었어요. ❸내용이 궁금해진 민서는 책을 펼쳐 재미있게 읽었고, 흥부의 착한 마음씨에 감명을 받았어요. ❹[민서는 독서 감상문을 쓰면서 책의 내용과 자신의 감상을 기억하기로 했어요. ❺독서 감상문은 어떻게 써야 할까요?]

2 ❶독서 감상문이란 책을 읽고 자신의 생각이나 느낌을 적은 글입니다. ❷보통 책을 읽게 된 까닭, 책의 내용, 인상 깊은 부분, 읽은 뒤에 든 생각이나 느낌을 적습니다. ❸모든 내용이나 사건을 다 써야 하는 것은 아니며, 중요한 내용이나 사건을 중심으로 쓰면 됩니다.

3 ❶[《흥부와 놀부》를 예로 들어 볼까요?] ❷책을 읽게 된 까닭에는 '표지에 그려진 금은보화가 담긴 박을 보고 내용이 궁금했기 때문이다.'와 같은 내용을 적을 수 있습니다. ❸(   )에는 중요한 사건을 중심으로 《흥부와 놀부》의 줄거리를 정리하면 됩니다. ❹인상 깊은 부분에는 '흥부가 자신을 못살게 굴었던 놀부를 용서하는 장면이 기억에 남았다.' 등의 내용을 쓸 수 있습니다. ❺마지막으로 '나도 흥부처럼 착하게 살아야겠다.'와 같은 자신의 생각이나 느낌으로 마무리합니다.

4 ❶[독서 감상문을 쓰면 책의 내용과 감상이 잘 정리되고, 보다 오래 기억할 수 있어요.] ❷감명 깊게 읽은 책이 있다면, 독서 감상문을 써 봅시다.

1 단락 요약
《흥부와 놀부》를 읽고 독서 감상문을 쓰기로 한 민서

2 단락 요약
독서 감상문의 뜻과 독서 감상문을 쓰는 방법

3 단락 요약
독서 감상문을 쓰는 방법의 예

4 단락 요약
독서 감상문을 쓰면 좋은 점

✴ **지문 이해**

● 이 글은 독서 감상문에 대해 알려 주는 설명문입니다. 독서 감상문은 책을 읽고 자신의 생각이나 느낌을 적은 글이에요. 책을 읽게 된 까닭, 책의 내용, 인상 깊은 부분, 읽고 난 후의 생각이나 느낌을 보통 적어요. 독서 감상문을 쓰면 책의 내용과 감상이 잘 정리되고, 보다 오래 기억할 수 있답니다.

● **단락 간의 관계**
1단락에서는 《흥부와 놀부》를 읽고 독서 감상문을 쓰기로 한 민서의 이야기를 하고 있어요.
2단락에서는 독서 감상문의 뜻과 독서 감상문을 쓰는 방법에 대해 설명하고 있어요.
3단락에서는 실제로 《흥부와 놀부》를 예로 들어 독서 감상문을 쓰는 방법을 설명하고 있어요.
4단락에서는 독서 감상문을 쓰면 좋은 점에 대해 이야기하고 감명 깊게 읽은 책은 독서 감상문을 써 보자고 하면서 글을 마무리하고 있어요.

● **글의 구조도**

> **1 단락:** 《흥부와 놀부》를 읽고 독서 감상문을 쓰기로 한 민서
>
> ↓
>
> **2 단락:** 독서 감상문의 뜻과 독서 감상문을 쓰는 방법
>
> ↓
>
> **3 단락:** 독서 감상문을 쓰는 방법의 예
>
> ↓
>
> **4 단락:** 독서 감상문을 쓰면 좋은 점

● **주제:** 독서 감상문의 뜻과 쓰는 방법

01 정답 ③ ⸺ 단락 간의 관계 이해하기

>왜 정답?

③ ③단락에서는 《흥부와 놀부》를 예로 들어 독서 감상문을 쓰는 방법에 대해 이야기하고 있어요.
'표지'라는 단어가 나온 것은 표지의 그림을 보고 책을 읽게 되었다는 '책을 읽은 까닭'의 예를 들은 내용이지, 독서 감상문의 표지를 만드는 방법을 설명하고 있지 않아요.

>왜 오답?

① ①단락에서는 민서의 이야기를 통해 독서 감상문에 대한 흥미를 끌고 있어요.
② ②단락에서는 독서 감상문의 뜻과 독서 감상문을 쓰는 방법에 대해 설명하고 있어요.
④ ④단락에서는 독서 감상문을 쓰면 좋은 점을 설명하여 독서 감상문 쓰기를 권하고 있어요.

02 정답 ④ ⸺ 내용 추측하기

>왜 정답?

④ 근거: ②단락 ❷번째 문장, ③단락 ❷~❺번째 문장
독서 감상문에는 '보통 책을 읽게 된 까닭, 책의 내용, 인상 깊은 부분, 읽은 뒤에 든 생각이나 느낌을 적습니다.'라고 했어요.
그리고 ③단락의 ❷번째 문장에는 책을 읽게 된 까닭, ❹번째 문장에는 인상 깊은 부분, ❺번째 문장에는 읽은 뒤에 든 생각이나 느낌이 나와요.
따라서 ❸번째 문장에는 책의 내용에 대한 설명이라고 미루어 생각할 수 있어요. 또한 중요한 사건을 중심으로 정리한 줄거리는 책의 내용에 해당해요.

>왜 오답?

① 근거: ②단락 ❷번째 문장
이 글에서는 '작가 소개'를 독서 감상문에 쓸 내용으로 설명하고 있지 않아요.
② 근거: ②단락 ❷번째 문장
이 글에서는 '책의 가격'을 독서 감상문에 쓸 내용으로 설명하고 있지 않아요.
③ 근거: ②단락 ❷번째 문장
이 글에서는 '책의 배경'을 독서 감상문에 쓸 내용으로 설명하고 있지 않아요.
⑤ 근거: ②단락 ❷번째 문장
이 글에서는 '비슷한 책'을 독서 감상문에 쓸 내용으로 설명하고 있지 않아요.

03 정답 ③ ⸺ 내용 이해하기

>왜 정답?

③ 근거: ②단락 ❸번째 문장
'모든 내용이나 사건을 다 써야 하는 것은 아니며'라고 했어요.

>왜 오답?

① 근거: ②단락 ❷번째 문장
'보통 책을 읽게 된 까닭, 책의 내용, 인상 깊은 부분, 읽은 뒤에 든 생각이나 느낌을 적습니다.'라고 했어요.
따라서 독서 감상문이 네 가지 부분으로 구성된다고 이야기할 수 있어요.
② 근거: ②단락 ❷번째 문장
'보통 책을 읽게 된 까닭, 책의 내용, 인상 깊은 부분, 읽은 뒤에 든 생각이나 느낌을 적습니다.'라고 했어요.
④ 근거: ②단락 ❶번째 문장
'독서 감상문이란 책을 읽고 자신의 생각이나 느낌을 적은 글입니다.'라고 설명하고 있어요.
⑤ 근거: ③단락 ❹번째 문장
'인상 깊은 부분에는 '흥부가 자신을 못살게 굴었던 놀부를 용서하는 장면이 기억에 남았다.' 등의 내용을 쓸 수 있습니다.'라고 설명하고 있어요.

04 정답 ㉠, ㉢ ⸺ 내용 적용하기

>왜 정답?

㉠ 근거: ③단락 ❸번째 문장
(가)는 '책의 내용'에 해당해요.
㉢ 근거: ③단락 ❺번째 문장
(다)는 '자신의 생각이나 느낌'에 해당해요.

>왜 오답?

㉡ 근거: ③단락 ❹번째 문장
(나)는 '인상 깊은 부분'에 해당해요.

05 정답 예 독서 감상문을 쓰면 책의 내용과 감상이 잘 정리되고, 보다 오래 기억할 수 있다.

서술형 채점 기준 – 근거: ④단락 ❶번째 문장
'독서 감상문을 쓰면 책의 내용과 감상이 잘 정리되고, 보다 오래 기억할 수 있어요.'라고 나와 있어요.
따라서 이러한 내용이 들어가 있으면 정답이에요.

건강을 위해 멀리해요.

◯ 각 단락 중심 낱말　◎ 전체 중심 낱말　[ ] 각 단락 중심 문장　▨ 전체 중심 문장

1 ❶ 지호는 요즘 햄버거에 푹 빠져서, 매일 부모님께 햄버거를 먹자고 졸랐어요. ❷[하지만 부모님께서는 햄버거를 자주 먹으면 안 된다고 하셨어요. ❸그 이유가 무엇일까요?]

2 ❶[햄버거를 비롯해 감자튀김, 프라이드치킨 등과 같이 빠르고 간편하게 먹을 수 있는 음식을 패스트푸드라고 합니다.] ❷음식을 오래 기다리지 않고 그 자리에서 바로 먹을 수 있으며, 그 맛을 좋아하는 사람들도 많아 인기가 좋습니다.

3 ❶하지만 패스트푸드는 너무 많이 먹으면 건강에 해롭습니다. ❷패스트푸드는 오래 보존하기 위해 건강에 좋지 않은 식품 첨가물을 많이 넣습니다. ❸또 맛을 좋게 하려고 화학조미료나 소금, 설탕도 많이 사용합니다. ❹이에 비해 비타민과 같이 우리 몸에 꼭 필요한 영양소는 거의 없습니다. ❺그래서 너무 많이 먹으면 우리 몸의 영양소가 불균형해져 건강을 해칠 수 있습니다. ❻게다가 패스트푸드에는 '트랜스 지방'이라는 좋지 않은 지방이 많이 들어 있습니다. ❼이것을 많이 섭취하게 되면 비만이나 고혈압, 당뇨 같은 병에 걸릴 위험이 (   ).

4 ❶[이렇게 우리 몸에 꼭 필요한 영양소는 거의 없고 열량만 높은 음식을 정크 푸드라고 해요.] ❷'정크'는 영어로 '쓰레기', '푸드'는 영어로 '음식'을 뜻해요. ❸이제 지호의 부모님께서 햄버거를 자주 사 주지 않으려고 하는 이유를 알겠죠?

1 단락 요약
햄버거를 자주 먹으면 안 되는 이유에 대한 궁금증

2 단락 요약
패스트푸드의 의미

3 단락 요약
패스트푸드가 건강에 해로운 점

4 단락 요약
패스트푸드의 다른 이름인 '정크 푸드'

✱ **지문 이해**

● 이 글은 패스트푸드의 의미와 건강에 해로운 점을 알려 주는 설명문입니다. 빠르고 간편하게 먹을 수 있는 음식을 패스트푸드라고 해요. 그런데 패스트푸드를 너무 많이 먹으면 건강에 해로워요. 건강에 좋지 않은 재료들은 많이 사용하는 반면에 우리 몸에 꼭 필요한 영양소는 거의 없기 때문이에요. 또한 패스트푸드를 많이 먹으면 병에 걸릴 위험도 커지죠. 그래서 패스트푸드를 쓰레기 음식을 뜻하는 '정크 푸드'라고 부르기도 한답니다.

● **단락 간의 관계**
1단락에서는 지호와 부모님의 이야기를 통해 햄버거를 자주 먹으면 안 되는 이유에 대해 궁금증을 일으키고 있어요.
2단락에서는 패스트푸드의 의미에 대해 설명하고 있어요.
3단락에서는 패스트푸드가 건강에 해로운 점에 대해 설명하고 있어요.
4단락에서는 패스트푸드의 다른 이름인 '정크 푸드'를 소개하고 햄버거를 자주 먹으면 안 되는 이유를 강조하면서 글을 마무리하고 있어요.

● **글의 구조도**

1 단락: 햄버거를 자주 먹으면 안 되는 이유에 대한 궁금증
↓
2 단락: 패스트푸드의 의미
↓
3 단락: 패스트푸드가 건강에 해로운 점
↓
4 단락: 패스트푸드의 다른 이름인 '정크 푸드'

● **주제**: 건강에 해로운 패스트푸드

01 [정답] ③ ·········· 단락 간의 관계 이해하기

>왜 정답?

③ ③단락에서 패스트푸드가 건강에 해로운 점을 이야기하는 것과는 달리 ②단락에서는 패스트푸드의 의미에 대해서 이야기하고 있어요.

>왜 오답?

① ①단락에서는 지호 부모님이 햄버거를 자주 먹으면 안 된다고 한 이유가 무엇일지 궁금증을 유발하고 있어요.

② ②단락에서는 ①단락의 중심 낱말인 햄버거를 포함하는 더 넓은 범위의 중심 낱말인 패스트푸드를 소개하고 있어요.

02 [정답] ④ ·········· 내용 이해하기

>왜 정답?

④ 근거: ③단락 ❹번째 문장

'이에 비해 비타민과 같이 우리 몸에 꼭 필요한 영양소는 거의 없습니다.'라고 설명하고 있어요.

>왜 오답?

① 근거: ②단락 ❶번째 문장, ④단락 ❶번째 문장

햄버거는 패스트푸드이고, 패스트푸드는 우리 몸에 꼭 필요한 영양소는 거의 없고 열량만 높다고 설명하고 있어요. 그리고 그러한 음식들을 '정크 푸드'라고 한다고 이야기하고 있어요.

② 근거: ③단락 ❻번째 문장

'게다가 패스트푸드에는 '트랜스 지방'이라는 좋지 않은 지방이 많이 들어 있습니다.'라고 설명하고 있어요.

③ 근거: ②단락 ❶번째 문장

'햄버거를 비롯해 감자튀김, 프라이드치킨 등과 같이 빠르고 간편하게 먹을 수 있는 음식을 '패스트푸드'라고 합니다.'라고 설명하고 있어요.

⑤ 근거: ③단락 ❷번째 문장

'패스트푸드는 오래 보존하기 위해 건강에 좋지 않은 식품 첨가물을 많이 넣습니다.'라고 설명하고 있어요.

03 [정답] ③ ·········· 글쓰기 방식 이해하기

>왜 정답?

③ 근거: ③단락

이 글은 패스트푸드의 안 좋은 점을 건강에 해로운 것을 중심으로 설명하고 있어요.

>왜 오답?

① 패스트푸드에 대한 오해를 풀어 주는 내용은 이 글에 나오지 않아요.

② 패스트푸드의 높은 가격에 대해 비판하는 내용은 이 글에 나오지 않아요.

④ 패스트푸드의 유래에 관한 내용은 이 글에 나오지 않아요.

⑤ 패스트푸드와 정크 푸드의 차이점을 비교하는 내용은 이 글에 나오지 않아요.

04 [정답] ①, ⑤ ·········· 내용 추측하기

>왜 정답?

①, ⑤ 근거: ③단락 ❻, ❼번째 문장

빈칸의 앞 문장에서 '트랜스 지방'이라는 좋지 않은 지방이 많이 들어 있다고 설명하고 있어요. 그리고 트랜스 지방을 많이 섭취하면 비만이나 고혈압, 당뇨 같은 병에 걸릴 위험이 어떻게 될까에 대한 문제예요.

그렇기 때문에 빈칸에는 위험이 올라간다는 뜻의 낱말이 들어가야 해요.

>왜 오답?

②, ③, ④ 위험이 사라진다거나 낮아진다거나 없어진다는 낱말이 들어가면 안 돼요.

나라마다 다른 소수의 표기법

◯ 각 단락 중심 낱말　◯ 전체 중심 낱말　[ ] 각 단락 중심 문장　▨ 전체 중심 문장

1 ❶ 용준이는 독일에서 태어나 살고 있는 사촌 동생과 종종 이메일을 주고받아요. ❷ 어느 날 용준이는 동생에게 키를 물어보았는데, 답장에 '내 키는 1,2 m 야.'라고 적혀 있었어요. ❸ [용준이는 '1 m와 2 m는 큰 차이인데, 왜 이렇게 답했을까?'라는 의문이 들었어요.] ❹ 사촌 동생은 자신의 키를 왜 이렇게 애매하게 말했을까요?

2 ❶ [0보다 크고 1보다 작은 수로, '0.1, 0.2, 0.3 ……,'과 같이 나타내는 수를 소수라고 합니다.] ❷ 소수는 일의 자리보다 작은 자릿값을 나타낼 때 유용하게 쓰입니다. ❸ 예를 들어 소수를 이용해 손톱의 길이를 1.1 cm, 시험 평균 점수를 72.5점이라고 쓸 수 있습니다.

3 ❶ (　　　　) 소수는 나라마다 표기하는 방법이 다릅니다. ❷ 우리나라와 미국에서는 ' . '을 사용합니다. ❸ 독일과 프랑스, 이탈리아에서는 ' , '을 사용합니다. ❹ 영국에서는 ' · '을 사용합니다. ❺ 예를 들어 우리나라에서 '0.2'라고 쓰는 수를 독일과 프랑스, 이탈리아에서는 '0,2', 영국에서는 '0·2'라고 쓰는 것입니다.

4 ❶ [보통 다른 수학 기호들은 대부분 모든 나라가 통일해서 쓰지만, 소수의 표기법은 이렇게 나라마다 조금씩 다르므로 헷갈리지 않게 기억해 두면 좋습니다.] ❷ (가) 이제 독일에서 사는 용준이의 사촌 동생이 왜 자신의 키를 '1,2 m'라고 썼는지 알겠죠?

---

1 단락 요약
용준이의 사촌 동생이 쓴 '1,2 m'는 무슨 의미일까요?

2 단락 요약
소수의 개념

3 단락 요약
0.2라는 소수를 표기하는 나라마다 다른 방법

4 단락 요약
나라마다 다른 소수의 표기법

★ 지문 이해

● 이 글은 나라마다 다른 소수의 표기법에 대해 알려 주는 설명문입니다. 소수는 0보다 크고 1보다 작은 수로 '0.1, 0.2, 0.3 ……'과 같이 나타내고 일의 자리보다 작은 자릿값을 나타낼 때 유용하게 쓰여요. 그런데 소수는 나라마다 표기하는 방법이 다릅니다. 우리나라와 미국에서는 ' . '을, 독일, 프랑스, 이탈리아에서는 ' , '를, 영국에서는 ' · '를 사용해요. 이렇게 소수의 표기법은 나라마다 조금씩 다르니까 헷갈리지 않게 기억해 두면 좋답니다.

● 단락 간의 관계
1 단락에서는 용준이의 사촌 동생이 쓴 1,2 m가 무슨 의미인지 궁금증을 일으키고 있어요.
2 단락에서는 소수의 개념에 대해 설명하고 있어요.
3 단락에서는 0.2라는 소수를 표기하는 나라마다 다른 방법에 대해 설명하고 있어요.
4 단락에서는 나라마다 다른 소수의 표기법에 대해 다시 이야기하며 글을 마무리하고 있어요.

● 글의 구조도

┌─────────────────────────────────────┐
│ 1 단락 : 용준이의 사촌 동생이 쓴 '1,2 m'는 무슨 의미일까요? │
└─────────────────────────────────────┘
↓
┌─────────────────────────────────────┐
│ 2 단락 : 소수의 개념 │
└─────────────────────────────────────┘
↓
┌─────────────────────────────────────┐
│ 3 단락 : 0.2라는 소수를 표기하는 나라마다 다른 방법 │
└─────────────────────────────────────┘
↓
┌─────────────────────────────────────┐
│ 4 단락 : 나라마다 다른 소수의 표기법 │
└─────────────────────────────────────┘

● 주제 : 나라마다 다른 소수의 표기법

01 [정답] ④ ·· 단락 간의 관계 이해하기

> **왜 정답?**

④ **근거:** ④단락 ❶번째 문장

'소수의 표기법은 이렇게 나라마다 조금씩 다르므로'라고 이야기하고 있어요.

④단락의 '이렇게'는 소수의 표기법이 나라마다 조금씩 다르다는 내용을 매끄럽게 이어 주기 위해 사용한 말이에요.

> **왜 오답?**

① **근거:** ①단락

용준이가 용준이의 사촌 동생이 쓴 이메일을 받고 키가 1.2 m라고 쓴 것에, 1 m와 2 m는 큰 차이인데 왜 이렇게 썼는지 의문이 들었다는 이야기를 하고 있어요. 이를 통해 앞으로 이어질 글의 내용에 대한 궁금증을 유발하고 있어요.

② **근거:** ②단락 ❶번째 문장

②단락의 중심 낱말인 소수의 개념에 대해 설명하고 있어요.

③ **근거:** ③단락 ❷~❹번째 문장

②단락의 중심 낱말인 소수를 나라마다 어떻게 다르게 표현하는지, '0.2'라는 예를 들고 있어요.

02 [정답] ③ ·· 올바른 접속어 찾기

> **왜 정답?**

③ 빈칸의 앞인 ②단락에서는 소수의 개념에 대해서 설명하고 있고 빈칸의 뒤인 ③단락에서는 소수를 나라마다 다르게 표기하는 예를 들고 있어요.

그러므로 화제를 앞의 내용과 관련시키면서 다른 방향으로 이끌어 나갈 때 사용하는 이어 주는 말인 '그런데'를 사용해야 해요.

> **왜 오답?**

① '따라서'는 앞에서 말한 일이 뒤에서 말한 일의 까닭일 때 사용하는 이어 주는 말이에요.

② '이처럼'은 앞 내용을 받아서 뒤 내용을 이끌어 나갈 때 사용하는 이어 주는 말이에요.

④ '그러므로'는 앞의 내용이 뒤의 내용의 까닭일 때 사용하는 이어 주는 말이에요.

⑤ '왜냐하면'은 앞의 내용이 뒤의 내용의 결과일 때 사용하는 이어 주는 말이에요.

03 [정답] ⑤ ·· 내용 이해하기

> **왜 정답?**

⑤ **근거:** ④단락 ❶번째 문장

'보통 다른 수학 기호들은 대부분 모든 나라가 통일해서 쓰지만'이라고 이야기하고 있어요.

따라서 수학 기호들은 대부분 나라마다 표기법이 다르다는 것은 틀린 내용이에요.

> **왜 오답?**

① **근거:** ②단락 ❶번째 문장

'0보다 크고 1보다 작은 수로, '0.1, 0.2, 0.3 …….'와 같이 나타내는 수를 '소수'라고 합니다.'라고 설명하고 있어요.

② **근거:** ③단락 ❸번째 문장

'독일과 프랑스, 이탈리아에서는 ','를 사용합니다.'라고 설명하고 있어요.

③ **근거:** ①단락 ❶, ❷번째 문장, ③단락 ❸번째 문장

'용준이는 독일에서 태어나 살고 있는 사촌 동생과 종종 이메일을 주고받아요. 어느 날 용준이는 동생에게 키를 물어보았는데, 답장에 '내 키는 1.2 m야.'라고 적혀 있었어요.'라고 했어요.

그리고 '독일과 프랑스, 이탈리아에서는 ','를 사용합니다.'라고 설명하고 있어요.

따라서 용준이의 사촌 동생 키는 120 cm예요.

④ **근거:** ④단락 ❶번째 문장

'보통 다른 수학 기호들은 대부분 모든 나라가 통일해서 쓰지만, 소수의 표기법은 이렇게 나라마다 조금씩 다르므로 헷갈리지 않게 기억해 두면 좋습니다.'라고 이야기하고 있어요.

04 [정답] (1) ㉡ (2) ㉢ (3) ㉠ ·········· 내용 적용하기

> **왜 정답?**

(1) **근거:** ③단락 ❹번째 문장

'영국에서는 '·'을 사용합니다.'라고 했으므로, '8·4'라고 표시한 소수는 ㉡ 영국과 연결해야 해요.

(2) **근거:** ③단락 ❷번째 문장

'우리나라와 미국에서는 '.'을 사용합니다.'라고 했으므로, '8.4'라고 표시한 소수는 ㉢ 미국과 연결해야 해요.

(3) **근거:** ③단락 ❸번째 문장

'독일과 프랑스, 이탈리아에서는 ','를 사용합니다.'라고 했으므로, '8,4'라고 표시한 소수는 ㉠ 프랑스와 연결해야 해요.

05 [정답] 예 독일에서는 소수를 ','로 표기하기 때문이다.

서술형 **채점 기준 – 근거:** ③단락 ❸번째 문장

독일에서는 소수를 ','로 표현한다는 내용이 들어가면 정답이에요.

DAY 23

빠르게 변화하는 의사소통 수단

◯ 각 단락 중심 낱말　◯ 전체 중심 낱말　[ ] 각 단락 중심 문장　▨ 전체 중심 문장

❶ 어느 날 저녁, 주영이는 친구가 전화를 받지 않아서 걱정이 되었어요. ❷ 다음 날 학교에서 물어보니 친구는 전화기가 고장 났다고 말해 주었어요. ❸ [주영이는 문득 옛날 사람들은 어떻게 친구와 연락을 주고받았을지 궁금해졌어요.]

❷ ❶[인류는 처음에 음성 언어, 즉 목소리만을 사용하여 의사소통을 했습니다.] ❷음성 언어는 멀리 있는 사람의 말은 들리지 않는다는 점, 한 번 말하면 기록하지 못하고 사라진다는 점 등 공간적·시간적 제약이 있었습니다.

❸ ❶[이를 극복하기 위해 문자 언어가 생겨났습니다.] ❷처음에 그림으로 시작된 문자는 현재 중국의 한자나 영어의 알파벳, 그리고 우리나라의 한글과 같은 문자로 발전했습니다. ❸처음 인류는 갈대나 대나무에 문자를 썼습니다. ❹그리고 종이를 발명해 문자를 기록하면서, 멀리 있거나 시간이 한참 흐른 뒤의 사람에게도 말을 전할 수 있었습니다.

❹ ❶[19세기에는 전화가 발명되어 멀리 있는 사람과 더 빠르게 의사소통이 가능해졌습니다.] ❷그리고 선 없이 가지고 다닐 수 있는 휴대 전화가 생겨나면서, 사람들은 더욱 제약을 받지 않고 자유로운 의사소통을 하게 되었습니다.

❺ ❶현재는 인터넷과 통신 기술이 크게 발달하여, 멀리 있는 사람과 목소리나 문자뿐만이 아니라 영상을 통해서도 소통할 수 있어요. ❷점점 더 빠르게 발전하는 의사소통 수단은 지금도 눈부시게 변화하는 중입니다. ❸앞으로는 또 어떤 수단이 생겨날까요?

단락 요약

1 단락 요약
옛날 사람들은 어떻게 연락을 주고받았을지에 대한 궁금증

2 단락 요약
인류가 사용한 첫 번째 의사소통 수단, 음성 언어

3 단락 요약
문자 언어를 통한 의사소통

4 단락 요약
전화를 통한 의사소통

5 단락 요약
빠르게 발전하는 의사소통 수단

✱ **지문 이해**

● 이 글은 시간에 따라 변화한 의사소통 수단에 대해 알려 주는 설명문입니다. 인류는 처음에 음성 언어를 통해 의사소통을 했어요. 하지만 음성 언어는 공간적·시간적 제약이 있었어요. 이를 극복하기 위해 문자 언어가 생겨났고, 한참 시간이 흐른 뒤의 사람에게도 말을 전할 수 있었지요. 19세기에는 전화가 발명되어 멀리 있는 사람과 빠르게 의사소통이 가능해졌어요. 그 후로 휴대 전화가 생겨나고 인터넷과 통신 기술이 발달했어요. 이렇게 의사소통 수단은 빠르게 발전·변화하고 있답니다.

● **단락 간의 관계**
　1단락에서는 옛날 사람들은 어떻게 연락을 주고받았을지 궁금증을 드러내고 있어요.
　2단락에서는 인류가 사용한 첫 번째 의사소통 수단인, 음성 언어에 대해 설명하고 있어요.
　3단락에서는 문자 언어를 통한 의사소통에 대해 설명하고 있어요.
　4단락에서는 전화를 통한 의사소통에 대해 설명하고 있어요.
　5단락에서는 현재는 인터넷과 통신 기술 등 의사소통 수단이 빠르게 발전하고 있다는 것을 이야기하며 글을 마무리하고 있어요.

● **글의 구조도**

| **1** 단락 : 옛날 사람들은 어떻게 연락을 주고받았을지에 대한 궁금증 |
↓
| **2** 단락 : 인류가 사용한 첫 번째 의사소통 수단, 음성 언어 |
↓
| **3** 단락 : 문자 언어를 통한 의사소통 |
↓
| **4** 단락 : 전화를 통한 의사소통 |
↓
| **5** 단락 : 빠르게 발전하는 의사소통 수단 |

● **주제:** 시간의 흐름에 따른 의사소통 수단의 변화

01 [정답] ③ ······················· 단락 간의 관계 이해하기

>왜 정답?

③ ②단락의 중심 낱말은 음성 언어, ③단락의 중심 낱말은 문자 언어예요.

②단락에서 처음 인류가 음성 언어로만 의사소통을 하다가 시간이 흐르고 의사소통 수단이 발전하면서 ③단락의 중심 낱말인 문자 언어로도 의사소통을 하게 되었다는 것을 알 수 있어요.

따라서 ③단락에서 ②단락의 중심 낱말을 보다 자세히 소개하고 있다는 것은 틀린 설명이에요.

>왜 오답?

① ①단락에서 주영이와 친구가 친구의 고장 난 전화기 때문에 연락을 하지 못한 이야기를 하고 있어요. 이를 통해 옛날 사람들은 어떻게 의사소통을 했을지에 대한 흥미를 불러일으키고 있어요.

② 근거: ②단락 ❶번째 문장

'인류는 처음에 음성 언어, 즉 목소리만을 사용하여 의사소통을 했습니다.'라고 설명하고 있어요.

④ ②, ③단락에서는 음성 언어와 문자 언어에 대한 이야기를 했지만, ④단락에서는 전화, 휴대 전화와 같이 비교적 최근의 일에 대해 설명하고 있어요.

02 [정답] ④ ······················· 내용 이해하기

>왜 정답?

④ 근거: ③단락 ❹번째 문장

'그리고 종이를 발명해 문자를 기록하면서, 멀리 있거나 시간이 한참 흐른 뒤의 사람에게도 말을 전할 수 있었습니다.'라고 했으므로 맞는 설명이에요.

>왜 오답?

① 근거: ③단락 ❸번째 문장

'처음 인류는 갈대나 대나무에 문자를 썼습니다.'라고 했으므로 틀린 설명이에요.

② 근거: ③단락 ❷번째 문장

'처음에 그림으로 시작된 문자는 현재 중국의 한자나 영어의 알파벳, 그리고 우리나라의 한글과 같은 문자로 발전했습니다.'라고 했어요. 이러한 문자들은 현재도 사람들이 사용하고 있어요.

③ 근거: ④단락 ❶번째 문장

'19세기에는 전화가 발명되어 멀리 있는 사람과 더 빠르게 의사소통이 가능해졌습니다.'라고 설명하고 있어요. 이를 통해 전화로 멀리 있는 사람과 의사소통을 더 빠르게 할 수 있게 되면서 문자 언어의 제약을 극복했다는 것을 알 수 있어요.

⑤ 근거: ③단락 ❹번째 문장

'그리고 종이를 발명해 문자를 기록하면서 멀리 있거나 시간이 한참 흐른 뒤의 사람에게도 말을 전할 수 있었습니다.'라고 했어요.

03 [정답] ③ ······················· 내용 이해하기

>왜 정답?

③ 근거: ②단락 ❷번째 문장

'음성 언어는 멀리 있는 사람의 말은 들리지 않는다는 점, 한 번 말하면 기록하지 못하고 사라진다는 점 등 공간적·시간적 제약이 있었습니다.'라고 설명하고 있어요.

>왜 오답?

① 근거: ⑤단락 ❷번째 문장

'점점 더 빠르게 발전하는 의사소통 수단은 지금도 눈부시게 변화하는 중입니다.'라고 설명하고 있어요.

② 근거: ②단락 ❶번째 문장

'인류는 처음에 음성 언어, 즉 목소리만을 사용하여 의사소통을 했습니다.'라고 설명하고 있어요.

④ 근거: ⑤단락 ❶번째 문장

'현재는 인터넷과 통신 기술이 크게 발달하여, 멀리 있는 사람과 목소리나 문자뿐만이 아니라 영상을 통해서도 소통할 수 있어요.'라고 이야기하고 있어요.

⑤ 근거: ④단락 ❷번째 문장

'휴대 전화가 생겨나면서, 사람들은 더욱 제약을 받지 않고 자유로운 의사소통을 하게 되었습니다.'라고 설명하고 있어요.

04 [정답] ④ ······················· 글쓰기 방식 이해하기

>왜 정답?

④ ②단락에서는 인류가 처음 사용한 의사소통 수단인 음성 언어를, ③단락에서는 음성 언어의 한계를 극복한 문자 언어를, ④단락에서는 더 최근에 발명된 전화와 휴대 전화를 설명하고 있어요. 따라서 의사소통 수단의 변화를 시간 순서대로 설명하고 있다는 내용은 맞아요.

>왜 오답?

① ③단락에서 중국의 한자, 영어의 알파벳, 우리나라의 한글과 같이 문자 언어의 종류에 대해서 이야기하고 있지만, 나라별 의사소통 수단을 비교한 것은 아니에요.

② 이 글에 미래의 의사소통 수단을 소개하는 내용은 나오지 않아요.

③ 음성 언어의 경우에는 단점만을 설명했고, 문자 언어, 전화, 휴대 전화의 경우에는 장점만을 설명했어요.

⑤ 이 글에 각 의사소통 수단을 발명한 인물은 나오지 않아요.

05 [정답] 예 음성 언어는 한 번 말하면 기록하지 못하고 사라진다.

[서술형] 채점 기준 – 근거: ②단락 ❷번째 문장

'멀리 있는 사람의 말은 들리지 않는다는 점'은 공간적 제약이고, '한 번 말하면 기록하지 못하고 사라진다는 점'이 시간적 제약이에요.

따라서 '한 번 말하면 기록하지 못하고 사라진다'는 내용이 들어가면 정답이에요.

빛이 그린 그림

○ 각 단락 중심 낱말 ◎ 전체 중심 낱말 [ ] 각 단락 중심 문장 ▢ 전체 중심 문장

① 승욱이는 해 질 무렵, 마당에 핀 꽃의 색깔이 예뻐서 그림을 그리기로 했어요. ❷ 그런데 밑그림을 완성하고 보니 꽃의 색깔이 전과 달라져 있었어요. ❸ [속상해진 승욱이가 부모님께 말씀드리자, 부모님은 "승욱이가 인상주의 화가구나!"라고 하시며 달래 주셨어요.]

② 인상주의 화가는 빛의 효과를 그림으로 표현합니다. ❷ 19세기 후반 프랑스를 중심으로 이러한 화가들이 많이 생겨났습니다. ❸ 그들은 빛에 따라 시시각각 변화하는 순간의 '인상'을 중요하게 생각했습니다. ❹ 그리고 색의 아주 작은 변화까지 고려한, 살아 있는 그림을 그린 것이 특징입니다. ❺ 대표적인 인상파 화가로는 모네, 르누아르, 고흐 등이 있습니다.

③ [인상주의 작품에는 크게 세 가지 특징이 있습니다.] ❷ 첫째로 대상의 고유한 색보다는 빛에 의해 변하는 색을 그리려고 했습니다. ❸ 예를 들어 사과를 빨간색으로만 보지 않고, 빛에 따라 달라지는 색으로 표현한 것입니다. ❹ 둘째로 물체의 윤곽을 뚜렷하지 않게 그렸습니다. ❺ 인상주의 화가들은 형태보다는 색채를 중시했기 때문입니다. ❻ 마지막으로 인상주의 작품은 역사, 종교 등이 아니라 일상적인 풍경을 그린 것이 많습니다.

④ 인상주의 작품이 처음 등장했을 때는 낯선 형식이었기 때문에 많은 비판을 받았어요. ❷ [하지만 지금은 이전까지와 전혀 다른 새로운 길을 개척한 것으로 높은 평가를 받고 있답니다.]

1 단락 요약
승욱이의 이야기를 통해 글의 소재(인상주의) 소개하기

2 단락 요약
인상주의의 개념

3 단락 요약
인상주의 작품의 세 가지 특징

4 단락 요약
인상주의 작품에 대한 평가의 변화

✱ **지문 이해**

● 이 글은 인상주의의 개념과 작품의 특징에 대해 알려 주는 설명문입니다. 인상주의 화가는 빛의 효과를 그림으로 표현해요. 그들은 빛에 따라 시시각각 변화하는 순간의 '인상'을 중요하게 생각했지요. 대표적인 인상파 화가로는 모네, 르누아르, 고흐가 있어요. 인상주의 작품에는 세 가지 특징이 있어요. 첫째로 대상의 고유한 색보다 빛에 의해 변하는 색을 그리려고 한 것, 둘째로 형태보다 색채를 중시해 물체의 윤곽을 뚜렷하지 않게 그린 것, 마지막으로 일상적 풍경을 많이 그린 것이에요. 처음 인상주의 작품이 등장했을 때는 낯선 형식이어서 많은 비판을 받았지만, 지금은 이전까지와 전혀 다른 새로운 길을 개척한 것으로 높게 평가 받고 있답니다.

● **단락 간의 관계**
① 단락에서는 인상주의 화가라고 승욱이를 달래 주는 부모님의 이야기가 나오면서 '인상주의'라는 글의 소재를 소개하고 있어요.
② 단락에서는 인상주의의 개념에 대해 설명하고 있어요.
③ 단락에서는 인상주의 작품의 세 가지 특징에 대해 설명하고 있어요.
④ 단락에서는 인상주의 작품에 대한 평가가 어떻게 바뀌었는지 이야기하며 글을 마무리하고 있어요.

● **글의 구조도**

1 단락: 승욱이의 이야기를 통해 글의 소재(인상주의) 소개하기

↓

2 단락: 인상주의의 개념

↓

3 단락: 인상주의 작품의 세 가지 특징

↓

4 단락: 인상주의 작품에 대한 평가의 변화

● **주제**: 인상주의의 개념 및 작품의 특징

01 [정답] ④ ································ 단락 간의 관계 이해하기

>왜 정답?

④ 근거: ④단락 ❷번째 문장

'하지만 지금은 이전까지와 전혀 다른 새로운 길을 개척한 것으로 높은 평가를 받고 있답니다.'라고 했으므로 인상주의 작품에 대한 평가가 변하였음을 알 수 있어요.

>왜 오답?

① ①단락에서 승욱이가 그림을 그리면서 일어난 일과 부모님과의 대화를 통해 '인상주의'에 대한 관심을 끌고 있어요.

② ②단락에서는 인상주의의 개념에 대해 설명하고 있으므로 맞는 설명이에요.

③ ③단락에서는 인상주의 작품의 세 가지 특징에 대해 설명하고 있으므로 맞는 설명이에요.

02 [정답] ⑤ ································ 내용 이해하기

>왜 정답?

⑤ 근거: ②단락 ❸번째 문장

'그들은 빛에 따라 시시각각 변화하는 순간의 '인상'을 중요하게 생각했습니다.'라고 했으므로 맞는 설명이에요.

>왜 오답?

① 근거: ②단락 ❶번째 문장

'인상주의 화가는 빛의 효과를 그림으로 표현합니다.'라고 했어요. 따라서 인상주의는 빛의 영향을 크게 받는다고 볼 수 있어요.

② 근거: ②단락 ❷번째 문장

'19세기 후반 프랑스를 중심으로 이러한 화가들이 많이 생겨났습니다.'라고 했으므로 틀린 설명이에요.

③ 근거: ②단락 ❺번째 문장

'대표적인 인상파 화가로는 모네, 르누아르, 고흐 등이 있습니다.'라고 설명하고 있어요.

따라서 이 글을 통해 모네, 르누아르, 고흐 등이 인상주의를 비판했는지는 알 수 없어요.

④ 근거: ②단락 ❷번째 문장

'19세기 후반 프랑스를 중심으로 이러한 화가들이 많이 생겨났습니다.'라고 설명하고 있어요.

따라서 인상주의가 우리나라와 중국이 아닌 프랑스를 중심으로 시작되었다는 것을 알 수 있어요.

03 [정답] 진아 ································ 알맞은 반응 찾기

>왜 정답?

진아 근거: ③단락 ❷번째 문장

'첫째로 대상의 고유한 색보다는 빛에 의해 변하는 색을 그리려고 했습니다.'라고 했어요.

낮에 자연의 빛이 많은 환경에서 그리는 것과 밤에 자연의 빛이 거의 없는 환경에서 그린 것은 큰 차이가 있어요.

따라서 낮에 그린 것과 밤에 그린 것이 큰 차이가 없겠다는 반응은 알맞지 않아요.

>왜 오답?

지현 근거: ③단락 ❻번째 문장

'마지막으로 인상주의 작품은 역사, 종교 등이 아니라 일상적인 풍경을 그린 것이 많습니다.'라고 했어요.

그러므로 인상주의 작품에서는 보다 일상적인 모습을 그린다고 이야기할 수 있어요.

미라 근거: ③단락 ❷, ❸번째 문장

'첫째로 대상의 고유한 색보다는 빛에 의해 변하는 색을 그리려고 했습니다. 예를 들어 사과를 빨간색으로만 보지 않고, 빛에 따라 달라지는 색으로 표현한 것입니다.'라고 했어요.

따라서 딸기를 고유의 색이 아니라 빛에 비친 색깔로 그리면 노란색으로도 표현할 수 있어요.

종호 근거: ③단락 ❹번째 문장

'둘째로 물체의 윤곽을 뚜렷하지 않게 그렸습니다.'라고 했어요.

04 [정답] ③ ································ 내용 적용하기

>왜 정답?

③ 근거: ④단락 ❶번째 문장

'인상주의 작품이 처음 등장했을 때는 낯선 형식이었기 때문에 많은 비판을 받았어요.'라고 했으므로 맞는 설명이에요.

>왜 오답?

① 이미 있던 그림들을 따라 했다는 이야기는 이 글에 나오지 않아요.

② 작품성이 너무 뛰어나 질투를 받았다는 이야기는 이 글에 나오지 않아요.

④ 당시에는 그림을 흑백으로만 그려야 했다는 이야기는 이 글에 나오지 않아요.

⑤ 몇몇 인상주의 화가들에 대한 평은 이 글에 나오지 않아요.

05 [정답] 예 인상주의 작품은 이전까지와 전혀 다른 새로운 길을 개척한 것으로 높은 평가를 받고 있다.

서술형 채점 기준 – 근거: ④단락 ❷번째 문장

'하지만 지금은 이전까지와 전혀 다른 새로운 길을 개척한 것으로 높은 평가를 받고 있답니다.'라고 이야기하고 있어요.

따라서 이러한 내용이 들어가면 정답이에요.

전기문은 무엇일까요?

◯ 각 단락 중심 낱말　◯ 전체 중심 낱말　[ ] 각 단락 중심 문장　▨ 전체 중심 문장

1 ❶ 현지는 어린이날을 만든 방정환 선생님에 대한 ◯전기문◯을 읽고, 훌륭한 사람이 되어야 겠다고 다짐했어요. ❷[전기문이 무엇이길래 현지의 마음을 움직였을까요?]

*1단락 요약: 전기문이란 무엇일까요?

2 ❶◯전기문◯이란 어떤 인물의 생애와 업적, 성품 등을 기록한 글입니다. ❷ 보통 위인을 주인 공으로 하는 전기문은 인물, 사건, 배경, 비평이라는 네 가지 요소로 구성됩니다.

*2단락 요약: 전기문의 개념

3 ❶[먼저 전기문에는 ◯인물◯의 일생과 성품, 사상 등이 드러나야 합니다.] ❷예를 들어 방정 환 선생님의 전기문에는 1899년에 태어났고, 어린이를 각별하게 생각했으며, 1931년 세 상을 떠났다는 내용이 담겨 있습니다.

*3단락 요약: 전기문의 구성 요소 – 인물

4 ❶[다음으로 활동과 업적을 보여 주는 일화, 즉 ◯사건◯이 나타나야 합니다.] ❷방정환 선생 님이 1922년에 '어린이날'을 만든 것, 어린이를 위한 잡지와 동화를 만든 것 등이 그 예입 니다.

*4단락 요약: 전기문의 구성 요소 – 사건

5 ❶[이와 함께 당시의 사회적·개인적 환경인 ◯배경◯이 드러나야 합니다.] ❷어린이들이 존중 받지 못하는 시대였다는 것, 집이 가난하여 학교를 그만두고 천도교에서 일을 했다는 것 등이 방정환 선생님의 배경입니다.

*5단락 요약: 전기문의 구성 요소 – 배경

6 ❶[마지막으로 글쓴이의 생각, 느낌과 같은 ◯비평◯이 기록되어야 합니다.] ❷어려운 환경에 서도 어린이를 위해 힘쓴 방정환 선생님을 높이 평가하는 말 등이 비평의 예입니다.

*6단락 요약: 전기문의 구성 요소 – 비평

7 ❶[이렇게 ◯전기문◯은 사실을 바탕으로 쓰여 감동과 교훈을 주기 때문에 사실적이고 교훈성이 강하다는 특징을 가져요.] ❷현지처 럼 마음에 울림을 줄 전기문을 읽어 볼까요? *7단락 요약: 전기문의 특징

01 정답 ㉰, ㉯, ㉵, ㉮

1단락에서 전기문이 무엇인지 궁금증을 불러일으키고, 2단 락은 전기문의 개념에 대한 설 명이에요.

3~6단락에서 전기문의 구 성 요소 네 가지를 예를 들어 설명하고 있어요.

7단락에서 전기문의 특징에 대해 이야기하며 글을 마무리하 고 있어요.

02 정답 ②

7단락 ❶번째 문장에 전기문 이 '감동과 교훈을 주기 때문에' 라고 이야기하고 있어요.

03 정답 ④

4단락에서 방정환 선생님이 '어린이를 위한 잡지와 동화를 만든 것'에 대해서 이야기하고 있어요. 이는 전기문의 구성 요 소 중 사건에 해당해요.

04 정답 비평

〈보기〉의 ❶번째 문장은 인물, ❷번째 문장은 배경, ❸번째 문 장은 사건, ❹번째 문장은 사건 과 인물이에요.

따라서 〈보기〉에는 전기문의 구 성 요소 중 비평이 빠져 있어요.

✱ 지문 이해

● 이 글은 전기문에 대해 알려 주는 설명문입니다. 전기문은 어떤 인물의 생 애와 업적, 성품 등을 기록한 글입니다. 전기문은 인물, 사건, 배경, 비평이 라는 요소로 구성되어요. 또한 전기문은 사실적이고 교훈성이 강하다는 특 징을 가지고 있답니다.

● **단락 간의 관계**

1단락에서는 현지의 마음을 움직인 전기문이 무엇일지 궁금증을 일으키 며 글 전체의 중심 낱말인 전기문을 소개하고 있어요.

2단락에서는 전기문의 개념에 대해 설명하고 있어요.

3~6단락에서는 전기문의 구성 요소인 인물, 사건, 배경, 비평에 대해 예 를 들어 설명하고 있어요. 그러므로 전기문의 구성 요소라고 묶을 수도 있 어요.

7단락에서는 전기문이 사실적이고 교훈성이 강하다는 특징을 가지고 있 다고 이야기하며 글을 마무리하고 있어요.

● **글의 구조도**

1 단락	**2** 단락	**3~6** 단락	**7** 단락
전기문이란 무엇일까요?	→ 전기문의 개념	→ 전기문의 구성 요소 '인물, 사건, 배경, 비평'	→ 전기문의 특징

● **주제**: 전기문의 개념과 구성 요소

분모와 분자로 구성된 수는 무엇일까요?

◯ 각 단락 중심 낱말   ◯ 전체 중심 낱말   [ ] 각 단락 중심 문장   🟨 전체 중심 문장

① 석진이는 친구 두 명과 막대 과자 한 개를 나눠 먹으려고 똑같이 세 조각으로 나누었어요. ② [(가) 이때 원래 막대 과자가 한 개라면, 나누어진 조각 하나는 몇 개라고 읽고 쓸 수 있을까요?]

② ① 전체에 대한 부분을 나타내는 수를 분수라고 합니다. ② 분수는 '△/□' 꼴로 쓰는데, 전체를 똑같이 □로 나눈 것 중의 △를 '△/□'라고 쓰고, '□분의 △'라고 읽습니다. ③ 이때 □를 분모, △를 분자라고 합니다. ④ 위 막대 과자의 나누어진 조각 하나는 똑같이 3으로 나눈 것 중의 1이므로 $\frac{1}{3}$개라고 할 수 있습니다.

③ ① [분수의 종류에는 진분수, 가분수, 대분수가 있습니다.] ② 진분수는 $\frac{1}{3}$, $\frac{3}{5}$과 같이 분자가 분모보다 작은 분수입니다. ③ 가분수는 $\frac{7}{7}$, $\frac{9}{8}$와 같이 분자가 분모와 같거나 분모보다 큰 분수입니다. ④ 또 대분수는 자연수와 진분수의 합으로 나타낸 분수로 $1\frac{1}{2}$, $4\frac{2}{3}$와 같은 것이 있습니다. ⑤ 만약 두 개의 막대 과자를 각각 세 조각으로 나눈다면, 그중 네 조각은 $\frac{4}{3}$라고 할 수 있습니다. ⑥ $\frac{4}{3}$로 표현한 막대 과자 네 조각 중 세 조각을 합하면 막대 과자 한 개와 같고, 남은 한 조각은 $\frac{1}{3}$개입니다. ⑦ 이것을 대분수로 나타내면 $1+\frac{1}{3}$, 즉 $1\frac{1}{3}$이 됩니다.

④ ① 분수는 꼭 전체가 한 개일 때만 쓰이는 것은 아니에요. ② 막대 과자 열 개를 다섯 명이 똑같이 나눠 먹는다면, 10개의 $\frac{1}{5}$은 2개가 되겠지요? ③ [분수를 잘 알아 두면 생활에서 유용하게 사용할 수 있어요.]

1 단락 요약
한 개를 똑같이 세 개로 나눈 조각 하나는 몇 개라고 읽고 쓸 수 있을까요?

2 단락 요약
분수의 개념

3 단락 요약
분수의 종류 – 진분수, 가분수, 대분수

4 단락 요약
생활에서 유용하게 사용할 수 있는 분수

✱ 지문 이해

● 이 글은 분수의 개념과 종류에 대해 알려 주는 설명문입니다. 분수는 '전체에 대한 부분을 나타내는 수'입니다. 분수의 종류에는 진분수, 가분수, 대분수가 있어요. 분수를 잘 알아 두면 생활에서 유용하게 사용할 수 있답니다.

● **단락 간의 관계**
1 단락에서는 한 개를 똑같이 세 개로 나눈 조각 하나를 몇 개라고 읽고 써야 할지 궁금증을 일으키고 있어요.
2 단락에서는 분수의 개념에 대해 설명하고 있어요.
3 단락에서는 분수의 종류인 진분수, 가분수, 대분수에 대해 자세히 설명하고 있어요.
4 단락에서는 분수를 생활에서도 유용하게 사용할 수 있다고 이야기하며 글을 마무리하고 있어요.

● **글의 구조도**

1 단락: 한 개를 똑같이 세 개로 나눈 조각 하나는 몇 개라고 읽고 쓸 수 있을까요?

↓

2 단락: 분수의 개념

↓

3 단락: 분수의 종류 – 진분수, 가분수, 대분수

↓

4 단락: 생활에서 유용하게 사용할 수 있는 분수

● **주제:** 분수의 개념과 종류

01 정답 분수 ····· 글의 구조 이해하기

>왜 정답?

②단락은 분수의 개념에 대해, ③단락은 분수의 종류에 대해, ④단락은 생활에서 유용하게 사용할 수 있는 분수에 대해 설명하고 있어요. 따라서 빈칸에 공통으로 들어가기 알맞은 말은 '분수'예요.

02 정답 ③ ····· 내용 이해하기

>왜 정답?

③ 근거: ③단락 ❸번째 문장
'가분수는 $\frac{7}{7}$, $\frac{9}{8}$와 같이 분자가 분모와 같거나 분모보다 큰 분수입니다.'라고 했으므로 맞는 설명이에요.

>왜 오답?

① 근거: ④단락 ❶번째 문장
'분수는 꼭 전체가 한 개일 때만 쓰이는 것은 아니에요.'라고 했으므로 틀린 설명이에요.

② 근거: ③단락 ❸번째 문장
'가분수는 $\frac{7}{7}$, $\frac{9}{8}$와 같이 분자가 분모와 같거나 분모보다 큰 분수입니다.'라고 했어요.

④ 근거: ②단락 ❶번째 문장
'전체에 대한 부분을 나타내는 수를 '분수'라고 합니다.'라고 했어요.

⑤ 근거: ③단락 ❹번째 문장
'대분수는 자연수와 진분수의 합으로 나타낸 분수'라고 했어요.

03 정답 ④ ····· 내용 추측하기

>왜 정답?

④ 근거: ②단락 ❷번째 문장
'전체를 똑같이 □로 나눈 것 중의 △를 '$\frac{△}{□}$'라고 쓰고, '□분의 △'라고 읽습니다.'라고 했어요.
따라서 전체를 똑같이 3으로 나눈 것 중의 2는 '3분의 2'예요.

>왜 오답?

① 근거: ②단락 ❷, ❸번째 문장
'분수는 '$\frac{△}{□}$' 꼴로 쓰는데, 전체를 똑같이 □로 나눈 것 중의 △를 '$\frac{△}{□}$'라고 쓰고, '□분의 △'라고 읽습니다. 이때 □를 분모, △를 분자라고 합니다.'라고 했어요.
따라서 분수를 읽을 때는 분모부터 읽어요.

② 근거: ③단락 ❷, ❸번째 문장
'진분수는 $\frac{1}{3}$, $\frac{3}{5}$과 같이 분자가 분모보다 작은 분수입니다. 가분수는 $\frac{7}{7}$, $\frac{9}{8}$와 같이 분자가 분모와 같거나 분모보다 큰 분수입니다.'라고 했어요.
따라서 가분수를 진분수로 바꾸어 쓸 수 없어요.

③ 근거: ③단락 ❻, ❼번째 문장
'$\frac{4}{3}$로 표현한 막대 과자 네 조각 중 세 조각을 합하면 막대 과자 한 개와 같고, 남은 한 조각은 $\frac{1}{3}$개입니다. 이것을 대분수로 나타내면 $1+\frac{1}{3}$, 즉 $1\frac{1}{3}$이 됩니다.'라고 했어요.
따라서 $\frac{8}{5}$은 $1+\frac{3}{5}$, 즉 $1\frac{3}{5}$으로 바꾸어 쓸 수 있어요.

⑤ 근거: ③단락 ❸번째 문장
'가분수는 $\frac{7}{7}$, $\frac{9}{8}$와 같이 분자가 분모와 같거나 분모보다 큰 분수입니다.'라고 했어요.
따라서 분자와 분모가 같거나($\frac{7}{7}=1$) 분자가 분모의 배수($\frac{14}{7}=2$, $\frac{21}{7}=3$……)인 가분수는 자연수로 바꾸어 쓸 수 있어요.

04 정답 (1) ⓒ (2) ⓛ (3) ㉠ ····· 내용 적용하기

>왜 정답?

(1) 근거: ③단락 ❸번째 문장
'가분수는 $\frac{7}{7}$, $\frac{9}{8}$와 같이 분자가 분모와 같거나 분모보다 큰 분수입니다.'라고 했어요.
따라서 분자가 분모보다 큰 $\frac{13}{12}$은 ⓒ 가분수예요.

(2) 근거: ③단락 ❹번째 문장
'대분수는 자연수와 진분수의 합으로 나타낸 분수로 $1\frac{1}{2}$, $4\frac{2}{3}$와 같은 것이 있습니다.'라고 했어요.
따라서 $6\frac{2}{5}$와 같이 자연수와 진분수의 합으로 나타낸 분수는 ⓛ 대분수예요.

(3) 근거: ③단락 ❷번째 문장
'진분수는 $\frac{1}{3}$, $\frac{3}{5}$과 같이 분자가 분모보다 작은 분수입니다.'라고 했어요.
따라서 $\frac{7}{10}$과 같이 분자가 분모보다 작은 수는 ㉠ 진분수예요.

05 정답 예 막대 과자의 나누어진 조각 하나는 똑같이 3으로 나눈 것 중의 1이므로 3분의 1개라고 읽고, $\frac{1}{3}$개라고 쓸 수 있다.

서술형 **채점 기준** – 근거: ①단락 ❶번째 문장, ②단락 ❷번째 문장
'전체를 똑같이 □로 나눈 것 중의 △를 '$\frac{△}{□}$'라고 쓰고, '□분의 △'라고 읽습니다.'라고 했어요. 전체를 똑같이 3로 나눈 것 중의 1이기 때문에 3분의 1개라고 읽고, $\frac{1}{3}$개라고 쓸 수 있어요.
따라서 위와 같은 내용을 쓰면 정답이에요.

또 다른 지구를 만들려는 노력

◯ 각 단락 중심 낱말   ◯ 전체 중심 낱말   [ ] 각 단락 중심 문장   ▨ 전체 중심 문장

1 ❶환경 오염이 심각해진다면 지구는 생물이 살기 어려운 곳이 될 거예요. ❷[그래서 어떤 과학자들은 생물이 살 수 있는 다른 곳을 찾기 위해, 또 다른 지구를 만드는 실험을 했어요. ❸어떤 실험이었는지 함께 알아볼까요?]

2 ❶과학자들은 미국 사막에 외부와 완전히 차단된 커다란 유리 건물을 짓고, ❷바이오스피어 2라고 이름 붙였습니다. '바이오'는 영어로 '생명', '스피어'는 '공 같은 물체'라는 뜻으로, 생명으로 가득 찬 행성인 지구를 뜻합니다. ❸즉 '바이오스피어 2'는 '두 번째 지구'라는 뜻입니다.

▲ 바이오스피어 2

3 ❶[과학자들은 바이오스피어 2를 사람이 생활하는 거주 구역, 농사를 짓는 농업 구역, 숲과 바다 같은 자연 구역으로 구분하였습니다.] ❷그리고 다양한 동식물을 들여와 지구와 최대한 똑같이 만들려고 노력했습니다.

4 ❶이 실험은 남녀 여덟 명이 외부의 도움 없이 농사를 짓고 가축을 기르는 등 여러 가지 시도를 하며 2년 동안 이어졌습니다. ❷[하지만 안타깝게도 산소 부족 등 여러 가지 문제로 결국 실패했습니다.]

5 ❶실험은 실패로 끝났지만, 지구의 소중함을 다시 한번 깨닫는 계기가 되었어요. ❷[지금도 세계 곳곳에서 제2의 지구를 만들기 위한 연구를 하고 있지만, 무엇보다 지금의 지구를 보존하는 것이 훨씬 중요한 일임을 기억해야 해요.]

1 단락 요약
또 다른 지구를 만드는 실험에 대한 궁금증

2 단락 요약
'바이오스피어 2'의 의미

3 단락 요약
'바이오스피어 2'의 구성 요소

4 단락 요약
'바이오스피어 2' 실험의 결과

5 단락 요약
지금의 지구를 보존하는 것의 중요성

✴ 지문 이해

● 이 글은 '바이오스피어 2'에 대해 알려 주는 설명문입니다. 심각한 환경 오염으로 지구가 생물이 살기 어려운 곳이 될 때를 대비해 과학자들은 또 다른 지구를 만드는 실험을 했어요. 그것을 실험한 장소가 바로 '바이오스피어 2'예요. 과학자들은 '바이오스피어 2'를 거주 구역, 농업 구역, 자연 구역으로 나누고 동식물들을 들여와 지구와 최대한 비슷하게 만들었어요. 실험은 2년 동안 이어졌지만 산소 부족 등 여러 가지 이유로 실패했어요. 실험은 실패했지만 지구가 소중하다는 것을 다시금 깨달을 수 있었답니다.

● **단락 간의 관계**
1 단락에서는 또 다른 지구를 만드는 실험을 소개하고 이에 대한 궁금증을 일으키고 있어요.
2 단락에서는 '바이오스피어 2'의 의미를 설명하고 있어요.
3 단락에서는 '바이오스피어 2'의 구성 요소를 설명하고 있어요.
4 단락에서는 '바이오스피어 2' 실험의 결과에 대해 설명하고 있어요.
5 단락에서는 지금의 지구를 보존하는 것의 중요성에 대해 이야기하며 글을 마무리하고 있어요.

● **글의 구조도**

1 단락: 또 다른 지구를 만드는 실험에 대한 궁금증
↓
2 단락: '바이오스피어 2'의 의미
↓
3 단락: '바이오스피어 2'의 구성 요소
↓
4 단락: '바이오스피어 2' 실험의 결과
↓
5 단락: 지금의 지구를 보존하는 것의 중요성

● **주제:** 또 다른 지구를 만드는 실험, '바이오스피어 2'

01 [정답] ㉮, ㉯, ㉰, ㉱, ㉲ ······················ 글의 구조 이해하기

> **왜 정답?**

①단락은 또 다른 지구를 만드는 실험을 소개하며 궁금증을 일으키고 있어요.
②단락에서는 '바이오스피어 2'의 의미에 대해 설명하고 있어요.
③단락에서는 '바이오스피어 2'의 구성 요소에 대해 설명하고 있어요.
④단락에서는 '바이오스피어 2' 실험의 결과에 대해 설명하고 있어요.
⑤단락에서는 지금의 지구를 보존하는 것의 중요성에 대해 이야기하고 있어요.
따라서 ㉮, ㉯, ㉰, ㉱, ㉲의 순서예요.

02 [정답] ④ ······················ 내용 이해하기

> **왜 정답?**

④ 근거: ④단락 ❶번째 문장
'이 실험은 남녀 여덟 명이 외부의 도움 없이 농사를 짓고 가축을 기르는 등'이라고 했어요.
따라서 동식물뿐만 아니라 사람에게도 실험이 이루어졌음을 알 수 있어요.

> **왜 오답?**

① 근거: ②단락 ❶번째 문장
'과학자들은 미국 사막에 외부와 완전히 차단된 커다란 유리 건물을 짓고, '바이오스피어 2'라고 이름 붙였습니다.'라고 했으므로 맞는 설명이에요.
② 근거: ②단락 ❸번째 문장
'즉 '바이오스피어 2'는 '두 번째 지구'라는 뜻입니다.'라고 했으므로 맞는 설명이에요.
③ 근거: ④단락 ❶, ❷번째 문장
'여러 가지 시도를 하며 2년 동안 이어졌습니다. 하지만 안타깝게도 산소 부족 등 여러 가지 문제로 결국 실패했습니다.'라고 했으므로 맞는 설명이에요.
⑤ 근거: ③단락 ❶번째 문장
'과학자들은 '바이오스피어 2'를 사람이 생활하는 거주 구역, 농사를 짓는 농업 구역, 숲과 바다 같은 자연 구역으로 구분하였습니다.'라고 했으므로 맞는 설명이에요.

03 [정답] ③ ······················ 글쓰기 방식 이해하기

> **왜 정답?**

③ 근거: ⑤단락 ❷번째 문장
'지금의 지구를 보존하는 것이 훨씬 중요한 일임을 기억해야 해요.'라고 했으므로 맞는 설명이에요.

> **왜 오답?**

① 이 글은 실험 속의 과학적인 원리에 대해 설명하고 있지 않아요.

② 근거: ①단락 ❶, ❷번째 문장
'환경 오염이 심각해진다면 지구는 생물이 살기 어려운 곳이 될 거예요. 그래서 어떤 과학자들은 생물이 살 수 있는 다른 곳을 찾기 위해, 또 다른 지구를 만드는 실험을 했어요.'라고 했어요.
따라서 환경과 관련이 있는 실험을 소재로 하고 있어요.
④ 근거: ④단락 ❶, ❷번째 문장
'여러 가지 시도를 하며 2년 동안 이어졌습니다. 하지만 안타깝게도 산소 부족 등 여러 가지 문제로 결국 실패했습니다.'라고 했어요.
따라서 실제로 행해진 실험에 대해 소개하고 있어요.
⑤ 실제 지구와 실험 속 또 다른 지구를 비교하는 내용은 거의 나오지 않아요. '바이오스피어 2'를 지구와 최대한 똑같이 만들려고 했다는 내용뿐이에요.
이 글의 주된 내용은 실험의 의미, 구성 요소 및 결과와 지구를 보존하는 것의 중요성이에요.

04 [정답] (1) ○ (2) × (3) × ······················ 알맞은 반응 찾기

> **왜 정답?**

(1) 근거: ①단락 ❶번째 문장
'환경 오염이 심각해진다면 지구는 생물이 살기 어려운 곳이 될 거예요.'라고 했어요.
(2) 근거: ④단락 ❷번째 문장
'하지만 안타깝게도 산소 부족 등 여러 가지 문제로 결국 실패했습니다.'라고 했어요.
따라서 산소 문제가 해결되었더라도 다른 문제들 때문에 성공을 장담할 수는 없었을 거예요.
(3) 근거: ⑤단락 ❷번째 문장
'지금도 세계 곳곳에서 제2의 지구를 만들기 위한 연구를 하고 있지만'이라고 했어요.

---- 배경지식

지구가 둥글다는 건 어떻게 알 수 있을까요?

옛날 사람들은 지구가 평평한 줄 알았어요. 배를 타고 바다로 멀리 나가면 지구 끝의 낭떠러지로 떨어질 것이라고 생각했지요.

하지만 지금은 지구가 둥글다는 사실을 모르는 사람은 없어요. 우주에서 찍은 지구 사진만 보아도 쉽게 알 수 있거든요. 그런데 우리 생활 속에서도 지구가 둥글다는 사실을 확인할 수 있는 방법이 있답니다.
먼저 항구에서 멀어지는 배를 보면 아랫부분부터 안 보이기 시작해요. 반대로 항구로 들어오는 배는 돛부터 보이기 시작하지요. 지구가 평평하다면 배 전체가 점점 작아지거나 점점 커졌을 거예요. 또 월식 때 달에 비친 지구 그림자가 둥글다는 것, 동쪽으로 갈수록 해가 뜨는 시각이 빨라진다는 것도 지구가 둥글다는 증거랍니다.

남극과 북극, 무엇이 다를까요?

◯ 각 단락 중심 낱말 ◯ 전체 중심 낱말 [ ] 각 단락 중심 문장 ▨ 전체 중심 문장

1 ❶ 지희는 텔레비전에 나오는 얼음으로 덮인 땅을 보고 북극이라고 생각했어요. ❷ 그런데 알고 보니 남극에 관한 방송이었죠. ❸ [지희는 <u>남극과 북극</u>이 어떻게 다른지, 관련된 책을 읽어 봤어요.]

2 ❶ [<u>남극</u>은 남극해라는 광활한 바다로 둘러싸인 거대한 대륙입니다.] ❷ 세계 얼음의 4분의 3이 모여 있으며 2,000미터가 넘는 두꺼운 얼음으로 덮여 있습니다. ❸ 만약 남극의 얼음이 모두 녹는다면 뉴욕, 런던 등 대도시가 모두 물에 잠길 수 있습니다. ❹ 남극에는 펭귄, 물개, 해표 등의 동물들이 살지만, 너무 추워서 사람이 살기에는 적당하지 않습니다. ❺ 다만 각 나라에서 남극을 연구하러 온 대원들이 잠시 머물다 가기도 합니다. ❻ 우리나라도 남극을 연구하기 위해 세종 과학 기지를 세우기도 했습니다.

3 ❶ [<u>북극</u>은 남극처럼 어느 한 대륙이 아니라, 지구의 북쪽 끝 지역을 말합니다.] ❷ 유라시아 대륙과 북아메리카 대륙에 둘러싸여 있으며 바다가 대부분입니다. ❸ 북극곰이 살고 있는 북극 역시 일 년 내내 얼음과 눈으로 덮여 있는 추운 곳이지만, 남극보다는 따뜻합니다. ❹ ＿＿(가)＿＿ 북극에는 '이누이트' 또는 '에스키모'라고 불리는 원주민이 살고 있습니다. ❺ 또한 북극에도 우리나라가 연구를 위해 세운 다산 과학 기지가 있습니다.

4 ❶ ▨지구의 신비를 느낄 수 있는 <u>남극과 북극</u>은 이렇게 닮은 듯 달라요.▨ ❷ 지희처럼 두 곳이 헷갈렸다면 이제 그 차이를 알겠지요?

1 단락 요약
남극과 북극의 차이점에 대한 궁금증

2 단락 요약
남극의 특징

3 단락 요약
북극의 특징

4 단락 요약
닮은 듯 다른 남극과 북극

✱ 지문 이해

● 이 글은 '남극과 북극'에 대해 알려 주는 설명문입니다. 남극은 광활한 바다로 둘러싸인 대륙이에요. 세계 얼음의 4분의 3이 모여 있고 2000미터가 넘는 얼음으로 덮여 있어요. 펭귄, 물개, 해표 등이 살지만, 사람이 살기에는 적당하지 않아요. 우리나라는 남극 연구를 위해 세종 과학 기지를 세웠답니다. 북극은 지구의 북쪽 끝 지역을 말해요. 유라시아 대륙과 북아메리카 대륙에 둘러싸여 있고, 대부분 바다예요. 일 년 내내 얼음과 눈으로 덮여 있지만 남극보다는 따뜻해요. 그래서인지 '에스키모', '이누이트'라 불리는 사람이 살고 있어요. 그리고 우리나라에서 연구를 위해 다산 과학 기지를 세웠답니다.

● **단락 간의 관계**
 1 단락에서는 남극과 북극이 어떻게 다른지 궁금하다는 지희의 이야기를 통해 글의 소재를 소개하고 있어요.
 2 단락에서는 남극의 특징을, 3 단락에서는 북극의 특징을 자세히 설명하고 있어요.
 2, 3 단락을 나란히 놓고 남극과 북극의 특징을 설명하는 방식으로 남극과 북극이 어떻게 다른지 드러내고 있어요.
 4 단락에서는 남극과 북극이 닮은 듯 다르다고 이야기하며 글을 마무리하고 있어요.

● **글의 구조도**

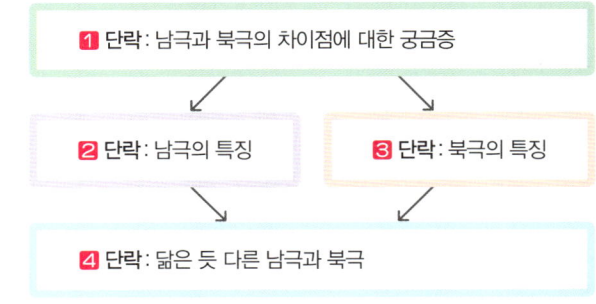

1 단락 : 남극과 북극의 차이점에 대한 궁금증
↓   ↓
2 단락 : 남극의 특징   3 단락 : 북극의 특징
↓   ↓
4 단락 : 닮은 듯 다른 남극과 북극

● **주제:** 닮은 듯 다른 남극과 북극

01 [정답] ㉠ 남극, ㉡ 북극 ·········· 글의 구조 이해하기

>왜 정답?

이 글은 남극과 북극에 대해 알려 주는 글이에요.
①단락에서는 남극과 북극이 어떻게 다른지 궁금증을 자아내면서 글의 소재를 소개하고 있어요.
②단락에서는 남극의 특징에 대해, ③단락에서는 북극의 특징에 대해 설명하고 있어요.
②, ③단락을 나란히 놓고 남극과 북극의 특징을 설명하는 방식으로 남극과 북극이 어떻게 다른지 드러내고 있어요.
④단락에서는 닮은 듯 다른 남극과 북극에 대해 이야기하며 글을 마무리하고 있어요.
따라서 ㉠에 알맞은 말은 '남극', ㉡에 알맞은 말은 '북극'이에요.

02 [정답] ③ ·········· 내용 이해하기

>왜 정답?

③ 근거: ③단락 ❺번째 문장
'또한 북극에도 우리나라가 연구를 위해 세운 다산 과학 기지가 있습니다.'라고 했으므로 틀린 설명이에요.

>왜 오답?

① 근거: ②단락 ❶번째 문장
'남극은 남극해라는 광활한 바다로 둘러싸인 거대한 대륙입니다.'라고 했으므로 맞는 설명이에요.
② 근거: ③단락 ❸번째 문장
'북극곰이 살고 있는 북극 역시 일 년 내내 얼음과 눈으로 덮여 있는 추운 곳이지만, 남극보다는 따뜻합니다.'라고 했으므로 맞는 설명이에요.
④ 근거: ②단락 ❹번째 문장
'남극에는 펭귄, 물개, 해표 등의 동물들이 살지만,'이라고 했으므로 맞는 설명이에요.
⑤ 근거: ②단락 ❹번째 문장
'너무 추워서 사람들이 살기에는 적당하지 않습니다.'라고 했으므로 맞는 설명이에요.

03 [정답] ② ·········· 올바른 접속어 찾기

>왜 정답?

② ㈎의 앞 문장에서 북극은 남극보다 따뜻하다는 이야기를 하고 있고 ㈎의 뒤 문장에서는 북극에 사람이 산다는 이야기를 하고 있어요.
그런데 남극은 사람이 살기에 적당하지 않다는 이야기가 ②단락에 나와 있어요. 그렇기 때문에 남극보다 따뜻한 북극이 원인이 되어서 북극에는 사람이 산다는 결과로 이어지고 있어요.
따라서 앞의 내용이 뒤의 내용의 원인이 될 때 사용하는 이어 주는 말인 '그래서'가 정답이에요.

>왜 오답?

① '하지만'은 서로 일치하지 않거나 반대되는 두 문장을 이어 줄 때 사용하는 이어 주는 말이에요.
③ '그러나'는 앞의 내용과 뒤의 내용이 반대될 때 사용하는 이어 주는 말이에요.
④ '반면에'는 뒤에 오는 말이 앞의 내용과 반대될 때 사용하는 이어 주는 말이에요.
⑤ '왜냐하면'은 앞 문장이 결과가 되고 뒤 문장이 원인이 될 때 사용하는 이어 주는 말이에요.

04 [정답] 서현 ·········· 내용 적용하기

>왜 정답?

서현 근거: ②단락 ❷번째 문장
'세계 얼음의 4분의 3이 모여 있으며'라고 했어요.
따라서 서현이 이야기하는 지역은 남극이에요.

>왜 오답?

정민 근거: ③단락 ❹번째 문장
'북극에는 '이누이트' 또는 '에스키모'라고 불리는 원주민이 살고 있습니다.'라고 했어요.
따라서 정민이 이야기하는 지역은 북극이에요.
미현 근거: ③단락 ❺번째 문장
'또한 북극에도 우리나라가 연구를 위해 세운 다산 과학 기지가 있습니다.'라고 했어요.
따라서 미현이 이야기하는 지역은 북극이에요.
근영 근거: ③단락 ❷번째 문장
'유라시아 대륙과 북아메리카 대륙에 둘러싸여 있으며'라고 했어요.
따라서 근영이 이야기하는 지역은 북극이에요.

05 [정답] 예 각 나라에서 남극을 연구하러 온 대원들이 잠시 머물다 가기도 한다.

서술형 채점 기준 – 근거: ②단락 ❺번째 문장
'각 나라에서 남극을 연구하러 온 대원들이 잠시 머물다 가기도 합니다.'라고 이야기하고 있어요.
따라서 이러한 내용이 들어 있으면 정답이에요.

우리나라의 전통 무술, 태권도

◯ 각 단락 중심 낱말　◯ 전체 중심 낱말　[ ] 각 단락 중심 문장　▨ 전체 중심 문장

[1] 민서는 올림픽 대회에서 치러진 경기를 보고 태권도에 푹 빠졌어요. 흰 도복을 입고 절도 있게 발차기를 하는 모습이 특히 멋졌지요. [민서는 이렇게 세계적인 대회가 열리는 태권도의 가치가 궁금해졌어요.]

1 단락 요약
태권도의 가치에 대한 궁금증

[2] [태권도는 2,000여 년의 긴 역사를 가진, 우리 민족의 고유한 전통 무예입니다.] 그 모습을 고구려 벽화에서도 찾아볼 수 있습니다. 전통적으로 손 기술의 기본이 되는 무예를 '수박', 발 기술의 기본이 되는 무예를 '태껸'이라고 했습니다. 태권도는 수박과 태껸이 고려와 조선 시대를 거치면서 발달한 것입니다. 현재의 이름은 1954년에 발을 뜻하는 '태', 손을 뜻하는 '권', 인간다운 길을 뜻하는 '도'를 합쳐 지어졌습니다.

2 단락 요약
긴 역사를 가진 우리 민족의 고유한 전통 무예, 태권도

[3] [태권도는 몸뿐만이 아니라 마음의 건강에도 중점을 두는 무예입니다.] 예를 중요시하는 태권도는 인사로 시작하여 인사로 끝을 맺습니다. 또 무조건적인 공격이 아닌, 상대방을 배려하는 마음을 가지고 겨루어야 합니다. 손으로 얼굴을, 또는 넘어진 상대를 공격하는 행위 등은 엄격하게 금지됩니다.

3 단락 요약
몸뿐만이 아니라 마음의 건강에도 중점을 두는 무예, 태권도

[4] 태권도는 이렇게 긴 역사와 심신을 모두 수련한다는 전통적 가치를 지니고 있어요. ___(가)___ 이제는 세계인의 무예로 발돋움하고 있어요. 1986년부터는 아시안 게임, 2000년부터는 올림픽 대회의 정식 종목이 되면서 전 세계로 뻗어 나가는 자랑스러운 무예랍니다.

4 단락 요약
전통적 가치를 지니고 세계로 뻗어 나가는 태권도

✱ 지문 이해

● 이 글은 태권도에 대해 알려 주는 설명문입니다. 태권도는 2,000여 년의 긴 역사를 가진 우리 민족의 전통 무예입니다. 손 기술의 기본이 되는 무술인 수박과 발 기술의 기본이 되는 태껸이 시간이 지나며 발달해 왔어요. 현재의 이름은 1954년에 발을 의미하는 '태', 손을 의미하는 '권', 인간다운 길을 의미하는 '도'를 합쳐 지어졌어요. 또한 태권도는 마음의 건강에도 중점을 두어요. 예를 중시하여 인사로 시작해서 인사로 끝나며, 남을 배려하는 마음을 갖고 겨루어야 해요. 이러한 전통적 가치를 지닌 태권도는 이제 세계인의 무예로 발돋움하고 있답니다.

● 단락 간의 관계
　[1]단락에서는 태권도의 가치에 대한 궁금증을 일으키고 있어요.
　[2]단락에서는 태권도가 긴 역사를 가진 우리 민족의 고유한 전통 무예라는 점을, [3]단락에서는 태권도가 몸뿐만 아니라 마음의 건강에도 중점을 두는 무예라는 점을 설명하고 있어요.
　[2], [3]단락은 태권도의 가치로 묶을 수 있어요.
　[4]단락에서는 [2], [3]단락에서 설명한 가치를 지니고 세계로 뻗어 나가는 태권도에 대해 이야기하며 글을 마무리하고 있어요.

● 글의 구조도

1 단락: 태권도의 가치에 대한 궁금증

2 단락	3 단락
긴 역사를 가진 우리 민족의 고유한 전통 무예, 태권도	몸뿐만이 아니라 마음의 건강에도 중점을 두는 무예, 태권도

4 단락: 전통적 가치를 지니고 세계로 뻗어 나가는 태권도

● 주제: 긴 역사와 심신을 모두 수련한다는 전통적 가치를 지닌 태권도

01 [정답] 태권도 ⸻⸻⸻⸻⸻⸻⸻ 글의 구조 이해하기

⟩왜 정답 ?

이 글은 태권도의 가치에 대해 알려 주는 글이에요.
①단락에서는 태권도의 가치에 대한 궁금증을 일으키고 있어요.
②, ③단락에서는 태권도의 가치를 각각 설명하고 있어요.
④단락에서는 이러한 가치를 지니고 세계로 뻗어 나가는 태권도에 대해 이야기하고 있어요.
따라서 빈칸에 공통으로 들어가기에 알맞은 말은 '태권도'예요.

02 [정답] ③ ⸻⸻⸻⸻⸻⸻⸻⸻⸻⸻⸻ 내용 이해하기

⟩왜 정답 ?

③ 근거: ②단락 ❺번째 문장

'현재의 이름은 1954년에 발을 뜻하는 '태', 손을 뜻하는 '권', 인간다운 길을 뜻하는 '도'를 합쳐 지어졌습니다.'라고 했어요.

⟩왜 오답 ?

① 근거: ②단락 ❸, ❹번째 문장

'전통적으로 손 기술의 기본이 되는 무예를 '수박', 발 기술의 기본이 되는 무예를 '태견'이라고 했습니다. 태권도는 수박과 태견이 고려와 조선 시대를 거치면서 발달한 것입니다.'라고 했어요.
따라서 태권도는 손과 발을 이용한 무예라는 것을 알 수 있어요.

② 근거: ④단락 ❸번째 문장

'2000년부터는 올림픽 대회의 정식 종목이 되면서 전 세계로 뻗어 나가는 자랑스러운 무예랍니다.'라고 했어요.

④ 근거: ②단락 ❸, ❹번째 문장

'전통적으로 손 기술의 기본이 되는 무예를 '수박', 발 기술의 기본이 되는 무예를 '태견'이라고 했습니다. 태권도는 수박과 태견이 고려와 조선 시대를 거치면서 발달한 것입니다.'라고 했어요.

⑤ 근거: ②단락 ❹번째 문장

'태권도는 수박과 태견이 고려와 조선 시대를 거치면서 발달한 것입니다.'라고 했어요.

03 [정답] ① ⸻⸻⸻⸻⸻⸻⸻⸻⸻⸻⸻ 올바른 접속어 찾기

⟩왜 정답 ?

① (가)의 앞 문장에서는 ②단락과 ③단락에서 설명했던 태권도의 가치에 대해서 이야기하고 있고 (가)의 뒤 문장에서는 태권도가 세계인의 무예로 발돋움하고 있다는 이야기를 하고 있어요.
따라서 앞의 내용과 뒤의 내용이 비슷할 때 사용하는 이어 주는 말 '그리고'가 정답이에요.

⟩왜 오답 ?

② '그러나'는 앞의 내용과 뒤의 내용이 반대될 때 사용하는 이어 주는 말이에요.

③ '하지만'은 내용이 서로 일치하지 않거나 반대되는 두 문장을 이어 줄 때 사용하는 말이에요.

④ '반면에'는 뒤에 오는 말이 앞의 내용과 반대될 때 사용하는 이어 주는 말이에요.

⑤ '왜냐하면'은 앞 문장이 결과가 되고 뒤 문장이 원인이 될 때 사용하는 이어 주는 말이에요.

04 [정답] 세희, 영수 ⸻⸻⸻⸻⸻⸻⸻⸻ 내용 적용하기

⟩왜 정답 ?

세희 근거: ③단락 ❷번째 문장

'예를 중요시하는 태권도는 인사로 시작하여 인사로 끝을 맺습니다.'라고 했어요.

영수 근거: ③단락 ❸번째 문장

'또 무조건적인 공격이 아닌, 상대방을 배려하는 마음을 가지고 겨루어야 합니다.'라고 했어요.

⟩왜 오답 ?

희정 근거: ③단락 ❹번째 문장

'손으로 얼굴을, 또는 넘어진 상대를 공격하는 행위 등은 엄격하게 금지됩니다.'라고 했어요.

형관 근거: ③단락 ❹번째 문장

'손으로 얼굴을, 또는 넘어진 상대를 공격하는 행위 등은 엄격하게 금지됩니다.'라고 했어요.

05 [정답] 예 태권도는 긴 역사와 심신을 모두 수련한다는 전통적 가치를 지니고 있다.

서술형 **채점 기준** - 근거: ④단락 ❶번째 문장

'태권도는 이렇게 긴 역사와 심신을 모두 수련한다는 전통적 가치를 지니고 있어요.'라고 이야기하고 있어요.
따라서 이러한 내용이 들어 있으면 정답이에요.

⌐⸺⸺⸺⸺⸺⸺⸺ **배경지식** ⸺

올림픽 성화가 봉송 도중에 꺼지면 어떻게 할까요?

올림픽에서 행하는 의식 중 성화 봉송이라는 것이 있어요. 고대 올림픽이 열렸던 그리스의 올림피아에서 태양열을 모아 불을 붙인 성화를 만들고, 이것을 첫 성화 봉송 주자에게 주조. 이후 성화는 다음 주자들을 거쳐 올림픽이 열리는 나라로 떠나게 돼요.

그런데 그 여정이 워낙 길다 보니 다양한 일이 벌어지기도 해요. 성화를 빼앗으려는 사람도 있었고, 소화기로 꺼 버리려고 했던 사람도 있었어요. 다행히 이때는 성화를 꺼뜨리지 않았지만, 실제로 봉송 도중에 성화가 꺼지는 일이 가끔 있답니다.

이럴 때는 보조 성화를 이용해요. 성화 봉송 주자 뒤에는 항상 보조 성화를 운반하는 차가 따라다녀요. 덕분에 성화가 도중에 꺼지더라도 금방 다시 불을 붙일 수 있답니다.

물질의 세 가지 상태

◯ 각 단락 중심 낱말　◯ 전체 중심 낱말　[ ] 각 단락 중심 문장　▨ 전체 중심 문장

① 흐르는 물은 손에 잡히지 않지만, 딱딱한 얼음이 되면 잡을 수 있어요. ② 또 물을 끓이면 수증기가 되어 사라지기도 하지요. ③ [이것을 모두 같은 상태라고 할 수 있을까요?]

② ① 물질은 고체, 액체, 기체의 세 가지 상태로 존재합니다. ② [먼저 고체는 일정한 모양이 있어서 볼 수 있고 손으로 잡을 수 있는 것입니다.] ③ 책, 수저, 돌멩이 등 주변의 많은 것들이 고체입니다. ④ 돌멩이를 어느 그릇에 담든 변하지 않는 것처럼, 고체는 항상 모양과 부피가 일정합니다.

③ ① [액체는 눈에 보이지만 모양이 일정하지 않아서 손에 잡히지 않는 물질입니다.] ② 엎지른 주스를 다시 담을 수 없는 것은 ㈎ 그 이유 때문입니다. ③ 또 긴 컵에 담긴 주스를 넓은 컵에 옮기면 컵에 따라 모양이 변합니다. ④ 하지만 다시 원래 있던 컵으로 주스를 옮기면 알 수 있듯이, 액체는 모양은 달라져도 부피는 변하지 않습니다.

④ ① [기체는 눈에 보이지 않고, 손에도 잡히지 않는 물질입니다.] ② 주사기의 피스톤을 당기면 안에는 아무것도 보이지 않습니다. ③ 하지만 주사기를 손 가까이에 대고 피스톤을 누르면 바람이 느껴집니다. ④ 보이지도, 잡히지도 않지만 그 안에 공기가 있다는 것을 알 수 있습니다.

⑤ ① 그렇다면 물질은 항상 한 가지 상태로 존재할까요? ② [물과 얼음, 수증기를 보면 알 수 있듯이, 물질은 온도나 압력에 따라 그 상태가 변한답니다.] ③ 자유자재로 변신하는 물질의 세계가 참 신기하죠?

1 단락 요약
물, 얼음, 수증기 세 가지 물질이 같은 상태인지에 대한 궁금증

2 단락 요약
고체 상태 물질의 특징

3 단락 요약
액체 상태 물질의 특징

4 단락 요약
기체 상태 물질의 특징

5 단락 요약
온도나 압력에 따라 상태가 변하는 물질

✶ 지문 이해

● 이 글은 물질의 상태에 대해 알려 주는 설명문입니다. 물질은 고체, 액체, 기체의 세 가지 상태로 존재해요. 고체는 일정한 모양이 있어서 볼 수 있고 손으로 잡을 수 있어요. 고체는 항상 모양과 부피가 일정하지요. 액체는 눈에 보이지만 모양이 일정하지 않아서 손에 잡히지 않아요. 액체는 모양은 달라져도 부피는 변하지 않지요. 기체는 눈에 보이지 않고 손에도 잡히지 않아요. 물질은 온도나 압력에 따라 그 상태가 변한답니다.

● 단락 간의 관계
① 단락에서는 물, 얼음, 수증기 세 가지 물질이 같은 상태인지에 대해 질문을 하고 있어요.
② 단락에서는 물질이 고체 상태일 때의 특징에 대해, ③ 단락에서는 물질이 액체 상태일 때의 특징에 대해, ④ 단락에서는 물질이 기체 상태일 때의 특징에 대해 설명하고 있어요.
② ~ ④ 단락은 세 가지 상태 물질의 특징으로 묶을 수 있어요.
⑤ 단락에서는 물질이 온도나 압력에 따라 상태가 변한다고 이야기하며 글을 마무리하고 있어요.

● 글의 구조도

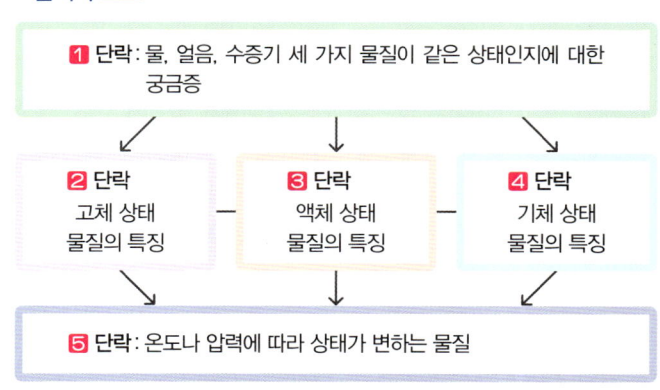

1 단락: 물, 얼음, 수증기 세 가지 물질이 같은 상태인지에 대한 궁금증

2 단락 고체 상태 물질의 특징 — **3 단락** 액체 상태 물질의 특징 — **4 단락** 기체 상태 물질의 특징

5 단락: 온도나 압력에 따라 상태가 변하는 물질

● 주제: 물질의 상태(고체, 액체, 기체)에 따른 특징

01 [정답] 상태 ·········· 글의 구조 이해하기

왜 정답?

이 글은 물질의 상태에 대해 알려 주는 글이에요.
1단락에서 흐르는 물, 딱딱한 얼음, 수증기의 경우가 같은 상태인지 궁금증을 드러내고 있어요.
2단락에서 물질이 세 가지 상태로 존재한다는 것과 고체의 특징에 대해 설명하고 있어요.
5단락에서는 물질이 온도나 압력에 따라 그 상태가 변한다고 이야기하고 있어요.
따라서 빈칸에 공통으로 들어가기에 알맞은 말은 '상태'예요.

02 [정답] ② ·········· 내용 이해하기

왜 정답?

② 근거: 2단락 ④번째 문장
'고체는 항상 모양과 부피가 일정합니다.'라고 했으므로 맞는 설명이에요.

왜 오답?

① 근거: 2단락 ③번째 문장
'책, 수저, 돌멩이 등 주변의 많은 것들이 고체입니다.'라고 했으므로 틀린 설명이에요.
③ 근거: 5단락 ②번째 문장
'물질은 온도나 압력에 따라 그 상태가 변한답니다.'라고 했으므로 틀린 설명이에요.
④ 근거: 3단락 ④번째 문장
'액체는 모양은 달라져도 부피는 변하지 않습니다.'라고 했으므로 틀린 설명이에요.
⑤ 근거: 4단락 ②~④번째 문장
'주사기의 피스톤을 당기면 안에는 아무것도 보이지 않습니다. 하지만 주사기를 손 가까이에 대고 피스톤을 누르면 바람이 느껴집니다. 보이지도, 잡히지도 않지만 그 안에 공기가 있다는 것을 알 수 있습니다.'라고 했으므로 틀린 설명이에요.

03 [정답] (1) ⓒ (2) ㉠ (3) ⓛ ·········· 내용 이해하기

왜 정답?

(1) 근거: 4단락 ❶번째 문장
'기체는 눈에 보이지 않고, 손에도 잡히지 않는 물질입니다.'라고 했어요.
따라서 수증기는 ⓒ 기체예요.
(2) 근거: 3단락 ❶번째 문장
'액체는 눈에 보이지만 모양이 일정하지 않아서 손에 잡히지 않는 물질입니다.'라고 했어요.
따라서 물은 ㉠ 액체예요.

(3) 근거: 2단락 ❷번째 문장
'고체는 일정한 모양이 있어서 볼 수 있고 손으로 잡을 수 있는 것입니다.'라고 했어요.
따라서 얼음은 ⓛ 고체예요.

04 [정답] ⑤ ·········· 내용 이해하기

왜 정답?

ⓛ 근거: 3단락 ❶번째 문장
'액체는 눈에 보이지만 모양이 일정하지 않아서 손에 잡히지 않는 물질입니다.'라고 했으므로 맞는 설명이에요.
ⓔ 근거: 3단락 ❸번째 문장
'또 긴 컵에 담긴 주스를 넓은 컵에 옮기면 컵에 따라 모양이 변합니다.'라고 했으므로 맞는 설명이에요.
ⓗ 근거: 3단락 ❹번째 문장
'액체는 모양은 달라져도 부피는 변하지 않습니다.'라고 했으므로 맞는 설명이에요.

왜 오답?

㉠ 근거: 3단락 ❶번째 문장
'액체는 눈에 보이지만 모양이 일정하지 않아서 손에 잡히지 않는 물질입니다.'라고 했으므로 틀린 설명이에요.
ⓒ 근거: 3단락 ❶번째 문장
'액체는 눈에 보이지만 모양이 일정하지 않아서 손에 잡히지 않는 물질입니다.'라고 했으므로 틀린 설명이에요.
ⓜ 근거: 3단락 ❹번째 문장
'액체는 모양은 달라져도 부피는 변하지 않습니다.'라고 했으므로 틀린 설명이에요.

05 [정답] ㉣ 액체는 눈에 보이지만 모양이 일정하지 않아서 손에 잡히지 않는 물질이다.

서술형 채점 기준 – 근거: 3단락 ❶번째 문장
엎지른 주스를 다시 담을 수 없는 것은 '액체는 눈에 보이지만 모양이 일정하지 않아서 손에 잡히지 않는 물질'이기 때문이에요.
따라서 이러한 내용이 들어 있으면 정답이에요.

더위야, 물러가라!

◯ 각 단락 중심 낱말   ◯ 전체 중심 낱말   [ ] 각 단락 중심 문장   ▨ 전체 중심 문장

1 어느 여름날, 의겸이네 반 아이들은 에어컨이 고장 나서 땀을 뻘뻘 흘렸어요. **2** 그나마 선풍기가 있어서 다행이었지요. **3** [의겸이는 에어컨도, 선풍기도 없던 옛날에는 여름을 어떻게 보냈을지 궁금해졌어요.]
*1단락 요약: 옛날에는 여름을 어떻게 보냈을지에 대한 궁금증

2 우리 조상들은 부채를 부치고 마루에서 쉬면서 더위를 피했습니다. **2** [또 세시 풍속을 즐기며 여름을 나기도 했습니다.] **3** 세시 풍속이란 명절에 하는 일과 놀이, 먹는 음식과 같이 해마다 일정한 시기에 행해 온 고유의 풍속을 말합니다.
*2단락 요약: 세시 풍속을 즐기며 여름을 난 우리 조상

3 여름철의 가장 더운 시기를 초복, 중복, 말복으로 나누고 이 세 날을 삼복이라고 불렀으며, 이 삼복에 행하는 세시 풍속이 있었습니다. **2** [가장 대표적인 것은 삼계탕을 먹는 것입니다.] **3** 삼계탕은 닭고기에 인삼, 찹쌀, 밤, 대추, 마늘 등을 넣어 끓인 음식으로 영양가가 무척 높습니다. **4** 더운 여름에는 입맛이 떨어지고 땀을 많이 흘려 기운을 잃기 쉬운데, 이때 삼계탕이 큰 도움이 되었습니다. **5** 이 관습은 지금까지 이어져 오늘날에도 복날에 삼계탕을 자주 먹습니다.
*3단락 요약: 삼복에 행하던 세시 풍속 - 삼계탕 먹기

▲ 삼계탕

4 [또한 복날에는 술과 음식을 마련하여 계곡에 나가 물에 발을 담그고 노는 풍습도 있었습니다.] **2** 그리고 궁중에서는 복날이 되면 높은 벼슬아치들에게 표를 주었습니다. **3** [이표로 장빙고에서 얼음을 받아 가게 했습니다.]
*4단락 요약: 삼복에 행하던 세시 풍속 - 계곡에서 놀기, 얼음 받기

5 이렇게 우리 조상들은 맛있고 영양가 높은 음식과 시원한 놀이 등을 즐기며 더위를 슬기롭게 이겨 냈답니다.
*5단락 요약: 더위를 슬기롭게 이겨 낸 조상들

---

01 정답 ㉠ 삼복, ㉡ 세시 풍속

2단락에서 우리 조상들이 세시 풍속을 즐기며 여름을 났다고 말하고 있어요.
삼복에 3단락에서는 삼계탕을 먹던 풍습, 4단락에서는 계곡에서 놀고, 얼음을 받던 풍습에 대해 설명하고 있어요.
그러므로 ㉠, ㉡에 들어갈 말은 각각 '삼복', '세시 풍속'이에요.

02 정답 ②, ③

'부채를 부치고 마루에서 쉬면서 더위를 피했'는데 뒤에 세시 풍속을 즐기기도 했다는 말이 나온 것으로 보아 이 두 가지는 삼복의 세시 풍속이 아니에요.

03 정답 ④

'우리 조상들은 부채를 부치고 마루에서 쉬면서 더위를 피했습니다.'라고 했어요.

04 정답 혜수

3단락 **5**번째 문장에서 '~ 오늘날에도 복날에 삼계탕을 자주 먹습니다.'라고 했어요.

★ 지문 이해

● 이 글은 우리 조상들이 여름 더위를 어떻게 이겨 냈는지에 대해 알려 주는 설명문입니다. 우리 조상들은 세시 풍속을 즐기면서 여름을 났어요. 특히 복날에는 영양가가 아주 높은 삼계탕을 먹었지요. 또 술과 음식을 마련하여 계곡에 나가 놀았고, 궁중에서는 벼슬아치들에게 얼음을 나누어 주기도 했어요. 이렇게 우리 조상들은 슬기롭게 더위를 이겨 냈답니다.

● 단락 간의 관계
1단락에서는 옛날에는 더운 여름을 어떻게 보냈을지 궁금하다며 글의 소재를 소개하고 있어요.
2단락에서는 그 답으로 우리 조상들이 세시 풍속을 즐기며 여름을 났다고 이야기하고 있어요.
3단락에서는 삼복에 삼계탕을 먹던 풍습, 4단락에서는 삼복에 계곡에 나가 놀고, 얼음을 받던 풍습에 대해 설명하고 있어요.
3, 4단락은 삼복에 행하던 세시 풍속으로 묶을 수 있어요.
5단락에서는 우리 조상들이 여름 더위를 슬기롭게 이겨 냈다고 말하며 글을 마무리하고 있어요.

● 글의 구조도

1 단락: 옛날에는 여름을 어떻게 보냈을지에 대한 궁금증

↓

2 단락: 세시 풍속을 즐기며 여름을 난 우리 조상

↓

3 단락: 삼복에 행하던 세시 풍속 - 삼계탕 먹기	**4** 단락: 삼복에 행하던 세시 풍속 - 계곡에서 놀기, 얼음 받기

↓

5 단락: 더위를 슬기롭게 이겨 낸 우리 조상

● 주제: 우리 조상들이 삼복에 세시 풍속을 즐기며 여름 더위를 이겨 낸 방법

[국어]

DAY 32

여행하면 기행문이지.

◯ 각 단락 중심 낱말   ◯ 전체 중심 낱말   [ ] 각 단락 중심 문장   ▨ 전체 중심 문장

① **❶** 세훈이는 부모님과 즐거운 여행을 다녀 왔어요. **❷** 부모님은 여행이 끝나 아쉬워하는 세훈이에게 기행문을 써 볼 것을 권하셨어요. **❸** [기행문은 어떤 글일까요?]

② **❶** 기행문은 여행하면서 보고, 듣고, 느끼고, 겪은 것을 자유로운 형식으로 쓴 글입니다. **❷** 글쓴이의 경험이 사실적으로 드러나 있고, 글쓴이의 솔직한 감상과 느낌이 들어간다는 특징이 있습니다. **❸** 그래서 기행문을 쓸 때는 사실적인 내용과 글쓴이의 느낌을 구분해서 써야 합니다.

③ **❶** [기행문에는 여정, 견문, 감상의 세 가지가 들어가야 합니다.] **❷** 여정이란 지나온 여행의 과정을 뜻합니다. **❸** 여정이 담김으로써 기행문은 생생한 여행의 기록이 됩니다. **❹** 견문은 여행을 하면서 보고, 듣고, 경험한 객관적인 사실입니다. **❺** 견문이 잘 드러나야 재미있는 기행문이 될 수 있습니다. **❻** 감상은 글쓴이의 주관적인 생각과 느낌을 말합니다. **❼** 똑같은 일을 경험해도 사람마다 생각과 느낌이 다르기 때문에, 감상을 통해 개성 있는 글이 완성됩니다.

④ **❶** [기행문은 처음, 중간, 끝으로 짜여 있습니다.] **❷** 보통 처음에는 여행 동기, 출발 등이 나타납니다. **❸** 중간에는 여행 과정에서 경험한 것과 그에 대한 감상이 주로 나타납니다. **❹** 끝에는 여행에서 돌아오는 과정과 여행 전체에 대한 감상이 드러납니다.

⑤ **❶** [기행문은 글쓴이에게는 여행의 기념이 되고, 읽는 이에게는 여행의 안내서가 될 수 있어요.] **❷** 재미있는 기행문을 써 볼까요?

1 단락 요약
기행문은 어떤 글일까요?

2 단락 요약
기행문의 개념

3 단락 요약
기행문의 구성 요소 – 여정, 견문, 감상

4 단락 요약
기행문의 짜임 – 처음, 중간, 끝

5 단락 요약
기행문의 가치

✸ **지문 이해**

● 이 글은 기행문의 개념과 구성 요소 및 짜임에 대해 알려 주는 설명문입니다. 기행문은 여행하면서 보고, 듣고, 느끼고, 겪은 것을 자유로운 형식으로 쓴 글이에요. 기행문에는 여정, 견문, 감상이 들어가야 해요. 또 기행문은 '처음 – 중간 – 끝'의 세 단계로 짜임새 있게 구성해야 해요. 기행문은 글쓴이에게는 여행의 기념이 되고, 읽는 이에게는 여행의 안내서가 될 수 있답니다.

● **단락 간의 관계**
①단락에서는 기행문이 어떤 글일지 궁금하다며 글의 소재를 소개하고 있어요.
②단락에서는 기행문의 개념을 설명하고 있어요.
③단락에서는 기행문의 구성 요소로 여정, 견문, 감상이 있다고 알려 주고 자세히 설명하고 있어요.
④단락에서는 기행문을 처음, 중간, 끝으로 나누어서 각각 어떤 내용을 써야 할지 설명하고 있어요.
⑤단락에서는 기행문이 글쓴이에게는 여행의 기념이 되고, 읽는 이에게는 여행의 안내서가 될 수 있다고 이야기하며 글을 마무리하고 있어요.

● **글의 구조도**

1 단락: 기행문은 어떤 글일까요?
↓
2 단락: 기행문의 개념
↓
3 단락: 기행문의 구성 요소 – 여정, 견문, 감상
↓
4 단락: 기행문의 짜임 – 처음, 중간, 끝
↓
5 단락: 기행문의 가치

● **주제**: 기행문의 개념과 구성 요소 및 짜임

01 [정답] 기행문 ·········· 주제 알아보기

>왜 정답?
이 글은 기행문의 개념과 구성 요소 및 짜임에 대해 알려 주고 있어요. 따라서 빈칸에 공통으로 들어가기에 알맞은 말은 '기행문'이에요.

02 [정답] ② ·········· 내용 이해하기

>왜 정답?
② **근거:** ④단락 ❹번째 문장
  '끝에는 여행에서 돌아오는 과정과 여행 전체에 대한 감상이 드러납니다.'라고 했으므로 맞는 설명이에요.

>왜 오답?
① **근거:** ④단락 ❸번째 문장
  '중간에는 여행 과정에서 경험한 것과 그에 대한 감상이 주로 나타납니다.'라고 했으므로 틀린 설명이에요.
③ **근거:** ④단락 ❷번째 문장
  '보통 처음에는 여행 동기, 출발 등이 나타납니다.'라고 했으므로 틀린 설명이에요.
④ **근거:** ②단락 ❶번째 문장
  '기행문은 여행하면서 보고, 듣고, 느끼고, 겪은 것을 자유로운 형식으로 쓴 글입니다.'라고 했으므로 틀린 설명이에요.
⑤ **근거:** ②단락 ❸번째 문장
  '기행문을 쓸 때는 사실적인 내용과 글쓴이의 느낌을 구분해서 써야 합니다.'라고 했으므로 틀린 설명이에요.

03 [정답] ① ·········· 글쓰기 방식 이해하기

>왜 정답?
① 기행문의 구체적인 예는 이 글에 나와 있지 않아요.

>왜 오답?
② **근거:** ②단락 ❶번째 문장
  '기행문은 여행하면서 보고, 듣고, 느끼고, 겪은 것을 자유로운 형식으로 쓴 글입니다.'라고 기행문의 개념을 설명하고 있어요.
③ **근거:** ②단락 ❸번째 문장
  '기행문을 쓸 때는 사실적인 내용과 글쓴이의 느낌을 구분해서 써야 합니다.'라고 이야기하며 기행문을 쓸 때 주의할 점을 짚어 주고 있어요.
④ **근거:** ④단락 ❶번째 문장
  '기행문은 처음, 중간, 끝으로 짜여 있습니다.'라고 알려 주고 있어요.
⑤ **근거:** ①단락 ❸번째 문장
  '기행문은 어떤 글일까요?'라고 물음 형식을 사용하여 기행문에 대한 궁금증을 불러일으키고 있어요.

04 [정답] ㉠ 감상, ㉡ 여정, ㉢ 견문 ·········· 내용 적용하기

>왜 정답?
㉠ **근거:** ③단락 ❼번째 문장
  '똑같은 일을 경험해도 사람마다 생각과 느낌이 다르기 때문에, 감상을 통해 개성 있는 글이 완성됩니다.'라고 말하고 있어요.
㉡ **근거:** ③단락 ❸번째 문장
  '여정이 담김으로써 기행문은 생생한 여행의 기록이 됩니다.'라고 말하고 있어요.
㉢ **근거:** ③단락 ❹번째 문장
  '견문은 여행을 하면서 보고, 듣고, 경험한 객관적인 사실입니다.'라고 말하고 있어요.

05 [정답] (1) 예) 기행문은 글쓴이에게 여행의 기념이 된다.
(2) 예) 기행문은 읽는 이에게 여행의 안내서가 될 수 있다.

서술형 채점 기준 – **근거:** ⑤단락 ❶번째 문장
'기행문은 글쓴이에게는 여행의 기념이 되고, 읽는 이에게는 여행의 안내서가 될 수 있어요.'라고 이야기하고 있어요.
따라서 이러한 내용이 들어가면 정답이에요.

배경지식

처음으로 세계 일주를 한 사람은 누구일까요?

세계를 한 바퀴 도는 것을 '세계 일주'라고 해요. 처음으로 세계 일주를 한 사람은 포르투갈의 마젤란이에요.

마젤란은 향신료 무역을 할 새로운 뱃길을 찾는다는 목표 아래, 다섯 척의 배를 이끌고 1519년에 스페인을 출발했어요.

항해는 생각보다 더 힘들었어요. 암초에 걸려 가라앉은 배도 있었고, 선원들은 갖가지 병과 굶주림에 시달리기도 했지요.

1521년에 지금의 괌 섬에 닿아 어느 정도 기운을 차렸지만, 마젤란은 결국 필리핀 마크탄 섬의 부족과 전투를 벌이다 죽고 말았어요. 하지만 남은 선원들은 처음 목적대로 향신료를 싣고 3년 만에 스페인으로 마침내 돌아왔어요.

마젤란이 이끌었던 이 항해는 인류 역사상 최초의 세계 일주로, 지구가 둥글다는 사실을 증명한 뜻깊은 사건이랍니다.

추위를 이기는 펭귄 깃털의 비밀

◯ 각 단락 중심 낱말   ◯ 전체 중심 낱말   [ ] 각 단락 중심 문장   ▢ 전체 중심 문장

① 희진이는 텔레비전을 통해 남극 바다에서 물고기를 잡아먹는 펭귄들을 보았어요. ❷[그리고 '펭귄은 차가운 바닷물에 뛰어들면 춥지 않을까?' 하는 궁금증이 들었어요.]

② 펭귄은 물고기처럼 비늘이 있지 않고 깃털이 있는 동물입니다. ❷[이러한 펭귄이 차가운 바다를 헤엄칠 수 있는 이유가 궁금해진 과학자들은 펭귄 깃털을 연구하기 시작했습니다.]

③ 과학자들이 발견한 펭귄 깃털의 특징에는 두 가지가 있는데, 첫 번째는 물에 잘 젖지 않고 따뜻하다는 것입니다. ❷펭귄의 몸에는 기름기가 있는 깃털이 촘촘하게 박혀 있습니다. ❸깃털들은 서로 맞물려 차가운 바닷물이 펭귄의 몸에 닿지 않게 합니다. ❹그뿐 아니라 촘촘한 깃털로 인해 공기층이 생겨, 옷을 여러 겹 입은 것처럼 몸을 따뜻하게 해 줍니다.

④ 두 번째 특징은 물방울이 굴러 떨어진다는 것입니다. ❷펭귄 깃털에는 공기를 품고 있는 아주 작은 구멍이 있는데, 이것이 물이 달라붙지 못하도록 일종의 방수 역할을 합니다. ❸이 때문에 펭귄이 바닷물에 들어갔다 나오면 깃털에 묻은 물방울은 얼기 전에 굴러 떨어집니다.

⑤ ❶[과학자들은 펭귄 깃털의 첫 번째 특징을 활용해서 물에 젖지 않는 잠수복을 만드는 연구를 하기도 했어요. ❷또 두 번째 특징을 활용해서 비행기 날개가 어는 것을 막는 방법도 연구하고 있답니다.] ❸자연과 동물의 세계는 참으로 신비하지요?

1 단락 요약
'펭귄은 차가운 바닷물에 뛰어들면 춥지 않을까?' 하는 궁금증

2 단락 요약
과학자들의 펭귄 깃털 연구

3 단락 요약
펭귄 깃털의 특징 ①
– 잘 젖지 않고 따뜻함.

4 단락 요약
펭귄 깃털의 특징 ②
– 물방울이 굴러 떨어짐.

5 단락 요약
펭귄 깃털의 특징을 활용한 과학자들의 연구

✱ **지문 이해**

● 이 글은 펭귄 깃털의 특징에 대해 알려 주는 설명문입니다. 펭귄 깃털은 물에 잘 젖지 않고 따뜻하며, 물방울이 굴러 떨어진다는 특징이 있어요. 이를 이용하여 과학자들은 물에 젖지 않는 잠수복을 만들거나 비행기 날개가 어는 것을 막는 방법을 연구하고 있답니다.

● **단락 간의 관계**
① 단락에서는 펭귄이 차가운 바닷물에 뛰어들면 춥지 않을지, 즉 그 까닭이 무엇인지에 대한 궁금증을 일으키고 있어요.
② 단락에서는 이러한 궁금증을 가진 과학자들이 펭귄 깃털을 연구했다고 알려 주고 있어요.
③ 단락에서는 펭귄 깃털의 첫 번째 특징인 잘 젖지 않고 따뜻하다는 것을,
④ 단락에서는 펭귄 깃털의 두 번째 특징인 물방울이 굴러 떨어진다는 점을 설명하고 있어요.
③, ④ 단락은 펭귄 깃털의 특징에 대한 설명이므로 묶을 수 있어요.
⑤ 단락에서는 과학자들이 펭귄 깃털의 특징들을 활용해 잠수복, 비행기 날개와 관련한 연구를 하고 있다고 말하며 글을 마무리하고 있어요.

● **글의 구조도**

> **1 단락**: '펭귄은 차가운 바닷물에 뛰어들면 춥지 않을까?' 하는 궁금증
>
> ↓
>
> **2 단락**: 과학자들의 펭귄 깃털 연구
>
> ↓
>
> **3 단락**
> 펭귄 깃털의 특징 ①
> – 잘 젖지 않고 따뜻함.
>
> **4 단락**
> 펭귄 깃털의 특징 ②
> – 물방울이 굴러 떨어짐.
>
> ↓
>
> **5 단락**: 펭귄 깃털의 특징을 활용한 과학자들의 연구

● **주제**: 펭귄 깃털의 특징

01 [정답] 펭귄 깃털 ·· 주제 알아보기

>왜 정답?

이 글은 펭귄이 차가운 바다를 헤엄칠 수 있게 해 주는 펭귄 깃털의 특징에 대해 알려 주는 설명문이에요.
따라서 빈칸에 공통으로 들어가기에 알맞은 말은 '펭귄 깃털'이에요.

02 [정답] ⑤ ·· 내용 이해하기

>왜 정답?

⑤ 근거: ③단락 ❷, ❸번째 문장
'펭귄의 몸에는 기름기가 있는 깃털이 촘촘하게 박혀 있습니다. 깃털들은 서로 맞물려 차가운 바닷물이 펭귄의 몸에 닿지 않게 합니다.'라고 설명하고 있어요.

>왜 오답?

① 근거: ③단락 ❹번째 문장
'촘촘한 깃털로 인해 공기층이 생겨, 옷을 여러 겹 입은 것처럼 몸을 따뜻하게 해 줍니다.'라고 설명하고 있어요.
따라서 펭귄 깃털의 공기층은 펭귄의 몸을 따뜻하게 하는 것이지 펭귄을 뜨게 하는 것이 아니에요.

② 근거: ③단락 ❹번째 문장
'촘촘한 깃털로 인해 공기층이 생겨, 옷을 여러 겹 입은 것처럼 몸을 따뜻하게 해 줍니다.'라고 설명하고 있어요.
따라서 펭귄은 참을성이 많아 추위를 잘 참고 견디는 것이 아니라 깃털의 공기층을 통해 몸을 따뜻하게 하는 것이에요.

③ 근거: ④단락 ❷번째 문장
'펭귄 깃털에는 공기를 품고 있는 아주 작은 구멍이 있는데, 이것이 물이 달라붙지 못하도록 일종의 방수 역할을 합니다.'라고 설명하고 있어요.
따라서 펭귄 깃털은 물방울을 흡수하는 것이 아니라 달라붙지 못하게 하는 방수 역할을 하는 것이에요.

④ 근거: ④단락 ❷번째 문장
'펭귄 깃털에는 공기를 품고 있는 아주 작은 구멍이 있는데, 이것이 물이 달라붙지 못하도록 일종의 방수 역할을 합니다.'라고 설명하고 있어요.
따라서 펭귄 깃털은 잘 젖지 않아요.

03 [정답] (1) ㉡ (2) ㉠ ································· 내용 적용하기

>왜 정답?

(1) 근거: ④단락 ❶, ❷번째 문장
'두 번째 특징은 물방울이 굴러 떨어진다는 것입니다. 펭귄 깃털에는 공기를 품고 있는 아주 작은 구멍이 있는데, 이것이 물이 달라붙지 못하도록 일종의 방수 역할을 합니다.'라고 설명하고 있어요.

(2) 근거: ③단락 ❷, ❹번째 문장
'펭귄의 몸에는 기름기가 있는 깃털이 촘촘하게 박혀 있습니다. 촘촘한 깃털로 인해 공기층이 생겨, 옷을 여러 겹 입은 것처럼 몸을 따뜻하게 해 줍니다.'라고 설명하고 있어요.

04 [정답] 예 과학자들은 펭귄 깃털이 물에 잘 젖지 않고 따뜻하다는 특징을 활용해서 물에 젖지 않는 잠수복을 만드는 연구를 하였다.

서술형 채점 기준 – 근거: ③단락 ❶번째 문장, ⑤단락 ❶번째 문장
'과학자들이 발견한 펭귄 깃털의 특징에는 두 가지가 있는데, 첫 번째는 물에 잘 젖지 않고 따뜻하다는 것입니다. 과학자들은 펭귄 깃털의 첫 번째 특징을 활용해서 물에 젖지 않는 잠수복을 만드는 연구를 하기도 했어요.'라고 이야기하고 있어요.
따라서 펭귄 깃털의 첫 번째 특징과 이를 활용한 연구 내용이 들어가면 정답이에요.

배경지식

북극여우와 사막여우는 무엇이 다를까요?

동물들은 사는 환경에 알맞은 특징을 가지고 있어요. 예를 들어 여우는 북극에 사는 여우와 사막에 사는 여우의 생김새가 달라요. 북극여우는 귀가 작지만 사막여우는 아주 커다란 귀를 가지고 있어요. 같은 여우인데 왜 귀의 크기가 다를까요?

북극여우는 추운 날씨 때문에 몸속의 열을 빼앗기지 않는 것이 무엇보다 중요해요. 그러려면 귀가 짧고 작은 것이 도움이 되지요. 반대로 귀가 크면 열을 몸 밖으로 내보내는 데 도움이 되기 때문에, 사막여우는 귀가 크답니다.

▲ 북극여우   ▲ 사막여우

이처럼 사는 곳은 생물에게 큰 영향을 미쳐요. 또 겨울이 되면 털갈이를 하는 개와 고양이처럼 계절의 영향을 받기도 하지요. 이렇게 주변 환경은 생물에게 많은 영향을 준답니다.

[수학]

DAY 34

화살을 가장 멀리 쏘기 위한 각도는 얼마일까요?

◯ 각 단락 중심 낱말   ◯ 전체 중심 낱말   [ ] 각 단락 중심 문장   ▨ 전체 중심 문장

1 어느 마을에서 화살 멀리 쏘기 대회가 열려 세 명의 사람이 참가했어요. 첫 번째 사람은 화살을 하늘 높이 쏘았고, 두 번째 사람은 반대로 낮게 쏘았어요. 세 번째 사람은 그 중간 정도로 쏘았어요. [과연 셋 중 누가 우승을 차지했을까요?]

2 화살을 멀리 쏘는 데에는 화살을 쏘는 각도가 중요합니다. ['각도'란 한 점에서 그은 두 변이 벌어진 정도를 뜻합니다.] 평평한 땅 위에 사람이 서 있을 때 지면과 사람 사이의 각도가 90도입니다. 사람의 몸이 반듯한 채로 점점 기운다면 각도는 점점 줄어들다가, 사람이 땅에 완전히 엎드리면 0도가 됩니다.

3 그렇다면 첫 번째 사람처럼 화살을 하늘 높이 쏘면 어떻게 될까요? 화살은 머리 위쪽으로 올라갔다가 땅으로 뚝 떨어져 버립니다. [화살과 지면이 이루는 각도가 45도 보다 클 때, 화살은 앞이 아닌 위로 올라갔다가 떨어지므로 멀리 날아가지 못합니다.]

4 [반대로 두 번째 사람처럼 낮게 쏘면, 화살은 땅에 너무 빨리 떨어져 버립니다.] 화살과 지면이 이루는 각도가 45도 보다 작을 때, 땅으로 잡아당기는 힘인 중력의 영향을 더 많이 받기 때문입니다.

5 따라서 세 번째 사람처럼 45도 각도로 쏘았을 때 화살은 가장 멀리 날아갈 수 있습니다. 너무 수직으로 올라갔다가 뚝 떨어지지도 않고, 중력의 힘을 너무 많이 받지도 않기 때문입니다. 이 대회의 우승자는 (   )이라고 짐작할 수 있겠지요?

1 단락 요약
화살 멀리 쏘기 대회에서 누가 우승을 차지했을까요?.

2 단락 요약
각도의 의미

3 단락 요약
화살과 지면이 이루는 각도가 45도 보다 클 때의 결과

4 단락 요약
화살과 지면이 이루는 각도가 45도 보다 작을 때의 결과

5 단락 요약
화살이 가장 멀리 날아갈 수 있는 45도 각도

✷ **지문 이해**

● 이 글은 화살을 쏘는 각도에 따라 화살이 날아가는 거리에 어떤 차이가 나타나는지 알려 주는 설명문입니다. 각도는 한 점에서 그은 두 변이 벌어진 정도를 뜻합니다. 화살과 지면이 이루는 각도가 45도 보다 크면, 화살은 위로 올라갔다가 떨어지므로 멀리 날아가지 못해요. 또 화살과 지면이 이루는 각도가 45도 보다 작으면, 화살은 중력의 영향으로 땅에 너무 빨리 떨어져요. 45도 각도로 쏘았을 때 화살은 가장 멀리 날아간답니다.

● **단락 간의 관계**
1단락에서는 화살을 멀리 쏘려면 어떻게 해야 하는지 궁금증을 불러일으키고 있어요.
2단락에서는 화살을 멀리 쏘기 위해 각도가 중요하다고 이야기하면서 각도에 대해서 설명하고 있어요.
3단락에서는 화살과 지면이 이루는 각도가 45도 보다 클 때의 결과를, 4단락에서는 화살과 지면이 이루는 각도가 45도 보다 작을 때의 결과를 설명하고 있어요.
3, 4단락은 45도를 기준으로 화살과 지면이 이루는 각도가 클 때와 작을 때를 비교하여 결과가 어떻게 다른지 드러내고 있어요.
5단락에서는 화살과 지면의 각도가 45도일 때 화살이 가장 멀리 날아갈 수 있다고 설명하며 글을 마무리하고 있어요.

● **글의 구조도**

┌───┐
│ 1 단락: 화살 멀리 쏘기 대회에서 누가 우승을 차지했을까요? │
└───┘
                    ↓
┌───┐
│ 2 단락: 각도의 의미   │
└───┘
          ↓   ↓
┌──────────────────┐ ┌──────────────────┐
│ 3 단락   │ │ 4 단락   │
│ 화살과 지면이 이루는 각도가 │ │ 화살과 지면이 이루는 각도가 │
│ 45도 보다 클 때의 결과   │ │ 45도 보다 작을 때의 결과 │
└──────────────────┘ └──────────────────┘
          ↓   ↓
┌───┐
│ 5 단락: 화살이 가장 멀리 날아갈 수 있는 45도 각도 │
└───┘

● **주제:** 화살이 가장 멀리 날아가는 45도 각도

01 [정답] 각도 ································ 주제 알아보기

>왜 정답?

이 글은 화살이 가장 멀리 날아갈 수 있는 각도를 알려 주는 글이에요. 45도를 기준으로 45도 보다 클 때, 45도 보다 작을 때, 45도일 때 각각 화살이 어떻게 날아가는지 설명하고 있어요.
따라서 빈칸에 공통으로 들어가기에 알맞은 말은 '각도'예요.

02 [정답] ㉢ ································ 내용 이해하기

>왜 정답?

㉢ **근거:** ⑤단락 ❶번째 문장
'따라서 세 번째 사람처럼 45도 각도로 쏘았을 때 화살은 가장 멀리 날아갈 수 있습니다.'라고 했어요.
따라서 이 대회의 우승자는 세 번째 사람이에요.

03 [정답] ⑤ ································ 내용 이해하기

>왜 정답?

⑤ **근거:** ④단락 ❶, ❷번째 문장
화살과 지면이 이루는 각도가 45도 보다 작을 때, 화살이 땅에 너무 빨리 떨어진다고 했으므로 맞는 설명이에요.

>왜 오답?

① **근거:** ②단락 ❷번째 문장
'각도란 한 점에서 그은 두 변이 벌어진 정도'라고 했으므로 틀린 설명이에요.
② **근거:** ③단락 ❸번째 문장
'화살과 지면이 이루는 각도가 45도 보다 클 때, 화살은 앞이 아닌 위로 올라갔다가 떨어지므로 멀리 날아가지 못합니다.'라고 했으므로 틀린 설명이에요.
③ **근거:** ②단락 ❸번째 문장
'평평한 땅 위에 사람이 서 있을 때 지면과 사람 사이의 각도가 90도입니다.'라고 했으므로 틀린 설명이에요.
④ **근거:** ⑤단락 ❷번째 문장
'중력의 힘을 너무 많이 받지도 않기 때문입니다.'라고 했으므로 틀린 설명이에요.

04 [정답] ⑤ ································ 알맞은 반응 찾기

>왜 정답?

⑤ **근거:** ③단락 ❷, ❸번째 문장, ④단락 ❶, ❷번째 문장
화살과 지면이 이루는 각도가 45도 보다 작으면, 화살은 땅에 빨리 떨어져요. 또 화살과 지면이 이루는 각도가 45도 보다 크면, 화살이 앞이 아닌 위로 날아간다고 했어요.
화살과 지면이 이루는 각도가 0에 가까울수록 화살은 땅에 너무 빨리 떨어질 거예요.

>왜 오답?

① 45도는 0도와 90도의 중간 지점이에요.
② **근거:** ③단락 ❸번째 문장
'화살과 지면이 이루는 각도가 45도 보다 클 때, 화살은 앞이 아닌 위로 올라갔다가 떨어지므로 멀리 날아가지 못합니다.'라고 했어요.
따라서 화살을 멀리 쏘려면 45도 보다 큰 각도인 수직으로 쏘면 안 돼요.
③ **근거:** ④단락 ❷번째 문장
'화살과 지면이 이루는 각도가 45도 보다 작을 때, 땅으로 잡아당기는 힘인 중력의 영향을 더 많이 받'는다고 했어요.
④ **근거:** ②단락 ❷번째 문장
"각도'란 한 점에서 그은 두 변이 벌어진 정도'이기 때문에 한 점에서 그은 두 변이 벌어진 정도가 커지면 각도도 커져요.

05 [정답] 예 화살이 너무 수직으로 올라갔다가 뚝 떨어지지도 않고, 중력의 힘을 너무 많이 받지도 않기 때문이다.

서술형 채점 기준 – **근거:** ⑤단락 ❷번째 문장
'너무 수직으로 올라갔다가 뚝 떨어지지도 않고, 중력의 힘을 너무 많이 받지도 않기 때문입니다.'라고 이야기하고 있어요.
따라서 이러한 내용이 들어가면 정답이에요.

──── 배경지식

각도기가 없던 옛날에는 어떻게 직각삼각형을 만들었을까요?

한 각이 직각인 삼각형을 직각삼각형이라고 해요. 직각삼각형을 그리려면 각도기로 한 각이 직각이 되게 해서 그리면 돼요. 그런데 각도기가 없던 옛날에는 어떻게 직각삼각형을 그렸을까요?

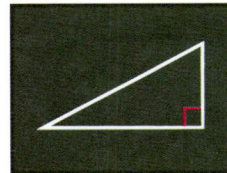

옛날 사람들은 수많은 시행착오를 거쳐 직각삼각형을 만드는 방법을 알아냈어요. 우선 새끼줄로 매듭을 만들며 새끼줄의 길이를 3 : 4 : 5의 비가 되도록 했어요. 그리고 매듭이 있는 자리를 막대로 누르고 줄을 당기면 신기하게도 직각삼각형이 만들어졌어요.

이렇게 직각을 만드는 방법을 중국에서는 '구고현의 정리'라고 불렀어요. 직각삼각형에서 직각을 낀 두 변 중 짧은 변을 '구', 긴 변을 '고', 그리고 빗변을 '현'이라고 했어요. 그리고 '구를 3, 고를 4라고 할 때 현은 5가 된다.'라고 했답니다.

[사회]

표어로 보는 우리나라의 인구 문제 변화

⬭ 각 단락 중심 낱말   ◯ 전체 중심 낱말   [ ] 각 단락 중심 문장   ▨ 전체 중심 문장

1 ❶ 인구 문제에 대해 들어본 적 있나요? ❷ 인구가 너무 많거나 너무 적으면 문제가 되기 때문에, 정부에서는 필요에 따라 출산을 억제하거나 장려하는 정책을 펼쳐요. ❸ 그동안의 공익 광고 표어를 통해 우리나라의 인구 문제가 어떻게 달라졌는지 살펴볼까요?

2 ❶ [1970년대에 쓰인 표어에는 '딸, 아들 구별 말고 둘만 낳아 잘 기르자.'가 있습니다.] ❷ 남자아이를 선호하는 남아 선호 사상이 있던 당시에는, 아들을 낳기 위해 아이를 계속해서 많이 낳기도 했습니다. ❸ 이 때문에 인구가 너무 많아지자 등장한 표어입니다.

3 ❶ [둘만 낳자던 1970년대에서 1980년대로 넘어오면서 '한 가정 사랑 가득, 한 아이 건강 가득'이라는 표어가 생겼습니다.] ❷ 한 가정당 한 명의 아이만 낳도록 장려하는 정책을 홍보하였습니다. ❸ 출생률 감소를 위한 정책들의 효과로, 1960년대에 3%였던 인구 증가율이 1980년대에는 1%로 떨어졌습니다.

4 ❶ [____(가)____ 1990년대 이후부터는 출생률이 너무 낮아서 문제가 되었습니다.] ❷ 결혼 시기가 점점 늦어지고, 자녀에 대한 가치관 변화 및 육아를 위한 비용과 시간의 부담이 커졌기 때문입니다. ❸ 이에 2000년대부터는 본격적인 출산 장려 정책이 시행되었습니다. ❹ [이때의 표어에는 '아빠! 혼자는 싫어요. 엄마! 저도 동생을 갖고 싶어요.'가 있습니다.]

5 ❶ [이렇게 인구 문제는 시대에 따라 달라져 왔어요.] ❷ 언젠가는 더 이상 표어가 필요 없도록 인구 문제가 해결되는 날이 오면 좋겠죠?

---

1 단락 요약
표어를 통해 우리나라의 인구 문제 변화 살펴보기

2 단락 요약
1970년대에 쓰인 표어와 인구 문제

3 단락 요약
1980년대에 쓰인 표어와 인구 문제

4 단락 요약
1990년대 이후의 인구 문제와 2000년대에 쓰인 표어

5 단락 요약
시대에 따라 달라져 온 인구 문제

✳ **지문 이해**

● 이 글은 표어를 통해 우리나라의 인구 문제가 어떻게 달라져 왔는지 알려 주는 설명문입니다. 1970년대에는 아들을 낳기 위해 아이를 많이 낳다 보니 인구가 너무 많아졌어요. 이 때문에 '딸, 아들 구별 말고 둘만 낳아 잘 기르자.'라는 표어가 생겼죠. 1980년대에는 한 가정당 한 명의 아이만 낳도록 '한 가정 사랑 가득, 한 아이 건강 가득'이라는 표어가 생겼어요. 1990년대 이후부터는 출생률이 너무 낮아졌고 2000년대부터 출산 장려 정책을 펴면서 '아빠! 혼자는 싫어요. 엄마! 저도 동생을 갖고 싶어요.'라는 표어가 생겼어요. 이렇게 인구 문제는 시대에 따라 달라져 왔답니다.

● **단락 간의 관계**
　1 단락에서는 표어를 통해 우리나라의 인구 문제가 어떻게 달라졌는지 살펴보자고 이야기하고 있어요.
　2 단락에서는 1970년대에 쓰인 표어와 인구 문제에 대해, 3 단락에서는 1980년대에 쓰인 표어와 인구 문제에 대해, 4 단락에서는 1990년대 이후의 인구 문제와 2000년대의 표어에 대해 설명하고 있어요.
　2~4 단락은 각 시대별 표어와 인구 문제를 나란히 놓아 시대별 표어와 인구 문제가 어떻게 달라졌는지 드러내고 있어요.
　5 단락에서는 인구 문제가 시대에 따라 달라져 왔다고 이야기하며 글을 마무리하고 있어요.

● **글의 구조도**

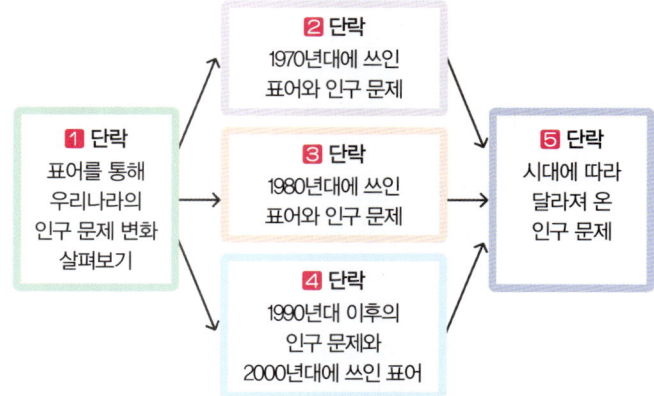

1 단락 표어를 통해 우리나라의 인구 문제 변화 살펴보기

2 단락 1970년대에 쓰인 표어와 인구 문제

3 단락 1980년대에 쓰인 표어와 인구 문제

4 단락 1990년대 이후의 인구 문제와 2000년대에 쓰인 표어

5 단락 시대에 따라 달라져 온 인구 문제

● **주제:** 시대에 따라 달라져 온 우리나라의 인구 문제와 표어

01 [정답] 인구 문제 ·········· 주제 알아보기

>왜 정답?

이 글은 시대에 따라 다른 우리나라의 인구 문제와 그를 반영하는 표어에 대해 설명하고 있어요.
따라서 빈칸에 공통으로 들어가기에 알맞은 말은 '인구 문제'예요.

02 [정답] ㉡, ㉠, ㉢ ·········· 내용 이해하기

>왜 정답?

㉠ **근거:** ③단락 ❶번째 문장
　　표어가 1980년대에 쓰였다는 것을 알 수 있어요.

㉡ **근거:** ②단락 ❶번째 문장
　　표어가 1970년대에 쓰였다는 것을 알 수 있어요.

㉢ **근거:** ④단락 ❸, ❹번째 문장
　　표어가 2000년대에 쓰였다는 것을 알 수 있어요.
따라서 표어가 등장한 순서대로 기호를 쓰면 ㉡, ㉠, ㉢이에요.

03 [정답] ⑤ ·········· 내용 이해하기

>왜 정답?

⑤ **근거:** ③단락 ❷, ❸번째 문장
　　1980년대에는 한 가정당 한 명의 아이만 낳도록 장려하는 정책이 펼쳐졌고, 출생률 감소를 위한 정책들의 효과로 출생률이 떨어졌어요.
　　따라서 출생률이 감소되어서 아이 낳는 것을 장려한 것이 아니라 출생률이 여전히 높아서 아이를 하나만 낳기를 장려한 것이에요.

>왜 오답?

① **근거:** ①단락 ❷번째 문장
　　'인구가 너무 많거나 너무 적으면 문제가 되기 때문에, 정부에서는 필요에 따라 출산을 억제하거나 장려하는 정책을 펼쳐요.'라고 했으므로 맞는 설명이에요.

② **근거:** ④단락 ❸번째 문장
　　'2000년대부터는 본격적인 출산 장려 정책이 시행되었습니다.'라고 했으므로 맞는 설명이에요.

③ **근거:** ③단락 ❸번째 문장
　　'1960년대에 3%였던 인구 증가율이 1980년대에는 1%로 떨어졌습니다.'라고 했으므로 맞는 설명이에요.

④ **근거:** ②단락 ❶, ❷번째 문장
　　'1970년대에 쓰인 표어에는 '딸, 아들 구별 말고 둘만 낳아 잘 기르자.'가 있습니다. 남자아이를 선호하는 남아 선호 사상이 있던 당시'라고 했으므로 맞는 설명이에요.

04 [정답] ③ ·········· 올바른 접속어 찾기

>왜 정답?

③ ㈎ 앞의 두 단락에서는 인구가 많아서 그에 따라 인구를 줄이기 위한 정책이 시행되고, 이를 위한 표어가 등장했다고 했어요.
　　㈎ 뒤의 단락에서는 출생률이 떨어져 그에 따라 출생률을 높이기 위한 정책이 시행되고, 이를 위한 표어가 등장했다고 했어요.
　　앞의 내용과 비교했을 때 ㈎ 뒤의 내용은 반대되는 것이에요. 그렇기 때문에 앞 내용과 관련시키면서 다른 방향으로 이끌어 나갈 때 쓰는 이어 주는 말 '그런데'를 사용해야 해요.

>왜 오답?

① '따라서'는 앞에서 말한 일이 뒤에서 말할 일의 원인, 이유, 근거가 될 때 사용하는 이어 주는 말이에요.

② '이처럼'은 앞의 내용을 받아서 뒤의 내용을 이끌어 나갈 때 사용하는 이어 주는 말이에요.

④ '왜냐하면'은 결과가 되는 앞 문장과 원인이 되는 뒷 문장을 이어 줄 때 사용하는 말이에요.

⑤ '그러므로'는 앞의 내용이 뒤의 내용의 이유나 원인, 근거가 될 때 사용하는 이어 주는 말이에요.

05 [정답] 예 결혼 시기가 점점 늦어지고, 자녀에 대한 가치관 변화 및 육아를 위한 비용과 시간의 부담이 커졌기 때문이다.

서술형 **채점 기준 – 근거:** ④단락 ❷번째 문장

④단락 ❶번째 문장에서 1990년대 이후부터 출생률이 너무 낮아서 문제가 되었다고 이야기하고 있어요. 그리고 그 다음에 '결혼 시기가 점점 늦어지고, 자녀에 대한 가치관 변화 및 육아를 위한 비용과 시간의 부담이 커졌기 때문입니다.'라고 그 까닭을 설명하고 있어요.
따라서 이러한 내용이 들어가면 정답이에요.

------ 배경지식

인구가 늘어나면 지구도 무거워질까요?

　지구에서는 하루 평균 24만 명씩 인구가 늘어나고 있다고 해요. 그런데 인구가 늘어나면 지구도 무거워질까요?
　언뜻 생각하면 늘어난 인구수에 몸무게를 곱한 만큼 지구의 무게가 증가할 것 같기도 해요. 하지만 사람은 지구에 있는 음식물을 먹고 살기 때문에, 사람의 몸무게는 지구에서 공급된다고 할 수 있어요. 식량이 되는 자원들이 몸무게로 바뀌는 것이죠. 그렇다면 인구가 늘어났을 때 사람을 뺀 지구 자체의 무게는 그만큼 가벼워진다고 할 수 있겠지요? 따라서 지구에 있는 물질이 사람의 몸으로 바뀌었을 뿐이므로 지구 전체 무게에는 변화가 없답니다.

다 같은 타악기가 아니라고요.

◯ 각 단락 중심 낱말   ◯ 전체 중심 낱말   [ ] 각 단락 중심 문장   ▨ 전체 중심 문장

1 [악기 자체를 두드리거나 서로 부딪쳐서 소리 내는 악기를 타악기라고 해요.] 보통 타악기는 음정이 없다고 생각하기 쉽지요. 그런데 사실 타악기에는 음정이 없는 것과 있는 것 두 가지 종류가 있어요.

2 [음정이 없는 타악기에는 북, 트라이앵글, 탬버린 등이 있습니다.] 북은 원통형으로 된 몸 양쪽에 가죽 막을 씌운 것입니다. 손으로 치기도 하지만 북채를 사용하기도 합니다. 트라이앵글은 영어로 '삼각형'이라는 뜻이기도 한데, 삼각형 모양의 쇠막대를 강철로 만든 봉으로 쳐서 소리 내는 악기입니다. 탬버린은 크기가 작은 북과 비슷한 모양으로, 테두리에 딸랑이나 작은 종이 달린 악기입니다. 북면의 가운데를 치거나 테를 잡고 흔들어서 연주합니다.

3 [음정이 있는 타악기에는 실로폰, 팀파니 등이 있습니다.] 실로폰은 길이나 두께를 다르게 한 막대 여러 개를 마치 건반처럼 나란히 놓은 악기입니다. 막대로 쳐서 소리를 내며, 음판이 길수록 낮은 소리가 납니다. 팀파니는 구리와 놋쇠를 혼합하여 만든 가마솥 모양의 틀에 가죽 막을 씌운 북 종류의 악기입니다. 막의 가장자리에 있는 나사를 이용하여 음높이를 조절할 수 있습니다. 팀파니는 주로 오케스트라에서 점점 커지는 분위기 등을 표현할 때 쓰입니다.

4 타악기의 소리는 다 비슷하다고 생각했던 친구들도 많을 거예요. [하지만 이렇게 생각보다 더 다양한 종류의 타악기가 있답니다.]

1 단락 요약
타악기의 개념과 두 가지 종류의 타악기

2 단락 요약
음정이 없는 타악기

3 단락 요약
음정이 있는 타악기

4 단락 요약
다양한 종류의 타악기

✱ **지문 이해**

● 이 글은 타악기에 음정이 있는 타악기와 음정이 없는 타악기가 있다는 것을 알려 주는 설명문입니다. 타악기는 악기 자체를 두드리거나 서로 부딪쳐서 소리 내는 악기예요. 음정이 없는 타악기에는 북, 트라이앵글, 탬버린 등이 있어요. 음정이 있는 타악기에는 실로폰, 팀파니 등이 있어요. 다 비슷한 타악기라고 생각했겠지만, 다양한 종류의 타악기가 있답니다.

● **단락 간의 관계**
1 단락에서는 타악기의 개념에 대해서 설명하고 타악기에 두 가지 종류가 있다고 이야기하고 있어요.
2 단락에서는 음정이 없는 타악기인 북, 트라이앵글, 탬버린에 대해, 3 단락에서는 음정이 있는 타악기인 실로폰, 팀파니에 대해 설명하고 있어요.
2, 3 단락을 나란히 놓고 음정이 없는 타악기와 음정이 있는 타악기를 설명하는 방식으로 두 가지 종류의 타악기가 어떻게 다른지 드러내고 있어요.
4 단락에서는 다 비슷한 것 같지만, 생각보다 타악기의 종류가 다양하다고 이야기하며 글을 마무리하고 있어요.

● **글의 구조도**

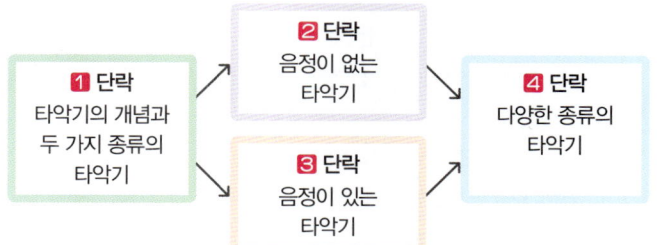

● **주제**: 음정이 없는 타악기와 음정이 있는 타악기

01 [정답] 타악기 ⟶ 주제 알아보기

▶ 왜 정답 ?
이 글은 음정이 없는 타악기와 음정이 있는 타악기에 대해 설명하고 있어요.
따라서 빈칸에 공통으로 들어가기에 알맞은 말은 '타악기'예요.

02 [정답] ④ ⟶ 내용 이해하기

▶ 왜 정답 ?
④ 근거: ②단락 ❺번째 문장
'탬버린은 크기가 작은 북과 비슷한 모양으로, 테두리에 딸랑이나 작은 종이 달린 악기입니다.'라고 했으므로 맞는 설명이에요.

▶ 왜 오답 ?
① 근거: ①단락 ❸번째 문장
'타악기에는 음정이 없는 것과 있는 것 두 가지 종류가 있어요.'라고 했으므로 틀린 설명이에요.
② 근거: ①단락 ❶번째 문장
'악기 자체를 두드리거나 서로 부딪쳐서 소리 내는 악기를 타악기'라고 했으므로 틀린 설명이에요.
③ 근거: ②단락 ❹번째 문장
'트라이앵글은 영어로 '삼각형'이라는 뜻'이라고 했으므로 틀린 설명이에요.
⑤ 근거: ②단락 ❶번째 문장, ③단락 ❹, ❺번째 문장
팀파니의 경우 '막의 가장자리에 있는 나사를 이용하여 음높이를 조절할 수'는 있어요.
팀파니는 북 종류의 악기이지만, 그렇다고 해서 모든 북이 음높이를 조절할 수 있는 것이 아니에요. 북의 대다수는 음정이 없어요.

03 [정답] (1) ㉠ (2) ㉡ (3) ㉠ (4) ㉡ ⟶ 내용 적용하기

▶ 왜 정답 ?
(1), (3) 근거: ③단락 ❶번째 문장
'음정이 있는 타악기에는 실로폰, 팀파니 등이 있습니다.'라고 했어요.
(1)은 실로폰이고, (3)은 팀파니예요.
(2), (4) 근거: ②단락 ❶번째 문장
'음정이 없는 타악기에는 북, 트라이앵글, 탬버린 등이 있습니다.'라고 했어요.
(2)는 트라이앵글이고, (4)는 탬버린이에요.

04 [정답] ③ ⟶ 내용 이해하기

▶ 왜 정답 ?
㉠ 근거: ③단락 ❶번째 문장
'음정이 있는 타악기에는 실로폰, 팀파니 등이 있습니다.'라고 했어요.
㉣ 근거: ③단락 ❷번째 문장
'실로폰은 길이나 두께를 다르게 한 막대 여러 개를 마치 건반처럼 나란히 놓은 악기입니다.'라고 설명하고 있어요.

▶ 왜 오답 ?
㉡ 근거: ③단락 ❷번째 문장
'실로폰은 길이나 두께를 다르게 한 막대 여러 개를 마치 건반처럼 나란히 놓은 악기입니다.'를 통해 두께가 일정하지 않다는 것을 알 수 있어요.
㉢ 근거: ③단락 ❸번째 문장
'막대로 쳐서 소리를 내며'라고 했으므로, 손으로 두드려서 연주하지 않는다는 것을 알 수 있어요.
㉤ 근거: ③단락 ❸번째 문장
'음판이 길수록 낮은 소리가 납니다.'라고 했어요.

05 [정답] 예 팀파니는 주로 오케스트라에서 점점 커지는 분위기 등을 표현할 때 쓰인다.

서술형 채점 기준 – 근거: ③단락 ❻번째 문장
'팀파니는 주로 오케스트라에서 점점 커지는 분위기 등을 표현할 때 쓰입니다.'라고 했어요.
따라서 이러한 내용을 썼으면 정답이에요.

업	적	막	속	사	십	으	각	리	편
드	성	지	반	신	통	입	별	양	보
속	진	다	면	존	정	없	하	체	리
이	요	싸	색	어	조	재	다	화	당
준	머	수	억	있	각	충	추	아	네
대	도	시	양	거	주	압	리	간	평
여	다	하	도	차	롭	자	둘	존	기
인	안	의	우	이	지	유	소	발	립
절	외	오	양	채	준	자	하	통	발
도	적	엄	격	하	다	재	올	압	력

 최초의 융합 학습 만화

초등 교과 학습은 다빈치로 시작하세요!

〈3학년〉 〈4학년〉 〈5학년〉 〈6학년〉

각 학년별 세트(4권) 융합국어, 융합사회, 융합수학, 융합과학

교과 내용을
쉽고 재미있게 융합적으로
공부할 수 있습니다.

1 재미있는 만화를 통해 융합적 사고력과 창의력을 쑥쑥 키워요!

2 다양한 분야의 유용한 상식을 담았어요!

★〈한눈에 보는〉 코너를 통해 학습 원리 복습하기!

만화를 보면서 자연스럽게 익힌 지식을 다시 한 번 정리
할 수 있게 핵심 지식을 체계적으로 정리하여 담았어요.

★〈개념 쑥쑥 퀴즈〉로 지식을 깊이 있게 공부하기!

무엇을 공부했고, 얼마나 알고 있는지 확인할 수 있어요.

서연비람 청소년 필독서

파도

토드 스트라써 지음/김재희 옮김 / 값 12,000원

복제인간 시리

샬로테 케어너 지음/김재희 옮김 / 값 12,000원

동물 농장 외

조지 오웰 지음/김재희 옮김 / 값 12,000원

뒤바뀐 교환학생

크리스티네 뇌슬링어 지음/김재희 옮김
값 12,000원

권오숙 교수의 해설과 함께 읽는 **베니스의 상인**

윌리엄 셰익스피어 지음/권오숙 옮김
값 12,000원

권오숙 교수의 해설과 함께 읽는 **리어 왕**

윌리엄 셰익스피어 지음/권오숙 옮김
값 12,000원

설중환 교수와 함께 읽는 **금오신화**

김시습 지음/설중환 옮김 / 값 12,000원

변신 외

프란츠 카프카 지음/김재희 옮김 / 값 12,000원

이방인·스웨덴 연설 **이방인**

알베르 카뮈 지음/이두성 옮김 / 값 12,000원

서연비람은 조선 시대 왕궁 내, 강론의 자리였던 서연(書筵)에서 강관(講官)이 왕세자에게 가르치던 경전의 요지를 수집하여 기록한 책(비람備覽)을 말합니다. 서연비람 출판사는 민주주의 국가의 주인인 시민들 역시 지속 가능한 과거와 현재, 미래의 이치를 깨우치고 체현해야 한다는 믿음으로 엄선한 도서를 발간합니다.

주소 : 서울시 강남구 도곡로 422, 5층 / 전화번호 : 02)563-5684 / 이메일 : birambooks@daum.net

✦ 수학 개념 충전 연산 훈련서

판매량 1위　만족도 1위　추천도서 1위

수력충전

기초를 탄탄히 하고 싶은 학생들을 위한 책

수학의 기본을 잡아주는
개념 충전과 정확한 연산 훈련!

❶ 핵심 개념을 한 눈에 알기 쉽게 정리
❷ 반복 연산 학습으로 기본기를 탄탄히!
❸ 수학의 자신감을 회복!

• 초등 수학
1-1, 1-2　2-1, 2-2　3-1, 3-2
4-1, 4-2　5-1, 5-2　6-1, 6-2

• 중등 수학1(상·하)
• 중등 수학2(상·하)
• 중등 수학3(상·하)

• 중등 수학 개념 총정리
• 초등 수학 개념 총정리

✦ 수학 기초를 더 쉽고 빠르게

NEW

수학을 싫어하는
학생들을 위한 책

수력충전 스타트

따라 풀면 술술 풀리는 문제 구성
기초 연산 능력을 탄탄하게 다져준다!

❶ 필수 개념을 이미지로 쉽게 이해
❷ 따라쓰고 따라풀어 개념 적용 방법 쉽게 습득
❸ 학교 시험 기본 유형 연습

＊수력충전 스타트 시리즈
중등 수학1(상·하), 중등 수학2(상·하), 중등 수학3(상·하)